法藏知津

五編：佛教思想・文化・語言研究專輯

杜潔祥 主編

第 9 冊

以筆硯作佛事：
北宋文字禪運動流衍考

徐銘謙 著

花木蘭文化出版社

國家圖書館出版品預行編目資料

以筆硯作佛事：北宋文字禪運動流衍考／徐銘謙 著 — 初版 —
新北市：花木蘭文化出版社，2017〔民106〕
序 2+ 目 4+280 面：19×26 公分
（法藏知津五編：佛教思想・文化・語言研究專輯　第 9 冊）
ISBN 978-986-404-379-8（精裝）
1. 禪宗　2. 北宋
030.8　　　　　　　　　　　　　　　　　　　104014694

ISBN-978-986-404-379-8

法藏知津五編：佛教思想・文化・語言研究專輯
五　編　第九　冊　　　　ISBN：978-986-404-379-8

以筆硯作佛事：北宋文字禪運動流衍考

作　　者　徐銘謙
主　　編　杜潔祥
副總編輯　楊嘉樂
編　　輯　許郁翎
出　　版　花木蘭文化出版社
社　　長　高小娟
聯絡地址　235 新北市中和區中安街七二號十三樓
　　　　　電話：02-2923-1455／傳眞：02-2923-1452
網　　址　http://www.huamulan.tw 信箱 hml 810518@gmail.com
印　　刷　普羅文化出版廣告事業
初　　版　2017 年 3 月
定　　價　五編 25 冊（精裝）新台幣 48,000 元

以筆硯作佛事：
北宋文字禪運動流衍考

徐銘謙　著

作者簡介

徐銘謙，民國 69 年生，臺灣臺北市人。95 學年畢業於銘傳大學應用中國文學系碩士班，研究方向為宋明理學；101 學年以萬金川教授所指導的《以筆硯作佛事：北宋文字禪運動流衍考》畢業論文取得中央大學中國文學系博士學位。現為佛光大學佛教研究中心博士後研究員，並負責《佛光學報》的編輯，研究興趣為宋代學術史、中國禪宗與政治社會等相關議題。

提　要

　　「以筆硯作佛事」，是宋代禪宗最顯著的特徵。北宋文字禪運動的流衍，不只是禪宗思想發展的過程，與當時社會文化的變遷更是息息相關。自宋初官方就大抵確定的右文策略，首先引導北宋重文的社會風氣，同時也將政教關係籠罩於其下。太祖、太宗、真宗皆與佛教關係良好，宋帝的崇尚斯文也反映在中央僧官考試當中。

　　到北宋中期，古文運動替僧侶與士大夫打開一條通往同一個文學場域的道路，儘管排佛論調時有所聞，但士大夫之間愈發興起禪悅之風，能夠創作雄文雅句的禪徒也更加趨向文士化。至北宋晚期，雖有徽宗以揚道抑佛為主要訴求的諸多措施，但惠洪、克勤等文字禪大師仍在此期活躍，並製作出極具代表性的文字禪文本。同時，在北宋印刷技術的普遍之下，禪僧公案語錄大行於世，士大夫紛紛受請為禪籍作序，以廣流傳。這些文字禪文本不只令公案的運用滲入宋代的詩禪關係，對於當時尚意的書法、追求傳神的畫論，以及遍及士僧之間的茶文化，都有一定程度的影響。兩宋之際，此前文本裝幀方式的進步促使公案考據更為便利，公案鑽研之風由是而起，禪門對此逐漸產生反動；另一方面，禪僧口語對話式的語錄也成為一些理學家語錄學習模仿的範本。

　　南宋以後，為數可觀的禪詩文集相繼問世，至明代尚有一卷題為「文字禪」的輯稿出現，而惠洪的宗門地位也在明代被重新標舉，凡此皆北宋文字禪的流風餘韻。總的說來，文字禪運動無疑是一個複雜的文化現象，本文嘗試在宗教哲學氛圍之外考察它的流衍過程，對於理解北宋禪宗文化與政治、社會的關係，乃至與文人士大夫互動等諸多層面，應是有所幫助的。

自　序

　　本書是筆者博士論文的修訂稿。這份論文的完成，首先要感謝指導教授萬金川先生。先生治學嚴謹，從資料蒐集、研究方法，到論文架構，皆仰賴先生教澤。然而弟子魯鈍，不能舉一反三，撰寫論文時有不周，總累先生頭疼。亦因先生緣故，使我有幸得到黃繹勳教授、林伯謙教授、丁敏教授、蔣義斌教授等諸位師長教導，提點我許多重要禪學觀念，並指出我思考的盲點與行文偏頗欠詳之處，審議洞見闃奧，使我豁然開朗。若無諸師斧正，這份論文肯定錯謬百出。道元《正法眼藏》云：「一句之恩，尚須報謝。」何況師說殷殷。

　　一路走來，數遇貴人。本書原文在 2013 年獲得法光文化研究所「如學禪師佛教文化博碩士論文獎學金」，當時蕭金松教授對筆者之勉勵，至今仍備感溫馨。部分篇章曾改寫為〈宋代文本刊印對禪學發展之影響〉，並發表於《正觀》第 72 期，本次修訂亦加入當時匿名審查之寶貴意見。又，如今幸得花木蘭文化出版社願意出版本書，此因緣實乃續自當年碩士論文指導教授周志煌先生推薦出版我的碩士論文，特此誌謝。

　　最後要感謝我的父親徐濱祥先生、母親廖月秀女士，以及兩位家姐。父親長年支持病軀，勞形於事業，母親亦一面工作一面持家；因姐姐們出社會早，家中支費方能允我繼續求學。民國九十八年，父親謝世，此後全靠母親獨撐家計，照料衣食，為我打理一切，最後才總算取得學位。自小到大，母親對我總總生養教導，都是永遠難以報答的恩情。唯庭訓已遠，猶困〈蓼莪〉何怙餘憾，日日想念父親，如今只得木位懸思。若父親此刻還健在，不禁希覬今日是否將頷首一二？又或囑我不可自滿。

徐銘謙　謹誌

2015 年 5 月 5 日

目次

第一章 引 言

第一節 問題的提出

一、對文字禪運動的界定

「以筆硯作佛事」，典出蘇軾（1037～1101）《東坡志林》，〔註 1〕蓋用以描述僧人的文士化。以北宋的禪風而言，這並不是罕見的情形，可說是確切的反映出當時禪僧能夠舞文弄墨的特點。北宋時期的文字禪運動，是本論文將要探究的主軸，從大方向來說是屬於北宋佛教的禪宗一塊；至於同時期的遼、金、西夏佛教相關部分暫不在本文考察的範圍之內，特此說明。

首先，研究文字禪免不了要對這個名詞下一定義，上個世紀九〇年代如李淼先生的《禪宗與中國古代詩歌藝術》提出文字禪主要是「以文字語言去解說『古德』、『公案』的所謂頌古拈古的方式。」〔註 2〕另外，周裕鍇先生的《文字禪與宋代詩學》、〔註 3〕魏道儒先生的《宋代禪宗文化》、〔註 4〕以及劉正忠

〔註 1〕「秀州本覺寺一長老，少蓋有名進士，自文字言語悟入，至今以筆研作佛事，所與游皆一時文人。」詳見〔宋〕蘇軾：《東坡志林》（北京：中華書局，2008 年 1 月，5 刷），卷 2，頁 40。原作「以筆研作佛事」，「研」同「硯」，今習作「硯」。

〔註 2〕李淼：《禪宗與中國古代詩歌藝術》（長春：長春出版社，1990 年 12 月），頁 51。「頌古」即以詩偈形式對公案進行評議；「拈古」則是拈提公案並以散文形式講解大意。

〔註 3〕周裕鍇：《文字禪與宋代詩學》（高雄縣：佛光山文教基金會，2002 年 3 月），頁 31～47。

〔註 4〕魏道儒：《宋代禪宗文化》（鄭州：中州古籍出版社，1993 年 9 月），頁 75～76。

先生的〈惠洪「文字禪」初探〉等等，〔註5〕三位先生亦皆提出相當明確的見解。〔註6〕後出的兩岸相關論文在處理文字禪的定義時，幾乎都以前賢說法為討論中心，或折衷而略為補充細節，行文慣例多為先引諸說，再一一解釋並聲明該論文以何說為是。如此之討論繁複而多有類似之處，但其實並沒有什麼決定性的衝突。即便後出論文雖一一分明各人所述，然略加補充之後，並沒有見到任何特殊之處，文字禪的定義還是不出前賢之說。就本文看來，在此之前所有的說法都有一個共同點，那也是本文對文字禪的認識——凡加入作者個人主觀的創造以為修辭的禪語，即為文字禪。其特殊之處在於對作者或接受者而言，這類禪語通常帶有教育意義、或教學功能的取向。「禪語」，自然是指表達禪境的文字語言，而作者個人主觀的創造，則通常帶有文學的美感。這也是為什麼詹密羅（Robert M.Gimello）在 1986 年發表的文章中將「文字禪」英譯為「lettered Ch'an」，〔註7〕而非僅照字面直譯為「word Ch'an」的緣故。所以，為禪人解釋公案的頌古、拈古是文字禪，代別、評唱是文字禪，惠洪（1071～1128）那些「在欲行禪」的詩作與文章也是文字禪。〔註8〕上述並非在前賢之外另提一說，實則諸說大同小異，於內涵則可說是一致的。至於論者或偏重於禪詩、或以惠洪詩文用例為準、或考其詞出處以為則，文字禪的定義雖眾說紛紜，卻早已在諸家說法裡頭被確定下來，這些側重於文學面向的陳述，正是宋代文字禪的特徵所在。從另一個角度來說，作為北宋禪宗主要的禪法，文字禪醒目的文學性在整個禪宗歷史裡頭也具有獨闢蹊徑的學術意義。

〔註5〕 劉正忠：〈惠洪「文字禪」初探〉，《宋代文學研究叢刊》，第 2 期（1996 年 9月），頁 282。

〔註6〕 為行文方便之故，本段落僅列出李淼先生之說，其他各家說法詳見本章第二節第一部分「文字禪的相關研究」所述。

〔註7〕 Robert M.Gimello, "Poetry and Kung-an in Ch'an Practice," Ten Directions 7, no.1（1986）: 9～10. 這是西方較早對「文字禪」此一名詞翻譯的用例，此文極為難尋，這裡要感謝黃繹勳老師及師丈的幫助，才使學生順利得閱此文。另外，還可參考 Robert M.Gimello, "Mārga and Culture: Learning, Letters, and Liberation in Northern Sung Ch'an." in Paths to Liberation: The Mārga and Its Transformations in Buddhist Thought, ed. Robert E. Buswell, Jr. and Robert M. Gimello（Honolulu: University of Hawai'i Press, 1992）, 381. 文中作者將「文字禪」譯為「lettered Ch'an」，而敘述則多以音譯「Wen-tzu Ch'an」行文。

〔註8〕 「在欲行禪」詳見〔姚秦〕鳩摩羅什譯：《維摩詰所說經》（臺北：新文豐，大正藏本，冊 14），卷 2，頁 550。又，在參禪中代替聽者應答機鋒，或是原公案裡僅有提問而代以應答，即為「代語」；若在公案中原有的問答之外，自行別置一句機鋒，則為「別語」。有時「代語」和「別語」合稱「代別」。

據周裕鍇先生考證，「文字禪」一詞出自黃庭堅（1045～1105）〈題伯時畫松下淵明〉：「遠公香火社，遺民文字禪。」〔註9〕典用東晉淨土宗初祖廬山慧遠（334～416）與劉程之（352～410）等人共結白蓮社之事，「以程之最文，使誌其事，號〈蓮社誓文〉。」〔註10〕宋代禪悅之風盛，文人經常將「禪」與詩、畫等文藝活動聯繫起來，故雖黃庭堅所用典故初與禪法無涉，〔註11〕卻仍將「禪」挪用到詩句裡，藉以題其友人畫作，以文字表現禪意。黃庭堅此詩作於哲宗元祐三年（1088）；〔註12〕而世推宋代文字禪代表人物的宋僧惠洪，其以「文字禪」名其詩文、或於詩文中提及「文字禪」，約為徽宗宣和年間（1119～1125）事。〔註13〕因惠洪著作中常見有脫胎自蘇、黃的詩句，其使用「文字禪」一詞很可能受到黃庭堅的影響。不過，「文字禪」雖然是在黃庭堅的詩句中首次出現，但當時及後世對「文字禪」的用例卻不侷限於它文學性的一面，而是加入更多的宗門意識、禪學意涵。士大夫固然把「文字禪」視為詩作中的禪趣，更多禪僧則是將「文字禪」視為一種禪法（無論讚賞或反對），〔註14〕凸顯它以文字作禪事的一面，包括教乘與禪法的一致，表述參禪不廢言詮的立場。後人研究文字禪時，除了探討相關文學理論及著作，大部分更關注其宗教、思想的一面。現今撰寫文字禪的論文，就經常會把宋代著名的禪悅之士——蘇軾、黃庭堅納入其討論的重點，甚至是整本論文之主

〔註9〕 詳見周裕鍇：《文字禪與宋代詩學》，頁32。該詩詳見〔宋〕黃庭堅著，任淵、史容、史季溫注，黃寶華點校：《山谷詩集注》（上海：上海古籍出版社，2003年12月），卷9，頁219。

〔註10〕 詳見〔元〕念常：《佛祖歷代通載》（臺北：新文豐，大正藏本，冊49），卷7，頁526。同頁記：「劉程之，字仲思，彭城人。少孤，事母以孝聞。才藻自負，不委氣于時俗。雖寒餓在己，威福當前，其意湛如也。司徒王謐、丞相桓玄、侍中謝琨、太尉劉裕，咸嘉其賢，欲相推薦。程之力辭，乃之匡山，託于遠公。遠曰：『官祿巍巍，何以不為？』程之曰：『君臣相疑，疣贅相廝。晉室無磐石之固，物情有累卵之危，吾何為哉！』遠然其說，大相器厚。太尉亦以其志不可屈，與群公議，『遺民』之號旌焉。」另可參考佛光山宗務委員會：《佛光大辭典光碟版》（臺北縣：佛光文化事業，Version 2.0），頁6053，「慧遠」條。

〔註11〕 如其「遠公香火社，遺民文字禪」後，下一句為「雖非老翁事，幽尚亦可觀。」

〔註12〕 詳見黃庭堅：《山谷詩集注》，目錄頁14～15。

〔註13〕 據劉正忠先生所考，這種情況在惠洪（1071～1128）過逝的前幾年有數例可尋，正是在宣和年間，詳見氏著：〈惠洪「文字禪」初探〉，《宋代文學研究叢刊》，頁280。

〔註14〕 詳見本文第五章第二節，「文字禪在南宋的餘緒」。

軸，特別是後者江西詩派之詩論；但是相關於文字禪的惠洪研究還是壓倒性的居多。整體而言，前賢研究既豐，是以本文不將蘇、黃，或惠洪視爲主要研究對象。

　　一個時代的思潮、普遍的精神，不會只出現在單一的事件或特定的文本中。文字禪這個議題，目前尚欠缺較爲宏觀的研究角度，也就是對整個「文字禪運動」的內容作考察，包括其與宋代文化的交流、影響，及其政治、社會之背景脈絡。南宋紹興三年（1133），江西詩派詩人韓駒（1180～1135）爲雲門宗慧林宗本（1020～1099）的法孫慈受懷深（1077～1132）語錄作序曰：

> 古之教者，未始不以文字。至梁達磨，始不立文字，以教其徒。然
> 謂之不立，則文字已彰，而況其餘乎！自達磨以來，凡爲人師者，
> 其徒往往私記其說，謂之語錄。蓋今禪說之在天下，無慮數千萬言，
> 又安在其爲不立哉！若知文字性空，說本無說，則雖數千萬言，猶
> 爲不立也。〔註15〕

韓駒在此處將禪宗語錄的起源推之過早，清人錢大昕（1728～1804）指出「釋子之語錄始于唐」，〔註16〕從現存史料來看，生活於南朝的中國禪宗初祖菩提達摩（？～535），並未有如唐宋禪師語錄般的著作傳世。然而，韓駒所點出的以文字彰顯「不立文字」之說，不惟南宋，這個現象自宋初以來就彌漫於禪門中。從表面上看似乎是一種弔詭的矛盾，卻正可用來描述整個北宋禪宗的概觀。矛盾的發生，源自於面對天下禪說數千萬言，卻不禁意識到禪宗爲人所熟知的「不立文字」、「教外別傳」之旨，特別是在慧能、馬祖門下相傳

〔註15〕〔宋〕善清、善隨等編：《慈受懷深禪師廣錄》（臺北：新文豐，卍續藏本，
　　　　冊73），卷1，頁92。

〔註16〕〔清〕錢大昕：《十駕齋養新錄》（上海：上海書店，1983年12月），卷18，
　　　　頁422。又，近人牟潤孫（1908～1988）在〈論儒釋兩家之講經與義疏〉一文
　　　　中提出：「經疏爲講經之記錄」，並考證釋家經疏早於儒家，儒家羣經義疏仿
　　　　自釋氏。詳見牟潤孫：《注史齋叢稿》（北京：中華書局，1987年3月），頁
　　　　241、248、298。饒宗頤（1917～）先生於〈華梵經疏體例同異析疑〉一文中
　　　　又進一步考證，中土經疏之興起，若漢代之「記」、「說」，初與釋氏無關。詳
　　　　見饒宗頤：《梵學集》（上海：上海古籍出版社，1993年7月），頁274。雖
　　　　不能斷言「經疏」與唐以後「禪師語錄」或是宋以後「儒家語錄」有清楚而直
　　　　接的繼承或前後關係，然講經必發而爲語，記錄其語而寫成經疏，則若以經
　　　　疏爲語錄的一種起源或前身，亦不失爲一說。但仍必須區分的是，唐宋以後
　　　　儒釋兩家以口語爲特色的語錄表面形式，是與經疏迥異的。

的南宗禪於北宋大盛的禪學背景下。〔註17〕若如韓駒一般把握住「文字性空，說本無說」，則這種與傳統認知在表面上相違的「文字禪」似乎還沒有想像中的那麼離經叛道。

到底「文字禪運動」的內容是什麼？龔雋先生在〈宋代「文字禪」的語言世界〉一文中，多次將「文字禪」描述爲「思想運動」或「運動」，〔註18〕既名爲「運動」，則需有其發起人、附和者，以及明確的理念與核心價值，即便同時存在反對的聲音，亦能與之對抗從而造成一股時代的風氣。若以同時代的北宋古文運動爲例，論者多推其發起人爲柳開（947～1000）、王禹偁（954～1001），後有穆修（979～1032）、孫復（992～1057）、石介（1005～1045）等人附和，終由歐陽修（1007～1072）集大成。古文運動的中心理念是爲人所熟知的「文以載道」，〔註19〕「道」之內容在北宋古文家的傳承中或有些許分別，然泰半是從儒家之道出發，這點可以從柳開提出作爲核心價值的文統觀來得到確認，其〈應責〉曰：

> 吾之道，孔子、孟軻、揚雄、韓愈之道；吾之文，孔子、孟軻、揚
> 雄、韓愈之文也。〔註20〕

柳開以孔、孟、揚、韓爲文統，其取捨之標準不言而明，並影響後繼古文家

〔註17〕需要分辨的是，龔雋先生指出：「很多研究都表明，所謂以『教外別傳』爲宗旨的南宗譜系，主要是到了北宋時期才完成定型的，而『教外別傳』的口號也是到《天聖廣燈錄》（1036 年）的出現，才正式成爲禪宗自我認同的重要符號。」詳見氏著：《禪史鈎沉：以問題爲中心的思想史論述》（北京：三聯書店，2006 年 8 月），頁 352。因此，本文此處所引用的「教外別傳」，亦是在北宋禪宗脈絡下的陳述。

〔註18〕詳見龔雋：《禪史鈎沉：以問題爲中心的思想史論述》，頁 295～329。

〔註19〕今習以「文以載道」爲唐代韓、柳的古文主張，然實際上「文以載道」首見於北宋周敦頤（1017～1073）《通書・文辭第二十八》：「文，所以載道也。」詳見〔宋〕周敦頤：《周子全書》（上海：商務印書館，1937 年萬有文庫本），冊中，卷 10，頁 180。先見於唐代而與之相類的說法，如韓愈（768～824）門人李漢（生卒年不詳）〈昌黎先生集序〉：「文者，貫道之器也。」詳見〔唐〕韓愈著，馬其昶校注，馬茂元整理：《韓昌黎文集校注》（上海：上海古籍出版社，1986 年 12 月），頁 1。以及柳宗元（773～819）〈答韋中立論師道書〉：「文者以明道。」詳見〔唐〕柳宗元：《柳宗元集》（北京：中華書局，1979 年 10 月），卷 34，頁 873。

〔註20〕〔宋〕柳開：《河東先生集》，卷 1，《四部叢刊》初編，1922 年上海商務印書館再版景印本。本文所用《四部叢刊》初編、續編、三編皆北京書同文電子版之原文圖像，相當利於學者檢索，而該原文圖像爲上海商務印書館景印《四部叢刊》之紙本，後註不再說明。

的文統觀。〔註21〕當時古文家欲與之對抗的西崑體，可視爲反對的論敵，祝尚書先生的《北宋古文運動發展史》便已指出：「宋初古文運動失敗的主要標志，是以楊億（974～1020）爲代表的『西崑派』駢文占領並統治文壇。」〔註22〕然而古文運動的發展並沒有因此中斷，到歐陽修之時，他重倡韓文，在與同儕間往來的書信中「對『西崑體』駢文進行了一系列批評」，〔註23〕終於使古文取而代之成爲北宋文章體式的主流。

現在回過頭來檢視文字禪是否能如古文運動一般在北宋稱之爲「運動」。文字禪，其理念簡言之即以文字作禪事，核心價值則表現在「禪教合一」，參禪不廢言詮。其內容不限於特定體裁的詩文，或用以參禪、或用以教學、或純粹自我抒發其禪境。從事這項活動的成員很多，如同古文運動在北宋之前的唐代便已肇端，據楊曾文先生的研究，被後人歸類爲文字禪形式之一的「『舉古』、『拈古』、『代語』、『別語』等形式在唐後期已經產生」，而五代時期法眼文益（885～958）的《宗門十規論》、永明延壽（904～975）的《宗鏡錄》……等著作，也促進了文字禪的迅速發展。〔註24〕不過，禪師的文學創作必須也要有相應的教學功能，被當時學人視爲參禪的典範，通行於叢林間，方可謂爲一種爲人所共識的禪法。而楊曾文先生所考察唐五代以文字作禪事的例子，尚未在當時引領主要禪風。且如上述法眼文益、永明延壽等人所屬法眼宗，入宋即不傳，在未產生明顯影響力之前就已式微，直到北宋晚期清涼惠洪爲倡其禪教合一的理念，始舉揚延壽《宗鏡錄》「開曉眾生自心成佛之宗，而明告西來無傳之的意」。〔註25〕前文提過，「文字禪」這一名詞要到北宋黃

〔註21〕柳開在〈東郊野夫傳〉中又增列荀子與王通，詳見同上註，卷2。關於北宋古文運動的文統觀，學界已有詳論，可參考何寄澎：《北宋的古文運動》（臺北：幼獅文化，1992年8月），頁112～144。

〔註22〕祝尚書：《北宋古文運動發展史》（北京：北京大學，2012年2月），頁84。

〔註23〕同上註，頁147。歐陽修以駢文浮薄而對西崑體進行批判，祝先生詳論可參考同書之頁146～151。

〔註24〕唐後期以文字教禪的作風尚未流行，楊先生所謂「促進了文字禪的迅速發展」，當以日後在北宋禪林的情況而言。據楊先生的研究，唐後期禪師的代別語、舉古、拈古，較爲零散，未有禪師以這些形式來進行大量的創作。詳見楊曾文：《宋元禪宗史》（北京：中國社會科學出版社，2006年10月），頁286。「舉古」，乃舉古德公案語句令門下弟子參禪；「拈古」、「代語」、「別語」前文已揭。

〔註25〕語出〈題宗鏡錄〉，詳見〔宋〕德洪覺範著，〔日〕廓門貫徹註：《註石門文字禪》（京都：臨川書店，2000年10月，禪學典籍叢刊本第五卷），卷25，頁

庭堅詩下才出現，若從宋代開始觀察，以文字作禪事在北宋初期〔註26〕就逐漸蔚然成風，北宋禪門各派多有禪僧參加，在其名稱尚未確定之前，最初主要以公案頌古的形式在北宋引起關注，濫觴可推至臨濟宗汾陽善昭（947～1024）的「先賢一百則」，〔註27〕他是目前所知宋代第一位製作頌古集、也就是搜集古德公案並以詩句進行評議的禪師。〔註28〕據楊曾文先生的研究，唐末五代之時已出現頌古，如善昭之師首山省念（926～993）也曾作過兩首頌古，〔註29〕但皆未如善昭特意將頌古視爲主要對象製作成集。此時的「文字禪」名稱雖尚未出現，善昭卻以實踐的方式來陳述自己的理念，而理念是一種主張、一種想法，還不是具有系統性的理論。有別於此前禪師所作零散之代別語、舉古與拈古，善昭在北宋初期彙整百則公案製作大量頌古，確實是首開先例，將公案作爲其論述的主要內容，如其〈都頌〉所言：「先賢一百則，

642。以下「德洪覺範」統稱「惠洪」。同頁惠洪描述《宗鏡錄》乃是「出人馳騖於方等契經者六十本，參錯通貫此方異域聖賢之論者三百家」，足見延壽教禪一致的用意。

〔註26〕北宋立國於太祖建隆元年（960），到宋室南渡前也就是欽宗靖康二年（1127），共歷九帝168年，若以此平分北宋爲初、中、晚三期，則初期包括太祖、太宗、到眞宗大中祥符八年（1015）爲止。七年後眞宗崩，仁宗嗣位（乾興元年，1022）。

〔註27〕出自善昭〈都頌〉，載於其所選公案百則之後，作爲總結。詳見〔宋〕楚圓：《汾陽無德禪師語錄》（臺北：新文豐，大正藏本，冊47），卷中，頁613。楊曾文先生以〈都頌〉一句「汾陽頌皎然」推測，「汾陽」乃世人對善昭之尊稱，不可能出自善昭，較像是編者楚圓語氣。詳見氏著：《宋元禪宗史》，頁261。然觀《汾陽無德禪師語錄》全書，實不乏善昭以「汾陽」自稱，故楊說應有誤。又其文中引述〈都頌〉末句「同明第一玄」，「明」誤植爲「朋」。

〔註28〕早期德國學者杜默林（Henrich Dumoulin）對於善昭有一個誤解，他認爲中國最早的公案集是由善昭寫成，且善昭所創作的那些頌古詩句也被包含在他的公案集中，因此可說是中國文學上第一個意義重大的公案集。詳見 Henrich Dumoulin, Zen Buddhism: A History, vol.1 of India and China, trans. James W. Heisig and Paul Knitter（New York: Simon & Schuster Macmillan Press, 1994），246, 230. 然而，五代南唐已有《祖堂集》問世，《景德傳燈錄》亦記法眼宗雲居道齊（929～997）「著語要、搜玄、拈古、代別等集盛行諸方」，詳見〔宋〕道原：《景德傳燈錄》（臺北：新文豐，大正藏本，冊51），卷26，頁428。可知善昭不是第一個搜集公案的禪師。不過，在未見新的史料證據之下，僅以宋代而論，善昭之前，同時代的道齊也沒有製作「頌古」。遑論道齊之作今皆亡佚，未詳其體製規模，即便一時「盛行諸方」，恐怕也不如善昭頌古流傳普遍。綜上所述，善昭之製作頌古，在北宋文字禪發展中確實具有首開先例的意義。

〔註29〕詳見楊曾文：《宋元禪宗史》，頁287。

天下錄來傳。難知與易會，汾陽頌皎然。空花結空果，非後亦非先。普告諸開士，同明第一玄。」〔註30〕百則公案無論難知與易會，都由善昭頌古一一評述，從其「普告諸開士，同明第一玄」來看，足見善昭以文字教禪的用意。雖然善昭也曾說：「夫大道之源，言詮罔及。祖印相傳，迷情豈測！」禪宗祖師心心相印、代代相傳的禪道，原是言詮難以企及的，然而善昭又接著說道：「當臺秦鑑，好醜俱分；鴨類鵝王，水乳自辨。如今還有辨得底麼？拈出來看。」〔註31〕楊曾文先生對此條「當臺秦鑑，好醜俱分」已有考證，乃用漢代《西京雜記》所錄秦宮方鏡之典故，該鏡可照出身體疾病與心術之邪正。〔註32〕至於「鴨類鵝王，水乳自辨」，《聯燈會要》記唐代仰山慧寂（807～883）云：「鵝王擇乳，素非鴨類。」〔註33〕《祖庭事苑》則曰：「譬如水乳，同置一器。鵝王飲之，但飲其乳汁，其水猶存。」〔註34〕禪宗證悟與印可的授予，是師徒間迷情豈測、難以言詮的默契。如著名的「拈花微笑」之公案，摩訶迦葉見世尊拈花示眾，破顏微笑，〔註35〕旁人就無法介入、參與其中，正是好醜俱分、水乳自辨。但是在善昭之時，這樣的冥契是否還存在於師徒之間？是值得懷疑的。故善昭方謂「如今還有辨得底麼？拈出來看。」正因辨不著，莫可奈何的情況下，不得不藉由其他的媒介來教禪示徒，其百則頌古也是基於這樣的理念（以文字教禪）而誕生，所以無論「難知與易會」，皆由「汾陽頌皎然」。此時雖不曾有「文字禪理論」的提出，但是善昭「先賢一百則」的實作，表現出的正是以文字作禪事的理念。

　　如南宋《禪林寶訓》所記，頌古「始自汾陽，暨雪竇宏其音、顯其旨，汪洋乎不可涯。後之作者，馳騁雪竇而為之。」〔註36〕善昭之後，有雲門宗

〔註30〕詳見楚圓：《汾陽無德禪師語錄》，卷中，頁613。

〔註31〕以上兩條引文詳見〔宋〕楚圓：《汾陽無德禪師語錄》，卷上，頁596。

〔註32〕詳見楊曾文：《宋元禪宗史》，頁268。

〔註33〕詳見〔宋〕悟明：《聯燈會要》（臺北：新文豐，卍續藏本，冊79），卷7，頁67。

〔註34〕詳見〔宋〕善卿：《祖庭事苑》（臺北：新文豐，卍續藏本，冊64），卷5，頁383。

〔註35〕詳見〔宋〕智昭：《人天眼目》（臺北：新文豐，大正藏本，冊48），卷5，頁325。丁敏教授在〈花在佛教經典中的象徵與隱喻作用〉一文中指出，此則公案的盛行，是宋代以來的事。相關評述詳見氏著：《中國佛教文學的古典與現代：主題與敘事》（長沙：岳麓書社，2007年6月），頁173。

〔註36〕此為兩宋之際臨濟宗卍菴道顏（1094～1164）所言，詳見〔宋〕淨善：《禪林寶訓》（臺北：新文豐，大正藏本，冊48），卷3，頁1033。

的雪竇重顯（980～1052）製作大量頌古詩偈，成為較早的附和者之一。楊曾
文先生已考察，除了善昭，兩宋著名禪師幾乎也都有頌古傳世，撰寫頌古超
過五十則的禪師亦不在少數，〔註37〕除雲門宗重顯作百則頌古，後有臨濟宗
圓悟克勤（1063～1135）評唱而成《碧巖錄》；又如臨濟宗佛眼清遠（1067～
1120），《古尊宿語錄》卷三十四收其數十則頌古；〔註38〕大慧宗杲（1089～
1163）《大慧普覺禪師語錄》卷十收其百則以上之頌古。〔註39〕曹洞宗投子義
青（1032～1083）《投子青和尚語錄》收其頌古百則；〔註40〕丹霞子淳（1064
～1117）《丹霞子淳禪師語錄》亦收有頌古百則。〔註41〕北宋初、中期以降，
以文字作禪事的禪風，主要是從「行動」中表現出來，它並不是先有一套經
過深思熟慮的思想理論，再沿著理論架構發展。這種禪風是在禪師們基於相
同理念的教學行動下逐漸形成，「文字禪」名稱廣為人知以後，再由後人追溯
它的源頭。儘管「文字禪」的定義都是在日後才出現，吾人所資以界定的內
容，除了宋代及其後對這種禪風的評述，最主要的仍是由當時禪師的實踐、
實作中分析而來。英國歷史學者沃爾什（William H. Walsh，1913～1986）在
論述柯林伍德（Robin George Collingwood，1889～1943）「一切歷史都是思想
的歷史」時說道：

> 柯林伍德所談的思想乃是行動之中的思想，而不是抽象思辨的思
> 想。我們為什麼就應該假定，他並沒有察覺這樣的思想是從自然勢
> 力和人類勢力的背景之中發展出來的，而且是在影響著自然勢力和
> 人類勢力的背景的呢？〔註42〕

抽象思辨的思想有著明確的體系、理論架構，而善昭以公案頌古作為教學之
資的背後，只是行動中的思想、理念。這種理念源於當時社會背景的條件與
需求，此又與宋初重視文風、及禪宗的發展相關。中晚唐以後，禪法已經失
去盛唐馬祖道一（709～788）古典禪時期的原創性，而且也出現離經慢教的

〔註37〕 詳見楊曾文：《宋元禪宗史》，頁291～292。

〔註38〕 詳見〔宋〕賾藏主編集，蕭萐父、呂有祥、蔡兆華點校：《古尊宿語錄》（北
京：中華書局，2011年7月，4刷），冊下，卷34。

〔註39〕 〔宋〕蘊聞：《大慧普覺禪師語錄》（臺北：新文豐，大正藏本，冊47），卷
10。

〔註40〕 詳見〔宋〕自覺：《投子義青禪師語錄（二卷本）》（臺北：新文豐，卍續藏本，
冊71），卷下。

〔註41〕 〔宋〕慶預：《丹霞子淳禪師語錄》（臺北：新文豐，卍續藏本，冊71），卷下。

〔註42〕 〔英〕沃爾什：《歷史哲學導論》（北京：北京大學，2008年10月），頁46。

流弊。到宋代不得不有所突破。以當時張揚文風的政治與社會環境而言，禪師從文字中找到參禪的方向，並非難以想像。自此，頌古、拈古等在叢林中大行其道，於禪門裡成為常見的教學媒介，許多禪師留下大量相關著述，相應的文本如禪僧語錄、公案集、燈錄等亦陸續流行開來。如果禪境可以藉由唐禪的棒喝達到傳承的目的，文字也不過是另一種形跡。其中，公案頌古在一開始就被善昭作為以文字教禪的主要內容，此後在宋代除了公案集之外，普遍流行的各家禪僧語錄、燈錄中，也都包含大量的公案頌古。隨著宗派勢力的消長，各家生產的公案語錄數目亦隨之起伏。而這些禪門公案的流行，又逐步進入士大夫的文藝活動中。可以說，整個文字禪運動的流衍，是以公案作為最主要的脈絡。因此，就本文的觀點而言，公案語錄類禪籍當是所有文字禪文本中最為特殊、重要的一環。

宋初官方的重視文風，促使禪文化在政教關係下不得不受之影響。文風鼎盛的特徵之一，就是士大夫群體的崛起，這也跟宋太祖以來不輕殺大臣、言官的作法有關。而佛教在宋初就與王室頗有淵源，太宗、眞宗的宗教信仰更有利於佛教發展，如譯經院的設置、僧尼人數的成長、促進佛教文本的流通……等等。在上位者推動，底下的文人士大夫自然有更多機會接觸佛教、閱讀釋典。有些文士成為譯經潤文官，有些文士則成為中央僧官考試的命題者。佛教不得不接受官方的右文策略，固然因此令部分士大夫更親近佛教文化，但是另一些嚴於夷夏之防的士大夫卻也在北宋古文運動中伺機而動，藉由不同動機的排佛主張——或起於民族意識、或源於國家經濟問題，企圖徹底排除佛教成為中國傳統文化的一份子。只是，這樣的企圖心正透露出那些排佛文人如臨大敵的心態。從各種層面上來說，佛教確實在宋代具有強大的影響力與感染力，特別是禪宗。因此在儒禪互動交鋒的局面下，除了令一些文人變成居士、一些禪僧變成文士之外，也使禪宗滲進更深層的中國文化裡頭。儘管北宋晚期一度有徽宗揚道抑佛的措施，但是此期的禪學卻正是大師輩出之時。

宗教自有其神話敘事、儀式倫理……等根源性的、或不可挑戰的一面。然而它們終究要落實到物質層面，融入社會制度之中，才有其現實發展的討論空間。自北宋張揚文風，發達的印刷術成為各類文本傳播的基本物質條件之一。禪門語錄、燈錄，包含著大量公案，在兩宋風行於禪徒與文士之間，而這類記載或評述公案、帶有教育意義的以文字教禪的禪籍，正是文字禪最

主要的文本。與唐代禪師不同，宋代禪師自覺的留下語錄著作，紛紛延請文士為其寫序，不但擴展讀者群，也為彼此贏得更好的名聲。這一方面促進禪文化與士大夫文化的交流，使禪宗在宋代更加的中國化、聖典化，也使禪僧愈趨近於文人。與此同時，由於文字禪的流衍造成公案語錄類禪籍在宗門內外傳播，這種禪風隨著時代文化的發展，又與宋代其他文藝活動交融在一起，進而出現各種載體，如宋代詩學、書畫之論與茶文化。

在詩禪關係中，宋代文人以詩談禪是很常見的，這是由於學詩與參禪都需要「妙悟」的發生。當時公案中的活句思想也被引入到詩學理論中，若能參透詩句所隱含不可說破的言外之意，以當時的審美判斷而言是殊勝的。〔註43〕而宋人書論尚意，把禪門公案中的「句中有眼」引申為書法中的「字中有筆」，在墨蹟之外追求筆意，此又與畫論中不貴形似，捕捉物外之形的情況相類，跟當時公案禪機出入士大夫文化有直接的關係。在茶文化的部分，所謂「茶禪一味」的源頭，經常被追究到北宋晚期臨濟宗圓悟克勤（1063～1135）寫給弟子的印可狀。印可狀的內容除了嘉勉弟子證悟禪源，亦藉題以文字作禪事，留下帶有教育意義的禪文字，形成文字禪的文本之一。而在當時因文字禪風尚大為流行的各種公案集、燈錄，也記載許多茶事，亦成為後人研究宋代茶文化時所不可忽略的文本。

上述那些宋人較具代表性的文藝活動，雖然並非皆以禪悟為最終目標，還必須考量參與者個人經驗、信仰……等不同因素，但是公案話頭確實成為在這些文化活動中經常被運用的禪機。文字禪在北宋席捲禪林的過程中，來自宗門人士的反對聲音並不罕見，如北宋臨濟宗的泐潭洪英（1012～1070），以及兩宋之際臨濟宗的卍菴道顏（1094～1164）等皆曾對公案的拈古、頌古表示不滿，後者甚至直接將矛頭指向善昭、重顯，〔註44〕此又可見宋時已將善

〔註43〕如惠洪〈莉公東坡句中眼〉：「造語之工，至于莉公、東坡、山谷，盡古今之變。莉公曰：『江月轉空為白晝，嶺雲分暝與黃昏。』又曰：『一水護田將綠遠，兩山排闥送青來。』東坡〈海棠〉詩曰：『祇恐夜深花睡去，高燒銀燭照紅妝。』又曰：『我攜此石歸，袖中有東海。』山谷曰：『此皆謂之句中眼，李者不知此妙語，韻終不勝。』」「李」乃「學」之異體字。詳見〔宋〕惠洪：《冷齋夜話》（京都：臨川書店，2000 年 10 月，禪學典籍叢刊本第五卷），卷5，頁 784～785。所謂「袖中有東海」、「夜深花睡去」……等，或擬人、或誇飾，皆詩人造語之妙，然此妙又無法可循，難以用常理揣度，具有詩人的弦外之音、言外之意，跟禪門活句機鋒可以說是異曲同工的。

〔註44〕容於本文第五章第二節「文字禪在南宋的餘緒」再行詳述。

昭、重顯視爲當代早期公案頌古與拈古的指標性人物。然而文字禪在宋代並沒有因此止步不前，臨濟宗清涼惠洪著成《石門文字禪》等多部典籍，在北宋晚期成爲文字禪最具代表性的人物。此時禪門家風早已進一步與士大夫文化交攝融會，發展出不同於前朝的叢林風貌。不過，由於當時文本裝幀方式的改變，從卷軸式進步到冊本式，利於禪師考據公案典奧，竟不意造成禪徒致力鑽研公案文本而於禪境無所得。南宋以後出現的「默照禪」與「看話禪」，正是要對治這樣的流弊。同樣是「禪」，爲何各自限定在「文字」、「默照」、「看話」之中？禪師們津津樂道的禪悟難道各有不同？應非如此。既皆爲參禪的修行法門，名雖有別，所指則一。北宋的文字禪，即以文字作禪事，固有其時代背景與禪教合一的積極取向，然當學人未能於文字中參悟，徒然記誦公案語錄，禪機便流於浮光掠影，文字也不得不變成口頭禪的文本形式。這樣的弊端，起源於禪籍大量的製造生產，禪徒過度接受文字，逐漸偏離覺悟之道。南宋初的默照禪，重新回歸坐禪的傳統，儘管默照禪大師宏智正覺（1091～1157）本人亦是頌古大家，但是在他的要求下，禪徒必須放棄在文字上做工夫，靜坐默究，澄慮證空。只是如此又產生另一種流弊，若禪徒能夠假文字之形式以自稱了悟，同樣能夠假靜坐之形跡以掩飾其實無所得。看話禪的出現，一方面要撕裂這樣的僞裝，另一方面仍然是起於對禪徒鑽研文字的不信任。是故大慧宗杲（1089～1163）雖示徒以公案話頭，然參看話頭的目標並不在話頭本身，而是超越於話頭之上的正法眼藏。這固然是對文字禪的反動，但是公案話頭、活句仍是看話禪理論的內涵之一，終究帶著辨正關係而未嘗完全捨棄北宋文字禪的餘緒。

由上述可知，文字禪在北宋有其發起者、附和者、亦有其反對者，並包含明確的理念與核心價值，在當時形成一股風氣，且對當時社會文化有確實的影響，這就是本文將北宋文字禪視爲一個時代之運動的緣由所在。然而，文字禪運動在北宋以後仍然持續發展、或引領各時代主要的禪風嗎？如果能夠明白「文字禪」與「文字禪運動」的區別，那麼上面那個問題的答案自然是否定的。正如唐宋古文運動一般，在宋代以後，那種以駢文爲論敵、並祖述儒道的「古文運動」，不再是接下來各時代詩文革新的主角。不過，「古文」並未因此消聲匿跡，清代尚有桐城派、陽湖派等續唱尾聲，「古文」仍保有其生命。而在「文字禪運動」的場合，若以一個時代的運動而言，「文字禪運動」雖未在宋室南渡後即告終結，卻也在之後逐漸、慢慢地收聲，南宋尚有其餘

緒，宋代以後則沒有所謂的「文字禪運動」引領時代禪風。不過，若是以「文字禪」這種禪法本身來看，則不能斷言其生命何時終結。自北宋以文字作禪事之風起，至南宋又出現許多文人化的禪僧與禪詩文集，明代以後還能見到文字禪的流風餘韻，甚至還有一篇題為「文字禪」的輯稿出現。可以說，只要禪人曾試圖藉由文字經教來參禪，或以之接引學人，那麼，儘管它的規模不能再稱作「運動」，「文字禪」這個禪法卻仍然保有其生命。

二、如何看待宋代佛教

在進入本文主題之前，還有一個價值性的根本問題必須處理，也就是——如何看待宋代佛教？唯有當我們確定宋代佛教的特殊之處，並且承認其研究意義，後文方有所循。

唐宋兩代，禪宗皆普遍流行於社會，接受者除出家眾外，亦包含許多文人士大夫。盛唐以後，禪門宗師神秀（605～706）與慧能（638～713）甫遷化，適逢青原行思（？～741）、荷澤神會（668～760）、石頭希遷（700～790）、馬祖道一（709～788）……等大禪師活躍的時代，當時中國禪宗方興未艾，發展正盛，神秀本人深受王公士庶的景仰；〔註45〕慧能則是在死後留下肉身舍利，被供奉在今廣東南華寺，連皇帝都曾請其衣鉢供養。〔註46〕雖唐玄宗在位期間（712～756）採取了許多抑佛手段，〔註47〕然崇佛已成世風，如史載神秀高足義福（658～736）於開元十一年（723）往洛陽途中，「途經蒲、虢二州，刺史及官吏士女皆齎幡花迎之，所在途路充塞。」另一高足普寂（651～739）於開元十三年（725）奉敕「於都城居止，時王公士庶，競來禮謁。」〔註48〕大致而言，這個時期正值達摩以來中國禪思想的分化與轉型，〔註49〕

〔註45〕「弘忍以咸亨五年（674）卒，神秀乃往荊州，居於當陽山。則天聞其名，追赴都，肩輿上殿，親加跪禮，敕當陽山置度門寺以旌其德。時王公已下及京都士庶，聞風爭來謁見，望塵拜伏，日以萬數。中宗即位，尤加敬異。」詳見〔後晉〕劉昫等著：《舊唐書》（北京：中華書局，1975 年 5 月），冊 16，卷 191，頁 5110。

〔註46〕「上元元年（760），肅宗遣使，就請師衣鉢歸內供養。」道原：《景德傳燈錄》，卷 5，頁 236。慧能的肉身舍利亦可參考〔宋〕贊寧：《宋高僧傳》（臺北：新文豐，大正藏本，冊 50），卷 8，頁 755。

〔註47〕諸如沙汰僧尼、禁俗鑄佛像、拆除村坊佛堂等，可參考〔美〕斯坦利·威斯坦因著，張煜譯：《唐代佛教》（上海：上海古籍出版社，2010 年 8 月），頁 55～56。

〔註48〕上舉義福與普寂之事，詳見劉昫等著：《舊唐書》，冊 16，卷 191，頁 5111。

基本上是神秀的北宗禪與南宗慧能一系的禪學勢力彼此消長的過程。必須說明的是，已有學者指出，所謂的南北宗之分並非神秀、慧能等人建立，乃是神會爲了「正統性的意欲」對神秀法系賦予帶有貶義的「北宗」稱呼，而神會自居的「南宗」正是對峙於「北宗」所成立的名號。〔註50〕

　　當時士大夫習禪的社會環境處於上述的禪學氛圍之中，到了中唐，士大夫如裴休（797～870），甚至爲禪林尊宿寫錄傳心法要，〔註51〕深契於禪理。又如詩人白居易（772～846），屬於官僚型居士，〔註52〕孫昌武先生認爲宗教生活對白居易而言是一種消遣，其居士與儒家士大夫的雙重身分並不會帶來矛盾，〔註53〕但也因爲如此，他對佛教的理解、對佛教的虔誠度，恐就不如早前盛唐時期虔誠的禪宗信徒王維（701～761）。王維在唐代是非常具有代表性的居士，《國史補》云：「王維好釋氏，故字摩詰。」〔註54〕關於他佛教信

〔註49〕葛兆光先生指出，從西元 674 年弘忍圓寂，到 713 年慧能圓寂，禪宗思想「逐漸從未經整合的禪學方法與理論中，辨析出了各有其思路的好幾套體系，並引起了禪思想的分化與轉型。」詳見氏著：《增定本中國禪思想史——從六世紀到十世紀》（上海：上海古籍出版社，2008 年 12 月），頁 162～163。

〔註50〕可參考〔法〕佛爾著，蔣海怒譯：《正統性的意欲——北宗禪之批判系譜》（上海：上海古籍出版社，2010 年 12 月）。作者於結論中提到：「神會給神秀法系所賦予的名稱『北宗』被注入了貶義，它暗示了某種『非正統性』和沉溺於『權力』。」詳見頁 203。

〔註51〕詳見〔唐〕裴休集：〈黃檗山斷際禪師傳心法要〉（臺北：新文豐，大正藏本，冊 48），頁 379～384。

〔註52〕孫昌武先生認爲唐代文人接受佛教有三個類型，除了虔誠的禪宗信徒王維、主要修習天台教義的柳宗元，另一個就是文人官僚白居易，詳見氏著：《佛教與中國文學》（上海：上海人民出版社，2007 年 6 月），頁 73～74。張培鋒先生亦如是看待白居易，並認爲宋代士人對之多有效法，殊非偶然。可參考張培鋒：《宋代士大夫佛學與文學》（北京：宗教文化出版社，2007 年 4 月），頁 50。「居士」本爲中國原有之名詞，佛教傳入中國後，借譯爲在家修行的佛教徒。《禮記·玉藻》記：「居士錦帶。」鄭玄注「居士」曰：「道藝處士也。」即未出仕的、有德之隱士。詳見〔漢〕鄭玄注，〔唐〕孔穎達疏：《禮記正義》（北京：北京大學，2000 年十三經注疏本），卷 30，頁 1054。又，《韓非子·外儲說右上第三十四》云：「齊東海上有居士曰狂矞、華士。」其中「居士」亦作「隱士」解。詳見〔清〕王先謙集解，鍾哲點校：《韓非子集解》（北京：中華書局，2003 年新編諸子集成本，2 刷），卷 13，頁 315。張培鋒先生指出《漢書·食貨志》所謂「學以居位曰士」，可簡稱居士，詳見氏著：《宋代士大夫佛學與文學》，頁 44。「居位」即居官任職之謂。

〔註53〕詳見孫昌武：《佛教與中國文學》，頁 106。

〔註54〕〔唐〕李肇：《國史補》（上海：上海古籍出版社，1979 年 1 月，新一版），卷上，頁 16。

仰之深厚，如蕭麗華女士便指出王維一生雖在仕隱之間徘徊，實則已達依俗
得聖、不見空與不空的境界。〔註 55〕此外史籍亦有相關記載，如《舊唐書・
王維傳》云：「退朝之後，焚香獨坐，以禪誦爲事。」〔註 56〕王維著意「奉佛
報恩」，其詩亦謂：「一生幾許傷心事，不向空門何處銷。」〔註 57〕皆足以明
其志。大體而言，王維詩作深契禪門空觀，並有「詩佛」之雅名，如其詩〈鹿
柴〉曰：「空山不見人，但聞人語響，返景入深林，復照青苔上。」〔註 58〕此
詩字句無關禪門話頭，亦非在直述禪理，但卻能藉由描景所營造出的景深
（depth of field）中透露作者空寂之禪悟。〔註 59〕清人沈德潛（1673～1769）
便稱其「不用禪語，時得禪理。」〔註 60〕可以說王維雖未出家，卻是深契禪
境的虔誠信徒。

　　要特別說明的是，據龔鵬程先生研究，王維欣賞的禪法是達摩門下早期
相傳的如來禪法，〔註 61〕如來禪之路向，簡言之乃通過修行以契悟自心本來
清淨無漏。關於這方面，就與宋代有所不同。宋代士大夫所熟悉的乃是馬祖
道一以來大盛的祖師禪，〔註 62〕其旨趣約爲師徒心心相印、見性成佛之法門。
可以說，王維與宋代士大夫對禪學的攝取是有所區別的。

　　宋代士大夫禪悅之風盛，許多文人皆與佛教特別是禪宗往來密切，〔註 63〕
最爲人所熟知者如蘇軾（1037～1101），與唐代王維一樣以「居士」自處，並

〔註 55〕　可參考蕭麗華：〈論王維宦隱與大乘般若的關係〉，詳見氏著：《唐代詩歌與禪
　　　　　學》（臺北：東大圖書，2000 年 10 月，2 刷），頁 73～102。作者在頁 90～91
　　　　　對王維亦仕亦隱的風格作了小結。
〔註 56〕　詳見劉昫等著：《舊唐書》，冊 15，卷 190 下，頁 5052。
〔註 57〕　語出〈歎白髮〉，詳見〔唐〕王維著，〔清〕趙殿成箋注：《王右丞集箋注》（上
　　　　　海：上海古籍出版社，1984 年 6 月），卷 14，頁 267；「奉佛報恩」語出〈謝
　　　　　除太子中允表〉，詳見同書卷 16，頁 295。
〔註 58〕　語出〈鹿柴〉，王維：《王右丞集箋注》，卷 13，頁 243。
〔註 59〕　蕭麗華女士也指出：「王維輞川詩具足的『空寂』美感應不在參禪活動的描述
　　　　　或直接闡述禪理上，應屬於杳無形跡，不落言筌的契道之美。」詳見氏著：《唐
　　　　　代詩歌與禪學》，頁 140。
〔註 60〕　〔清〕沈德潛：《說詩晬語》（北京：人民文學出版社，1979 年 9 月），卷下，
　　　　　頁 252。
〔註 61〕　詳見龔鵬程：《佛學新解》（北京：北京大學，2009 年 1 月），頁 58。
〔註 62〕　又作南宗禪，指中國禪宗初祖達摩所傳，至六祖慧能以下的五家七宗。
〔註 63〕　如楊億、蘇軾、張商英、黃庭堅……等人，這方面前賢論述頗豐，亦可參考
　　　　　蔣義斌：《宋代儒釋調和論及排佛論之演進——王安石之融通儒釋及程朱學派
　　　　　之排佛反王》（臺北：臺灣商務，1997 年 10 月，2 刷），頁 11～12。

欣賞維摩詰，〔註64〕儘管他也有不少透脫的佛教題材的詩文，其佛教信仰卻不如王維來得深切，這也代表他對佛教的接受是與王維不同的。相較之下，儘管中唐白居易對佛教的理解也許不能與北宋蘇軾並論，〔註65〕但是蘇軾在接受佛教的情況上還是較類似白居易，居士稱號僅說明他們的宗教興趣，而不是一生主要的寫照。不過，與前代比較只是爲了參考互見，宋代到底自有宋代的宗教背景與社會環境。蘇軾於仁宗嘉祐元年（1056）舉進士，其主要生活時期歷仁、英、神、哲四帝，〔註66〕當時中國佛教以禪門爲顯學，叢林又以臨濟、雲門兩宗較爲興盛。北宋禪宗發展在很大程度上依賴政權的扶持，於隋唐義學佛教的繁榮之後，這個階段是「居士佛教的擡頭期」，〔註67〕朝臣士大夫中不乏參禪者，蘇軾即爲其中之一。後人研究蘇軾與佛教的關係，經常在其涉獵三教的思想淵源下展開，佛教的部分多著重在其習佛之因緣、與禪僧的交往、及其詩文中的佛理禪悟。〔註68〕然而在證明他的思想與文學包含佛禪因素的同時，很可能錯失了他與佛教的距離不如想像中來得接近，或者至少不如王維般虔誠。同樣以居士自居，蘇軾較之王維，更貼近於在家的俗人身分，他與僧侶的互動總是自覺的站在對立面進行談辯，而那些能與之應對的出家人也多半是飽讀詩書、文人化了的禪僧。其時禪宗已不似唐代不重文字的作風，不只是佛典語錄成爲北宋文人們閱讀的對象之一，相對的，

〔註64〕 蘇軾嘗以維摩詰入詩，如〈臂痛謁告作三絕句示四君子〉：「維摩示病吾眞病，誰識東坡不二門。」詳見〔宋〕蘇軾著，〔清〕王文誥輯註，孔凡禮點校：《蘇軾詩集》（北京：中華書局，1982年2月），頁1801。

〔註65〕 孫昌武先生指出，白居易「對佛教教義理解得很淺薄」，「不僅不能嚴分宗派體系，甚至多有任意曲解處」，詳見氏著：《佛教與中國文學》，頁73、102。

〔註66〕 宋仁宗（1022～1063），宋英宗（1063～1067），宋神宗（1067～1085），宋哲宗（1085～1100）。蘇軾卒於建中靖國元年（1101），時宋徽宗（1100～1125）甫登基（哲宗於元符三年即西元1100年崩，同年徽宗登基，隔年方改元建中靖國元年），故若論蘇軾主要生活時期所歷之宋帝，不列徽宗。又，本註諸帝括號內所示爲在位年，非生卒年。

〔註67〕 竺沙雅章：〈蘇軾と佛教〉，《東方學報》京都版，冊36（1964年10月），頁457。

〔註68〕 茲舉近年數本學位論文以供參考——巫沛穎：《論蘇軾黃州詩的禪悅與詩情》（新竹：玄奘大學中國語文學系碩士論文，2007年6月）。陳淑芬：《蘇軾黃州時期作品中的佛學思想研究》（彰化：彰化師範大學國文研究所國語文教學碩士論文，2007年7月）。施淑婷：《蘇軾文學與佛禪之關係——以蘇軾遷謫詩文爲核心》（臺北：臺灣師範大學國文系博士論文，2008年）。吳明興：《蘇軾佛教文學研究》（宜蘭縣：佛光大學文學系博士論文，2009年7月）。

禪僧裡頭也有不少受過儒家教育、熟習儒典的人士，與蘇軾交往著名的雲門宗佛印了元（1032～1098）就是一個例子。〔註 69〕蘇軾謫居黃州時，在〈答畢仲舉二首〉中謂：「佛書舊亦嘗看，但闇塞不能通其妙，獨時取其粗淺假說以自洗濯。」研究者經常會提到這段引文，並以此說明蘇軾因外在的政治壓迫故而向佛教尋求內心慰藉。但是同一篇文章中蘇軾還這麼說：

> 若世之君子，所謂超然玄悟者，僕不識也。往時陳述古好論禪，自以爲至矣，而鄙僕所言爲淺陋。僕嘗語述古：「公之所談，譬之飲食龍肉也；而僕之所學，豬肉也。豬之與龍則有間矣，然公終日說龍肉，不如僕之食豬肉實美而眞飽也。不知君所得於佛書者果何耶？爲出生死、超三乘、遂作佛乎？抑尚與僕輩俯仰也？」學佛老者，本期於靜而達，靜似懶，達似放，學者或未至其所期，而先得其所似，不爲無害，僕常以此自疑。〔註 70〕

引文中，蘇軾所謂「世之君子」，並不是以出家人爲主要對象，據後文提到「陳述古好論禪」之事，〔註 71〕也可推測爲當時參禪的居士。蘇軾接近佛教的動機，並不是從一個純粹信徒的立場出發，而是試圖在佛典中取其可供己用的假說作爲自我修養的材料。修養的目的在於調伏心性，而不是覺悟成佛。事實上，他對當時「世之君子」而能「超然玄悟者」是否眞的存在，也是持保留的態度。儘管蘇軾在元豐二年（1079）被貶爲黃州團練副使後曾表示：「盍不歸誠佛僧，求一洗之？」也曾數度前往精舍「焚香默坐，深自省察，則物

〔註 69〕 「（了）元生三歲，琅琅誦《論語》、諸家詩，五歲誦三千首。既長，從師授五經，略通大義。」詳見〔宋〕惠洪：《禪林僧寶傳》（京都：臨川書店，2000年 10 月，禪學典籍叢刊本第五卷），卷 29，頁 81。

〔註 70〕 語出〈答畢仲舉二首〉，詳見〔宋〕蘇軾著，孔凡禮點校：《蘇軾文集》（北京：中華書局，1986 年 3 月），卷 56，頁 1671～1672。據李一飛先生考察，「畢仲舉」應爲畢仲游（1047～1121），著有《西臺集》，詳見李一飛：〈蘇軾《答畢仲舉書》爲答畢仲游作芻議〉，《文學遺產》，第 3 期（2008 年），頁 140～143。從《西臺集》中可見畢仲游與禪僧之交往，詳見〔宋〕畢仲游：《西臺集》（上海：商務印書館，1935 年叢書集成初編本，冊 1942～1945），如末冊卷 19，頁 286 便有〈贈修顒上人〉一詩，「修顒上人」乃慧林宗本（1021～1100）法嗣投子修顒（生卒年不詳）。

〔註 71〕 「陳述古」即陳襄（1017～1080），其傳詳見〔元〕脫脫：《宋史》（臺北：鼎文書局，1998 年影印中華書局本），冊 13，卷 321，頁 10419～10421。《禪林僧寶傳》記其懇請慧林宗本主持法席，詳見惠洪：《禪林僧寶傳》，卷 14，頁 42。

我相忘，身心皆空」，〔註72〕但是晚年的蘇軾，在紹聖二年（1095）仍然說道：
「吾非學佛者。」〔註73〕這並不是說他未曾參禪學習佛法，而是片面的表明，
雖確以「居士」自稱，但自己與那些忠誠的信徒或居士終究有別。就算能夠
精通禪理，達到「出生死，超三乘」的境地，對蘇軾來說，那種人還是要與
「僕輩俯仰」、在世間浮沉，這也再次表現蘇軾與那些偏向出世間的佛徒對立
的立場。明確的說，「居士」身分僅指出蘇軾的佛教興趣與內心需求，然而「文
人士大夫」的身分恐怕在其處世態度中佔有更重的份量，此正與「身居百官
之中，心超十地之上」〔註74〕的王維迥然不同。〔註75〕

　　儘管唐宋兩代皆有不少文人居士親近禪宗，士大夫對禪學接受的情況卻
也不盡相同。然而若論到唐宋禪宗最主要的差異，應該還是在於禪宗性質的
轉變。進一步說，北宋禪宗接受了大量來自儒家教育的文學性，或由禪僧與
士大夫的交往中滲入、或由禪僧過往所受的教育訓練而來，例如詩詞寫作。
愈多的文人、詩僧在參禪活動中產生交集，禪宗的形態就勢必從隋唐時期機
鋒棒喝的傳統中進行適應、改造。簡而言之，除了參禪隊伍出現許多教外文
士，教內也不乏飽讀詩書、勇於追求文學美感的禪僧。從北宋當時的禪宗文
本來看，許多唐代禪師的公案、語錄是到宋代才被整理成書的，另外又像是
僧傳、燈錄、頌古、拈古或者說文字禪文本的興起等等，皆表現出一種富有
文人氣息的參禪風格，這些正是當時禪宗的特色所在。

　　中國佛教的研究，歷來以隋唐佛教為主流，無論是佛教各宗哲學教義，
還是經典翻譯與製造，多為唐以後歷代學者或僧侶們資以談辯、教學、修行
的根據。也因為如此，隋唐經常被研究者視為佛教最輝煌的發展階段。相形
之下，入宋之後的佛教似乎顯得黯然失色，或者說學者給予的評價總與隋唐

〔註72〕上述兩條引文語出〈黃州安國寺記〉，詳見蘇軾：《蘇軾文集》，卷12，頁391
　　　　～392。
〔註73〕語出〈虔州崇慶禪院新經藏記〉，詳見蘇軾：《蘇軾文集》，卷12，頁390。
〔註74〕語出〈讚佛文〉，詳見王維：《王右丞集箋注》，卷20，頁362。
〔註75〕鄧克銘先生指出：「唐士大夫之學佛，多嚮往一種超越、寧靜、幽遠的生活。
　　　　然而宋士大夫之學佛卻有一種莊嚴的時代使命感，亦即藉參禪來鍛鍊自己的
　　　　心性以應付國難。」詳見氏著：《大慧宗杲之禪法》（臺北：東初出版社，1990
　　　　年7月，三版），頁21。若以蘇軾為例，雖未必因國難或當時國家局勢而起參
　　　　禪之心，然其參禪固有其鍛鍊自我心性修養的目的，只是他的身分認同並不
　　　　以佛教徒或禪徒自居，他所追求的曠達也不在覺悟成佛處，這也是與嚮往超
　　　　越、寧靜、幽遠生活的詩佛王維在參禪心態上的不同處。

時期有一段落差。學成於美國哈佛大學的湯用彤先生（1893～1964），在其著《隋唐佛教史稿》中直接指明，隋唐佛法更勝六朝，然至宋元兩代，「精神非舊，佛教僅存軀殼而已。」〔註76〕若檢視過去東西方學者對宋代佛教的印象，像這類較爲負面的看法似乎並未留意上述所論宋代禪宗之特色。格里高瑞（Peter N. Gregory）在〈宋代佛教的活力〉一文中就指出，對宋代佛教研究不足的情況下，「宋代被視爲佛教的衰退期」已經是一種固著的成見。〔註77〕對於這種成見的起因，他提出三點說明，包括中國儒家傳統先入爲主的論述，欲將佛教邊緣化並凸顯其外來之定位；〔註78〕而另外兩個起因，一是宋代佛教尤指禪宗對自我的修辭，〔註79〕這類修辭建立在對前朝大德的推崇，並帶有自我反省的負面傾向。〔註80〕但是，任何時代的任何一種尙古、師古的言

〔註76〕 湯用彤：《隋唐佛教史稿》（武漢：武漢大學，2008年12月），頁272。原文中「軀殼」之「軀」誤植爲「驅」。

〔註77〕 Peter N. Gregory, "Vitality of Buddhism in the Sung." in *Buddhism in the Sung*, ed. Peter N. Gregory and Daniel A. Getz, Jr.（Honolulu: University of Hawai'i Press, 1999）, 2.

〔註78〕 Peter N. Gregory, "Vitality of Buddhism in the Sung." in *Buddhism in the Sung*, 3. 關於這一點，也可以在北宋古文運動中的排佛論調中發現。

〔註79〕 同上註。

〔註80〕 如《禪林寶訓》記南宋臨濟宗心聞曇賁（生卒年不詳）對當時流行的重顯頌古與克勤《碧巖錄》之指責：「天禧間，雪竇以辯博之才，美意變弄，求新琢巧，繼汾陽爲頌古，籠絡當世學者，宗風由此一變矣。逮宣政間，圓悟又出己意，離之爲《碧巖集》。……於是新進後生，珍重其語，朝誦暮習，謂之至學，莫有悟其非者。痛哉！學者之心術壞矣。」詳見淨善：《禪林寶訓》，卷4，頁1036。又如惠洪在〈臨平妙湛慧禪師語錄序〉及〈題才上人所藏昭默帖〉用《毛詩傳》典故而曰：「雖無老成，尚有典刑。」「老成」指的是古代禪師，「典型」指的則是古代禪師語錄，意即當時北宋已無如前代一般的祖師，但仍有其語錄可參。惠洪在〈題隆道人僧寶傳〉中亦曰：「禪宗學者自元豐以來，師法大壞，諸方以撥去文字爲禪，以口耳受授爲妙，耆年凋喪，晚輩蝟毛而起，……於是佛祖之微言、宗師之規範，掃地而盡也。」前引三條，依序分別詳見惠洪著，廓門貫徹註：《註石門文字禪》，卷23，頁601；卷26，頁657、663～664。以上周裕鍇先生皆有評述，詳見氏著：《禪宗語言》（臺北：世界宗教博物館，2002年11月），頁155、191～192。此外，再如佛眼清遠（1067～1120）嘗曰：「今時學者不究佛語，祇究祖師語。」後舉雲門文偃（864～949）爲例，知其所謂「祖師」乃指前代禪師：洞山守初（910～990）亦嘗曰：「夫善知識者，驅耕夫之牛，奪饑人之食，方名善知識。即今天下，那箇是眞善知識？」凡此皆宋代禪僧表現出對前代的企慕，或對當時北宋禪林的不滿。以上兩條分別詳見賾藏主編集，蕭萐父、呂有祥、蔡兆華點校：《古尊宿語錄》，冊下，卷28，頁529；卷38，頁708。

論，都有其各自的歷史包袱，以宋代禪僧而言，未嘗不有妄自菲薄之疑。二是源於日本學界裡的那些宗派意識濃厚者或民族主義者，他們對於西方瞭解中國佛教所做出的「貢獻」。〔註81〕關於禪宗被介紹到西方社會，當以日本學者鈴木大拙（1870～1966）居首功，〔註82〕而其對西方瞭解禪宗所做的努力，這一點龔雋先生已有評述，他指出鈴木大拙「以他特有的歷史學方式補充他早年關於中國佛教衰亡論的觀點，他認為中國的禪在宋以後就不再發展了，此後的禪只有在日本才被發揚。」〔註83〕此外，同樣對英語世界禪學研究影響甚深的柳田聖山（1922～2006），〔註84〕在其著《中國禪思想史》一書中也曾提到：「大陸的禪，自宋代以後，已漸跌落到狹隘的經驗主義，或倫理的嚴肅主義方面去，不能顯示出思想上的盛大的發展。」〔註85〕

西方學界對於宋代佛教的認識，也確實有不少負面的評價，如德國學者杜默林（Heinrich Dumoulin，1905～1995）指出，宋代反映了中國熱愛文字書寫的傳統，禪宗亦不能從這種影響中解脫出來；到了南宋，時代全面進入了社會與文化的衰退期，禪宗也不能從中免除這種趨向，「那些我們曾在唐代禪林所遇到偉大的、富創造力的禪師，已不見於此。」〔註86〕美國學者芮沃壽（Arthur F. Wright，1913～1976）亦認為「隋唐時期是中國佛教獨立和創造的黃金時期」，而宋代則被歸類為佛教的挪用期，本土的儒學傳統吸取了部分佛教元素，轉而用以發展理學的內涵與形式，「最初的佛教特徵漸漸湮沒，不為人所辨。」〔註87〕英國學者 S.A.M.艾茲赫德（S.A.M. Adshead）也認為「到了宋朝，佛教在中國被打敗了」，因為佛教遁入密宗、淨土宗、禪宗的反理性主義，其外又有新儒學的興起，故「佛教已經退化為一種亞文化」。〔註88〕但是，

〔註81〕 Peter N. Gregory, "Vitality of Buddhism in the Sung." in *Buddhism in the Sung*, 3.

〔註82〕 可參考李四龍先生之介紹，詳見氏著：《歐美佛教學術史》（北京：北京大學，2009 年 11 月），頁 20、277、279。

〔註83〕 龔雋：《禪史鉤沉：以問題為中心的思想史論述》，頁 415。

〔註84〕 可參考佛爾〈當前英語世界的禪研究〉一文，詳見氏著，蔣海怒譯：《正統性的意欲——北宗禪之批判系譜》，頁 242～243。

〔註85〕 〔日〕柳田聖山著，吳汝鈞譯：《中國禪思想史》（臺北：臺灣商務，1992 年 9 月，二版），頁 189～190。

〔註86〕 Henrich Dumoulin, *Zen Buddhism: A History, vol.1 of India and China*, 245.

〔註87〕 〔美〕芮沃壽著，常蕾譯：《中國歷史中的佛教》（北京：北京大學，2009 年 6 月），頁 49、65。

〔註88〕 〔英〕艾茲赫德著，姜智芹譯：《世界歷史中的中國》（上海：上海人民出版社，2009 年 6 月），頁 129。

艾茲赫德忽視了宋代禪宗有「禪教合一」、「藉教習禪」的特徵，過於簡單的視整個宋代禪宗為反理性主義的表現，從其以「退化」來形容宋代佛教，可知與上述諸位學者立場相類，皆認為宋代佛教已經失去隋唐時期的面貌，離開了黃金時期，進入像是挪用、衰退、甚至是僅存軀殼的局面。

　　前述那些看法，著眼於隋唐時期確立的佛教各派義理在宋代並沒有得到更多的發展，或者至少不如隋唐時期來得深廣。推想其原因不只是義學的停滯不前，如文本注疏在戰亂中流失，或是經典的輸入與譯經的質量大不如前，還包括許多像是士大夫群體的參禪造成禪宗性質的轉變、官方對教團涉入更多管理與控制權……等等的政治與社會因素，使得宋代佛教的輪廓自隋唐之後產生很大的變化。英國學者尼尼安・斯馬特（Ninian Smart，1927～2001）曾提出「宗教七維」，〔註89〕即宗教的七種維度或層面。其中的「教義與哲學層面」，是部分評論者用以看待隋唐佛教與宋代佛教之間差異性的維度，特別是那些視宋代為佛教衰退期的評論者。然而癥結就在於，宋代佛教是不是惟有繼承隋唐佛教的全部義理面向，才得以避免「退化」？日本學者忽滑谷快天（1867～1934）指出：「折衷綜合之風彌漫北宋，禪者學教家，教家習禪者，各失其特色。」不過他同時也認為佛教在經歷五代戰亂後，至趙宋「如枯木之再逢春」，其中尤指禪門，並將北宋視為禪道爛熟的前期。〔註90〕持類似的觀點還有斯坦利・威斯坦因（Stanley Weinstein），他認為唐王朝的崩潰，「使得中國義理佛教史上最富有創造力的時代突然終結」，但同時也為禪宗與淨土宗開闢發展的道路。〔註91〕此處不必作者明說，禪淨兩宗正是在宋代蓬勃興盛。〔註92〕若參照斯馬特之說，一個宗教既然有一種以上的面向可供觀察，那麼或許從別的面向來看待宋代佛教，會有迥然不同的描述。然而，要特別說明的是，「宗教七維」背後所綜合西方宗教、歷史、文化……等學術意義相

〔註89〕 分別是實踐與儀式層面；經驗與情感層面；敘事與神話層面；教義與哲學層面；倫理與律法層面；社會與制度層面；物質層面。詳見〔英〕斯馬特著，高師寧、金澤、朱明忠等譯：《世界宗教》（北京：北京大學，2004年1月），頁5～12。
〔註90〕 〔日〕忽滑谷快天著，朱謙之譯：《中國禪學思想史》（上海：上海古籍出版社，2002年4月），冊下，頁369。
〔註91〕 斯坦利・威斯坦因著，張煜譯：《唐代佛教》，頁163。
〔註92〕 有關宋代淨土宗的研究，可參考日本學者荒木見悟之介紹，詳見氏著：〈宋元時代の仏教・道教に關する研究回顧〉，《久留米大學比較文化研究所紀要》，第1輯（1987年5月），頁103～111。

當複雜而精奧，本文尚不能以之爲論述主軸，今且以宗教的「物質層面」舉例說明。斯馬特認爲：

> 宗教的社會與制度層面幾乎不可避免地要以一種不同的方式即物質的形式，例如建築物、藝術品和其他創造物來體現。〔註93〕

關於這一點，英國學者關大眠（Damien Keown）指出：「佛教的另一個非常重要的製品是佛教典藏。」〔註94〕漢文佛教大藏經的刻印始於宋太祖開寶年間（968～976），初刻本大約完成於宋太宗太平興國八年（983），是爲「開寶藏」，〔註95〕等同對外宣布了佛經典籍的所有權。此後終有宋之世，民間又集資刊刻了《崇寧藏》、《毗盧藏》、《圓覺藏》、《資福藏》、《磧砂藏》等，可說是歷代之冠。這些爲數龐大的經藏對佛學的保存、延續、及發展大有裨益。另一方面，北宋禪師們所創作的韻文、頌古詩偈，留下的語錄、燈錄、公案集，在帶有教學意義的文學寫作下，除了抒發其禪悟之境，同時也成爲習禪者的典範依據，進而在北宋累積爲數可觀的文本數量。從上述這些物質的層面來看，可以說宋代佛教在整個中國佛教史上的貢獻與價值並不亞於隋唐時期。

　　平心而論，宋代佛教的定位不能斷然被視爲隋唐之後的衰退表現，描述一個宗教的歷史價值，除了其經典注疏、派系思想主張所建構的知識文化，應該還要關注到它社會性、物質性的一面，而這些通常也與時代的政治環境背景相互牽涉。格里高瑞（Peter N. Gregory）認爲，過去的研究框架傾向把宋代佛教關於「量」的繁榮，視爲標識其「質」的衰退表現。〔註96〕以唐代佛教作爲對比來說，格里高瑞所謂的「量」，指的是宋代僧尼、寺院、禪宗文本……等物質面向；而「質」的衰退，除了後世僧人對宋代的批判，〔註97〕主要則

〔註93〕 斯馬特著，高師寧、金澤、朱明忠等譯：《世界宗教》，頁12。

〔註94〕 〔英〕關大眠著，鄭柏銘譯：《當代學術入門：佛學》（瀋陽：遼寧教育出版社，1998年9月），頁13。

〔註95〕 金藏與高麗藏便據此復刻，關於宋代官刻與私刻的大藏經，可參考李富華、何梅：《漢文佛教大藏經研究》（北京：宗教文化，2003年12月），第三章到第七章。

〔註96〕 Peter N. Gregory, "Vitality of Buddhism in the Sung." in *Buddhism in the Sung*, 2.

〔註97〕 如元代中峰明本（1263～1323）將宋代文字禪與其他諸如外道禪、葛藤禪等並列，謂此閒名雜字「吹起知見風，鼓動雜毒海，掀翻情濤，非騰識浪，遞相汩沒，聚成惡業，流入無間，卒未有休日。」詳見〔元〕明本著，慈寂編：《天目中峰和尚廣錄》（臺北縣：彌勒出版社，1989年8月，禪宗全書本，冊48），卷4，頁50。又如明代漢月法藏（1573～1635），亦曾批評南宋默照禪爲「邪禪」，詳見〔明〕法藏說，弘儲記：《三峰和尚語錄》（臺北：新文豐，嘉興藏本，冊34），卷7，頁160。

來自於宋僧對前朝大德的推崇，以及對自我之反省，也就是前文所說宋代佛教特別是禪宗對自我的負面性修辭。然而格里高瑞也指出，正是那些在宋代被生產的唐代燈錄、語錄、公案集，造就了唐代佛教的榮光，而這個宋代佛教製造的神話（mythology），實際上也適切的揭露出其所建構的唐代佛教已超過它原本的真實。〔註 98〕換言之，由宋代所生產的各種公案、語錄、燈錄來看，這些文本確實描繪出文字禪思潮在宋代叢林裡頭所帶領的重要的禪學轉變。

黃國清先生在其著〈宋代戒環《法華經要解》的釋經態度與注解方法〉一文中，已整理出鎌田茂雄（1927～2001）等中日幾位學者的意見，他們認為過去學界專以佛教義學高度褒唐貶宋，忽略了中國固有的民族性、思想面，以及宗教實踐面等因素，或許有失公允。這幾位中日學者的見解實有助於我們「重新觀照宋代佛教思想與文化的價值」。〔註 99〕此外，Ding-hwa Evelyn Hsieh 在其 1993 年的博士論文中也如此提醒學者，不該把宋代禪宗視為整個禪學發展的衰退期，我們應要注意到「文字禪的發生確實在禪學裡頭造就了一個內在的轉捩點。」〔註 100〕近來更有持折衷態度的評述，如賈晉華女士所提出的：「承認中唐至五代為禪宗傳統發展的古典時期或黃金時代，並不意味著一定要宣稱宋代就是禪宗的衰落時代，或反轉過來。如果我們從不偏不倚

〔註98〕 Peter N. Gregory, "Vitality of Buddhism in the Sung." in *Buddhism in the Sung*, 4. 賈晉華女士在其著《古典禪研究》中，以馬祖道一為中心，對唐代禪宗作了系統性的考察，根據她的研究，「古典禪並不完全是宋僧創造的神話，而是一個存在於歷史上的、充滿活力的傳統。」這似乎是針對格里高瑞所謂「宋代佛教製造的神話」而提出的反駁，唯其立場亦並不以宋代佛教為衰退期。詳見賈晉華：《古典禪研究：中唐至五代禪宗發展新探》（香港：牛津大學，2010年10月），頁 11。

〔註99〕 黃國清先生所整理的中日學者之研究，日本學者有荻須純道〈趙宋佛教復興の一考察〉、高雄義堅《宋代佛教史の研究》、鎌田茂雄《中國佛教通史》，其中，末者又包含了吉永智海、常盤大定、布施浩岳等人的研究成果；中國學者則有顧吉辰《宋代佛教史稿》與王頌《宋代華嚴思想研究》，詳見黃國清：〈宋代戒環《法華經要解》的釋經態度與注解方法〉，《佛教文獻與文學》，高雄縣：佛光文化事業，2011 年 10 月，頁 232～233。黃文中將「鎌田」誤植為「鎌田」。

〔註100〕 Ding-hwa Evelyn Hsieh, "A Study of the Evolution of *K'an-hua* Ch'an in Sung China: Yüan-wu K'o-ch'in（1063～1135）and the Function of *Kung-an* in Ch'an Pedagogy and Praxis"（Ph.D dissertation, University of California, Los Angeles, 1993），182.

的視角來觀察這兩個時代，就會發現兩者都是禪的黃金時代。」〔註101〕因此，接下來的宋代佛教研究應該注意到，在傳統之外，宋代佛教如何建構唐禪的面貌？其教理通過什麼樣的方式被呈現？教徒又透過何種模式去實踐？這些顯然都是宗教文化的重要一環，也是後人給出評價時所不可忽略的部分。如果不能暫且擱置隋唐佛教輝煌的包袱，那麼北宋禪宗所流露出的嶄新氣象，也許會不斷被迫藏身在衰退的「亞文化」名下。因此，若要重新看待宋代佛教，必須回頭挖掘出以往被學者忽略的文化層面，特別是在佛學思想類的論文中很可能被一筆帶過、甚至是錯過的背景脈絡。以宋代佛教的禪宗來舉例，禪僧的以詩說禪，藉教習禪，雖被前賢視爲「失其特色」、「僅存軀殼」，但從隋唐佛教餘緒走出來的宋代禪宗，這種詩禪交融的、或是教禪一致的特徵，正是其奔放活力之所在。

三、宋代以前禪門「不離文字」的現象

有別於華嚴、天台等中國佛教各派，文字、經論在禪門內部經常是具有爭議性的存在。亞里士多德（Aristoteles，384～322 B.C.）說：「口語是心靈的經驗的符號，而文字則是口語的符號。」〔註102〕口語（speech）在傳達心靈經驗的功能上，較於文字（writing）更具有優先性。而在禪宗舊有傳統底下，口語的使用是不得已的方便法門，文字的使用更是不受宗門青睞。如唐代杜朏（712～770）《傳法寶紀》兩筆記載：

> 豈夫繫執因果，探研句義，有所能入乎？則修多羅所謂宗通者，宗通謂緣自得勝道，遠離言說文字妄想，趣無漏界自覺地。
>
> 今人間或有文字稱〈達摩論〉者，蓋是當時學人隨自得語以爲眞論，書而寶之，亦多謬也。若夫超悟相承者，既得之於心，則無所容聲矣。何言語文字措其間哉！〔註103〕

東山門下北宗的《傳法寶紀》，其基本立場是離言說相且證心自覺。當然這並不代表五祖東山弘忍（602～675）的整體觀念樣貌，如其門下神秀（605～706）

〔註101〕貫晉華：《古典禪研究：中唐至五代禪宗發展新探》，頁 26～27。
〔註102〕〔古希臘〕亞里士多德著，方書春譯：《範疇篇 解釋篇》（北京：商務印書館，1986 年 5 月，4 刷），頁 55。
〔註103〕以上兩條引文詳見〔唐〕杜朏：《傳法寶紀》（臺北：新文豐，大正藏本，冊 85），卷 1，頁 1291。

便有「方便通經」的作法，從深接禪法的概念上先立乎其大，心法明，次而經義明。〔註104〕也就是說，「通經」乃是作爲禪悟的一種「方便」法門，並不是最終目的。一般而言，禪宗有所謂「宗通」、「說通」，在自我修行上，通達最高眞理謂之「宗通」；「說通」則以語言文字作爲開化他人的表現手段。其中，「說通」必須以「宗通」爲根據，自我若未先達到徹悟，其後演說的文字便無所本而落空，故遠離言說文字妄想的「宗通」較具勝義。像這類表達文字、經論空無自性的主張，在唐代禪宗文獻裡隨處可見。在「直指人心，見性成佛」的大前提下，禪門認爲語言文字並非徹見佛性的保證手段，〔註105〕然而文字作爲語言的替代，正如唐高宗麟德（667～666）時人釋法沖（生卒年不詳）所評：「言說已麁，況舒在紙，麁中之麁矣。」〔註106〕言說雖粗，至少尚且保有講話者的在場（presence），較能避免誤解其意圖所指；相比之下，距離講話者發話當下直接心靈經驗更遠的文字，被禪門視爲「粗中之粗」也是理所當然的。無論如何根據佛經本文而宣說鋪陳多少注疏，也始終無法超脫出佛陀的意旨。葛兆光先生在《中國禪思想史》中提到：

> 雖然文字的數量越來越龐大，但意思卻並沒有增加太多，更沒有越出經典的邊界。……佛教主流的語言觀念中，還是把語言看成是「障」，它雖然能夠傳遞意義，但是也能夠遮蔽意義。〔註107〕

這也可以用來解釋禪門「不立文字」的意圖所在。不過，文字在隋唐佛教中並非總是處於不被信任的位置，例如「文字般若」之說，即以文字能顯事物的空寂本性。〔註108〕幾部在禪文獻以外的重要佛教典籍，也能看到相契的說法，像是隋代天台智者大師（538～597）《妙法蓮華經玄義》謂：「又云：『我常知眾生行道不行道，隨應所可度，爲說種種法。』若干言辭隨宜方便，即是文字般若。」〔註109〕唐代法相宗初祖窺基（632～682）《金剛般若論會釋》

〔註104〕可參考龔雋：《禪史鉤沉：以問題爲中心的思想史論述》，頁 208～214。

〔註105〕如唐代黃檗希運（？～850）嘗云：「方知祖師西來，直指人心，見性成佛，不在言說。」詳見裴休：〈黃檗山斷際禪師傳心法要〉，卷1，頁 384。

〔註106〕〔唐〕道宣：《續高僧傳》（臺北：新文豐，大正藏本，冊50），卷 25，頁 666。「麁」即「粗」。

〔註107〕葛兆光：《增定本中國禪思想史——從六世紀到十世紀》，頁 423。

〔註108〕可參考吳汝鈞：《佛教思想大辭典》（臺北：臺灣商務，2002 年 12 月，2 刷），頁 125，「五種般若」條。

〔註109〕〔隋〕智顗：《妙法蓮華經玄義》（臺北：新文豐，大正藏本，冊33），卷5，頁 745。

云：「文字般若能生能顯般若，亦名般若。此亦如是文字能顯能生法身，故稱言說，亦名法身。」〔註110〕唐代華嚴四祖澄觀（738～839）《大方廣佛華嚴經隨疏演義鈔》亦說：「然般若有五：一、實相般若即所證理；二、觀照般若即能證智；三、文字般若即能詮教。古唯有三，新說有五。」〔註111〕可知隋唐以來，文字在宗門之外亦能夠作為表達般若智慧的正面存在。而以上所引智顗等三人著作之本經《法華經》、《金剛經》、《華嚴經》，直到禪宗大盛的宋代還是士大夫居士之間廣為流行的讀物。由此推想，有士大夫大舉參與其間的宋代禪宗，其面貌已與唐禪有別。

　　周裕鍇先生認為：「宋代禪師對待文字的態度已與唐代祖師的態度大不相同，由反感漸變為信賴。」〔註112〕宋代以前，宗門人士對待文字的態度在一些情況下是負面的，這裡所說的「文字」也包括被記載下來的「言句」。臨濟宗開山祖義玄（約787～867）之師黃檗希運（？～850）曾云：「說葛藤作什麼？本來清淨，何假言說問答！」〔註113〕雲門宗開山祖文偃（864～949）則曰：「擬心即差，況復有言。」又曰：「舉一則語，教汝直下承當，早是撒屎著爾頭上也。」〔註114〕充分表示對言說的輕蔑，故其門下亦嘗言：「凡有言說，皆是葛藤。」〔註115〕今時日語中的「葛藤」還保留著糾紛、糾葛之意；而中國禪師所謂的「葛藤」，乃是以錯綜複雜的葛藤之蔓，比喻束縛人心不能直下

〔註110〕〔唐〕窺基：《金剛般若論會釋》（臺北：新文豐，大正藏本，冊40），卷1，頁735。

〔註111〕〔唐〕澄觀：《大方廣佛華嚴經隨疏演義鈔》（臺北：新文豐，大正藏本，冊36），卷87，頁677。餘二種般若分別為「境界般若」、「眷屬般若」。

〔註112〕周裕鍇：《禪宗語言》，頁135。

〔註113〕裴休：〈黃檗山斷際禪師傳心法要〉，卷1，頁383。

〔註114〕分別詳見〔宋〕守堅：《雲門匡真禪師廣錄》（臺北：新文豐，大正藏本，冊47），卷1，頁545、546。《禪林僧寶傳》記佛印了元曰：「昔雲門說法如雲雨，絕不喜人記錄其語。」可知文偃是反對語錄的，詳見惠洪：《禪林僧寶傳》，卷29，頁81。又，圓悟克勤嘗記曰：「雲門尋常愛說三字禪：顧、鑒、咦。又說一字禪。僧問：『殺父殺母，佛前懺悔。殺佛殺祖，向什麼處懺悔？』門云：『露。』又問：『如何是正法眼藏？』門云：『普。』」詳見〔宋〕重顯頌古，克勤評唱：《佛果圓悟禪師碧巖錄》（臺北：新文豐，大正藏本，冊48），卷1，頁146。關於三字禪，文偃語錄有簡述：「師有時顧視僧曰：『鑒。』僧擬對之，則曰：『咦。』叢林因目師為顧鑒咦。後德圓明禪師刪去顧字，謂之抽顧頌。」此條不見於《雲門匡真禪師廣錄》，詳見〔宋〕守堅編：《雲門匡真禪師語錄》（臺北：新文豐，嘉興藏本，冊24），卷1，頁380。文偃的「三字禪」與「一字禪」都是站在反對或不信任語言文字的立場而進行表述的。

〔註115〕守堅：《雲門匡真禪師廣錄》，卷1，頁549。這是文偃門徒對其師提問之語。

契悟眞理的言句，簡言之就是指語言文字。眞理雖可用語言文字來表詮，但若禪人執著於此，墮於語言文字之中不可自拔，反而難以悟入禪境。

前文提過的德國學者杜默林指出，禪宗所謂「教外別傳，不立文字」，主要說的是一種「心靈上的傳遞（spiritual transmission）」，這被後世禪家描述爲禪的精髓，〔註116〕其實就是指達摩的「單傳心印」，〔註117〕以心傳其了悟之印可，而不完全依賴文字經教，這也是禪宗本色。唐代公案裡著名的「臨濟喝、德山棒」〔註118〕便是要破除學人對文字經論的執著，以求當下直契禪悟。然而，中唐以後禪門「不離文字」的趨向逐漸在明朗。唐人以詩留名，一代詩風昌盛，僧侶在時代潮流衝擊之下，自不免有涉獵學詩之徒，再加上不少文人寄興於僧寺、遁入空門，也一併將中國傳統的詩文化帶入佛教之中。據大陸學者的統計，詩名高於其佛教地位的詩僧基本上出現於中唐及其後，如三大詩僧皎然（生卒年不詳）、貫休（832～912）、齊己（？～約 933），便大致生活在中晚唐、五代時期。〔註119〕自詩僧興起之後，禪門注意到詩這種呈現個人內心體驗的藝術語言，似與禪機同趣，儘管在禪的語境中，那些詩句未必純粹以抒發情感爲意圖，卻正好作爲禪悟的一種表述。晚唐詩僧尚顏（生卒年不詳）謂：「詩爲儒者禪。」〔註120〕恰恰說明作爲一種文學體裁的詩，也是可以表達禪境的，此處已隱含由文字進行參禪的意味，同時也是禪門「不離文字」的表現。

就此而論，「不離文字」與「不立文字」並不是分別站在完全對立、水火不容的兩端，學者已指出，從達摩以四卷《楞伽經》傳法開始，直到六祖，「禪門的傳法傳心，都與經教的言說離不開關係。」〔註121〕只是在歷代禪師們通過內省自證、不住知解而達到覺悟境界的過程中，經教在參禪修行的層面上，

〔註116〕Henrich Dumoulin, *Zen Buddhism: A History, vol.1 of India and China*, 85.

〔註117〕〔宋〕善卿：《祖庭事苑》（臺北：新文豐，卍續藏本，冊 64），卷 5，頁 379。

〔註118〕臨濟義玄教徒多用喝聲，德山宣鑒（782～865）則以棒打聞名，兩者可謂中國禪風之特色。

〔註119〕關於這個統計及上述有關唐五代詩僧的研究，詳見查明昊：《轉型中的唐五代詩僧群體》（杭州：浙江大學中國古典文獻學博士論文，2005 年 12 月），頁 20～26。另可參考王秀林：《晚唐五代詩僧群體研究》（北京：中華書局，2008 年 12 月）。兩者皆研究唐五代詩僧群之專著。

〔註120〕詳見〔宋〕李龏：《唐僧弘秀集》宋寶祐六年（1258）臨安陳解元書籍鋪刊本，卷 10，頁 6 上。尚顏約爲唐僖宗中和時人，即曾生活於西元 881～885 年間。

〔註121〕語出〈禪宗的語言觀〉，詳見林朝成、郭朝順著：《佛學概論》（臺北：三民書局，2012 年 6 月，修訂二版），頁 281～282。

某些時候就難以避免的被指爲不可執著依循的對象。若我們回頭觀察盛唐時期馬祖道一（709～788）的例子，就會發現其實禪門並沒有完全摒除「藉教悟宗」的作法。〔註122〕身爲祖師禪代表人物的馬祖道一，其禪機峻峭難測，忽滑谷快天在描述其門下禪風時謂：

> 後世手忙腳亂之徒，左喝右棒，豎拳舉拂，張口揚眉，恰如顚狂之
> 發作，而自稱大善知識之弊，淵源於此。〔註123〕

道一教人「平常心是道」與「行住坐臥、應機接物盡是道」〔註124〕，看似帶有反智主義色彩，然而他也知曉《華嚴》經義，〔註125〕並曾以《楞伽經》句接引學人。〔註126〕又如其言「識心達本，故號沙門」〔註127〕與「非離眞而有立處，立處即眞」，前者實乃脫於東漢《四十二章經》的「識心達本，解無爲法，名曰沙門。」〔註128〕後者則出自後秦僧肇（384～414）的〈不眞空論〉：「非離眞而立處，立處即眞也。」〔註129〕這些舉證並不在論述以文字經教爲禪的風尚可以推至盛唐、或是更早的時期，主要在說明道一也曾研讀佛教經論，經教典籍在唐代禪宗裡並沒有完全被摒棄，只是未如宋代禪宗一般經常被運用在公案解說和相關的禪籍內容上。

〔註122〕唐代不少古德禪師也曾對經論下過工夫，據葛兆光先生的整理，如臨濟義玄「說《瑜珈論》、譚《唯識》」、投子大同（819～914）「求《華嚴》性海」、清涼文益（885～958）「作《三界唯心論》、《華嚴六相義》」等，皆可爲例。詳見葛兆光：《增定本中國禪思想史——從六世紀到十世紀》，頁419～420。

〔註123〕忽滑谷快天撰，朱謙之譯：《中國禪學思想史》，冊上，頁155。

〔註124〕道原：《景德傳燈錄》，卷28，頁440。

〔註125〕《景德傳燈錄》載其偈有「事理俱無礙」一句，與華嚴宗「事理無礙法界」相契，雖不能以此便謂道一研讀過《華嚴》經典，然謂其知《華嚴》義理是沒有問題的。事實上他也曾說：「三界唯心，森羅萬象，一法之印」，此亦與《華嚴》義理極爲相契。詳見道原：《景德傳燈錄》，卷6，頁245～246。

〔註126〕《景德傳燈錄》記道一引「佛語心爲宗」授徒，詳見道原：《景德傳燈錄》，卷6，頁245。呂澂指出，《楞伽經》的「佛語心」之「心」乃是指「樞要」，而道一將之斷章取義爲「思慮之心」。詳見呂澂：《中國佛學源流略論》（臺北縣：大千出版社，2003年1月），頁554。

〔註127〕道原：《景德傳燈錄》，卷28，頁440。

〔註128〕〔東漢〕迦葉摩騰、竺法蘭譯，〔宋〕眞宗皇帝：《註四十二章經》（臺北：新文豐，大正藏本，冊39），卷1，頁517。

〔註129〕〔後秦〕僧肇：《肇論》（臺北：新文豐，大正藏本，冊45），卷1，頁153。僧肇之生年一說爲西元374年。又，大陸學者邱環先生對道一思想淵源有全面的論述，特別是其言句出處，可參考氏著：《馬祖道一禪法思想研究》（成都：巴蜀書社，2007年11月），頁96～102。

「禪不可以停滯在觀念或概念中」，〔註130〕因此禪門一方面強調「不立文字」以避免學人拘泥於經籍，另一方面也有像上述道一這種例子——禪師可以隨心所欲「不離文字」地挪用各家經說以詮己意，而不管那些被挪用的經說是否符合原來文本的脈絡。這種靈活的運用當然也是不受文字拘束的作法，或許禪師們「引經據教恰恰是要瓦解經教的至上性」，〔註131〕只是當禪師們大聲疾呼「不立文字」、意圖撼動經論注疏權威性的同時，卻在不知不覺中提升了禪師語錄的高度，使得那些書面化的禪師口語成爲新的聖典。〔註132〕例如《祖堂集》記載馬祖道一去世後，「好事者錄其語本，不能遺筌領意，認即心即佛，外無別說。」〔註133〕儘管禪宗標榜以心傳心，不執著於語言文字處，但是隨著禪師的名氣愈大，其語錄便會難以避免的聖典化，並且更爲流行。就算禪師語錄的內容表明不在經教典籍裡尋求覺悟之道的立場，諷刺的是，它們正是以一種新的經典形態流傳出去。

四、「以筆硯作佛事」在北宋社會的形成

安史之亂（755～763）時，唐代許多佛典注疏特別是天台教迹遭毀，《佛祖統紀》記載：

> 初，天台教迹，遠自安史挺亂（天寶末年，安祿山、史思明，相繼反逆），近從會昌焚毀（武宗會昌五年，罷僧尼、毀寺院），殘編斷簡，傳者無憑。〔註134〕

〔註130〕林朝成、郭朝順著：《佛學概論》，頁287。

〔註131〕龔雋：《禪史鉤沉：以問題爲中心的思想史論述》，頁192。

〔註132〕鄧克銘先生指出：「祖師的證悟，被當作一種幻境，其留下的啓示被錄成文字後，又成爲另一種經文，被拿來誦讀。」詳見氏著：《大慧宗杲之禪法》，頁70。龔雋先生在探討禪門「方便通經」時也提到：「『經典禪』在把佛教拉回到地面的同時，又把『語錄』聖典化爲一種新的『禪宗經典』。」詳見氏著：《禪史鉤沉：以問題爲中心的思想史論述》，頁227。相關於此，T. Griffith Foulk 則認爲在那些「不立文字（not setting up scriptures）」的言說之下，宋代禪宗仍然「提高了書寫文字與佛典的價值」。詳見 T. Griffith Foulk, "Sung Controversies Concerning the 'Separate Transmission' of Ch'an." in *Buddhism in the Sung*, 287. 可以明確指出的是，禪師語錄、燈錄和公案集等禪籍，在宋代叢林與士大夫之間乃是極受重視的書寫文字。

〔註133〕〔南唐〕靜、筠二禪師編撰，孫昌武等人點校：《祖堂集》（北京：中華書局，2007年10月），冊下，頁679。

〔註134〕〔宋〕志磐：《佛祖統紀》（臺北：新文豐，大正藏本，冊49），卷8，頁190。

由於執政者的控制，或是國家政治的動亂，所造成宗教典籍的散佚，其影響力遠不止於物質形式（典籍）的消滅，也左右了特定宗教文化發展的樣貌。斯坦利・威斯坦因（Stanley Weinstein）指出，安史之亂結束後，節度使與地方官員介入擁護佛教，加強佛教本身的通俗性，此中尤其體現在禪門與淨土宗的傳統，同時也結束以往活躍於長安、洛陽等皇家大寺院的「精英」哲理佛教時代。〔註135〕由於禪宗過去不重文字的特性，儘管如前文所述有詩僧的興起及禪師語本的錄製，畢竟還是不若唐代法相、天台、華嚴等派別投注大量資源往經論注疏中發展，是以禪宗經歷戰亂之後，要從「典籍散佚」之中恢復過來並不像其他宗派那麼困難，反而逐漸成為宋代佛教的主流。況且，禪門的公案語錄內容本是由師徒之間的口傳活動記錄下來，就算文本遭毀，口語依然能夠勝任禪師授徒的工具，無論那些對話是多麼深不可測的禪機，口耳相傳總是禪宗固有的教育傳統。

入宋以後，禪門幾位大德宗師在語錄之外自覺的留下以文字教禪的創作，可知部分禪宗人士逐漸在消解對文字的不信任。如法眼宗的永明延壽（904～975），其著述甚豐，主要有《宗鏡錄》一百卷、《萬善同歸集》三卷、《永明智覺禪師唯心訣》一卷、《心賦注》四卷、《觀心玄樞》一卷。〔註136〕以《宗鏡錄》來看，加拿大學者韋爾特（Albert Welter）曾藉由分析《宗鏡錄》的內容以探討該書命名之深意。他表示，所謂的「宗」，乃指佛祖教誨中深微的、難以言說的真理，且是作為現象萬有的源頭，而不是指稱秘傳的宗派個性（an esoteric transmission between minds）；「鏡」則與《六祖壇經》所指來自於客觀現實中生起的知解形成鮮明對比，〔註137〕延壽所謂的「鏡」代表著「宗」所創造出的不凡境界，真理就隱藏在諸法萬象中。〔註138〕此亦延壽在《宗鏡錄》序言中自謂「舉一心為宗，照萬法如鏡」〔註139〕之意。確切地說，「宗」與「鏡」

〔註135〕斯坦利・威斯坦因著，張煜譯：《唐代佛教》，頁67。

〔註136〕李國玲：《宋僧著述考》（成都：四川大學，2007年8月），頁3～12。

〔註137〕慧能偈曰：「菩提本無樹，明鏡亦非臺；本來無一物，何處惹塵埃？」詳見〔元〕宗寶編：《六祖大師法寶壇經》（臺北：新文豐，大正藏本，冊48），頁349。偈中「明鏡」或為韋爾特此處所指。

〔註138〕上述韋爾特之說詳見 Albert Welter, *Yongming Yanshou's Conception of Chan in the Zongjing lu: A Special Transmission Within the Scriptures*（New York: Oxford University Press, 2011）, 68.

〔註139〕〔宋〕延壽：《宗鏡錄》（臺北：新文豐，大正藏本，冊48），卷1，頁417。

正是一體而兩面，〔註140〕「禪」與「教」亦應作如是觀。因此，綜觀延壽著述，多內蘊「教觀一如」〔註141〕之理，謂禪理爲「第一之說，備最上之機，若不假立言詮，無以蕩其情執。因指得月，不無方便之門。」〔註142〕延壽身爲禪師而標榜不廢言詮，總的說來就是主張禪教合一。

法眼家風，其來有自。延壽之師祖法眼文益（885～958）早在晚唐五代之時便作《宗門十規論》，其中第八條便批判宗門「不通教典，亂有引證」，而第九條「不關聲律，不達理道，好作歌頌」，看似不滿宗門人士擅作詩歌，實則文益批判的對象乃是「以歌頌爲等閑，將製作爲末事，任情直吐，多類於埜談，率意便成，絕肖於俗語。」〔註143〕而讚賞「華嚴萬偈，祖頌千篇，俱爛煓而有文。」不但表明不輕視經教的態度，亦不排斥「假聲色而顯用，或托事以伸機」、「總揚一大事之因緣，共讚諸佛之三昧」的宗門詩頌。由此可知延壽不廢經教言詮確是有所依循，另一方面，也可看出法眼宗格外親近文字的傾向。

晚於延壽的臨濟宗汾陽善昭（947～1024），大興文字教禪之風，以「代別」對古德公案進行詮解，又選錄「先賢一百則」各家公案語錄，以韻文形式給予讚頌評議，成宗門「頌古」之濫觴。其後雲門宗雪竇重顯（980～1052）的《明覺禪師語錄》〔註144〕，收有「舉古」、「拈古」，又製成大量韻文偈頌，而其《雪竇顯和尚頌古》〔註145〕亦流行於叢林間，臨濟宗圓悟克勤（1063～1135）就以之爲底本評唱而成《佛果圓悟禪師碧巖錄》。據克勤語錄自述，其亦因五祖法演（1024～1104）舉豔詩「頻呼小玉元無事，只要檀郎認得聲。」得悟禪境。〔註146〕可知北宋禪門不離文字的風格，並非盡著眼於經論注疏，更多的是往公案語錄、詩偈中發展。如北宋晚期臨濟宗清涼惠洪（1071～

〔註140〕 韋爾特也指出這種與「理／事」、「性／相」等成對之佛教概念相類的情況，詳見同註138。
〔註141〕 「教」指「經教」，「觀」即「觀空」。〔宋〕延壽：《心賦注》（臺北：新文豐，卍續藏本，冊63），卷1，頁82。
〔註142〕 延壽：《宗鏡錄》，卷1，頁417。
〔註143〕 「埜」即「野」。詳見〔唐〕文益：《宗門十規論》（臺北：新文豐，卍續藏本，冊63），卷1，頁38。本段《宗門十規論》引文皆同此註。
〔註144〕 〔宋〕惟蓋竺：《明覺禪師語錄》（臺北：新文豐，大正藏本，冊47）。
〔註145〕 〔明〕本瑞註，道霖編集：《瘿絕老人天奇直註雪竇顯和尚頌古》（臺北：新文豐，卍續藏本，冊67）。
〔註146〕 〔宋〕紹隆：《圓悟佛果禪師語錄》（臺北：新文豐，大正藏本，冊47），卷12，頁768。

1128），將其詩文集名爲《石門文字禪》，是當時宗門內「以筆硯作佛事」的文字禪代表人物。其後南宋出現許多黃啓江先生所謂的「文學僧」，〔註147〕他們致力於文學寫作，留下不少禪詩文集，凡此皆可溯源於上述北宋的文字禪風。

必須要說明的是，後秦鳩摩羅什（344～413，一說 350～409）所譯《維摩詰所說經》謂：「言說文字皆解脫相。」又云：「無離文字說解脫也。」〔註148〕這種觀念說明「以文字表現眞理」的主張並不是宋代禪師的獨創。此外，這部經書在宋代文人士大夫之間亦甚爲流行，很可能因此促進了許多宋代文人身兼居士的雙重身分。〔註149〕整體看來，宋初禪門逐漸消解對文字的不信任，這樣的趨勢是很明顯的。因此北宋陸續出現許多禪師語錄及詩頌，禪僧「自文字言語悟入」〔註150〕已非奇事。到北宋晚期的惠洪，文字在很多情況下都被視爲參禪的對象。可以說，這種以「不離文字」爲基調的「文字禪運動」在北宋叢林間已有可觀的影響力。

如同美國學者艾爾曼（Benjamin A. Elman）所揭示的，現今有關中國思想史的研究確有引用文化、政治、和社會史之必要，〔註151〕一個時代的運動，除了其內在理論的形成與蛻變，總體發展必然脫離不了當時的政治、社會與文化背景。究竟北宋文字禪運動是處在什麼樣的歷史脈絡之下而流衍？除了禪宗哲學思想變遷之外，有哪些政策間接影響了這個現象？士大夫的參禪、北宋的社會與物質文化又於其中起過哪些作用？換言之，本文主要的研究對象，並非「文字禪」理論本身的發展史，而是將「文字禪」視爲北宋社會中的一種文化現象，考察它與當時其他文化活動的關係，並產生過哪些影響。這是目前文字禪研究中尚未給予足夠重視與充分討論的區塊，也是本文將要處理的課題。

〔註147〕「文學僧」由黃啓江先生提出，而那些禪僧的著作則稱之爲「禪文集」與「禪詩集」，參考黃啓江：《一味禪與江湖詩——南宋文學僧與禪文化的蛻變·導言》（臺北：臺灣商務，2010 年 7 月），頁 2。

〔註148〕鳩摩羅什譯：《維摩詰所說經》，卷 2，頁 548。

〔註149〕可參考孫昌武：《中國文學中的維摩與觀音》（天津：天津教育，2006 年 1 月，2 刷），頁 275～314；孫先生在頁 292 特別指出：「在宋代，佛教居士思想成爲普遍流行於官僚社會的思潮。《維摩經》的統一世間與出世間的諸觀念對於這一思想的普及是起著巨大的作用的。」

〔註150〕蘇軾：《東坡志林》，卷 2，頁 40。

〔註151〕〔美〕艾爾曼：〈中國文化史的新方向：一些有待討論的意見〉，《學術思想評論（第三輯）》，瀋陽：遼寧大學，1998 年 3 月，頁 430。另可參考龔雋先生對此之評述，詳見氏著：《禪史鉤沉：以問題爲中心的思想史論述》，頁 27。

第二節　北宋文字禪與相關佛教研究成果之回顧

一、文字禪的相關研究

　　文字禪運動作為宋代禪宗史上的一個特徵，很難不注意到它在當時禪門思想內引發的矛盾。這種特殊之處向來是學者投注心力的對象，已有不少相關論文問世。一些涉及宋代部分的禪宗史專著多有談到文字禪，如呂澂先生的《中國佛學源流略講》、〔註152〕高令印先生的《中國禪學通史》，〔註153〕然此類通論性著作對於文字禪的論述一般篇幅較小，只有梗概介紹。還有一些討論詩禪關係的書籍，如林湘華女士的《禪宗與宋代詩學理論》，出版自其1999年的成大中文碩士論文，該書從禪宗與詩歌的審美意識討論詩禪關係的內因，除了以創作、風格論……等觀點進行研究，亦從方法論上考察「學詩如參禪」的內涵。〔註154〕又如程亞林先生的《詩與禪》在解釋「詩禪相通」時，注意到文字禪風隨著宋代燈錄、大量頌古詩的出現而席捲詩壇。〔註155〕而孫昌武先生的《禪思與詩情》在探討「以詩明禪」時，從宋代禪師的頌古、或公案與燈錄中尋求例證，描述禪文字化、形式化的表現，並認為這類講究技巧、藝術化了的禪文字，已走向了禪宗「不立文字」的反面。〔註156〕實際上這也是在說明文字禪在宋代被實踐的情形。

　　論述文字禪較深入者，如周裕鍇先生的《禪宗語言》第五章便專論文字禪，整體而言可說是在其博士論文《文字禪與宋代詩學》〔註157〕的基礎上，對文字禪的發展作了更詳細的介紹。龔雋先生《禪史鉤沉》第七章討論宋代文字禪的語言世界，作者帶入許多西方禪學研究成果，描述文字禪的書寫與修辭策略及其思想史意義，指出「『文字禪』的創造活動和對古則的詮釋，客觀上造成言說成風而宗門淡泊。」並認為在經典禪通向看話禪的過程中，文

〔註152〕呂澂：《中國佛學源流略論》，頁397～401。
〔註153〕高令印：《中國禪學通史》（北京：宗教文化，2004年7月），頁368～392。
〔註154〕林湘華：《禪宗與宋代詩學理論》（台北：文津出版社，2002年2月），「學詩如參禪」之討論見於頁201～225。
〔註155〕程亞林：《詩與禪》（南昌：江西人民出版社，1998年10月，二版），頁195。
〔註156〕孫昌武：《禪思與詩情》（北京：中華書局，1997年8月），頁410～437。
〔註157〕周裕鍇：《文字禪與宋代詩學》（成都：四川聯合大學中文系博士論文，1997年）。本文所用乃高雄佛光山《中國佛教學術論典》第56冊，2002年3月出版。

字禪乃是其中的橋樑。〔註 158〕整體而言，該文爲漢語界研究宋代文字禪者展開「域外的視角」，令學者能夠充分參考來自歐美的研究，良有助益。另外，楊曾文先生的《宋元禪宗史》較爲全面的評述宋元兩代禪師禪法及其著作，其中如善昭、重顯、惠洪等文字禪代表人物皆有詳細的介紹，而宋代流行的一些重要公案頌古、燈錄……等，如《碧巖錄》、《景德傳燈錄》之類亦在論列，相當利於檢索參考。

1998 年臺灣師大國文系的碩士論文《惠洪覺範禪學研究》，〔註 159〕是臺灣較早以惠洪禪學爲研究中心的學位論文，對於惠洪的文字禪與禪教不二的觀念作了一些討論，另外也談到文字禪在明代叢林的影響。大致說來，臺灣的學位論文若以文字禪爲主題，多半離不開惠洪。如 2004 年同樣是師大國文系的碩士論文《惠洪文字禪之詩學內涵研究》，〔註 160〕除了概略介紹惠洪所處的北宋社會背景，還探討文字禪形成的遠因與近因——遠自六朝僧人的文士化，近至北宋排佛風潮與儒釋調和，可說在前賢研究基礎上作出更細緻的分析。

2005 年佛光的文學研究所碩士論文《惠洪「文字禪」研究》，以惠洪的《石門文字禪》、《智證傳》、《林間錄》、《冷齋夜話》爲討論重點，並整理諸家對文字禪的看法，主張定義文字禪必須注意到「文學與宗教的內在精神應有所區隔」。〔註 161〕然而文學與禪的結合，正是因爲古德在詩作裡找到與禪相契的意境。論者若必別出於前人，強調將文字禪中的禪與文學成分各別析出看待，或難免於支離。又黃啓江先生在〈僧史家惠洪與其「禪教合一」觀〉一文中已指出，惠洪《禪林僧寶傳》應與《石門文字禪》互爲表裡，尤其在「禪教合一」的論述上更可互相取證。〔註 162〕惜《惠洪「文字禪」研究》未將《禪林僧寶傳》列於討論重點，於此著墨不多；而其所用《石門文字禪》版本，

〔註 158〕龔雋：《禪史鈎沉：以問題爲中心的思想史論述》，頁 329；下文「域外的視角」引自同書第 298 頁小標題。

〔註 159〕吳麗虹：《惠洪覺範禪學研究》（臺北：臺灣師範大學國文研究所碩士論文，1998 年 6 月）。

〔註 160〕吳靜宜：《惠洪文字禪之詩學內涵研究》（臺北：臺灣師範大學國文系在職進修碩士論文，2004 年 7 月）。

〔註 161〕藍慶尉：《惠洪「文字禪」研究》（宜蘭縣：佛光人文社會學院文學研究所碩士論文，2005 年），頁 63。

〔註 162〕黃啓江：〈僧史家惠洪與其「禪教合一」觀〉，《北宋佛教史論稿》（臺北：臺灣商務，1997 年 4 月），頁 313。

未留意到日本寶永七年（1710）調心軒所刻《註石門文字禪》之版本，註者日僧廓門貫徹（？～1730）不但校出他本不少訛誤，更對內文加以考注，實對學者極有裨益。2008 年還有一本華梵大學東方人文思想研究所碩士論文《洪覺範「文字禪」思想及其與士大夫之交遊》，整理惠洪以前的「禪教合一」觀，及其與縉紳文士往來的概況；又提出文字禪興起的背景乃是由於禪宗教法「浮遊無根」之窘迫，以及宋代叢林師法的敗壞。〔註163〕

　　除上所述之外，有部分與文字禪相關的論文不在惠洪身上打轉，而是以其他宋代禪師或禪文學作為研究對象。由於書寫脈絡處在宋代禪宗史之下，不可避免的要觸及文字禪議題，但並非專論。如 1999 年中興中文研究所碩士論文《宋代僧人詞研究》，注意到文字禪帶給禪門的影響，而主要論述落在宋僧詞作的文學分析，如俗語、口語的入詞，或是詠物、寫景、言情……等各類題材的介紹。所選詞作中有不少是惠洪詞。〔註164〕又如 2009 年高師大國文系碩士論文《雪竇重顯禪學研究》，認為所謂的文字禪、公案禪……等不過是祖師接引學人的方便法門，其實禪並不在文字言句上。作者說：「因為後人對『文字禪』的定義已添加改變，是指文字本身特別創作的意義而言，尤有濫用文字於禪門而失卻禪門宗旨之意。」〔註165〕故其特地避免使用「文字禪」標題來探討重顯的文集。姑且不論作者行文之前提，該論文詳細分析重顯的拈古、頌古……等詩作偈頌，評述其以文字釐正宗風的貢獻，多少可說是在惠洪之外別開生面地討論文字禪的內容，儘管作者本人並不喜以「文字禪」來標籤重顯的拈古、頌古諸作。

　　如同上文所舉學位論文數例，臺灣期刊有關文字禪議題者亦多圍繞於惠洪及其著作，然專文討論文字禪者不多。1991 年黃啓江先生發表〈僧史家惠洪與其「禪教合一」觀〉，是較早注意到惠洪文字禪內蘊「禪教合一」的一篇重要論文。〔註166〕1994 年黃啓方先生的〈釋惠洪五考〉，考其身世名號，及其與黃

〔註163〕劉楚妍：《洪覺範「文字禪」思想及其與士大夫之交遊》（新北市：華梵大學東方人文思想研究所碩士論文，2008 年 6 月），頁 72～75。

〔註164〕謝惠青：《宋代僧人詞研究》（臺中：中興大學中國文學研究所碩士論文，1999年 8 月）。

〔註165〕黃家樑：《雪竇重顯禪學研究》（高雄：高雄師範大學國文系碩士論文，2009年 6 月），頁 131～132。

〔註166〕原分上下兩篇各發表於《大陸雜誌》1991 年 4 月、5 月，今收於氏著：《北宋佛教史論稿》，頁 312～358。

庭堅（1045～1105）的酬唱往來，﹝註167﹞此後學者研究惠洪生平多有參考。
1996 年《宋代文學研究叢刊》有〈惠洪「文字禪」初探〉一文，作者以惠洪用
例爲則，將文字禪定義爲禪僧所寫詩文，﹝註168﹞雖後論者多有他說，實則大
同小異，或增補更細微的分別與例證。2001 年《臺北師院語文集刊》收錄的〈創
作與眞理——北宋詩僧惠洪的創作觀與眞理觀析論〉，以惠洪《石門文字禪》
爲討論中心，作者於文末引用德國學者高達美（Hans-Georg Gadamer，1900～
2002）的詮釋學，認爲惠洪的文字禪乃是一個對話場域的開啓，而對眞理的理
解就在此中語言的移動和轉換過程中被揭示。﹝註169﹞2002 年林伯謙先生在《東
吳中文學報》發表〈惠洪《智證傳》研究〉，著眼於過去學界尚未注意到的惠
洪文字禪重要著作，﹝註170﹞《智證傳》乃是惠洪晚年心血，正當思想圓熟之
時，是故該篇研究對瞭解惠洪及其藉文字悟禪的主張具有相當大的參考價值。

在大陸學位論文方面，2007 年陝西師範大學的博士論文《北宋詩僧研
究》，對於北宋詩僧所處的政治社會背景、及其詩作理論的形成有深入分析，
並對詩禪關係作了相當多的考察，其中自然包括文字禪的討論。﹝註171﹞不過，
大陸方面近幾年已出版過幾本宋代禪學的相關論文，文字禪理論的探討也差
不多定型，後出者要別立新說並不容易。已付梓發行者，早期如 1990 年魏道
儒先生的《宋代禪宗史論》，在 1993 年即修改爲《宋代禪宗文化》出版，其
中詳述文字禪發展歷程，並列「代別」、「頌古」、「拈古」、「評唱」爲文字禪
四大形式，﹝註172﹞後論者多從之。前文提過周裕鍇先生的《文字禪與宋代詩
學》，是 1997 年四川聯合大學中文系博士論文，亦已在臺灣出版，將文字禪
定爲廣狹二義，廣義即「以文字爲禪」，狹義則是「以詩證禪」，﹝註173﹞此與

﹝註167﹞黃啓方：〈釋惠洪五考〉，《中外文學》，第 23 卷第 4 期（1994 年 9 月），頁 194
～214。
﹝註168﹞劉正忠：〈惠洪「文字禪」初探〉，《宋代文學研究叢刊》，頁 282。
﹝註169﹞彭雅玲：〈創作與眞理——北宋詩僧惠洪的創作觀與眞理觀析論：以《石門文
字禪》爲討論中心〉，《臺北師院語文集刊》，第 6 期（2001 年 6 月），頁 129。
﹝註170﹞林伯謙：〈惠洪《智證傳》研究〉，《東吳中文學報》，第 8 期（2002 年 5 月），
頁 83～122。其後著者又出版了《智證傳》的標注本，利於學者參考檢索，
詳見林伯謙、陳弘學編著：《標點注釋智證傳》（臺北：秀威資訊科技，2006
年 7 月，BOD 再刷版）。
﹝註171﹞高愼濤：《北宋詩僧研究》（西安：陝西師範大學中國古代文學博士論文，2007
年 4 月），頁 100、104。
﹝註172﹞魏道儒：《宋代禪宗文化》，頁 76。
﹝註173﹞周裕鍇：《文字禪與宋代詩學》，頁 2～3。

其後所撰《禪宗語言》所論一致。〔註174〕而魏周二人對文字禪的定義、及發展過程的描述，亦成為後學討論文字禪經常引用的論據，此後並未出現更具說服力的新說。2003 年陳自力先生的《釋惠洪研究》博士論文在四川大學通過答辯，於 2005 年出版。以惠洪為題，必然要碰觸到其文字禪理論與實踐。作者認為「文字禪的興起是與燈錄的刊行同步發展的。」而文字禪主要形式之一的頌古，「就是用詩歌韻文來參究公案」，促進了詩禪結合。〔註175〕此說約在前賢基礎上補充發揮，關於文字禪的理論發展前賢已詳，要跳脫固有成果並非易事，然作者旁徵博引，使用一些前賢未曾留意的史料、版本，大有益於學者參考。

又如閻孟祥先生的《宋代臨濟禪發展演變》，亦修改自其 2005 年的博士論文，第四章專論宋代臨濟宗的文字禪，觀其架構，多承魏說，而自有補充，認為文字禪的問題之一在於「助長了『葛藤禪』」〔註176〕的發展。然本文首節提過，「葛藤」一詞在禪籍裡通常諷喻束縛人心的語言文字，也體現出傳統禪門對文字的負面觀感。是故「葛藤禪」並非作為一種實在的禪法方便，乃是禪師不滿宗門人士拘泥於言句、不能直下契悟真理而提出的批判性字眼，如《大慧普覺禪師宗門武庫》所記：

> 雲居舜老夫常譏天衣懷禪師說葛藤禪。一日聞懷遷化，於法堂上合
> 掌云：且喜葛藤椿子倒了也。〔註177〕

可知其用法是負面性的，「葛藤禪」一詞並不是指一種能夠誘引學人參悟的教法，若與「以文字本身能透現真理」的文字禪並舉，這就必須要加以分別。

2007 年，日本學者土屋太祐在四川大學發表博士論文《北宋禪宗思想及其淵源》，隔年出版於成都。該文下篇考察北宋禪宗思想史，重要禪法如無事禪、平實禪、公案禪……等皆有論述，對於北宋禪學的發展淵源極有見地。文中雖未專論文字禪，不過作者提出雲門宗講究語言的活句思想，「對宋代文字禪流行產生了很大的影響。」〔註178〕必須補充的是，蘇軾曾謂：

〔註174〕周裕鍇：《禪宗語言》，頁 172～173。
〔註175〕陳自力：《釋惠洪研究》（北京：中華書局，2005 年 8 月），頁 148、154。
〔註176〕閻孟祥：《宋代臨濟禪發展演變》（北京：宗教文化，2006 年 11 月），頁 215。
〔註177〕〔宋〕道謙：《大慧普覺禪師宗門武庫》（臺北：新文豐，大正藏本，冊 47），頁 943。
〔註178〕〔日〕土屋太祐：《北宋禪宗思想及其淵源》（成都：巴蜀書社，2008 年 12月），頁 126。

近世學者以玄相高，習其徑庭，了其度數，問答紛然，應諾無窮。

至於死生之際一大事因緣，鮮有不敗績者。〔註179〕

雲門宗活句思想衍出講究語言文字之風，不止影響文字禪的產生，也有一部分像蘇軾所說的，造成學者「以玄相高」、「問答紛然」，徒事模仿古德高人行止言句，卻並未於禪理有所契悟的弊病。

　　在大陸期刊方面，文字禪相關論文不在少數，研究惠洪者更是不勝枚舉，然略過一些概要式的介紹性論文，再除去由學位論文之一章挑出改寫之作，餘者所論大致不出前賢既有成果。惟前述幾本大陸博士論文的作者，發表了幾篇相關研究很值得參考。如2002年陳自力先生的〈日僧廓門貫徹《注石門文字禪》評述〉，〔註180〕發表於博士論文之前，但未收於其中。該文詳實考察並介紹廓門貫徹《註石門文字禪》的規格、體例、與得失。《註石門文字禪》今可見於京都臨川書店2000年出版的禪學典籍叢刊本第五卷，是過去論者未及善加利用的版本。而令學界留意此註本豐碩的參考價值，正是陳氏該文最大的貢獻，尤其對研究惠洪與文字禪的學者而言。

　　2006年魏道儒先生的〈關於宋代文字禪的幾個問題〉，談到重顯的頌古並未完全脫離公案本身，只是他致力於藝術化的文字使得那些詩句語義朦朧，恰好避免了思惟僵化，利於參禪者聯想。也正因為如此，這些頌古詩作更受到文士的歡迎，同時也成為「促動文字禪興盛的強大社會力量。」〔註181〕文章最後提出，無論是倡導默照禪的宏智正覺（1091～1157）、或是主張看話禪的大慧宗杲（1089～1163），都並不反對「頌古」這個作為文字禪主要形式之一的公案文學體裁。〔註182〕這是論者較少留意之處。

　　2008年周裕鍇先生的〈惠洪文字禪的理論與實踐及其對後世的影響〉，考察北宋叢林發生過的無事禪、無言禪，認為惠洪文字禪主要就是針對這兩者

〔註179〕語出〈跋荊溪外集〉，詳見蘇軾：《蘇軾文集》，卷66，頁2061。

〔註180〕陳自力：〈日僧廓門貫徹《注石門文字禪》評述〉，《西南民族學院學報》哲學社會科學版，總23卷第10期（2002年10月），頁67～71。

〔註181〕魏道儒：〈關於宋代文字禪的幾個問題〉，《中國禪學》，第1卷（2002年6月），頁23。上文討論重顯頌古，在頁27。

〔註182〕魏道儒：〈關於宋代文字禪的幾個問題〉，頁30～31。一般對正覺的瞭解，乃是教人「不要作道理、咬言句」。詳見〔宋〕集成等編：《宏智禪師廣錄》（臺北：新文豐，大正藏本，冊48），卷5，頁60。實則正覺也是宋代的頌古大家之一。

而提出的。〔註 183〕文末論述日本五山文學所遵循的正是惠洪倡導的文字禪道路，〔註 184〕令學者對惠洪的域外評價有更多認識，同時也標顯出文字禪乃是作爲中日文學與文化交流的重要一環。

再來要補充一點，西方學者對於宋代禪宗研究也作出不少可觀的貢獻。根據巴斯韋爾（Robert E. Buswell Jr.）所述，「文字禪」的英譯「lettered Ch'an」乃是由詹密羅（Robert M.Gimello）於 1986 年所提出。〔註 185〕而宋代禪宗較被西方學者關注的議題，則是與文字禪息息相關的「公案」。李四龍先生的《歐美佛教學術史》已整理介紹一些重要的西方禪學著作，〔註 186〕惟公案部分可再介紹一本 2004 年的著作：*The Zen Canon*，〔註 187〕該論文集收錄韋爾特（Albert Welter）等人共九篇有關唐宋禪文學、語錄，以及公案的相關研究，如馬祖道一的語錄、《祖堂集》、《無門關》，對於宋代禪宗愈來愈重視公案語錄的現象能有較細部的認識。

以上所述乃過去關於文字禪研究的重要論文。或有未提及者，蓋其所探討之題目較熱門，內容重複性高，因此本文以較早發表者爲主。又文字禪流行於北宋叢林間，南宋亦有其餘緒，前述諸篇在進入文字禪主題之前，皆曾描述北宋禪宗或整個宋代佛教的概況，多爲略論而未嘗深入。這或許是研究領域的分別所致，然若能借助諸如歷史、政治、文化、藝術……等其他專業的相關研究成果，或許對文字禪在宋代發展的全貌能有更清楚的認識。

二、宋代佛教政策與制度的研究概況

宋代佛教與政治、社會的關係，長期受到學界重視，諸如語言學、社會

〔註 183〕 周裕鍇：〈惠洪文字禪的理論與實踐及其對後世的影響〉，《北京大學學報》哲學社會科學版，第 45 卷第 4 期（2008 年 7 月），頁 82～84。

〔註 184〕 周裕鍇：〈惠洪文字禪的理論與實踐及其對後世的影響〉，頁 94～95。

〔註 185〕 〔美〕巴斯韋爾（Robert E. Buswell Jr.）著，唐笑芝譯：〈看話禪之捷徑：中國禪佛教頓悟行的演變〉，《頓與漸——中國思想中通往覺悟的不同法門》（上海：上海古籍出版社，2010 年 3 月），頁 289。原文作於 1987 年。有關詹密羅 1986 年的論文，詳見本文頁 2 註釋 7 所揭。

〔註 186〕 文字禪與公案部分，可參考李四龍：《歐美佛教學術史》，頁 257～259。另外，在頁 298～299，李先生介紹了 Griffith Foulk 有關禪宗、儀式與寺院關係的幾篇論文，亦很有參考價值。

〔註 187〕 Steven Heine and Dale S. Wright ed., *The Zen Canon: Understanding the Classic Texts*（New York: Oxford University Press, 2004）.

學、佛教史等各領域的論文不斷推陳出新，海內外前賢時彥皆有豐碩的研究成果。由於本文寫作需要調用部分文化史、社會史面向的研究成果，以考察北宋文字禪運動如何在當時的政治環境與社會背景下進行，因此下文將約略回顧宋代社會與佛教政策制度的相關研究。

　　昭和五十年（1975）高雄義堅的《宋代仏教史の研究》，〔註188〕較早探討了宋代度僧制、度牒制，以及當時僧官制度與寺院的住持制，這是從制度面去解析政府對佛教的提倡與約束，而上述那些議題日後也被學者多方討論。昭和五十七年（1982）竺沙雅章的《中國佛教社會史研究》，〔註189〕前編即爲「宋代佛教社會史研究」，花了相當大的篇幅考察「賣牒」〔註190〕在宋代社會裡的運作過程，描述僧尼人數激增的問題及其反彈，此外還有官方對寺觀的賜額，以及墳寺制度的考察……等等，其論述在高雄氏的研究基礎上多有發明。

　　1989 年黃敏枝女士所著《宋代佛教社會經濟史論集》〔註191〕是臺灣較早注意到官方對於教團、寺院體制與經濟……等諸多管理政策的專著。1993 年大陸學者顧吉辰先生的《宋代佛教史稿》〔註192〕則涉及僧侶的社會活動，還有譯經機構與佛典的傳譯情形，其所引數條史料在後出的學者著作中也常被討論。1997 年黃啓江先生出版論文集《北宋佛教史論稿》共十一篇論文，考察北宋佛教史諸議題，包括宋太宗與佛教的互動，例如對佛寺的興修，此外也對譯經院潤文官與佛教的關係，以及首都汴京寺院憑藉王室支持而發展……等諸多現象進行討論，前文提過的〈僧史家惠洪與其「禪教合一」觀〉亦收於其中。

　　1999 年夏威夷大學出版的論文集 *Buddhism in the Sung*，〔註193〕收錄一系列社會史面向的宋代佛教論文，如前文提過的美國學者韋爾特，其著 "A Buddhist Response to the Confucian Revival" 一文，討論北宋初期太祖、太宗起

〔註188〕作者於昭和 48 年（1973）去世，該書爲遺稿而由其學生整理出版於京都百華苑，臺灣譯本詳見〔日〕高雄義堅著，陳季菁等譯：《宋代佛教史研究》（臺北縣：華宇出版社，1987 年 12 月）。

〔註189〕〔日〕竺沙雅章：《中國佛教社會史研究》（京都：同朋舍，1982 年 2 月）。

〔註190〕所謂「賣牒」，簡言之就是鬻賣度牒，而度牒指的是官方授予僧尼剃度的許可文書。

〔註191〕黃敏枝：《宋代佛教社會經濟史論集》（臺北：臺灣學生書局，1989 年 5 月）。

〔註192〕顧吉辰：《宋代佛教史稿》（鄭州：中州古籍出版社，1993 年 12 月）。

〔註193〕Peter N. Gregory and Daniel A. Getz, Jr. ed., *Buddhism in the Sung*.

始的重文傾向提供儒學振興條件，而作為僧官的贊寧（919～1001）如何回應當時士大夫的排佛論。〔註194〕事實上早在 1957 年，日本學者牧田諦亮所著《中國近世仏教史研究》中便略談了趙宋帝室的佛教信仰與贊寧儒釋調和的立場。〔註195〕竺沙雅章在 2000 年又出版《宋元佛教文化史研究》，其中「宋代の社會と宗教」一部共十章，算是《中國佛教社會史研究》的續篇，〔註196〕對於佛、道二教與宋代社會的關係作了一些細部討論，例如太祖與太宗對佛道的政策，以及白蓮宗的活動等等。該部第四章〈宋代佛教社會史について〉則重點式的敘述宋代佛教政策所帶來的社會影響，特別是中央、地方財政如何牽動教團各種宗教活動，並述及葬儀與追薦，還有佛藏的刊刻。〔註197〕該文在 2010 年近藤一成所編《宋元史學的基本問題》論文集裡由大陸學者游彪先生譯成中文，〔註198〕便於學者參考。

2002 年鈴木哲雄編有《宋代禪宗の社會的影響》論文集，收錄十六篇日本學者對宋代禪宗的社會史研究，其中，椎名宏雄〈唐代禪籍の宋代刊行について〉考察了六本唐禪籍的宋刻本，以及十三本敦煌文獻在宋代的流布情況。〔註199〕前面提過的竺沙氏也著有〈宋代宮廷の葬送と禪宗教團〉收於該論文集，主要探討宋室葬儀與禪僧的參與，排佛的士大夫官僚們面對這類宮廷佛教儀式顯得相當無奈，並且無法規避於外。〔註200〕宋室與禪門的關係由此得以略見一斑。

稍後 2003 年游彪先生的《宋代寺院經濟史稿》，〔註201〕在宋代佛寺田產的經營管理，以及中央與地方僧官的任命……等課題上多有發揮。這些宋代

〔註194〕 Peter N. Gregory and Daniel A. Getz, Jr. ed., *Buddhism in the Sung.*，頁 21～61。

〔註195〕 原書於昭和 32 年（1957）由京都的平樂寺書店出版，臺灣譯本詳見〔日〕牧田諦亮著，索文林譯：《中國近世佛教史研究》（臺北縣：華宇出版社，1985 年 11 月），頁 140～165。

〔註196〕 〔日〕竺沙雅章：《宋元佛教文化史研究》（東京：汲古書院，2001 年 10 月，2 刷），序文頁 2。1 刷於 2000 年 8 月出版。

〔註197〕 同上註，頁 443～462。

〔註198〕 〔日〕近藤一成：《宋元史學的基本問題》（北京：中華書局，2010 年 5 月），頁 265～281。

〔註199〕 椎名宏雄：〈唐代禪籍の宋代刊行について〉，《宋代禪宗の社會的影響》（東京：山喜房佛書林，2002 年 11 月），頁 513～541。

〔註200〕 竺沙雅章：〈宋代宮廷の葬送と禪宗教團〉，《宋代禪宗の社會的影響》，頁 345～358。

〔註201〕 游彪：《宋代寺院經濟史稿》（保定：河北大學，2003 年 3 月）。

寺院相關研究出版之後，2005 年大陸學者劉長東先生的《宋代佛教政策論稿》〔註202〕進一步探討宋代僧官制度，以及寺院的甲乙制、十方制、與敕差住持制等制度面的歷史意義，補充並糾正前賢著作中值得再商榷的部分，可說是更爲全面性地對宋代寺院進行社會史的細部研究。2006 年游彪先生又發表《宋代特殊群體研究》，中篇「出家人的營生」〔註203〕考察寺院的田產，及出家眾的商業行爲，如販賣紡織、刺繡產品，甚至是以高利貸款牟利……等等，在其前作的基礎上作了更深入的研究，對於瞭解宋代寺院經濟的運作很有幫助。

2010 年，汪聖鐸先生的《宋代政教關係研究》〔註204〕相當系統性的考察宋室與佛教、道教關係，對於宗教政策的引導、規儀法式，以及僧道官與寺院道觀的各項管理皆有所評述，極具參考價值。同年，楊曉紅女士的《宋代民間信仰與政府控制》，討論佛教世俗化及其在宋代社會發生的原因與影響，諸如葬儀、習俗、節慶……等等。〔註205〕除了統治者用以化民之外，該文提及佛教在當時乃是作爲民族交流的重要手段，如對高麗、日本等國傳刻《大藏經》，這是屬於政策因素，以及國與國之間的外交層面。另外，劉黎明先生的《中國古代民間密宗信仰研究》以佛教支派「密宗」信仰爲研究對象，主要考察範圍以唐五代及兩宋居多，如密教經典《佛頂尊勝陀羅尼經》由唐至宋的流布情形，以及因兩宋政權對外的軟弱造成民間崇拜毘沙門天王的特殊現象。〔註206〕

由以上所舉數例可大概窺知，有關宋代社會與佛教的各種政策與制度史研究極爲繁茂，海內外學者著作層出不窮，實不能盡舉。上文僅挑選較具代表性者用以回顧概況，若欲查找更多資料與文獻，可詳見本文參考書目。

三、關於前賢研究的一點商議

文字禪議題過去在兩岸學者的辛勤耕耘之下，其理論與典籍一再被重複詮釋，可見文字禪在北宋禪宗史裡的特殊性。但是，前述諸說言及北宋文字

〔註202〕劉長東：《宋代佛教政策論稿》（成都：巴蜀書社，2005 年 7 月）。
〔註203〕游彪：《宋代特殊群體研究》（北京：商務印書館，2006 年 8 月），頁 221～345。
〔註204〕汪聖鐸：《宋代政教關係研究》（北京：人民出版社，2010 年 5 月）。
〔註205〕楊曉紅：《宋代民間信仰與政府控制》（成都：西南交通大學，2010 年 8 月），頁 80～104。
〔註206〕劉黎明：《中國古代民間密宗信仰研究》（成都：巴蜀書社，2010 年 1 月），頁 143～172，與頁 217。

禪之起因，多以禪僧與士大夫的交往造成禪門文學化而簡單帶過，其後再詳論文字禪的理論與著作。雖然各人研究方向有其不同著重之處，但既以文字禪為主題，對於其淵源脈絡應有更細微的探討才不失妥當。又，諸說推其宋代發端之代表，多以善昭頌古為源頭，然惠洪及其著作更被論者視為文字禪的典範。正因為如此，與文字禪相關的論文亦多以惠洪為主要研究對象，雖顯其代表性，但是這樣一來，似乎也侷限了文字禪的研究範圍。

再者，惠洪對於文字與禪的關係，並不總是偏向其中一端。雖其習以文字為禪語，面對傳統禪門宗風卻也不得不自我解嘲。〔註207〕局外人看來固為矛盾，實則這正好反映出惠洪試圖協調「不立文字」與「不離文字」的用意。「不立文字」指出禪宗強調內省自證的性格；「不離文字」則一方面舉揚禪教的一致性，另一方面可以打擊當時務「以撥去文字為禪，以口耳受授為妙，耆年凋喪，晚輩蝟毛而起」之徒。〔註208〕論者或執其一端之言，尤其強調惠洪不離文字的形象，這樣的理解並不能算是全面。如其於〈題讓和尚傳〉云：「心之妙，不可以語言傳，而可以語言見。」〔註209〕研究惠洪文字禪者多引此以論其一反禪宗「不立文字」的傳統，這即是只注意到末句「可以語言見」、而忽略前句「不可以語言傳」的緣故。禪宗「不立文字」的意涵在很大程度上可以指「不假文字」。「不假」並非完全捨棄、不使用文字，而是強調不死在句下。〔註210〕若勉強以惠洪之語來比喻，即其〈空生真贊〉所云：「不捨色聲，而證真空」。〔註211〕既「不捨色聲」，亦不需離於文字；不離文字，而仍能證悟禪境，這就是惠洪在大倡以文字作禪事之際，聲明「心之妙，不可以語言傳，而可以語言見」的原因。

從「不立文字」為禪宗本色的角度來看，關於以文字為禪的批判，若謂禪不能用文字表達，並以此否定文字禪的價值，這其中有些問題需要再商討。「禪不能用文字表達」這句話本身已經是從遮詮的角度描述禪的一個特徵，

〔註207〕如其於〈題自詩與隆上人〉中的自謙語：「余少狂，為綺美不忘情之語。年大來輒自鄙笑，因不復作。」詳見惠洪著，廓門貫徹註：《註石門文字禪》，卷26，頁667。

〔註208〕語出〈題隆道人僧寶傳〉，同上註，卷26，頁663。

〔註209〕語出〈題讓和尚傳〉，同上註，卷25，頁644。

〔註210〕此處所謂禪宗的「不假文字」，可參考余英時：〈中國宗教的入世轉向〉，《中國文化史通釋》（臺北：牛津大學出版社，2010年1月），頁63～64。

〔註211〕惠洪著，廓門貫徹註：《註石門文字禪》，卷18，頁501。

到頭來這種否定的判斷還是落在言說文字處。禪或許難以用文字表達清楚，但並非沒有嘗試的空間。就像聽到一首歌曲或旋律而深受感動，或有人說無法用任何言語形容，其實無法形容的不是歌曲或旋律本身，而是聽者自身的感動程度。當然也有人可以作出形容，如孔子謂：「三月不知肉味。」〔註212〕《列子》記：「餘音繞梁欐，三日不絕。」〔註213〕禪亦如是，那些被視為文字禪作品的詩文，很多是作者自身對禪的感悟。然而這又關聯到另一個問題，即使作者能以語言文字表達禪境，隨各人「得道淺深」〔註214〕之不同，亦未必可保證在作者與聽者之間能夠搭起相契禪機的橋樑，此時執著那些禪文字就可能成為一種覺悟的障礙。用上舉聽到一首歌曲或旋律的例子來說，就像一個從未啖肉的人乍聽「三月不知肉味」，也無法確實領悟孔子之意；而若此人反過來追尋孔子忘懷的肉味，卻忽略對該首歌曲或旋律的親身感受，便為本末倒置。回到禪與文字的關係，正是執著於言說文句而沒有實際去領會禪理。

總而言之，若僅以惠洪個案為文字禪研究的中心，或可鑿其深度，卻難以布其廣度。應該這麼說，從大方向來看，恰如巴斯韋爾所言：「宋代禪學是朝著被稱為『文字禪』的精美文學活動發展的。」〔註215〕而其影響又遠不止於兩宋；在代表人物與其著述的研究成果已被反覆討論之餘，也必須開始從宏觀的角度看待文字禪運動在整個北宋禪宗史裡的流衍，特別是在當時社會文化場域中的發展與影響，而不只是把重點放在個案研究。顯然的，關於這部分還有待借助像是文化史、歷史學……等專業研究以補現有之不足。

最早自上個世紀五○年代以來，宋代佛教政策與其社會面向就受到日美

〔註212〕語出《論語・述而第七》，詳見〔宋〕朱熹：《四書集註》（臺南：大孚書局，1996年7月，3刷），頁43。

〔註213〕語出《列子・湯問第五》，詳見楊伯峻：《列子集釋》（北京：中華書局，1985年3月，2刷），頁177～178。

〔註214〕惠洪〈題讓和尚傳〉謂：「學者每以語言為得道淺深之侯。」此處「侯」當作「候」，詳見惠洪著，廓門貫徹註：《註石門文字禪》，卷25，頁644。又，蘇軾〈送錢塘僧思聰歸孤山敘〉：「聰能如水鏡以一含萬，則書與詩當益奇。吾將觀焉，以為聰得道淺深之候。」乃謂讀者觀作者之詩能探其得道之深淺，詳見蘇軾：《蘇軾文集》，卷10，頁326。

〔註215〕〔美〕巴斯韋爾著，唐笑芝譯：〈看話禪之捷徑：中國禪佛教頓悟行的演變〉，《頓與漸──中國思想中通往覺悟的不同法門》，頁289。

學者的關注，近年大陸方面迎頭趕上，相關著作接連問世。回顧臺灣方面，若論及宋代佛教，多以思想史或文學史的角度切入這個儒釋互動活絡的局面，並建立出豐碩研究成果，如禪僧的詩文集，或禪僧的專題研究，及其與儒學在思想層面上的交涉與影響等。但是關於佛教社會史這一區塊，似乎尚未受到國內高度的熱切關注。而本節所述海內外學者以此面向所作的觀察中，也還留有一些論點可再深入考察其形成的因果關係。若試以文字禪運動為著眼點，大致上可以分為三方面：

一是北宋皇室對佛教採取的態度，例如護佛表現，包括如何加強士大夫對佛教的認同、促進佛教文本的流通、與僧侶的互動等，其背後動力如何產生？佛教特別是禪宗何以能夠得到宋室的大力支持？關於這一點，論者多言及宋帝各種宗教措施的影響，卻忽略對宋帝自身宗教信仰的分析，如真宗就經常被簡單視為崇奉道教的皇帝，其實他對佛教也有很大程度的信仰。

二是特定的政治與社會文化層面。關於僧侶的度牒，以及寺院的賜額、住持與經濟制度等問題，前賢已詳；此部分本文所要關注者，主要集中在僧侶與官僚體系的互動情況，以及北宋印刷出版形式之發展帶給佛教及其文本的影響，它們是宋代重文思潮影響佛教最顯著的兩個區塊，與當時禪宗更為注意典籍的態度應有關聯。

第三，文字禪不只是宋代禪宗史裡的一種思潮或文化現象，對於當時的禪僧與士大夫來說，它更是一種富有審美判斷的文化活動。在兩宋文化史裡，書學、畫論向來備受矚目，此外茶文化也同時流行於叢林與翰林之間。蘇軾詩謂：

> 羨師遊戲浮漚間，笑我榮枯彈指內。嘗茶看畫亦不惡，問法求詩了
>
> 無礙。〔註216〕

蘇軾這首詩的對象雖未必是禪師，〔註217〕但所謂「嘗茶看畫」、「問法求詩」

〔註216〕語出〈龜山辯才師〉，詳見蘇軾：《蘇軾詩集》，卷24，頁1296。

〔註217〕〈龜山辯才師〉詩題下註龜山在盱眙縣附近，位於今江蘇省；查與蘇軾同時之僧人「辯才」且見於佛教史傳者，僅天台宗僧龍井辯才（1011～1091），而龍井位於杭州，史傳並未記載龍井辯才曾駐錫龜山。龍井辯才與蘇軾交好，今蘇軾詩文集中，除了〈龜山辯才師〉難以確認該「辯才」為何人，其餘詩文中蘇軾提及「辯才」者皆指龍井辯才，《蘇軾詩集》如〈贈上天竺辯才詩〉（卷9，頁464）、〈聞辯才法師復歸上天竺，以詩戲問〉（卷16，頁824）、〈偶

等文化活動，也是士大夫與禪師交遊往來中常見的內容，可見宋代僧徒的文化素養愈來愈與文士同調。就此而論，在當時那些妙筆丹青的詩人文士普遍喜禪的趨勢下，這些文化活動是否與文字禪發生過交集？若有，則文字禪在兩宋文化史中的圖像該怎麼重新繪製？以上，即是本文要致力探究的部分。

第三節　研究思路與步驟

本文以「北宋文字禪運動」為主題，旨在考其處於特定歷史背景下之流衍，而該歷史背景乃由北宋的政治、文化……等權力場域所組成。法國社會學家布爾迪厄（Pierre Bourdieu，1930～2002）認為：

> 權力場域既是不同權力的持有者們為了爭奪權力而展開鬥爭的場域，又是一個競技的空間。〔註218〕

而新歷史主義（New Historicism）的觀點則是：「所有文學的歷史構造都是政治性的。」〔註219〕借助他們的看法，我們可以說文字禪作品不只是禪僧與士大夫們純粹的藝術創作，同時它也與北宋政治權力的影響相互牽連。政治權力與文化的變動經常是息息相關的，文字禪運動既然作為一個知識分子與禪僧共構的文化現象，便有必要暫時將其抽離禪學思想史的框架，從更大的政治環境與歷史背景去考察它如何在北宋社會中發展。

布爾迪厄的社會學經常關注於知識生產的過程與效應，他認為對知識分子的研究在「理解現代社會的分層、政治衝突、不平等的延續等特徵具有根本性的意義。」〔註220〕若將這種用意放在對宋代知識分子與禪僧交往的文化

于龍井辯才處得歙硯，甚奇，作小詩〉（卷32，頁1716）；《蘇軾文集》如〈書辯才次韻參寥詩〉（卷68，頁2144）、〈跋太虛辯才廬山題名〉（卷71，2261）、〈書贈游浙僧〉（卷71，2276）。可再參考《蘇詩補註》於〈龜山辯才詩〉中註「辯才」之語：「按：天竺元淨，號辯才。子由為作塔銘，不載其住龜山事，或別是一人所未詳也。」詳見〔宋〕蘇軾著，〔清〕查慎行補註：《蘇詩補註》（臺北：臺灣商務，1985年景印文淵閣四庫全書本，冊1111），卷24，頁19上。該本《蘇詩補註》所記「辯才」或作「辯才」。

〔註218〕〔法〕布爾迪厄著，楊亞平譯：《國家精英》（北京：商務印書館，2005年7月，2刷），頁457。

〔註219〕Brook Thomas, "The New Historicism and other Old-fashioned Topics." in *The New Historicism,* ed. H. Aram Veeser（New York: Routledge Press, 1989），185.

〔註220〕〔美〕斯沃茨：《文化與權力：布爾迪厄的社會學》（上海：上海譯文出版社，2006年5月），頁249。

研究上，也有助於理解當時政治、社會的權力運作如何牽動一代宗教文化之發展。如此一來，當研究者討論到宋代禪宗，便須注意來自宗門以外的各種影響，而不只是對禪宗哲學進行義理面的考察；同樣的，當研究者討論到北宋古文運動、或宋代理學這類以儒者文士爲主角的議題，也必須考慮到來自於叢林的反響、抵抗、或感染。這也是本文何以借用布爾迪厄與新歷史主義觀點的緣故，就像文學批評一般，文字禪並不佔有一個「不受政治壓力拘束的分派空間」，﹝註221﹞政治權力總是在中國古代社會中左右著文化發展，是故本文在引言之後擬先從北宋皇室著手，分析宋帝的基本治國方針與宗教信仰，以釐清對禪宗乃至於文字禪的興起有何作用。在北宋政教關係對禪文化的影響下，僧侶與官僚體系的互動將是討論的重點；而北宋晚期徽宗揚道抑佛的措施對禪宗的影響何在，亦須進一步考察。以上是第二章將討論的內容。

　　第三章擬從文化史的角度分析禪宗文字的流通及其效應，主要內容包括北宋印刷術的勃興、公案語錄的刊印出版，以及士大夫與禪籍的關係。宋代士人有爲禪籍語錄作序的風氣，其時正當禪悅之風大盛，這些應該都是禪學思想與禪文化流傳更爲普遍的原因之一，也是士大夫與禪僧在詩歌酬唱以外，主要交遊往來的媒介之一。

　　文字禪運動本身雖爲一種文化現象，然又不止於此，其自身也參與宋代其他文化的生產過程。第四章即討論「禪文化對宋代社會審美判斷的影響」，考察文字禪運動與宋代詩禪相關之議論，以及與其他文藝活動如書論、畫論、茶文化之間的交涉，並於特定節次探討有關概念如「活句」、「茶禪一味」之淵源與發展經過。

　　前四章對北宋文字禪運動的流衍作了政治、社會、與文化史面向的相關探討，第五章關注的焦點回到宗門內，論文字禪爲叢林所帶來的諸多影響。包括禪僧對公案態度的轉變、南宋禪林對於「以文字爲禪」之立場與態度，以及惠洪與文字禪在元明兩代所受到的關注與表述。最後第六章則爲本文結語。

　　在文獻使用方面，本文採用的基本史料爲《宋史》、《續資治通鑑長編》、《宋會要輯稿》，以及大量宋人筆記。另外還有佛藏中的唐宋禪師語錄、燈錄、公案集、和禪詩文集……等。比較困難的地方在於，本文試圖在前賢研究的

﹝註221﹞ Brook Thomas, "The New Historicism and other Old-fashioned Topics." in *The New Historicism*, 185.

基礎上，透過納入跨領域的參考文獻以充實論點，期能更爲深入的剖析北宋文字禪運動，所以搜羅不少其他學科的專業著作。這些著作有的是物質文化、有的是政治與社會學、有的則是史學。然而一代之文化何其廣泛多元，個人力有未逮，對於其他領域的資料熟悉度並不充足，難免造成疏失與遺珠之憾，這是必須要再加以努力的。

維特根斯坦（Ludwig Wittgenstein，1889～1951）在《哲學研究》中嘗說道：

> 我們不會提出任何一種理論。在我們的考察中必須沒有任何假設性的東西。我們必須拋棄一切說明，而僅僅代之以描述。〔註222〕

對於學術論文的寫作，這種努力保持客觀的用意是能夠理解的。至少它可以作爲一個理想目標，然而當我們在進行自認「客觀描述」的同時，並沒有任何十足的證據能夠自證那些論述都是眞正客觀的。因爲一旦「想要」描述某物，心裡就已經先動念，而動念的原因是否稱得上客觀？又必須根據各人不同的過去生活經驗來決定。其次，用以描述的工具是語言文字。在多數情況下，語言文字雖有其語義和邏輯的規定，詞彙的選擇卻仍然操之在己，所作出的選擇如何判斷它是客觀的？恐怕難有定論。此即英國學者布萊德雷（Francis Herbert Bradley，1846～1924）所說的：

> 推論由證詞而開始，而作爲證詞所陳述的，則有賴於歷史學家從自己本身的經驗中所能推論的東西。〔註223〕

也可以說，即使研究者自身能夠達到上述維特根斯坦講求的絕對客觀，另外還有一個問題卻無法由我們來徹底解決，即研究者所依據的文獻史料，在已逝的時空中被記載、遺留下來，成爲學者們研究過去的媒介。然而那些文獻史料是否忠實呈現過去的樣貌？這就不是我們能夠把握的客觀性。柯林伍德（Robin George Collingwood，1889～1943）認爲所有的歷史資料「沒有一個是現成的歷史；它們都需要通過歷史學家的思想轉變成歷史。」〔註224〕這就是說，所有可資引用分析的文獻史料都是經過學者加工過的，已非原貌。是

〔註222〕〔奧〕維特根斯坦著，李步樓譯：《哲學研究》（北京：北京商務，2000年5月，2刷），頁71。

〔註223〕〔英〕布萊德雷著，何兆武、張麗豔譯：《批判歷史學的前提假設》（臺北：麥田出版，2007年5月，4刷），頁25。

〔註224〕〔英〕柯林伍德著，何兆武等譯：《歷史的觀念（增補版）》（北京：北京大學，2010年1月），頁367。

故，英國史學家詹京斯（Keith Jenkins）於《歷史的再思考》中提到：「歷史乃論述過去，但絕對不等於過去。」因為：

> 過去它已經發生。它已逝去，只能由歷史學家藉非常不一樣的媒體（如書籍、論文、紀錄影片等）喚回，而實際的事件絕不會重現。
>
> 過去已逝，歷史是歷史學家在工作中對它的解釋。〔註 225〕

由於過去的現實是絕對不可能重現的，研究者所根據的材料也難以保證其客觀性，因此當我們說「讓證據自己說話」的同時，該史料證據之所以會被視為證據，早已經表示我們心中存有預設、假說。不過，要注意的是，就本文所掌握的諸多宋代史料而言，即使它不能為我們準確呈現北宋文字禪運動的原貌，那些當時流傳下來的記載至少也能代表那個時代的撰者的部分經驗。

柯林伍德說：「一切歷史都是思想的歷史。」〔註 226〕或許失之武斷，可是放在某些情況來看並非不能應用。因為柯林伍德所謂的「思想」，是指「行動中的思想」，而非「哲學思辨的思想」。〔註 227〕如那些被宋人記載下來的文獻，某事何以有記錄之必要？記錄的範圍如何選取？又以哪些對象為預設之讀者？顯然撰者在記錄之前，內心已存在思考及選擇的過程，無論是多麼客觀的報導，報導項目的採摘仍然被撰者在宋代的生活經驗牽動著，若反過來根據那些經驗來設法描述本文的論題，應雖不中、亦不遠矣。

總而言之，由於北宋文化層面相當複雜，要探討北宋文字禪運動在其中的位置便免不了要作出各種假設。雖達不到維特根斯坦要求的絕對客觀，本文仍希望在史料的引用與論證的過程中做到小心謹慎，以適當呈現北宋文字禪運動的流衍及其風貌。

〔註 225〕〔英〕詹京斯著，賈士蘅譯：《歷史的再思考》（臺北：麥田出版，1999 年 3 月，4 刷），頁 56～57。

〔註 226〕柯林伍德著，何兆武等譯：《歷史的觀念（增補版）》，頁 115。

〔註 227〕關於柯林伍德歷史觀念的評論，可參考沃爾什：《歷史哲學導論》，頁 46～52。

第二章　北宋政教關係對禪文化的影響

第一節　宋初王室的佛教信仰與知識選擇

一、宋初尚文之風與太祖誓約問題再議

宋太宗初登基，即詔云：「先皇帝創業垂二十年，事為之防，曲為之制，紀律已定，物有其常，謹當遵承，不敢踰越。」〔註1〕所謂的「事為之防，曲為之制」，即透過有效控制權力的核心，實行各種措施以防範大權旁落，而排除對國君統治的威脅。〔註2〕自宋太祖即位之初，奪兵權以固政權，乃是其慣用的中央集權措施。如建隆元年（960）開國功臣張光翰（？～967）、趙彥徽（？～968）等在太祖登基後隨即被奪兵符，其中趙彥徽與太祖共事周世宗期間，太祖更曾以兄事趙，卻仍然有此對待，遑論他人。〔註3〕相對來看，文官較之武將更受到朝廷的拔擢，蔡襄（1012～1067）在〈任材〉裡提到：

> 今世用人，大率以文詞進。大臣，文士也；近侍之臣，文士也；錢穀之司，文士也；邊防大師，文士也；天下轉運史，文士也；知州郡，文士也。雖有武臣，蓋僅有也。〔註4〕

〔註1〕詳見〔宋〕李燾：《續資治通鑑長編》（北京：中華書局，2008 年 9 月，二版 2 刷），冊 1，卷 17，頁 382。以下簡稱《長編》。

〔註2〕關於「事為之防，曲為之制」的討論，還可參考鄧小南：《祖宗之法——北宋前期政治述略》（北京：三聯書店，2006 年 9 月），頁 184～280；王盛恩：《宋代官方史學研究》（北京：人民出版社，2008 年 9 月），頁 12～17。

〔註3〕詳見脫脫：《宋史》，冊 11，卷 250，頁 8823、8828。

〔註4〕〔宋〕蔡襄：《莆陽居士蔡公文集・國論要目》（1988 年北京圖書館古籍珍本叢刊影自宋刻本，冊 86），卷 14，頁 125。

文士受到政府大力的拉攏，美國學者韋爾特（Albert Welter）也指出北宋前三帝重用以知識（knowledge）與德性（moral character）爲從政基礎的文官，而不是那些握有武力的節度使。〔註5〕據張希清先生的研究，「北宋一代貢舉正、特奏名進士、諸科取士總計約爲 61000 人，平均每年約爲 360 人。」這是唐代每年平均貢舉取士人數的 4.5 倍。〔註6〕而吸引宋代士人大舉投入官場的原因之一，主要就如清代趙翼（1727～1814）所評：「入仕者不復以身家爲慮。」〔註7〕宋代的「制祿之厚」、「恩賞之厚」，與當時士大夫階層大爲膨脹不無關係。

建隆三年（962），太祖謂近臣曰：「今之武臣欲盡令讀書，貴知爲治之道。」〔註8〕「重文」作爲其治國的首要方針之一，日後也成爲整個宋代的明顯趨勢。然朝廷「重文」政策不只表現在文官地位的提升，《宋史・文苑傳》云：

> 上之爲人君者，無不典學；下之爲人臣者，自宰相以至令錄，無不擢科，海內文士彬彬輩出焉。〔註9〕

明確地說，「重文」主要是指重視學文的風氣，例如太宗「引撢紳諸儒，講道興學」〔註10〕的作法，又曾對臣下直言：「朕性喜讀書，開卷有益，不爲勞也。」〔註11〕此中，文章典籍自然不可或缺，還須對宋室的圖書搜集整理加以留意。唐末五代戰亂，大量典籍流失散佚，蘇軾〈李氏山房藏書記〉謂：

> 余猶及見老儒先生，自言其少時，欲求《史記》、《漢書》而不可得；幸而得之，皆手自書，日夜誦讀，惟恐不及。近歲市人轉相摹刻諸子百家之書，日傳萬紙，學者之於書，多且易致如此，其文詞學術當倍蓰於昔人。〔註12〕

蘇軾此言原在諷刺當時後生科舉之士束書不觀、遊談無根，亦恰能反映至少在仁宗時期（1022～1063）以前，北宋圖書仍亟待充實。是故太祖初登基，「及

〔註5〕 Albert Welter , "A Buddhist Response to the Confucian Revival: Tsan-ning and the Debate over Wen in the Early Sung." in *Buddhism in the Sung*, 21.

〔註6〕 詳見張希清：〈北宋貢舉登科人數考〉，《國學研究》，第二卷（1994 年 7 月），頁 411。

〔註7〕 詳見〔清〕趙翼：《二十二史劄記》（上海：商務印書館，1937 年叢書集成初編本，冊 3549），卷 25，頁 485。下文「制祿之厚」與「恩賞之厚」分見於頁 484、488。

〔註8〕 《長編》，冊 1，卷 3，頁 62。

〔註9〕 脫脫：《宋史》，冊 16，卷 439，頁 12997。

〔註10〕 《長編》，冊 5，卷 116，頁 2733。

〔註11〕 《長編》，冊 1，卷 24，頁 559。

〔註12〕 語出〈李氏山房藏書記〉，詳見蘇軾：《蘇軾文集》，卷 11，頁 359。

平諸國，盡收其圖籍，⋯⋯又下詔開獻書之路，於是天下書復集三館，篇帙
稍備。」太宗時又擴建藏校典籍、修史之用的三館，賜名「崇文院」。〔註13〕
眞宗時，「上封者言國子監所鬻書，其直甚輕，望令增定。」當時國子監刻印
販售的書籍，乃以應試貢舉爲主要用途，消費群自然落在全國考生身上。面
對望令國子監書價調漲的封奏，眞宗的回答是：「此固非爲利也，政欲文字流
布耳。」〔註14〕直接否定了奏議。

　　上舉諸例說明宋政府在開國之初就重視文字圖書的搜羅保存與流布，使
得宋初在張揚文風方面取得初步成果。大致說來，宋代「崇尙斯文」〔註15〕
是古今的共識，若看《長編》所記太祖「嘆曰：『宰相須用讀書人。』由是益
重儒臣矣。」〔註16〕卻有可能將當時受重用的「士大夫」與「儒臣」之間畫
上等號。根據鄧小南女士所著《祖宗之法》的考察，實際上宋代所重用的宰
執群體中很多並不是以儒學擅場，而是長於治事。〔註17〕如太祖、太宗朝的
趙普（921～992）、眞宗朝的王旦（957～1017），以及仁、英、神宗三朝的韓
琦（1008～1075）等名相，便沒有顯著的儒學背景，而是以其行政能力著稱。
〔註18〕基本上自太祖以來，雖然宋朝歷任皇帝多禮遇士大夫，但並未特別對
有儒者身分的士人另眼相待。若要追究宋帝禮遇士大夫的歷史印象如何形
成，就必須回頭討論一樁關於「宋太祖誓約」的老公案。

　　南宋高宗建炎元年（1127），與宋徽宗同困於金朝燕山府（今北京）的武
義大夫曹勛（1098～1174）遁歸南京，聲稱徽宗囑其轉告：

　　藝祖有約，藏於太廟，誓不誅大臣、言官，違者不祥。故七祖相襲，
　　未嘗輕易。每念靖康年中誅罰爲甚，今日之禍雖不止此，然要當知
　　而戒焉。〔註19〕

〔註13〕　三館是昭文館、集賢館、史館的合稱。上述太祖、太宗之事，詳見《長編》，
　　　　　冊1，卷19，頁422。
〔註14〕　《長編》，冊4，卷90，頁2082。
〔註15〕　《長編》，冊3，卷79，頁1799。
〔註16〕　《長編》，冊1，卷7，頁171。
〔註17〕　詳見鄧小南：《祖宗之法──北宋前期政治述略》，頁162～163。
〔註18〕　哲宗元祐元年（1086），監察御史孫升奏：「祖宗之用人，創業佐命如趙普；
　　　　　守成致理如王旦；受遺定策如韓琦。此三人者，文章學問不見于世，然觀其
　　　　　德業器識、功烈行治，近日輔相未有其比。」詳見《長編》，冊16，卷388，
　　　　　頁9444。
〔註19〕　〔宋〕曹勛：《松隱文集·進前十事劄子》，1920年吳興劉氏嘉業堂刊本，卷
　　　　　26，頁2上。「藝祖」典出《尚書·堯典》：「格于藝祖」。「格」爲祭禮名，東

此後論者視「誓不誅大臣、言官」爲太祖所立下的祖宗家法之一。這條家法的意義，關係到宋朝士大夫群體文化發展的源頭條件，在促進兩宋文風鼎盛的光景之下，進而對當時政治、宗教產生一定程度的影響力，故有必要在此節對這個問題作一些討論。

題爲「宋陸游纂」的《避暑漫抄》，收錄了一條《祕史》資料：

> 藝祖受命之三年，密鐫一碑立於太廟寢殿之夾室，謂之誓碑。用銷金黃幔蔽之，門鑰封閉甚嚴。因勅有司，自後時享，及新天子即位，謁廟禮畢，奏請恭讀誓詞。是年秋享，禮官奏請如勅，上詣室前，再拜陛階。獨小黃門不識字者一人從，餘皆遠立庭中。……羣臣及近侍，皆不知所誓何事。自後列聖相承，皆踵故事，歲時伏謁，恭讀如儀，不敢泄漏。雖腹心大臣，如趙韓王、王魏公、韓魏公、富鄭公、王荊公、文潞公、司馬溫公、呂許公、申公，皆天下重望，累朝最所倚任，亦不知也。靖康之變，犬戎入廟，悉取禮樂祭祀諸法物而去，門皆洞開，人得縱觀，碑止高七八尺，闊四尺餘。誓詞三行，一云：「柴氏子孫有罪，不得加刑。縱犯謀逆，止於獄中賜盡，不得市曹刑戮，亦不得連坐支屬。」一云：「不得殺士大夫及上書言事人。」一云：「子孫有渝此誓者，天必殛之。」後建炎中，曹勛自虜中回，太上寄語云：「祖宗誓碑在太廟，恐今天子不及知」云云。〔註20〕

這筆記載與曹勛帶回的徽宗口信並無直接承襲關係，唯因內容言及太祖誓詞「不得殺士大夫及上書言事人」，歷來與曹勛之事同爲論者分析「宋太祖誓約」的常見史料之一。上個世紀如 1941 年張蔭麟先生的〈宋太祖誓碑及政事堂刻

漢馬融（79～166）注曰：「藝，禰也。」清代孫星衍（1753～1818）疏以「禰」借爲「昵」，親近之意。詳見〔清〕孫星衍著，陳抗、盛冬鈴點校：《尚書今古文注疏》（北京：中華書局，1986 年 12 月），冊上，卷 1，頁 49。「藝祖」猶言父廟，可引申爲開國之祖，在此條曹勛引文中即指宋太祖。曹勛歸宋後所撰《北狩見聞錄》亦載此事，唯字句稍有出入：「藝祖有約，藏於太廟，誓不誅大臣、用宦官，違者不祥。故七聖相襲，未嘗易轍。每念靖康中誅罰爲甚，今日之禍雖不止此，要知而戒焉。」詳見〔宋〕曹勛：《北狩見聞錄》（上海：商務印書館，1939 年叢書集成初編本，冊 3893），頁 5。

〔註20〕 〔宋〕陸游：《避暑漫抄》（上海：商務印書館，1939 年叢書集成初編本，冊 2863），頁 6。據劉浦江先生的考證，《避暑漫抄》應出自明人之手，而嫁名陸游，詳見劉浦江：〈祖宗之法：再論宋太祖誓約及誓碑〉，《文史》，總第 92 輯（2010 年 8 月），頁 150。

石考〉〔註21〕、1986 年杜文玉先生的〈宋太祖誓碑質疑〉〔註22〕，到本世紀初顧宏義先生的〈岳飛之死與宋太祖「不殺大臣」誓約考〉〔註23〕，以及 2005 年李峰先生的〈論北宋「不殺士大夫」〉〔註24〕、2010 年劉浦江先生的〈祖宗之法：再論宋太祖誓約及誓碑〉〔註25〕與楊海文先生的〈「宋太祖誓碑」的文獻地圖〉〔註26〕……等，不外乎圍繞在太祖誓約與誓碑的眞僞問題，各家說法不一，或以爲確有其事，或以爲出自杜撰，莫衷一是。由於史料的限制，這個問題確實難有定論，少有一說無可攻者。爲了對宋初尚文之風有進一步的認識，對這個議題進行考察是必要的。不過在討論之前，仍能先指出兩個顯而易見的事實，其一，關於太祖誓約，最早的記載來自 1127 年曹勛上奏高宗的〈進前十事劄子〉，〔註27〕不但早於誓碑的傳聞，其他任何佐證的史料也多據此而衍說，如南宋史家李心傳（1167～1240）《建炎以來繫年要錄》亦記曹勛轉述徽宗語，並於夾注中說明：「此並據曹勛所進《北狩錄》。」〔註28〕然而，整個誓約內容都是曹勛聲稱轉述自徽宗之口，除了身陷金營的徽宗以外，沒有任何人可以直接證明曹勛所言屬實。其二，《祕史》今已亡佚，作者爲何人亦無法確定，據內文所記曹勛事判斷，該條資料最早被記錄的時間必在建炎元年（1127）之後。然而《祕史》記「藝祖受命之三年」立誓碑，乃是

〔註21〕 詳見張蔭麟：〈宋太祖誓碑及政事堂刻石考〉，《文史雜誌》，第 1 卷第 7 期（1941 年 1 月），頁 14～18。後收於《張蔭麟文集》（臺北：中華叢書委員會，1956 年 12 月），頁 106～110。

〔註22〕 詳見杜文玉：〈宋太祖誓碑質疑〉，《河南大學學報》社會科學版，第 1 期（1986 年），頁 19～22。

〔註23〕 詳見顧宏義：〈岳飛之死與宋太祖「不殺大臣」誓約考〉，《華東師範大學學報》哲學社會科學版，第 33 卷第 1 期（2001 年 1 月），頁 114～116。

〔註24〕 詳見李峰〈論北宋「不殺士大夫」〉，《史學月刊》，第 12 期（2005 年），頁 31～35。

〔註25〕 劉浦江：〈祖宗之法：再論宋太祖誓約及誓碑〉，《文史》，總第 92 輯（2010 年 8 月），頁 145～158。

〔註26〕 楊海文：〈「宋太祖誓碑」的文獻地圖〉，《學術月刊》，第 42 卷 10 月號（2010 年 10 月），頁 138～147。

〔註27〕 劉浦江先生亦認爲「這是目前所見宋代有關太祖誓約的最原始的文字記錄」。然劉先生又指出，收錄〈進前十事劄子〉的《松隱文集》在南宋只有抄本流傳，罕爲人知，若論宋人所傳太祖誓約的直接史源，應是曹勛的《北狩見聞錄》，詳見劉浦江：〈祖宗之法：再論宋太祖誓約及誓碑〉，頁 148～149。

〔註28〕 〔宋〕李心傳：《建炎以來繫年要錄》（北京，中華書局，1956 年 7 月），頁 113。頁 114 所記曹勛轉述徽宗語爲：「藝祖有誓約，藏之太廟，誓不殺大臣及言事官，違者不祥。」

建隆三年（962）之事，與建炎元年差距甚遠，這部分可確定是傳聞。又，前引《祕史》「自後列聖相承」此段開始，「雖腹心大臣……亦不知也。」其中所載之大臣，趙普（趙韓王）卒於 992 年、王旦（王魏公）卒於 1017 年，這亦是《祕史》作者不太可能親見的。由是之故，無法斷言其後關於誓碑的記載是否確屬《祕史》作者親見，可信度自然打了折扣。

現據相關的宋代史料來看，徽、欽二帝被金人虜獲之後，徽宗第九子康王是自行登基的（即高宗），而且還是在曹勛逃歸南京之時，向高宗出示徽宗手書「便可即眞，來援父母」〔註 29〕之前就先稱帝了。〔註 30〕對高宗而言，作爲徽宗遺臣的曹勛，其出現等於是在提醒他的政權來得並不是那麼正統，或至少不是透過正當的方式取得帝位。必須指出的是，劉浦江先生認爲曹勛所帶回的徽宗手書「使高宗繼位的合法性得以解決」，〔註 31〕這是與本文觀察角度不同之所在。然而，既然有所謂「合法性」與否的問題須解決，也就同時說明在前任皇帝傳位之前便自立爲帝的這種做法，確實很可能令高宗因此受到歷史的評議。所以，曹勛帶回的徽宗手書，一方面雖完成高宗繼位的合法性，另一方面卻也諷刺高宗不待傳位而自行登基的事實。

此外，根據史實，高宗並沒有依照曹勛帶回的徽宗手書指示去援救徽宗歸宋，更遑論援救欽宗。或因國力不足，故「即眞」後仍未能「來援父

〔註 29〕脫脫：《宋史》，冊 2，卷 24，頁 447。《宋史》記此事在建炎元年七月，而高宗是在五月登基的，詳見頁 443。又《宋史・曹勛傳》作「可便即眞，來救父母。」詳見冊 15，卷 379，頁 11700。

〔註 30〕此據《宋史・高宗本紀》云：「（1127 年）五月庚寅朔，帝登壇受命，禮畢慟哭，遙謝二帝，即位於府治。改元建炎。」該段前文有言高宗至應天府，故其即位府治爲南京應天府。同年又記七月丙辰曹勛才自燕山回歸。詳見脫脫：《宋史》，冊 2，卷 24，頁 443、447。而《續資治通鑑長編拾補》則記：「（1127年）五月己丑朔，康王即皇帝位于南京。」同年四月又記曹勛竄歸見康王，時康王在濟州（今山東）。若是，則曹勛先歸來，高宗才即位的。詳見〔清〕黃以周等輯注，顧吉辰點校：《續資治通鑑長編拾補》（北京：中華書局，2008年 7 月，2 刷），冊 4，卷 60，頁 1916、1908～1909。《續資治通鑑長編拾補》以下簡稱《長編拾捕》。然曹勛《松隱文集》有樓鑰（1137～1213）作於紹熙元年（1190）的序文云曹勛自燕山攜徽宗御札御衣回歸於南京，詳見曹勛：《松隱文集・進前十事劄子・序》，頁 1。樓鑰與曹勛同時代，回歸抵達南京之說較爲可信，故以《宋史》所言爲是，即高宗登基後才於南京接見自燕山帶御信歸來的曹勛。

〔註 31〕劉浦江：〈祖宗之法：再論宋太祖誓約及誓碑〉，頁 147。

母」；至於不救欽宗，可能是因為顧忌迎回上一任皇帝恐怕會威脅到自己政權的正統與存續。徽宗或許也考慮到這一層，故手書中僅提「來援父母」，而未提援救欽宗。然而，即便只是考慮援救徽宗，對於自行即位的高宗來說仍然是一個潛在的威脅。試想，徽宗既能對高宗書「便可即真」，在立場上等於是廢黜當時的現任皇帝欽宗（徽宗應不知高宗已自行踐極），若徽宗歸宋而重掌部分實權，焉知這位太上皇握有之權柄不會凌駕於高宗之上、或甚至對新帝廢立進行干涉。且若為奉徽宗歸來而與金人談判、爭戰，很可能因此動搖國本，不利於高宗甫登基之局面安定。因此，建炎元年（1127）七月，當曹勛建議募死士入金救徽宗歸國，才會引起高宗不滿，下令「出勛于外，凡九年不得遷秩。」〔註32〕大局初定之時，只要有可能動搖到掌權者的姿態，其鏟除異己的心態是可以想像的。例如建炎元年三月被金人強立為大楚皇帝的張邦昌（1081～1127），實對康王甚為恭順，康王本人也知曉內情。〔註33〕張邦昌與金人面議第一件事即「乞不毀趙氏陵廟」〔註34〕，其被迫稱帝之後，「見百官稱『予』，手詔曰『手書』」，臣下上奏若稱「臣啟陛下」，便受其斥責。〔註35〕張邦昌致康王的信中也提到，其被迫即位「方免屠城，廟、社、景靈宮乃不燒燬」，途中雖數度求死而未果，「今則社稷不墜，廟主如故，祖宗神御，皆幸全存。」〔註36〕其情其言，或為日後乞活，然其事又不屬杜撰。後張邦昌自行退位，先迎來哲宗之妻元祐皇后（1073～1131）垂簾聽政，緘鎖禁中諸門，題以「臣邦昌謹封」。〔註37〕待康王至南京應天府，張邦昌「伏地慟哭請死，王慰之。」〔註38〕至此，張邦昌究竟有無異心，可說是昭然若揭。

高宗即位後，降御批曰：「邦昌僭逆，理合誅夷，原其初心，出於迫脅，可特與免貸。」然而，據《宋史》所記，後來高宗仍在即位一年內，以邦昌

〔註32〕 建炎元年七月，「勛建議募死士航海入金國東京，奉徽宗由海道歸。執政難之，出勛于外，凡九年不得遷秩。」詳見脫脫：《宋史》，冊15，卷379，頁11700。

〔註33〕 康王覽邦昌退位手書，「因語幕屬曰：『邦昌知君臣公義，免興師，此為庶幾。』命移檄諸路帥臣，具言邦昌恭順之意，約束士卒不得擅入京城。」詳見《長編拾捕》，冊4，卷60，頁1908～1909。

〔註34〕 《長編拾捕》，冊4，卷60，頁1891。

〔註35〕 脫脫：《宋史》，冊17，卷475，頁13791。

〔註36〕 《長編拾補》，冊4，卷60，頁1906。

〔註37〕 《長編拾補》，冊4，卷60，頁1911。

〔註38〕 《長編拾補》，冊4，卷60，頁1915。

在位時的僭越之舉賜罪，將其誅於潭州（今湖南）。〔註39〕南宋王明清（約 1127 ～1202）《揮麈後錄》亦記有此事：

> 邦昌僭位之後，雖竊處宸居，多不敢當至尊之儀，服御之屬，未始易也；寢殿之邃，不敢履也。一夕偶置酒，彭因乘邦昌之醉，擁之曰：「官家，事已至此，它復何言？」即衣之赭色半臂。邦昌醉中猶能卻，彭呼二三宮人力挽而穿之，益之以酒，掖邦昌入福寧殿，使宮人之有色者侍邦昌寢。邦昌既醒，皇恐而趨就它室，急解其衣，固已無及矣。邦昌卒坐此以死。〔註40〕

曹勛在建炎元年（1127）七月至南京，張邦昌在同年九月被賜死，而在曹勛回來之前，「右諫議大夫宋齊愈（？～1127）當金人謀立異姓，書張邦昌姓名，斬於都市。」〔註41〕此皆為高宗為確保其正統性所下之殺手。是故，若謂曹勛所轉達徽宗引述太祖「誓不誅大臣、言官」之事，乃出自曹勛為保命而杜撰，不失為合理的推測之一。而這個推測，主要並不在於判斷「太祖誓不誅大臣、言官」之真偽，而是在於，徽宗是否確有令曹勛轉達此事，也就是說，前述曹勛聲稱徽宗囑其轉告之情事，是否根本是曹勛假傳聖旨？〔註42〕唯劉浦江先生認為，高宗誅殺偽楚皇帝張邦昌，「也許算不上很嚴重的問題」，〔註43〕這樣就降低了高宗為保其正統而痛下殺手的可能性，這是與本文不同的看法。

〔註39〕《宋史》記此事云：「一夕，邦昌被酒，李氏擁之曰：『大家，事已至此，尚何言？』因以赭色半臂加邦昌身，掖入福寧殿，夜飾養女陳氏以進。……帝聞，下李氏獄，詞服。詔數邦昌罪，賜死潭州。」連同前述「邦昌僭逆」之語，詳見脫脫：《宋史》，冊 17，卷 475，頁 13792～13793。《宋史》頁 13793 所記「李氏」乃「華國靖恭夫人李氏」，《建炎以來繫年要錄》與《三朝北盟會編》亦如是記，分別詳見李心傳：《建炎以來繫年要錄》，卷 3，頁 74；〔宋〕徐夢莘：《三朝北盟會編》（上海：上海古籍出版社，1987 年 10 月），卷 105，頁 774。

〔註40〕詳見〔宋〕王明清：《揮麈後錄》（臺北：新文豐，1980 年學津討原本，冊 15），卷 4，頁 363。同頁記「祐陵在端邸，有妾彭者」，「彭」為徽宗尚為端王時的小妾，此與上條註釋所記「華國靖恭夫人李氏」不同，未知孰是孰非，然《揮麈後錄》所記「彭」者，尚未見到他書同例。

〔註41〕脫脫：《宋史》，冊 2，卷 24，頁 447。張邦昌九月被賜死，詳見頁 449。

〔註42〕當然這又牽涉到另一個問題，即曹勛又如何得知確有太祖誓約「不誅大臣、言官」。據劉浦江先生的考察，其實所謂宋帝「不殺士大夫」、「不誅大臣」的作風，在北宋中葉以後已常被士人所談論，詳見氏著：〈祖宗之法：再論宋太祖誓約及誓碑〉，頁 153～155。故曹勛有此認知並不奇怪，又再以之助其杜撰情事，亦並非不可能。

〔註43〕劉浦江：〈祖宗之法：再論宋太祖誓約及誓碑〉，頁 154。

2010 年張希清先生的〈再論宋太祖誓約「不誅大臣、言官」〉，論證太祖誓約確有其事，然其中有些推理值得再討論。首先，張文指出宋高宗與秦檜並不認為曹勛杜撰太祖誓約，否則曹勛難以全身而退；又謂曹勛傳達徽宗口信時（建炎元年），欽宗仍健在，所謂「每念靖康年中，誅罰為甚。今日之禍雖不止此，然要當知而戒焉」云云，等於是要欽宗負起北宋滅亡的責任，而太祖誓約乃「列聖相承」，若為杜撰，是很容易被欽宗揭穿的。〔註44〕這裡有兩個問題，第一，宋高宗與秦檜不認為曹勛杜撰太祖誓約，與太祖誓約是否屬實並無直接關係，這項證據似乎不太有力。第二，欽宗囚於金時，即便想要揭穿太祖誓約為杜撰之事，亦未知其行動受限的程度，如曹勛乃是經由徽宗派遣作為聯絡而逃歸南京的，至於欽宗，並無法確定其未曾派遣過使臣，亦存在使臣逃歸失敗的可能性，如此變數參雜，難以斷言。再進一步說，就算欽宗公開否認此誓約，也無法證明徽欽父子二人孰是孰非，因此若要將欽宗未嘗揭穿該事作為誓約存在的證據，是欠缺說服力的。

再者，杜文玉先生的〈宋太祖誓碑質疑〉指出，太祖在位期間共殺臣子八十八人，藉此質疑太祖誓約的存在。〔註45〕張希清先生認為杜文沒有搞清楚誓約中所謂「大臣」、「言官」的概念，北宋皇帝所殺臣僚沒有一位可稱得上是「大臣」、「言官」，均為中下級臣僚。〔註46〕此處的問題是，《避暑漫抄》所記誓碑之誓辭為「不得殺士大夫及上書言事人」，所謂「士大夫」理當包含各級文官，若以此說為是，則杜文言之有理。然而張文僅簡單提出《避暑漫抄》所載誓碑誓辭與曹勛傳達的太祖誓約「誓不誅大臣、言官」兩者之間的差異，「恐怕是《避暑漫抄》所據傳聞有誤」，〔註47〕並不知張文推論的證據為何，應該是以曹勛所謂傳達自徽宗的「太祖誓約」為真的前提下作出的判斷。但是前文也已經指出，雖然無法確定《避暑漫抄》所錄《祕史》之「太祖誓碑」資料是否為《祕史》作者親見，不過曹勛傳達的「太祖誓約」，除了徽宗本人之外，同樣沒有任何人可以直接證明屬實。劉浦江先生指出，在沒有任何史料憑據的情況下，隨意推斷「太祖誓約」是出自曹勛、高宗或徽宗

〔註44〕　詳見張希清：〈再論宋太祖誓約「不誅大臣、言官」〉，《宋學研究集刊》，第 2 輯（2010 年 7 月），頁 264～265。

〔註45〕　杜文玉：〈宋太祖誓碑質疑〉，頁 20。

〔註46〕　張希清：〈再論宋太祖誓約「不誅大臣、言官」〉，頁 271～272。

〔註47〕　張希清：〈再論宋太祖誓約「不誅大臣、言官」〉，頁 266。

的杜撰，是不夠愼重的。〔註 48〕然而，反過來說，在沒有確切的證據之下，亦不能斷定「太祖誓約」、或「徽宗囑其轉告」之事不是出自曹勛的杜撰。劉浦江先生認爲「太祖誓約一事有明確可信的史源，沒有理由懷疑它的眞實性」，〔註 49〕但是他所謂「明確可信的史源」，卻出自曹勛《北狩見聞錄》，〔註 50〕仍只是曹勛的片面之辭。不過，劉先生對於判斷「太祖誓碑」眞僞的問題主張：「不可言其必有，亦不可言其必無。」〔註 51〕這是很有見地的，本文以爲，此言若借用來判斷「太祖誓約」與曹勛所謂「徽宗囑其轉告」的眞僞虛實，亦不失中肯。

杜文玉先生提出一說很值得參考：「再從『誓碑』收藏的方式看也很奇特，深藏於太廟之密室，不知何意？從碑文的內容看，完全沒有保密的必要。從常理看，公諸於世，反倒對趙氏的統治更加有利。」〔註 52〕這是難以反駁的，本文對太祖誓約與誓碑的眞實性也是抱持存疑的態度。然而無論誓約與誓碑存在的證據多麼薄弱，宋帝優禮文官卻是不爭的事實，除了待遇優渥，士大夫還有直言謗政的權力，〔註 53〕雖不至擁有言論免責權，但如蘇、黃多次遷謫而未伏誅，亦可說明宋帝確不輕殺文官。哲宗就曾言：「朕遵祖宗遺制，未嘗殺戮大臣。」〔註 54〕程頤（1033～1107）亦曰宋代「百年未嘗誅殺大臣。」〔註 55〕就算所謂的誓約、誓碑並不存在，也可看作是一條自太祖以來就成立的共識，爲士大夫的文化發展提供極爲有利的條件。雖然，從另一面來觀察，士子大量投入科舉謀官，造成宋代冗官問題嚴重，〔註 56〕不過士大夫的文人素養也在人才輩出的宋代顯得更爲突出。他們的舞臺不只搭建在政治層面，

〔註 48〕 劉浦江：〈祖宗之法：再論宋太祖誓約及誓碑〉，頁 149。

〔註 49〕 同上註，頁 152。

〔註 50〕 同上註，頁 149。

〔註 51〕 同上註，頁 152。

〔註 52〕 杜文玉：〈宋太祖誓碑質疑〉，頁 21。

〔註 53〕 關於這一點，程民生先生〈宋代社會自由度評估〉在「言論自由」的部分有詳細討論，詳見氏著：〈宋代社會自由度評估〉，《宋學研究集刊》，第 2 輯（2010年 7 月），頁 56～63。

〔註 54〕 脫脫：《宋史》，冊 17，卷 471，頁 13711。

〔註 55〕 詳見〔宋〕程顥、程頤著，王孝魚點校：《二程集・河南程氏遺書》（北京：中華書局，2004 年 2 月，二版 3 刷），冊上，卷 15，頁 159。劉浦江先生已考察數筆宋帝不殺大臣之事例，可參考氏著：〈祖宗之法：再論宋太祖誓約及誓碑〉，頁 153～155。

〔註 56〕 趙翼：《二十二史劄記・宋冗官冗費》，冊 7，卷 25，頁 489～490。

其觸角亦伸展到宗教方面，特別是當時逐漸流行的禪宗。這當然也關係到另一個問題，即在上位者對佛教的態度。當皇帝留心佛教，不只是造成佛教得以藉由依附政權而取得發展的契機，部分在朝知識分子也會向佛教靠攏。與此同時，還會出現另一群知識分子表態反對，例如古文運動中的排佛論述。不過，就算是反佛，也必先了解自己辯駁的對手，才能作出切要的反應。相對的，僧侶們為了護教，也得先站在與那些士大夫同等的場域中才能順利取得發言權。於是乎，佛教有了士大夫群體的參與，在文人與僧侶的互動之中，一些士大夫成為居士，一些比丘則變成文學僧。而那條不輕殺大臣、言官的隱性家法，也成為北宋士大夫文化提升的因素之一，這是宋初尚文之風最為基礎的標記。

二、太祖、太宗對佛教的態度

宋初以來崇尚斯文的作風，令得飽含學養的士大夫群體崛起於政治舞臺，影響所及還包括了宗教層面。其中宋帝的宗教興趣、或者與宗教的淵源，或多或少左右著朝野士大夫對於特定宗教的印象。以下將把焦點放在宋初王室對佛教的態度，藉此窺其政教關係之一斑。〔註57〕

（一）太宗之前王室與佛教的關係

宋代自太祖以來便與佛教有諸多淵源，從當時宋人筆記所錄可知梗概。太祖即位前後皆有僧侶相助的傳說，如北宋中期理學家邵雍（1011～1077）之子邵伯溫（1056～1134）著有《邵氏聞見錄》，載太祖微時，宿於長壽寺大佛殿，藏經院主僧見其異相，遂資助太祖並贈驢供乘，使之順利得見當時尚為柴太尉的周世宗。〔註58〕又，蘇軾門下六君子之一的李廌（約1059～1109）著有《師友談記》，記載普安禪院中一僧曾饋食並資助當時尚為人臣的太祖。〔註59〕另外，太祖的家人也曾受僧人相助，宋代文學家朱弁（1085～1144）在其著《曲洧舊聞》中載陳橋兵變之事，當時太祖之母杜太后眷屬以下盡在

〔註57〕 以下本節所舉諸史料，因切題之故不能不談，若前賢已揭者則略述補充，並於註釋中標明：反之，前賢未及談者則詳論。

〔註58〕 〔宋〕邵伯溫：《邵氏聞見錄》（北京：中華書局，2008年8月，3刷），卷1，頁1。

〔註59〕 〔宋〕李廌：《師友談記》（北京：中華書局，2008年1月，2刷），頁32。蘇門六君子為黃庭堅（1045～1105）、秦觀（1049～1100）、晁補之（1053～1110）、張耒（1054～1114）、陳師道（1053～1101）、李廌。

定力院，大局未定，後周將士入院搜捕杜太后及其眷屬，賴寺僧掩護才得保全。〔註60〕由是料想太祖必對定力院另眼看待，北宋史家宋敏求（1019～1079）之《春明退朝錄》記「今京師定力院有太祖御像。」〔註61〕該文尚記載英宗朝以前皇帝與后妃的神御殿，〔註62〕即自太祖建隆元年（960）到英宗治平四年（1067），凡一百零八年的二十八處神御殿，定力院是其一。

開寶二年（969），太祖親征太原，〔註63〕北宋文學家魏泰（生卒年不詳）之《東軒筆錄》記太祖「道經潞州麻衣和尚院，躬禱於佛前曰：『此行止以弔伐為意，誓不殺一人。』」〔註64〕太祖身為皇帝而對佛教神祇躬禱起誓，充分顯示出對佛教的信仰。然而較特別的是太祖與佛教神祇身分之間的聯繫，如《曲洧舊聞》記五代有一僧謂太平須待定光佛出世，其後北宋開國，世皆以太祖為定光佛轉世。〔註65〕這樣的傳說即便是穿鑿附會，至少也是從佛教的信仰者口中傳出，可知太祖即位受到佛教人士的支持乃是無疑的。

關於上述這些太祖與佛教交涉的記錄，有幾成符合歷史真相？實難斷論。但是，即便僅是宋人隨手摘錄之見聞，至少也代表太祖在即位前已與僧徒有某種程度的往來，否則這類傳說或敘述也不會在宋人筆記中隨處可見。同時，這也說明了在後周世宗顯德二年（955）廢佛政策之後，宋太祖與佛教關係穩定友好。

（二）太宗的護教立場及佛教著作

太宗的即位傳說與道教神祇有關，據《長編》記載，太祖因道教天神降語謂其時尚為晉王的太宗有仁心，故以之為繼位人選；開寶末年亦有神祇預言太宗將繼位。〔註66〕學界對太宗的繼位過程有所質疑，〔註67〕然此非屬本

〔註60〕 〔宋〕朱弁：《曲洧舊聞》（北京：中華書局，2008 年 1 月，2 刷），卷 1，頁 83。以上三條史料竺沙雅章已揭，詳見氏著：《宋元佛教文化史研究》，頁 364 ～366。

〔註61〕 〔宋〕宋敏求：《春明退朝錄》，（北京：中華書局，2006 年 9 月，3 刷），卷 上，頁 5。

〔註62〕 神御殿在宋代作為奉安先朝已逝帝后御容之用。

〔註63〕 《長編》，冊 1，卷 10，頁 216。

〔註64〕 〔宋〕魏泰：《東軒筆錄》（北京：中華書局，2006 年 3 月，3 刷），卷 1，頁 5。

〔註65〕 朱弁：《曲洧舊聞》，卷 1，頁 85～86。劉長東先生已對此進行考證，詳見氏 著：《宋代佛教政策論稿》，頁 20～39。

〔註66〕 天神降語詳見《長編》，冊 1，卷 17，頁 377～378；預言則見於卷 18，頁 407。 竺沙雅章對此有所考證，詳見氏著：《宋元佛教文化史研究》，頁 373～376。

文討論範圍。太宗雖與道教有這點淵源，但宋代整體上對三教是採取並隆的態度。若聚焦在佛教方面，可發現自太祖以來，宋室與佛教的關係就很不錯，佛教勢力亦日漸茁壯，而太宗對佛教的關注，從其即位後實施一連串對佛教的政策就能明白，包括加強佛像、僧侶的管制、大舉修建寺塔，以及興辦譯經機構，其譯經數量乃居整個北宋時期之冠。〔註68〕《長編》錄有太宗太平興國八年（983）對宰臣的一段話表示其護教立場：

> 浮屠氏之教有裨政治，達者自悟淵微，愚者妄生誣謗。朕於此道，
> 微究宗旨。……假如飯一僧、誦一經，有何功德？朕夙夜孜孜，固
> 不爲己，每焚香，惟願民庶安輯，不近理之事，斷不爲也。〔註69〕

太宗焚香祈福，並以佛教對政治而言有裨補匡正之效，清楚對臣下表達對佛教的喜好，且自認站在利益天下的理性角度從事佛教活動。太宗雍熙三年（986），時任武勝節度史兼侍中的趙普（921～992）諫太宗伐燕：

> 蓋緣每認陛下本是天人暫來人世，是以生知福業，性稟仁慈。潛聞
> 內裏看經，盤中戒肉，今者願忍一朝之忿，嘗隆萬劫之因。如或未
> 止干戈，必恐漸多殺害。〔註70〕

引文中所謂「內裏看經」，根據前後文推測，當指佛經。依趙普的描述，太宗在公事之外有讀佛經的安排，甚至飲食有過戒肉的情形，可知對佛教已有一定程度的信仰，亦有閱讀佛典的興趣。關於趙普所謂「陛下本是天人暫來人世」，歐陽修（1007～1072）《歸田錄》記太祖至相國寺佛像前，問贊寧當拜與否，贊寧答曰：「見在佛不拜過去佛。」〔註71〕此條經黃啓江先生考證，應是歐陽修筆誤，當爲太宗與贊寧之間的問答。〔註72〕參照趙普之言，太宗在臣下心中被建立的形象乃是「天人」、「見在佛」，太宗對於如此的稱謂顯然沒有異議。歐陽修《歸田錄》記此事又曰：「至今行幸焚香，皆不拜也。議者以

〔註67〕如鄧廣銘：《宋史十講》（北京：中華書局，2008年12月），頁23～54所論，便認爲太宗帝位是劫奪而來的。

〔註68〕黃啓江先生著有〈宋太宗與佛教〉專論上述問題，詳見氏著：《北宋佛教史論稿》，頁31～67。

〔註69〕《長編》，冊1，卷24，頁554～555。原文尚謂：「凡爲君治人，即是修行之地，行一好事，天下獲利，即釋氏所謂利他者也。」

〔註70〕邵伯溫：《邵氏聞見錄》，卷6，頁53。

〔註71〕〔宋〕歐陽修著，李偉國點校：《歸田錄》（北京：中華書局，2006年9月，3刷），卷1，頁1。

〔註72〕黃啓江：〈宋太宗與佛教〉，《北宋佛教史論稿》，頁58，該文註釋5。

爲得禮。」〔註73〕黃啓江先生認爲，此「當是就其『定制』而言」，而志磐《佛祖統紀》所謂「眞宗百拜已上」、「徽宗拜佛牙」〔註74〕云云，應是「皇帝個人之選擇」。〔註75〕雖不知贊寧答太宗「見在佛不拜過去佛」之事發生於何時，然前引《長編》記太宗自謂「每焚香，惟願民庶安輯」，《歸田錄》亦記曰：「至今行幸焚香，皆不拜也。」可知太宗就算不行拜禮，仍有焚香祈福之事。這一方面顯示了太宗對佛教的支持與信仰，另一方面，贊寧的話語乃是將太宗與佛祖的形象聯結起來。當虔敬的僧徒遇上作爲佛教護持的統治者時，帝王的形象很容易會與如來結合，這種情形在北魏就曾發生過。位於今山西省以西的武周山北崖「雲岡石窟」，其中第 16 到 20 窟被稱作「曇曜五窟」，乃北魏文成帝和平年間（460～465）開鑿。北魏太武帝毀佛之後，〔註76〕文成帝即位又興佛教，僧官曇曜（生卒年不詳）便請鑿石窟佛像，〔註77〕而其造像面容貌似北魏早期五位皇帝。〔註78〕在曇曜五窟之前，文成帝踐極是年（興安元年，452）也曾命「有司爲石像，令如帝身」，又於興光元年（454）在大寺內「爲太祖已下五帝鑄釋迦立像五」。〔註79〕由是拜佛如尊君，兩者不衝突，政教取得和諧關係，此皆帝王與如來形象合一之前例。〔註80〕

必須指出的是，太宗與佛教良好的互動，並不純粹是因爲個人宗教信仰所致。竺沙雅章認爲，太宗各種崇奉佛教的事業，乃是作爲治理政事的工具，應當爲人民帶來利益，而其明確的政治目的即以興隆佛法來獲得國家的安寧。〔註

〔註73〕 歐陽修：《歸田錄》卷 1，頁 1。

〔註74〕 志磐：《佛祖統紀》，卷 44，頁 405。

〔註75〕 黃啓江：〈宋太宗與佛教〉，《北宋佛教史論稿》，頁 58，該文註釋 5。

〔註76〕 《魏書・釋老志》記北魏太武帝所下詔書云：「諸有佛圖形像及胡經，盡皆擊破焚燒，沙門無少長悉坑之。」詔書後紀年爲「眞君七年（446）三月也。」詳見〔北齊〕魏收：《魏書》（北京：中華書局，1974 年 6 月），冊 8，卷 114，頁 3035。

〔註77〕 同上註，頁 3037。

〔註78〕 有關造像介紹可參考〔日〕篠原典生：〈皇家寺院雲岡石窟的「曇曜五窟」〉，《東方收藏》，第 2 期（2011 年），頁 21～23。

〔註79〕 魏收：《魏書》，冊 8，卷 114，頁 3036。

〔註80〕 相關資料可參考〔日〕石松日奈子：《北魏仏教造像史の研究》（東京：星雲社，2005 年 01 月），頁 83。以及楊秀麗：〈從雲岡曇曜五窟略探北魏的國家佛教政策〉，《國立歷史博物館學報》，33 期（2006 年 5 月），頁 43～54。

〔註81〕 分別詳見竺沙雅章：《宋元佛教文化史研究》，頁 385、381。黃啓江先生也認爲，宋太宗遣內侍造佛像，「其實是假帝王之特權，宣揚他擁護佛教之名」；而「建寺或修寺以迎符瑞，更是獲得民眾信任、安定地方、鞏固太宗政治基礎的有效辦法。」分別詳見黃啓江：〈宋太宗與佛教〉，《北宋佛教史論稿》，頁 35、41。

81）如在後周世宗時期廢毀了許多天下無額寺院，到了太平興國三年三月
（978），太宗乃以「太平興國」、「乾明」之敕額下賜各地無名寺院，大幅的變
更後周世宗的廢佛政策，〔註82〕理所當然也和佛教建立了更友好的關係。

　　此外，上述太宗的護教立場，主要還表現在對佛教著作的熱情。太宗除
了開設譯經院進行組織化的佛經翻譯，也對佛教史感到好奇。《春明退朝錄》
載太宗事曰：

　　　又詔翰林承旨蘇公易簡、道士韓德純、僧贊寧集三教聖賢事蹟各五

　　　十卷，書成，命贊寧為首座，其書不傳。〔註83〕

太宗雖不獨留意釋教，三教聖賢事蹟書成之後卻以僧官贊寧位居三教之首，
可見其偏委何方。北宋僧人文瑩（生卒年不詳）《湘山野錄》亦記贊寧因「太
宗欲知古高僧事，撰《僧史略》十卷進呈」，〔註84〕顯示出太宗對於佛教史的
瞭解有所需求，而這類舉動的另一層意義是皇帝在某種程度上促進了佛教史
的書面化。然光是臣下進獻的佛教著作還不能滿足太宗，必要自抒其佛法心
得於紙上方能成全。太宗自身喜以文字詮釋佛法，黃啓江先生謂其「是北宋
最熱中於以文字演說佛法的皇帝」，〔註85〕《麟臺故事校證》便記載太宗撰有
《祕藏詮》、《佛賦》等釋義讚佛之作，〔註86〕以《秘藏詮》為例，計收太宗
百首五言古詩，除對佛法的體悟，亦多讚頌之語，如：

　　　俗願求眞諦，如來教法深；微音能洞達，憫起大慈心。

　　　種種莊嚴相，如來震法威；龍天常護衛，安樂慧花飛。

　　　我佛周旋施，眾生業自深；無修不種果，豈解如來心。〔註87〕

或讚如來之法深、或讚如來之法威、又或稱頌如來周施眾生，本文僅隨取三例，

〔註82〕 竺沙雅章已揭此條，詳見氏著：《宋元佛教文化史研究》，頁383。「無額寺院」
　　　　即未有敕額之寺院；「無名寺院」即「無額寺院」，以其無官方賜予的正式匾
　　　　額名稱之故。關於太宗敕額「太平興國」、「乾明」之事，詳見志磐：《佛祖統
　　　　紀》，卷43，頁397。

〔註83〕 宋敏求：《春明退朝錄》，卷下，頁46。

〔註84〕 〔宋〕文瑩：《湘山野錄》（北京：中華書局，2007年8月，3刷），卷下，頁
　　　　46。

〔註85〕 黃啓江：〈宋太宗與佛教〉，《北宋佛教史論稿》，頁44。

〔註86〕 〔宋〕程俱：《麟臺故事校證》（北京：中華書局，2004年4月，2刷），卷1，
　　　　頁37。太宗這些著作今收於《高麗大藏經》冊35。

〔註87〕 以上三首分見〔宋〕太宗皇帝：《御製秘藏詮》（臺北：新文豐，景印高麗大
　　　　藏經本，冊35），卷7，頁854～855；卷11，頁874。

類似的詩句在《祕藏詮》中不算少見，而從太宗的用字遣詞可判斷其對佛教有極深的信仰與認同感，否則也不會做出百首演說佛法、讚誦如來的古詩。《長編》尙記太宗「撰《蓮華心輪回文偈頌》十部二百五十卷、《回文圖》十軸，示近臣」，皆屬篇幅浩繁之作。〔註88〕在上位者如此，風行草偃可想而知。

總的看來，確如道原《景德傳燈錄》所評：「太宗即位，留心禪門。」〔註89〕據《石林燕語》所記，太宗甚至把自己降誕的地點建爲啓聖禪院，〔註90〕並迎取佛陀的旃檀瑞像置於其間。〔註91〕姑且不論其背後目的僅爲蒼生祈福或是尙有掌控叢林的政治動機，總之太宗用力於從事佛教活動，乃至親以文字著作讚論佛法，是顯而易見的事實。

三、眞宗的佛教面向

以往眞宗多被關注的焦點在於對道教的援助，其與佛教的關係尙未引起學界高度興趣。根據《宋會要輯稿》記載，眞宗天僖五年（1021）的僧尼人數乃居宋代之冠，〔註92〕討論一位皇帝對佛教的支持程度，觀察其任內的僧尼總數不失爲手段之一。〔註93〕然而，眞宗即位前並不像太祖、太宗一般有著濃厚宗教色彩的傳說，探討其與佛教聯繫的專論也較罕見，〔註94〕大部分仍集中在道教。《玉壺清話》記吏部侍郎李至（946～1001）於太宗淳化元年

〔註88〕《長編》，冊1，卷24，頁556。

〔註89〕道原：《景德傳燈錄》，卷5，頁236。太宗駙馬李遵勗（988～1038）所編《天聖廣燈錄》亦如是錄，詳見〔宋〕李遵勗：《天聖廣燈錄》（臺北：新文豐，卍續藏本，冊78），卷7，頁447。

〔註90〕〔宋〕葉夢得：《石林燕語》（北京：中華書局，1997年12月，2刷），卷1，頁4。該條記啓聖禪院「太平興國中既建爲寺，以奉太宗神御。」宋代神御殿應爲供奉帝王祖先而非在世帝王，據《長編》所記，眞宗咸平二年（999）始「奉安太宗聖容於啓聖院之新殿」，詳見《長編》，冊2，卷45，頁962。

〔註91〕〔宋〕蔡絛：《鐵圍山叢談》（北京：中華書局，2006年3月，3刷），卷5，頁82～83。黃啓江先生已揭此條，詳見氏著：〈北宋汴京之寺院與佛教〉，《北宋佛教史論稿》，頁104。

〔註92〕〈道釋一之十三〉記載當時僧397615人、尼61239人。詳見〔清〕徐松：《宋會要輯稿》（北京：中華書局，1957年11月），頁7875。

〔註93〕有關數字統計細節，可參考黃敏枝：《宋代佛教社會經濟史論集》，頁349～357。

〔註94〕黃啓江先生曾提及《宋史》卷287所載眞宗爲「來和天尊」現世之事，但亦無從查考該神祇身分。詳見氏著：〈北宋的譯經潤文官與佛教〉，《北宋佛教史論稿》，頁76～77。

（990）夢遊道宮見一金龍，後知此金龍即當時尚爲皇儲的眞宗。〔註95〕此條少有學者提出討論，但仍算是眞宗即位前與道教的一點關係。而眞宗即位後，於大中祥符元年（1008）發生著名的「天書」事件，《東軒筆錄》記：

> 景德末年，天書降左承天門鴟尾上，既而又降於朱能家，於是改元
> 祥符，作玉清昭應宮。〔註96〕

「景德末年」即大中祥符元年。這次事件直接導致眞宗興建道教的玉清昭應宮，表現出對道教的親近，美國學者賈志揚（John W. Chaffee）在其著《天潢貴胄：宋代宗室史》中就認爲，像「天書」這類的記載與眞宗在朝廷上抬升道教地位的用意是相關的。〔註97〕實則眞宗並不獨重道教，與其父太宗一般，對佛教亦多所留意，《澠水燕談錄》云：

> 西都北寺應天禪院，乃太祖誕聖之地，國初爲傳舍。眞宗幸洛陽，
> 顧瞻遺蹟，徘徊感愴，乃命建爲僧舍。功成，賜院額，奉安神御。
> 〔註98〕

「傳舍」乃古時旅人休息住所，類於今日旅店。眞宗至太祖降誕之地有感，始命建爲禪院，並奉太祖神御於其中，此事亦見於《石林燕語》。〔註99〕又大中祥符五年（1012），翰林學士李宗諤（964～1013）迎眞宗聖像，途經汴水見有流屍，眞宗知情後，「修釋道齋醮各七日」，並製〈汴水發願文〉，略曰：「願汝等仗茲浣滌，各遂超騰，悟諸佛本空之原，體太上眞靈之理。」〔註100〕「太上眞靈」多用以形容道教神仙，「諸佛本空」即佛教萬法皆空之理，從這兩句可見眞宗不獨接受道教信仰，對於佛教亦然。再看《湘山野錄》的記載：

〔註95〕〔宋〕文瑩：《玉壺清話》（北京：中華書局，2007年8月，3刷），卷1，頁8。

〔註96〕魏泰：《東軒筆錄》，卷1，頁8。宋人筆記相關記載甚多，亦可見〔宋〕司馬光：《涑水記聞》（北京：中華書局，2009年11月，4刷），卷7，頁142。

〔註97〕〔美〕賈志揚：《天潢貴胄：宋代宗室史》（南京：江蘇人民出版社，2006年2月），頁35。

〔註98〕〔宋〕王闢之著，呂友仁點校：《澠水燕談錄》（北京：中華書局，2006年9月，3刷），卷1，頁1。

〔註99〕葉夢得：《石林燕語》，卷1，頁4。李燾記眞宗景德四年「癸酉，就西京建太祖神御殿」，當指此事，詳見《長編》，冊3，卷65，頁1445；又記眞宗天禧元年「西京應天禪院太祖皇帝神御殿成」，表明太祖神御殿建成時間，詳見《長編》，冊4，卷89，頁2061。

〔註100〕文瑩：《玉壺清話》，卷4，頁37。《長編》記此事於冊3，卷79，頁1805。

祥符中，日本國忽梯航稱貢，非常貢也。蓋因本國之東有祥光現，
其國素傳中原天子聖明，則此光現。眞宗喜，勅本國建一佛祠以鎮
之，賜額曰「神光」。〔註101〕

《佛祖統紀》亦記有此事，約爲大中祥符五年到六年間事（1012～1013）。〔註102〕當時日本是否確有祥光乍現，今已難考其虛實。不過，此條引文之重點在於，眞宗因之勅令日本興建神光佛祠，表現了對佛教的護持，同時對於象徵其聖明的祥光佛兆也採取欣然接受的態度。

由上述可知，以尊崇道教聞名的眞宗也是支持佛教的，身爲太宗之子，宗教信仰受其父親浸染也是相當合理之事。眞宗曾言：「伏覩太宗皇帝法性周圓，仁慈普布。」〔註103〕又在〈註遺教經序〉裡提到：「常遵先訓，庶導秘詮，因覽此經，每懷親奉。」〔註104〕「法性」是佛教用語，又作「眞如法性」，乃萬法之本原。眞宗以「法性周圓」形容其父，又承先訓閱覽佛書，可知眞宗確實受到太宗佛教信仰的影響。是故眞宗登基之後，除了繼續太宗朝勃興的譯經事業，也確立了中央僧官考試制度，〔註105〕與其父一般亦有不少佛教著作傳世，如《湘山野錄》所記的《釋典文字法音集》，〔註106〕以及《佛祖統紀》列出的〈聖教序〉、〈崇釋論〉、〈註四十二章經〉〔註107〕……等護佛之作。以〈崇釋論〉爲例，其曰：

釋氏戒律之書，興周孔荀孟迹異而道同。大指勸人之善、禁人之惡。
不殺則仁矣；不盜則廉矣；不惑則信矣；不妄則正矣；不醉則莊矣。
〔註108〕

從其文章題名爲「崇釋」，可窺眞宗心意。眞宗認爲佛教戒律與儒家禮教是相通的，大抵都在勸善禁惡，朝野若有排佛之音，正可以此回避。這種儒釋調和的想法或許也曾受到太宗的影響，太宗《祕藏詮》有詩云：

〔註101〕文瑩：《湘山野錄》，卷上，頁6。
〔註102〕志磐：《佛祖統紀》，卷52，頁458。
〔註103〕〔元〕念常：《佛祖歷代通載》（臺北：新文豐，大正藏本，冊49），卷18，頁660。
〔註104〕〔元〕熙仲：《歷朝釋氏資鑑》（臺北：新文豐，卍續藏本，冊76），卷9，頁219。
〔註105〕關於中央僧官考試制度，留待本章第二節再詳論之。
〔註106〕文瑩：《湘山野錄》，卷中，頁39。
〔註107〕志磐：《佛祖統紀》，卷44，頁406。《註四十二章經》今收於大正藏冊39，頁516～522。
〔註108〕志磐：《佛祖統紀》，卷44，頁402。「興」當爲「與」之誤。

天眼觀人世，宗心皆一義：老聃迦葉身，菩薩孔丘是。〔註109〕
太宗將老子比作拈花微笑的迦葉，那是被禪宗視爲無執著修行第一的佛陀弟子；又將孔子比爲慈悲渡人的菩薩，亦有三教「迹異而道同」之涵義。眞宗不但提倡佛教戒律之書，甚至親自御註《四十二章經》，上有所好，下必甚焉，這些文字也在一定程度上影響到當時士大夫對佛典的留意，黃啓江先生就指出，眞宗朝「通釋典之儒臣較多，潤文官亦多」。〔註110〕如《澠水燕談錄》所記「高、梁、柳、范」等宋初四位名重當時的文學家，〔註111〕其中第二位即翰林學士梁周翰（929〜1009），在眞宗朝時任譯經潤文官，自然能通釋典。〔註112〕又如記載禪宗傳法世系的《景德傳燈錄》，其成書便是由翰林學士楊億（974〜1020）奉眞宗之詔而刊定。〔註113〕楊億雖是一代文豪，但在眞宗朝，他另一個著名身分是譯經潤文官，對佛典的涉獵與瞭解自是不在話下。必須指出，黃啓江先生認爲眞宗護佛太過，影響民間佞佛風氣，故有大臣倡議禁佛。〔註114〕然《長編》有一條史料不妨補充於此：

> 己卯，上幸龍門，觀巖崖石佛甚多，經會昌毀廢，皆已摧壞。左右曰：「非官爲葺治，不能成此勝迹。」上曰：「軍國用度，不欲以奉外教，恐勞費滋甚也。」〔註115〕

歷來信仰佛教的皇帝多對修鑿佛像之事不遺餘力，然眞宗卻以軍國用度不奉外教爲由，拒絕了近臣修繕龍門石佛的提議，可知眞宗對於從事佛教活動與否，亦曾有過理性的考量。值得一提的是，皇帝對於佛教的好感，也可能與其他王室成員之間相互感染，例如眞宗之妻章獻明肅劉皇后，在入宮前曾受佛門長者資助，其後修建長蘆寺臨江門與玉泉寺僧堂，以爲報答。〔註116〕太宗第七女申國長公主平生茹素，也在眞宗朝獲帝允而削髮爲尼，面對眞宗質

〔註109〕太宗皇帝：《御製秘藏詮》，卷19，頁911。
〔註110〕相關論述可參考黃啓江：〈北宋的譯經潤文官與佛教〉，《北宋佛教史論稿》，頁76〜80。
〔註111〕王闢之著，呂友仁點校：《澠水燕談錄》，卷7，頁83。「高」爲高弁（生卒年不詳），「柳」爲柳開（947〜1000），「范」爲范杲（生卒年不詳）。
〔註112〕〔宋〕趙安仁、楊億、惟淨：《大中祥符法寶錄》（臺北：新文豐，宋藏遺珍本），卷12，記有梁周翰所負責潤文的譯經。
〔註113〕詳見楊億所作序文，道原：《景德傳燈錄》，頁196。
〔註114〕黃啓江：〈宋太宗與佛教〉，《北宋佛教史論稿》，頁54〜55。
〔註115〕《長編》，冊3，卷65，頁1445。
〔註116〕邵伯溫：《邵氏聞見錄》，卷1，頁8。

疑其出家的決心，申國長公主尙謂「此先帝之願也」，其後藩國近戚、嬪妃隨其出家者共三十餘人。〔註117〕更早的太祖之母杜太后，於其子登基未久上僊，「初從宣祖葬國門之南奉先寺」，〔註118〕而太祖妻孝明王皇后，晨起有誦佛書的習慣。〔註119〕同爲太祖妻的孝章宋皇后，於太宗至道元年（995）四月崩，當時權殯普濟佛舍。〔註120〕到了北宋中期，仁宗崩，其妻周貴妃「日一疏食，屏處一室，誦佛書，困則假寐，覺則復誦，晝夜不解衣者四十年。」〔註121〕元豐八年（1085），神宗因患病，當時尙爲延安郡王的哲宗乃手抄佛書爲其父神宗祈福。〔註122〕這些史料代表宮廷內佛教信仰的普遍，而類似的事件在唐代不是沒有，如唐肅宗妻張皇后亦曾「自箴血寫佛書以示誠」，〔註123〕但也有像唐太宗文德長孫皇后所持「佛、老，異方教耳」這樣的態度。〔註124〕大致說來，較之唐代，北宋王室還是更爲明顯的支持佛教，這些事佛、護佛的活動對王室成員彼此之間的影響，可待日後進一步討論。

四、北宋中期以後王室對禪宗的護持

魏道儒先生在《宋代禪宗史論》中指出：「宋代諸帝在扶植佛教的具體作法上，經歷了一個從重視外來佛教到重視禪宗的轉變過程。」若論到國家對禪宗的重視，如日本學者石井修道的觀察，宋代燈錄名稱多被冠以年號，正表明禪宗作爲國家教團的情況。〔註125〕據魏道儒先生所考，宋帝對禪宗的高度重視，是從仁宗開始的。仁宗供奉六祖衣缽，又在汴京創興十方淨因禪院，

〔註117〕 文瑩：《湘山野錄》，卷上，頁 17。

〔註118〕 邵伯溫：《邵氏聞見錄》，卷 1，頁 5。

〔註119〕 脫脫：《宋史》，冊 11，卷 242，頁 8608。

〔註120〕 同上註，頁 8609。

〔註121〕 同上註，頁 8623。

〔註122〕 同上註，頁 8625。

〔註123〕 〔宋〕歐陽修、宋祁：《新唐書》（北京：中華書局，1975 年 2 月），冊 11，卷 77，頁 3498。

〔註124〕 當時皇后有疾，「太子欲請大赦，汎度道人，被塞災會。后曰：『死生有命，非人力所支。若脩福可延，吾不爲惡；使善無效，我尚何求？且赦令，國大事；佛、老，異方教耳，皆上所不爲，豈宜以吾亂天下法！』」同上註，卷 76，頁 3471。

〔註125〕 詳見〔日〕石井修道著，程正譯：〈宋代禪宗史的特色──以宋代燈史的系譜爲線索〉，《中國禪學》，第三卷（2004 年 11 月），頁 188；另在頁 183 也提到，宋仁宗在 1036 年爲之撰序的《天聖廣燈錄》，其成立「表明了國家政權與佛教之間的關係正在逐漸得到強化。」

〔註126〕《佛祖統紀》載此事云：「上方留意空宗，詔求有道者居之。歐陽修等請以圓通居訥應命，訥以疾辭，因舉懷璉以爲代。」〔註127〕圓通居訥（1010～1071）爲雲門宗僧，其所舉懷璉（1009～1090）乃其同門師兄弟，後懷璉得仁宗賜號大覺禪師，居訥亦得賜號祖印禪師。〔註128〕仁宗皇祐七年（1062），雲門宗僧佛日契嵩（1007～1072）進《輔教編》、〈傳法正宗定祖圖〉、《傳法正宗記》，得仁宗嘉嘆，故「勅以其書入《大藏》，賜明教大師。」〔註129〕雲門宗勢力正是在仁宗時期得到官方大力支持而逐漸興盛。

　　若考察宋代的國家寺院，其實在仁宗時期以前，眞宗就對禪宗地位的提高有所幫助。宋代經常將過世的王室成員眞容奉安於禪院，皇帝不時親至拜謁，如大中祥符元年（1008），眞宗「謁啓聖院太宗神御殿」，〔註130〕同年「朝拜普安禪院元德皇太后聖容。」〔註131〕又如天禧元年（1017），眞宗「幸奉先禪院，謁聖祖昭憲皇后眞容，奠秦國成聖繼明夫人墳。」同年「西京應天禪院太祖皇帝神御殿成，爲屋凡九百九十一區。」〔註132〕至仁宗天聖元年（1023），亦「奉眞宗御容於西京應天院。」〔註133〕從《續資治通鑑長編》記載看來，仁宗時期開始此例明顯增加許多，如景祐二年（1035），仁宗「幸奉先資福禪院，謁宣祖神御殿。」〔註134〕慶曆七年（1047），仁宗「奉宣祖皇帝、昭憲皇后御容於奉先資福禪院慶基殿」，又「親行酌獻之禮，以重修殿成也。」〔註135〕皇祐五年（1053），仁宗「奉安明德、元德、章穆皇后神御於普安禪院重徽、隆福二殿。」〔註136〕至和二年（1055），仁宗「奉安太宗皇帝、元德皇后御容於啓聖禪院永隆殿。」〔註137〕嘉祐五年（1060），仁宗「奉安宣祖皇帝、

〔註126〕以上魏道儒先生之說，詳見氏著：《宋代禪宗史論》（高雄縣：佛光山文教基金會，2001年1月，法藏文庫本），頁31～33。

〔註127〕志磐：《佛祖統紀》，卷45，頁412。

〔註128〕〔明〕居頂：《續傳燈錄》（臺北：新文豐，大正藏本，冊51），卷6，頁505。

〔註129〕志磐：《佛祖統紀》，卷45，頁413。

〔註130〕黃啓江先生曾考察啓聖禪院始建於太宗太平興國五年（980），在當時與開寶寺靈感塔同爲耗費最多的大工程，詳見氏著：〈宋太宗與佛教〉，《北宋佛教史論稿》，頁43。

〔註131〕與上條引文同見《長編》，冊3，卷70，頁1580。

〔註132〕與上條引文分見《長編》，冊4，卷89，頁2038、2061。

〔註133〕《長編》，冊4，卷100，頁2318。

〔註134〕《長編》，冊5，卷117，頁2753。「宣祖」乃太祖、太宗之父。

〔註135〕《長編》，冊7，卷161，頁3882。

〔註136〕《長編》，冊7，卷175，頁4237。

〔註137〕《長編》，冊7，卷180，頁4360。

昭憲皇后御容於奉先資福禪院慶基殿。」〔註138〕由於仁宗經常親幸禪院，難免對其「廣興土木」，以至「百役俱作，無一日暫停。」歐陽修便因仁宗「聖旨下三司重修慶基殿及奉先寺屋宇」，故以「方今民力困貧，國用窘急」勸諫，其曰：「況諸處神御殿，當蓋造之初，務極崇奉，棟宇堅固，莫不精嚴，雖數百年未必損動，近年已來，不住修換。」〔註139〕從歐陽修的奏文可知，仁宗對於神御殿（如奉先資福禪院慶基殿）的修繕，是極盡其能事的。而上述所列仁宗將過世的王室成員奉安於禪院、或親至禪院拜謁之事例甚多，固然因為仁宗在位時間（1022～1063）乃宋代最久的皇帝，所以相關記載不在少數，但同時也顯示許多重要的禪門寺院與王室關係密切，皇帝選擇禪院作為奉安先人或皇后御容之場所，代表禪宗在北宋是受到王室護持的。

仁宗之後，宋帝對禪院發展亦頗有助益，如熙寧八年（1075），神宗賜官田於西京昭孝禪院，「仍免其稅役」。〔註140〕元豐三年（1080），官員上奏大相國寺「常虞火患。乞東西各為三院，召禪僧住持四院為六院。」神宗從之，「後又請分為八院，賜度牒二百，以給修繕之費。」亦從之。〔註141〕至哲宗元祐元年（1086），神宗皇帝御容也被下詔修奉於會聖宮、應天禪院。〔註142〕劉長東先生指出，這些有帝后神御殿的寺觀，地位高於其他一般寺觀，不僅免納役錢，有時還享有國家的撥款。〔註143〕從這方面來說，那些奉安帝后御容的禪院，比起其他普通寺院，確實擁有較高的待遇。

魏道儒先生在考察神宗對禪門的護持時，提到皇帝詔令寺院「革律為禪」，並請當時著名禪師如臨濟宗東林常總（1025～1091）來主持的情況。〔註144〕不過，所謂「革律為禪」，並不能單純視為將律院改為禪院的詔令。據劉長東先生考察，宋代寺院住持有兩種常見形式，一是十方制，即請諸方名宿前來住持，這種寺院多屬禪宗；另一則是甲乙制，即師徒授受之制，這種寺院多屬律宗。宋人有時會以「禪寺」代指十方制寺院，以「律寺」代指甲乙制寺院。而在「革律為禪」的情況下，有時所革之「律寺」，也有其宗派原本

〔註138〕《長編》，冊 8，卷 191，頁 4611。

〔註139〕《長編》，冊 7，卷 180，頁 4360。

〔註140〕《長編》，冊 11，卷 262，頁 6398。

〔註141〕《長編》，冊 12，卷 303，頁 7378。

〔註142〕《長編》，冊 16，卷 392，頁 9531。

〔註143〕詳見劉長東：《宋代佛教政策論稿》（成都：巴蜀書社，2005 年 7 月），頁 389～390。

〔註144〕詳見魏道儒：《宋代禪宗史論》，頁 33～34。

就屬於禪宗的特殊情況。〔註145〕另外，十方制寺院的住持若由奉敕而任命，又稱爲敕差住持制，劉長東先生考察宋代這種制度的寺院，如一些爲王室服務的國家寺院，或當時各宗名刹……等等，其中皆不乏禪院，〔註146〕此亦可作爲國家對禪宗護持之參考。

第二節　僧侶與官僚體系的關係

一、從士大夫佛教到文人佛學

　　本節將要考察的主要範圍是北宋時期僧人與士大夫之間的交涉與關係，這在宋代佛教史裡頭並不是一個陌生的議題，但仍有一些部分值得加以關注。在正式進入討論之前，首先要說明有關宋代佛教構成形態的問題，荷蘭學者許理和（Erik Zürcher，1928〜2008）在《佛教征服中國》中將西元三世紀末到四世紀初中國佛教發展的形態稱之爲「士大夫佛教（gentry Buddhism）」。這應該是著眼於當時「寺院的實際領導者幾乎無一例外的是來自於士大夫階層的出家人。」〔註147〕儘管他本人曾對採用「gentry」這個詞感到不安，因爲該詞原意爲「貴族」，中文版譯者指出，「gentry 也可以引申爲『有文化的、有教養的社會成員』，這裡我們譯作『士大夫』，比較符合當時的中國社會狀況。」〔註148〕然而，許理和在該書中對「gentry」一詞的描述，乃是「確定爲那些被授權在地方上供職的個人，這便暗含著他們有機會獲得傳統的文化教育，使之能取得從事官宦生涯的資格。」〔註149〕那是把「gentry」一詞限定在帶有官職的、官僚階層的用法，這就將「士大夫」與「知識分子」作了一種區分。許理和說：「『知識分子』包括有教養的僧人，而根據定義專指那些在官僚統治機構供職或被授職的『士大夫』一詞自然不包括他們在內。」〔註150〕若將目光放回北宋，儘管當時佛教特別是禪宗隊伍裡有士大夫群體大舉參與，且作爲宗門領袖、執牛耳之禪師，有石霜楚圓（986〜1039）、寶覺

〔註145〕詳見劉長東：《宋代佛教政策論稿》，頁 179、185〜188。
〔註146〕可參考劉長東：《宋代佛教政策論稿》，頁 306〜338 所考。
〔註147〕〔荷〕許理和著，李四龍、裴勇等譯：《佛教征服中國》（南京：江蘇人民出版社，2005 年 8 月，3 刷），頁 9。
〔註148〕同上註，頁 4。
〔註149〕同上註，頁 5。
〔註150〕同上註，頁 6。

祖心（1025〜1100）之類少爲書生，〔註 151〕或圓悟克勤家世業儒，〔註 152〕或眞淨克文（1025〜1102）出於名卿之後，〔註 153〕然亦有天衣義懷（989〜1060）之類出身漁夫之家，或如圓通法秀（1027〜1090）自童蒙時期便歸佛門並未接受儒家教育。〔註 154〕因此，這些有教養的僧人雖可說是名重當時的知識分子，卻未必盡是出身士大夫階層或受過士子教育訓練的宗門人士。論者或許對許理和描述公元三到四世紀「士大夫佛教」的觀念有所取捨，以「士大夫佛學」來界定宋代佛教，如張培鋒先生在《宋代士大夫佛學與文學》中一方面著眼於「宋代僧人士大夫化非常明顯」，一方面又指出清代彭際清（1740〜1796）《居士傳》所標榜的乃是嚴格界定的「居士佛教」，「一般涉獵佛教的文人、官僚不屬於其中，但『士大夫佛學』的概念包容得就比較廣，包括那些排斥、反對過佛教的人，仍然形成了他們自己的『佛學』。」〔註 155〕這樣的描述，理能凸顯士大夫群體在宋代禪宗隊伍裡舉足輕重的角色，也足以說明宋僧知識水平、文學能力幾與士大夫無異，但卻可能造成一種誤解。「士大夫」即帶有公職的文人，一些著名的宋代禪師如重顯、惠洪、克勤等並未擔任僧官之類，與其說他們是「士大夫化了的禪僧」，不如說是「文人化了的禪僧」要來得恰當。冉雲華先生也談到，宋代佛教僧侶和那些居士學者（lay elite）進行學術交流時，通常並不是將文人（literati）帶進宗教領域，而是將僧侶拉到文學活動之中，〔註 156〕這就是宋僧文人化的表現。張培鋒先生或爲描述士大夫在宋代佛教裡不同於以往的歷史特徵，故定「士大夫佛學」之名，但是若要概述宋代佛教的發展型態，或許謂之「文人佛學」，較能稍免疑竇。因爲，「文人」不但包含士大夫群體（無論其立場爲護佛或排佛），也包括那些有教養的僧人。而整體展現出來的特徵，簡言之則是「使用文字的能力」在宋代

〔註 151〕「慈明禪師，出全州清湘李氏，諱楚圓，少爲書生。」詳見〔宋〕惠洪：《禪林僧寶傳》（京都：臨川書店，2000 年 10 月，禪學典籍叢刊本第五卷），卷 21，頁 58；祖心事見同書卷 23，頁 63。

〔註 152〕「克勤，彭州崇寧駱氏子，世宗儒。」詳見〔明〕明河：《補續高僧傳》（臺北：新文豐，卍續藏本，冊 77），卷 9，頁 429。

〔註 153〕「眞淨和尚，出於陝府閿鄉鄭氏，鄭族世多名卿。」同上註，卷 23，頁 65。

〔註 154〕「禪師名義懷，生陳氏，溫州樂清人也，世以漁爲業。」同上註，卷 11，頁 35。法秀三歲便隨魯和尚歸佛門，事見同書卷 26，頁 72。

〔註 155〕張培鋒：《宋代士大夫佛學與文學》（北京：宗教文化出版社，2007 年 4 月），頁 52〜53。

〔註 156〕Jan Yün-hua, "Buddhist Relations Between India and Sung China. partII," *History of Religions* 6, no2（1966）: 141.

佛教特別是禪宗裡頭比前代更為普遍，而成為一種時代的特殊風格。職是之故，作為時代政治背景的考述，以下將探討北宋真宗以降「中央僧官考試的文理要求」，以說明宋代官方為僧人所制定的文字使用能力之標準；其次再把焦點放在成於歐陽修之手的古文運動，以見北宋中期之後僧侶與官僚體系的交涉關係。

二、中央僧官考試的文理要求

宋代鬻牒情況相當嚴重，影響了民間僧侶素質參差不齊；而由朝廷任命的中央僧官，部分須透過考試以評驗，猶可篩選其資格，這種任命考試制度在真宗朝確立。《長編》記景德二年（1005）因原本的中央僧官任命採取次補的方式，「所署或非其人，多致謗議，故上親閱試焉。」〔註 157〕這是北宋僧官任命的考試之始，雖猶非定制，但代表朝廷已開始注意到僧官素質的問題。

真宗意識到景德時的「閱試」必須要以制度化的考試取而代之，於是在大中祥符三年（1010）做出指示，《宋會要輯稿》記載：

> 命知制誥李維、直史館路振、直集賢院祁暐，宿於中書，出經論題，
>
> 考試左右街僧官而還序焉。〔註 158〕

自此北宋有了正式的中央僧官任命考試，從「出經論題」來看，雖不知名目，但想必不是單純的記誦考試，否則不必如此慎重其事。李維（生卒年不詳）在真宗朝任譯經潤文官，〔註 159〕對釋典自有研究。而路振（957～1014）曾任《兩朝國史》的編修官，《宋史》記其「專典綸翰，賤奏填委，應用無滯，時推其敏贍。」〔註 160〕可知路振長於文章奏書。換言之，僧官試題對於文章詞令亦有要求。惟祁暐（生卒年未詳）未能察其所長，祁暐進士出身，入《宋史》孝義列傳，《長編》記其曾於母墳之側築室，「號泣守護，蔬食，讀佛經者三載」，〔註 161〕至少對佛教也有一定程度的信仰。

〔註 157〕《長編》，冊 3，卷 59，頁 1328。
〔註 158〕徐松：《宋會要輯稿》，道釋一之十一，頁 7874。
〔註 159〕志磐：《佛祖統紀》，卷 53，頁 465。
〔註 160〕脫脫：《宋史》，冊 16，卷 441，頁 13062。
〔註 161〕《長編》，冊 4，卷 95，頁 2191。此與《宋史》所記不一，〈祁暐傳〉中並無提到讀佛經之事，且歷時乃是六冬，詳見脫脫，《宋史》，冊 17，卷 456，頁 13398。

　　由於史料的限制，無法明確得知北宋初期僧官考試的科目內容，然不妨從北宋中期以後借用幾條資料以供參考，同屬一個時代的制度應有其相承或相似處。《長編》記仁宗天聖八年（1030）選補僧官「仍設六科考試」，〔註162〕劉長東先生的《宋代佛教政策論稿》認為這是仿照文人科舉制度而來，此說值得參考，不過劉先生亦未能查此六科名目。〔註163〕《中國僧官制度史》據《舊五代史記》與《容齋隨筆》所記，列此六科為「講論科、講經科、表白科、文章應制科、禪科、聲贊科。」〔註164〕但洪邁（1123～1202）《容齋隨筆》所記乃後唐末帝清泰二年（935）事，也不足採信於此，且洪邁實記七科，即上列六科再加「持念科」。〔註165〕

　　再看北宋晚期，《長編》記哲宗紹聖四年（1097）禮部請奏：

　　　「今後遇僧職有闕，所出試題，以大議七道、墨義三道考校，通取
　　　文理優長。」從之。〔註166〕

關於僧官考試的「大議」、「墨義」可能內容，劉長東先生已有詳細推論，〔註167〕這裡要注意到的是引文所謂「通取文理優長」，據此可以合理推測，在北宋晚期的僧官考試中，已明確要求應試者的文章能力。由是回頭看真宗命李維、路振等文臣出題以試應考僧人，便能體察真宗之用意，以及宋代重文策略對佛門的影響。

　　有趣的是，游彪先生的《宋代寺院經濟史稿》認為，「宋代僧官的考試制度實質上是一種特權制度」，因為這種考試只在左右街高級僧官幾人之中選拔，而高級僧官又由左右街低級僧官中挑選、低級僧官則由住持僧中提舉，並非一般僧侶皆握有參加權。〔註168〕然而，若以常理推究游先生的觀點，在普通情況下，即便是處於最低位的住持僧，其經業當與一般僧人有所區別，

〔註162〕《長編》，冊5，卷109，頁2536。

〔註163〕劉長東先生將僧官考試內容、方式與科舉做比較而有此論。詳見氏著：《宋代佛教政策論稿》，頁101～102。

〔註164〕謝重光、白文固：《中國僧官制度史》（西寧：青海人民出版社，1990年8月），頁194。

〔註165〕〔宋〕洪邁：《容齋隨筆》（北京：中華書局，2005年11月），冊下，頁533～534。

〔註166〕《長編》，冊19，卷489，頁11611～11612。

〔註167〕大議似試佛教經律論的經義；墨義則可能考對佛典經文出處。詳見劉長東：《宋代佛教政策論稿》，頁102～104。

〔註168〕游彪：《宋代寺院經濟史稿》，頁8～9。

要取得能夠競逐左右街僧官資格的住持僧位，恐怕也須經過某種程度的競爭，據此推測宋代僧官考試仍有其選賢的積極取向。中央僧官除握有全國僧籍的職掌，並有獲頒紫衣和師號等官方最高榮銜的資格。雖出家人不應受制於世俗的價值觀，然政府透過僧官職位的授予，也確實有效加強了對佛教的行政控制。而它的附加價值正如高雄義堅所提示的：「這個考試制度變成了提高佛典研究熱的一原因。」〔註169〕高雄氏所謂的「佛典研究熱」，除了指士大夫們逐步涉獵佛教各宗派的典籍以外，〔註170〕最明顯的證據就是宋僧製造了大量語錄以及對佛典的再詮釋，〔註171〕而這些著作的文字不僅闡釋了佛教義理，部分形式亦有相當可觀之文學價值，惠洪《石門文字禪》這樣各體兼備的詩文集出現可為明證。

　　有學者指出，「真宗朝是北宋許多制度的定型期」。〔註172〕不過，中央僧官考試制度在真宗朝之後其實並沒有被規律執行，如《長編》記仁宗事：

> 僧官有闕，多因權要請謁，內降補人。當時諫官御史累有論列，仁
>
> 宗深悟其事，因著令僧官有闕，命兩街各選一人，較藝而補。〔註173〕

仁宗朝（1022～1063）早年僧官有缺，乃由權要請命推薦，被薦者自然與權要有利益關係、或為親信，才引發不公之情事。後仁宗一改而命左右街各選一人相競，以藝業高者得補。雖「較藝而補」總算回到考試制度而維持對僧官素質的要求，但仁宗何以沒有從一開始就遵循真宗確立的僧官考試制度？可能是因為其形式雖仿科舉而來，在朝廷內卻沒有受到同等重視。《長編》記歐陽修諫英宗曰：

> 補一僧官，當與不當，至為小事，何繫利害？但中書事已施行，而
>
> 用內降衝改先朝著令，則是內臣干撓朝政，此事何可啟其漸？
>
> 〔註174〕

〔註169〕高雄義堅著，陳季菁等譯：《宋代佛教史研究》，頁47。

〔註170〕如在宋人筆記、詩文集中處處可見談論佛典之例，又如歐陽修《歸田錄》便記宋綬（991～1040）與夏竦（985～1051）同試童行誦《法華經》，兩人皆曾任譯經潤文官，「因各取《法華經》一部誦之，宋公十日，夏公七日，不復遺一字。」詳見歐陽修著，李偉國點校：《歸田錄》，卷1，頁12。

〔註171〕關於宋僧著作，可參考李國玲：《宋僧著述考》（成都：四川大學出版社，2007年8月）。

〔註172〕詳見鄧小南：《祖宗之法──北宋前期政治述略》，頁340。

〔註173〕《長編》，冊8，卷206，頁5003。

〔註174〕《長編》，冊8，卷206，頁5003。

英宗治平二年（1065），負責講演經論、刪定譯經文本的僧官鑒義有缺，其時又發生權要推薦之情事，遭中書執奏反對。在歐陽修這等朝廷重臣看來，僧官選補之當否雖屬「至為小事」，然若皇帝首肯推薦，便如同罔顧先朝政令，並任憑內臣干涉朝政。於是英宗下令「只依條例選試」，也算是回到原本的制度。從引文可知兩件事，第一，中央僧官考試制度在朝廷內並沒有受到太多重視。第二，雖真宗朝之後，這樣的僧官制度沒有被嚴格落實，但考試的內容與形式既然已被先朝政令所定型，自然具有一定的規範力，如歐陽修這樣的士大夫就會起而維護政令的執行。是故欲補進僧官者，多半仍要考量官方提出的標準，也就是前文所述及那些對佛典經義的理解、還有對文章能力的要求。

因為當時官方考試制度引起佛典被高度關注，對於促進僧侶之間著重佛典經論、講究文字的風氣有一定的影響。雖然中央僧官考試對北宋禪宗沒有直接且實質的引導關係，許多著名禪師如善昭、重顯等人並未參與過這項考試。但是就整個北宋佛教而言，中央僧官考試制度仍然在某種程度上揭示了當時官方採取右文策略的一個面向。若要對北宋禪宗由「不立文字」趨向「不離文字」的社會背景有較為全面的認識，那麼瞭解這項制度還是有其意義的。

三、古文運動中的排佛主張與宗門採取的行動

布爾迪厄在〈文化權力〉中描述過一種可怕的社會權力：

> 這種權力通過建立整個群體的共識、清楚的輿論來使社團開始存在。事實上，這種分類的努力，也就是使事情清楚明了並對之分類的努力，在正常存在的每一刻，在各種鬥爭中都被持續地實施。
> [註175]

競爭者在鬥爭中通過評價、譴責對立的陣營，使得他們自身的社會身分與地位演變成一種社會權力。這樣的表述可以借用來觀察北宋古文家與佛教的關係。佛教在宋初王室的支持下，聲勢逐漸浩大，引起部分儒士的不滿。正因為佛教作為顯學的事實，造成士大夫油然而生的敵對意識，這種鬥爭心理顯

〔註175〕該文由李豔麗譯，收於薛曉源、曹榮湘主編：《全球化與文化資本》（北京：社會科學文獻出版社，2005 年 4 月），頁 23～32。所引段落在頁 26。

著的表現在北宋古文運動裡的排佛論調，形成了一種由古文家群體所營造出來的具有時代意義的輿論。〔註176〕

　　北宋古文運動是個老題目，歷來研究相當豐富，上個世紀如何寄澎先生的《北宋的古文運動》，以及祝尚書先生的《北宋古文運動發展史》可為代表；〔註177〕近年如馮志弘先生的《北宋古文運動的形成》、張興武先生的《宋初百年文學復興的歷程》、蘇勇強先生的《北宋書籍刊刻與古文運動》等是為專門論著。〔註178〕北宋古文運動，以重振復興儒學為目的，大體上是由提倡古文的柳開（947～1000）、王禹偁（954～1001）肇其端，續有校刊唐代韓柳文集的穆修（979～1032），以及泰山派古文家孫復（992～1057）、石介（1005～1045）等人的接棒，終成於一代儒宗歐陽修（1007～1072）之手。過去的研究顯示，早先柳開與後來的孫復、石介等人的排佛論，乃是以夷夏之防為基調，〔註179〕說穿了就是民族意識的作祟。從另一個角度看，這種心理的產生，正好說明當時佛教的盛況已不得不讓部分儒士將之視為文化領土的威脅。佛教在宋初的繁榮在很大程度上要歸功於前三任皇帝的支持，即便是以應援道教聞名的真宗，也對佛教存有信仰。西元997年，真宗嗣位，王禹偁上疏「沙汰僧尼，使民無耗」：

> 臣愚以為國家度人眾矣，造寺多矣，計其耗費，何啻億萬。先朝不豫，
> 舍施又多，佛若有靈，豈不蒙福，事佛無效，斷可知矣。願深鑒治本，
> 亟行沙汰。如以嗣位之初，未欲驚駭此輩，且可一二十載不令度人，

〔註176〕古文家的排佛論調多以自身為正統，視佛教為異端，借用美國學者戴維・斯沃茨（David Swartz）對布爾迪厄社會學的研究：「正統通過在文化場域中運作的區隔邏輯產生著自己的異端。」詳見斯沃茨：《文化與權力：布爾迪厄的社會學》，頁144。簡言之，愈是將正統區隔標立出來，或愈是提高其辯識度，也就同時在生產或標示出異端的存在。當然這種關係不是單向的，正統與異端都在各自的實踐中使對方的樣貌更為清晰。

〔註177〕何寄澎：《北宋的古文運動》（臺北：幼獅文化，1992年8月）。祝尚書：《北宋古文運動發展史》（北京：北京大學，2012年2月）。祝氏原書於1995年11月由成都巴蜀書社出版，本文所用2012年本乃經過增訂修改而成。

〔註178〕馮志弘：《北宋古文運動的形成》（上海：上海古籍出版社，2009年4月）。張興武：《宋初百年文學復興的歷程》（北京：中華書局，2009年5月）。蘇勇強：《北宋書籍刊刻與古文運動》（杭州：浙江大學，2010年12月）。至於相關學位與期刊論文亦不勝枚舉。

〔註179〕可參考何寄澎：《北宋的古文運動》，頁11～13；以及祝尚書：《北宋古文運動發展史》，頁247～249。

不許修寺，使自銷鑠，漸而去之，亦救弊之一端也。〔註180〕

本章第一節曾經提過，眞宗時期全國的僧尼總數乃居宋代之冠。此外，寺院數目在眞、仁二朝亦不斷攀升，〔註181〕可知王禹偁的奏議是沒有被實踐的，這也可看出其時佛教的發展早就難以遏止。不過這裡要關注的地方在於，王禹偁的排佛言論，是從國家財用層面的考量爲出發點，與柳開等人藉衛道之名以行排除異文化之實是有別的。像王禹偁這樣的聲音並不寂寞，仁宗時期同修《新唐書》的歐陽修與宋祁（998～1061）兩人就發表過類似的意見。《宋史》記宋祁「以文學顯，而祁尤能文，善議論」，諡號景文。〔註182〕寶元二年（1039）宋祁上疏論「三冗三費」，「三冗」除官兵冗員之外，僧道是爲一冗：

> 今朝廷大有三冗，小有三費，以困天下之財。……何謂三冗？天下有定官，無限員，一冗也。天下廂軍不任戰而耗衣食，二冗也。僧道日益多而無定數，三冗也。三冗不去，不可以爲國。請斷自今日，僧道已受戒具者姑如舊，其方著籍爲徒弟子者悉還爲民，勿復歲度。而州縣寺觀留若干，僧道定若干，後毋得過此數。此策一舉，得耕夫織婦數十萬人，一冗去矣。

「三費」除使相、節度使「貪取公用，以濟私家」之外，道場齋醮與寺觀傷財各爲一費：

> 何謂三費？一曰道場齋醮，無日不有，或七日，或一月，或四十九日，各挟主名，未始暫停，至於蠟、蔬、膏、麵、酒、稻、錢、帛，百司供億，不可貲計。而主者利於欺攘，故奉行崇尚峻於典法，皆以祝帝壽、奉先烈、祈民福爲名，欲令臣下不得開說。……宜取其一二不可罷者，使略依本教，以奉薰修，則一費節矣。二曰京師寺觀，或多設徒卒，或增置官司，衣糧所給，三倍他處。帳幄謂之供養，田產謂之常住，不徭不役，坐蠹齊民。而又別飾神祠，爭修塔廟，皆云不費官帑，自募民財，此誠不逞罔上之尤者。……請一切罷之，則二費節矣。〔註183〕

〔註180〕《長編》，冊2，卷42，頁899。

〔註181〕可參考黃敏枝：《宋代佛教社會經濟史論集》，頁 324～327，「歷代寺院數目表」。

〔註182〕脫脫：《宋史》，冊12，卷284，頁9599。

〔註183〕上舉宋祁所論，詳見《長編》，冊5，卷125，頁2942～2943。《宋史》亦記此事，唯字句稍有出入，如第二費：「二曰京師寺觀，或多設徒卒，或增置官

簡單來說，宋祁認爲佛道齋醮耗費民用，又因宗教因素無法開徵稅收；而京師寺觀過多，成爲國家行政支出的負擔，出家者不但不必像一般百姓履行服徭役的社會責任，又從民間募款修繕神祠塔廟，雖云「不費官帑」，實則暗損國庫。黃敏枝女士的《宋代佛教經濟史論集》探討過宋代寺院以營利爲目的的工商業經營造就了龐大資本，〔註184〕故寺院僧尼即使不爲「耕夫織婦」，亦不能謂其不事生產，問題是在於僧道的「不徭不役」。《宋史‧食貨志》記仁宗景祐年間（1034～1038）事曰：

> 民避役者，或竄名浮圖籍，號爲出家，趙州至千餘人，詔出家者須
>
> 落髮爲僧，乃聽免役。〔註185〕

由於僧道免徭役，甚有平民爲避役而落髮出家，造成當時徭役給使不足。這個問題到了神宗時設立「助役錢」，〔註186〕納錢以助役，才緩解徭役不足的虧損。〔註187〕總的說來，當時僧道寺觀爲數眾多，已構成國家財政困頓，宋祁不但詳列僧道冗費之弊，還提出解決方案，這在北宋以民生經濟爲考量的排佛論中是很有代表性的。

蘇軾〈六一居士集敘〉謂：「自歐陽子出，天下爭自濯磨，以通經學古爲高，以救時行道爲賢，以犯言納說爲忠。」〔註188〕歐陽修在仁宗朝後逐漸成爲北宋文壇的泰斗，從蘇軾的評語可看出，作爲北宋古文運動的領袖，歐陽修追求的不是一味的復古，還包含自我踐履與社會實踐。故歐陽修在〈與張秀才棐第二書〉中提出：

> 君子之於學也務爲道，爲道必求知古，知古明道，而後履之以身，
>
> 施之於事，而又見於文章而發之，以信後世。〔註189〕

府，衣糧率三倍他處。居大屋高廡，不徭不役，坐蠹齊民，其尤者也。」詳
見脫脫：《宋史》，冊12，卷284，頁9594～9595。

〔註184〕黃敏枝：《宋代佛教社會經濟史論集》，頁209～228。

〔註185〕脫脫：《宋史》，冊5，卷177，頁4296。

〔註186〕《宋史‧食貨志》：「其坊郭等第戶及未成丁、單丁、女戶、寺觀、品官之家，舊無色役而出錢者，名助役錢。」詳見脫脫：《宋史》，冊5，卷177，頁4301。

〔註187〕除此之外，宋帝亦時常免除某些寺院的夏秋賦稅，但那是對中央政府而言。實際上宋代寺院也還要另外負擔來自於地方官府沉重的稅賦，關於此點，游彪先生已有詳細討論，詳見氏著：《宋代寺院經濟史稿》，頁154～168。

〔註188〕語出〈六一居士集敘〉，詳見蘇軾：《蘇軾文集》，卷10，頁316。

〔註189〕〔宋〕歐陽修著，李逸安點校：《歐陽修全集》（北京：中華書局，2001年3月），冊3，卷67，頁978。

不只是文與道的結合，亦要求「修之於身，施之於事，見之於言」，〔註190〕這可以說是歐陽修古文理論的基本前提。同樣的，他的排佛論調也結合其政治理想，如王禹偁一般，歐陽修在〈原弊〉中指出：「今坐華屋享美食而無事者，曰浮圖之民。」〔註191〕認爲佛徒不利於國家經濟；又在〈本論中〉以三代爲時政之鑑，主張「補其闕，修其廢，使王政明而禮義充，則雖有佛，無所施於吾民矣。」〔註192〕這種以儒家禮義作爲對治佛教的方針之企圖，流於理想化而不夠具體。那個時代著力於排佛的儒者，攻擊佛教的理由多半不出宗法秩序或儒家人倫的敗壞，如孫復〈儒辱〉曰：

> 佛老之徒橫乎中國，……彼則去君臣之禮，絕父子之戚，滅夫婦之義，以之爲國則亂矣。〔註193〕

又如石介〈怪說上〉評釋老之爲怪，其曰：

> 彼其滅君臣之道，絕父子之親，棄道德，悖禮樂，裂五常，……反不知其爲怪，既不能禳除之，又崇奉焉。〔註194〕

歐陽修也有這樣的看法：「彼爲佛者，棄其父子，絕其夫婦，於人之性甚戾，又有蠶食蟲蠹之弊。」〔註195〕又曰：「佛之徒曰無生者，是畏死之論也；老之徒曰不死者，是貪生之說也。彼其所以貪畏之意篤，則棄萬事、絕人理而爲之。」〔註196〕類似的排佛言論到明代還看得到。〔註197〕

〔註190〕語出〈送徐無黨南歸序〉，詳見歐陽修：《歐陽修全集》，冊2，卷44，頁631。

〔註191〕語出〈原弊〉，同上註，冊3，卷60，頁870。

〔註192〕語出〈本論中〉，同上註，冊2，卷17，頁289。

〔註193〕〔宋〕孫復：《孫明復先生小集》（北京：線裝書局，2004年《宋集珍本叢刊》影印清鈔徐坊校跋本，冊3），頁170。

〔註194〕〔宋〕石介著，陳植鍔點校：《徂徠石先生文集》（北京：中華書局，1984年7月），卷5，頁61。

〔註195〕語出〈本論下〉，詳見歐陽修：《歐陽修全集》，冊2，卷17，頁291。

〔註196〕語出〈唐華陽頌〉，同上註，冊5，卷139，頁2228。關於歐陽修晚年是否仍舊採取排佛的態度，論者多存疑，或有主張其晚年排佛思想已有鬆動，如林伯謙先生認爲歐陽修「直到臨終之前，漸對佛教寬容，能就近請益高僧，並閱讀經典，排佛立場才算有了鬆動。」詳見氏著：〈歐陽永叔晚年佛教觀考釋〉，《中國佛教文史探微》（臺北：秀威資訊科技，2006年12月，BOD二版），頁425。又如李函香：《歐陽脩儒學思想研究》（臺北：政治大學中國文學系國文教學碩士論文，2009年4月），頁144～147，舉證歐陽修晚年著作中對佛老態度的轉變，亦罕見排佛字眼。蔡清和：《歐陽脩集古錄跋尾之研究──以書學、佛老學、史學爲主》（嘉義縣：中正大學中國文學系碩士論文，2003年），該文的立場雖然是存疑的，但是在頁119舉歐陽修晚年以肯定的態度評論出家，這也是值得參考的。

　　概略的回顧北宋在歐陽修以前的古文運動，其排佛論調除了較早的王禹偁是在眞宗時期，其餘如宋祁、石介等人皆在仁宗朝以後。令人不禁好奇眞宗朝以前佛教與北宋士大夫交往的情況。祝尙書先生對此進行考察，他指出在太宗、眞宗年間，淨土宗僧省常（959～1020）於西湖結白蓮社，吸引不少當時公卿大夫與文士，朝野皆受其影響。〔註198〕翰林學士宋白（936～1012）所作〈結社碑銘〉描述當時社中成員「無論玄素，不限朝野，以〈華嚴品〉，結蓮華社。」〔註199〕提倡三教合一的天台宗山外派孤山智圓（976～1022）所作〈故錢唐白蓮社主碑文序〉則曰：

> 宰衡名卿、邦伯牧長，又聞公（省常）之風而悅之，或尋幽而問道，
>
> 或覩相而知眞，或考經而得意，三十餘年爲莫逆之交。〔註200〕

從年代判斷，省常與智圓在北宋古文運動排佛論調此起彼落之前，就已先下手在儒釋交涉的關係中打好基礎，或許是因爲意識到日後恐怕將有排佛的危機，尙待進一步討論。從當時僧俗的記載看來，可推知宋初佛教已有公卿大夫熱切參與其中。北宋中期名相王安石（1021～1086）與佛教的互動、及其融通儒釋的思想，在上個世紀已有前賢作過詳細的討論。〔註201〕而在王安石之前，北宋的宰相群中也不乏有佛教信仰者，如太祖、太宗兩朝的沈倫（909～987），《宋史》記其「好釋氏，信因果。嘗盛夏坐室中，恣蚊蚋嘬其膚，童子秉箑至，輒叱之，冀以徼福。」〔註202〕太宗朝的張齊賢（943～1014），太平興國七年（982），時任江南轉運使，曾因船難倖存，據其夢而遍求《維摩經》十卷，記此事於〈新雕維摩經後序〉：

> 懿夫！金文玉偈之殊勝，海藏龍宮之守護，功德之力，其昭昭乎！

〔註197〕如明初醇儒曹端（1376～1434）〈夜行燭序〉：「彼佛、老以清淨而廢天地生生之理，致令絕祀覆宗，禍且不免，福何有焉？」詳見〔明〕曹端著，王秉倫點校：《曹端集》（北京：中華書局，2003 年 10 月），卷 4，頁 128。

〔註198〕可參考祝尙書：《北宋古文運動發展史》，頁 252～256，「西湖白蓮社與官僚文士的交流」。

〔註199〕〔高麗〕義天：《圓宗文類》（臺北：新文豐，卍續藏本，冊 58），卷 22，頁 564。

〔註200〕〔宋〕智圓：《閑居編》（臺北：新文豐，卍續藏本，冊 56），卷 33，頁 913。

〔註201〕可參考蔣義斌：《宋代儒釋調和論及排佛論之演進——王安石之融通儒釋及程朱學派之排佛反王》（臺北：臺灣商務，1997 年 10 月，2 刷），頁 22～58，「王安石之融通儒釋」。

〔註202〕脫脫：《宋史》，冊 11，卷 264，頁 9114。

其昭昭乎！愚冥之徒，不能起信，深可悲矣。因擇工人，俾之彫刻，志願散施，貴廣傳布，用標靈異，直紀歲時。聖宋淳化四年八月十五日道德里序。〔註203〕

宋初不僅皇帝崇佛，連同宰相也留心佛事，然從上述沈張二宰的事蹟來看，或以不殺蚊蚋蟁蚤以徼福，或以靈驗之事刊刻佛典，其釋氏信仰可能尚未深入佛學理論層面。

真宗時的宰相李沆（947～1004）、王旦（957～1017）與佛教的牽涉也值得一提，《宋史》記李沆不以自宅儉陋為意，「但念內典以此世界為缺陷，安得圓滿如意，自求稱足？」〔註204〕可知其曾留意釋典，於佛法有所得。王旦則參與過省常主持的白蓮社，《佛祖統紀》記其事曰：

（省常）刺血書〈華嚴淨行品〉，結社修西方淨業。宰相王旦為之首，參政蘇易簡百三十二人，一時士夫皆稱淨行社弟子。〔註205〕

前文提過真宗朝的士大夫不乏熟悉內典者，再從志磐（生卒年不詳）所記王旦之事看來，當時朝臣與僧徒也有較多的來往。仁宗朝的宰相亦有好釋氏者，如王隨，《宋史》記其「性喜佛」，〔註206〕曾據《景德傳燈錄》刪節而成《傳燈玉英集》。〔註207〕又如章得象（978～1048），與天台宗神照本如（981～1050）結白蓮社，獲仁宗賜白蓮之額，且以宰相之位身兼譯經潤文使，〔註208〕知其必有相當程度的佛學涵養。大慧宗杲（1089～1163）曾舉李遵勗（988～1038）、楊億（974～1020）、張商英（1044～1122）等三位居士為例，說道：

只這三大老，便是箇不壞世間相而談實相底樣子也。又何曾須要去

〔註203〕〔後秦〕僧肇：《注維摩詰經》（臺北：新文豐，大正藏本，冊38），卷10，頁419～420。

〔註204〕脫脫：《宋史》，冊12，卷282，頁9541。

〔註205〕志磐：《佛祖統紀》，卷43，頁400。

〔註206〕脫脫：《宋史》，冊13，卷311，頁10204。王隨生卒年不詳，日人鈴木哲雄記為西元973～1039年，詳見氏著〈北宋期の知識人と禪僧との交流〉，《宋代禪宗の社會的影響》，東京：山喜房佛書林，2002年11月，頁30。惟鈴木氏未言其所據為何。

〔註207〕一百二十冊本《宋藏遺珍》第33至36冊收有《傳燈玉英集》卷2～15。有關王隨刪節《景德傳燈錄》，可參考黃繹勳：〈《傳燈玉英集》卷十四補闕和研究──宋士大夫王隨刪節《景德傳燈錄》之探討〉，《中華佛學學報》，第18期（2005年7月），頁105～137。

〔註208〕以上二事詳見志磐：《佛祖統紀》，卷45，頁410。

妻孥、休官罷職、咬菜根、苦形劣志、避喧求靜，然後入枯禪鬼窟
裏作妄想，方得悟道來！〔註209〕

所謂「不壞世間相而談實相」，簡單來說就是不必出家茹素也能夠參禪悟道，
身居翰林的士大夫不必遁入叢林也容易接觸禪學思想與文化，這是宋代禪宗
更貼近俗世的表現，也是參禪隊伍中出現大量文人居士的原因之一。由於多
任宰相等公卿名士一一接近釋教、稱道佛法，加之皇帝的宗教興趣所致，令
那些以儒學為本位的古文家不得不群起反抗，捍衛自己的文化場域。可以說，
北宋古文運動的眾多肇因之中，「抵制佛教迅速發展」是那些儒者有意識的進
行對抗之產物。既以「古文」為號召，代表著對時文、對時下文章中所傳達
的內容與形式不滿，因而回頭追溯古道以作為筆下的武器，這也是可想而見
的。

　　古文家所闡明的道，蘊含著時人與前朝儒士共同建構發展出來的儒家道
統，於是被迫冠上夷狄之教與異端之名的佛家，自然就成為攻擊的對象之一。
然而佛教徒並沒有坐以待斃，著名的天台宗山外派孤山智圓及其《閑居編》，
與雲門宗佛日契嵩（1007～1072）及其《輔教編》，歷來被學者視為釋子對抗
的代表，前者著意主張三教合一，〔註210〕後者則極力證明儒釋一貫，〔註211〕
這些在學界已有大量的研究成果推出，不過，有些現象倒是可以再行關注。

　　柳開〈應責〉曰：

　　　何謂為古文？古文者，非在辭澀言苦使人難讀誦之，在于古其理，

　　　高其意，隨言短長，應變作制，同古人之行事，是謂古文也。〔註212〕

北宋古文家推許的古文，非在聱牙詰屈的形式，而是崇尚前人「隨言短長、
應變作制」之行事作風，不墨守舊式，將文句間傳承自前人的道理與用意作
為文章的價值所在，藉以垂教於民。就連智圓也這麼說過：

　　　夫所謂古文者，宗古道而立言，言必明乎古道也。古道者何？聖師

〔註209〕〔宋〕蘊聞：《大慧普覺禪師語錄》（臺北：新文豐，大正藏本，冊 47），卷
　　　　21，頁 899～900。
〔註210〕蔣義斌先生指出，智圓對儒家六藝的涉入，主要著眼於處世方法論，然其所
　　　　宗仍為佛教。詳見氏著：〈孤山智圓與其時代──佛教與宋朝新王道的關係〉，
　　　　《中華佛學學報》，第 19 期（2006 年 7 月），頁 262。
〔註211〕可參考黃啟江：〈論北宋明教契嵩的《夾註輔教編要義》〉，《北宋佛教史論稿》，
　　　　頁 153～200。
〔註212〕〔宋〕柳開：《河東先生集》，卷 1，《四部叢刊》初編，1922 年上海商務印書
　　　　館再版景印本。

仲尼所行之道也。……非止澀其文字，難其句讀，然後爲古文也。

〔註213〕

柳開與智圓這兩段話很好的表達出北宋古文家的訴求，簡言之，當時古文運動詩文革新的效果就在於明道以追溯古意，而非一味從形式上講究復古。另一方面，當儒者們喋喋不休的策劃古文運動，除了像智圓、契嵩等正面作出回應、對抗以外，叢林之間又在蘊釀、進行著什麼？前文提過，生活在宋初三朝的臨濟宗汾陽善昭（947～1024），撰有《汾陽無德禪師語錄》，大興文字教禪之風，其中的《頌古百則》，選自唐代以來盛行於禪林中的公案語錄，並加以評議，論者多視爲北宋文字禪之濫觴。其後，太宗、眞宗、仁宗時期的雪竇重顯（980～1052）亦有《雪竇顯和尚頌古》，舉陳唐宋禪師語錄，或著語評述，再以偈頌作爲總結，整體囊括了舉古、拈古、與頌古等文字禪常見的形式。接著，生活在北宋中期英宗朝到南宋初的佛果克勤（1063～1135），評唱《雪竇顯和尚頌古》成《碧巖錄》一書，影響禪林深遠。

在上述頌古類的禪籍之外，北宋還有三部燈史刊墨，最早是眞宗時期的永安道原（生卒年不詳）《景德傳燈錄》，自西天七佛列述至唐五代禪僧，後出的李遵勗（988～1038）《天聖廣燈錄》與北宋晚期惟白（生卒年不詳）《建中靖國續燈錄》皆以道原本爲基礎，或刪削或補續。燈史的出現，說明讀書人對於日漸興盛的禪宗之歷史及文化感到興趣，這也展現當時社會的知識需求。

然而，從另一角度來看，佛徒製作燈史除了爲本教本宗建立法脈與正統性之外，其內容所收錄的前賢大德語錄公案正與那些頌古類的禪籍採取同一個趨向，也就是慕古。慕古多半來自對於現狀的不滿足，中晚唐以來，一些禪僧呵佛罵祖的舉止，容易造成後學離經慢教的弊病，如忽滑谷快天評論馬祖後學謂：「後世手忙腳亂之徒，左喝右棒，豎拳舉拂，張口揚眉，恰如顚狂之發作，而自稱大善知識之弊，淵源於此。」〔註214〕就是這個道理。葛兆光先生在評價十世紀初古德公案被反復模仿的現象時也指出：

機智和巧思常常只屬於首創者，對於摹仿者來說卻只是顯示它的笨拙和迂闊。〔註215〕

〔註213〕智圓：《閑居編・送庶幾序》，卷29，頁908。
〔註214〕忽滑谷快天撰，朱謙之譯：《中國禪學思想史》，冊上，頁155。
〔註215〕葛兆光：《中國思想史》（上海：復旦大學，2005年12月，6刷），卷2，頁106。

中晚唐以後，禪法已經失去盛唐馬祖道一那個時期的原創性，後學者或不明禪機，徒具形式，是禪門傳統以心傳心之作法難以避免的可能流弊。爲了突破瓶頸，宋代以後，禪師們起而大張文字，用力於整理、闡釋古德公案，反撥唐代古典禪過後部分禪徒對經教的消解。那些被蒐集、編整，並加以評述的語錄事蹟，就成了燈錄與頌古類禪籍的文本。當然，能夠進行這些文本的生產，除了足以應付的物質條件，自北宋初期皇帝援護佛教、崇尚斯文開始，政治與社會的風氣便影響了宗教風氣。

　　在北宋，禪僧多半不再處於農禪語境之中，取而代之的是學通儒釋、能詩能文的才學傾向，前舉契嵩自不在話下，從善昭、重顯能夠創作出可觀的詩偈韻文來看，便知其知識水平與文學素養不在文人士子之下。此外，燈史和語錄的製作，能夠吸引讀書人的注意，甚而有文人居士參與其中，如《景德傳燈錄》就由翰林學士楊億等人奉詔刊削，在眞宗大中祥符四年（1011）詔編入藏；〔註 216〕善昭的《汾陽無德禪師語錄》亦有楊億爲之作序。〔註 217〕以布爾迪厄的觀點來說，這種透過官方代理人的認可所樹立的權威，理應在某種程度上能夠有效減少與對立方的符號鬥爭。〔註 218〕然而在禪籍編纂過程中，拉攏士大夫的同時，是否能夠藉此對抗當時排佛的古文家，並沒有足夠的證據可供討論。只是那些古文家和以文字教禪的僧侶，最終都不約而同的選擇從古人的遺馥中淬練出一條作爲指引今人的道路。當唐代禪師的公案語錄流傳於宋世、受到居士佛徒歡迎之時，韓柳文集也同樣在北宋重新刊行，並受到古文家的推崇。〔註 219〕兩方皆從慕古之情懷出發，試圖撥正時人的思維。在各自進行應對策略的過程中，彼此之間雖沒有顯著的直接牽涉，不過，

〔註 216〕〔宋〕趙安仁、楊億等：《大中祥符法寶錄》（1935 年《宋藏遺珍》本），冊 4，卷 20。

〔註 217〕楚圓：《汾陽無德禪師語錄》，卷 1，頁 595。

〔註 218〕詳見布迪厄著，李豔麗譯：〈文化權力〉，《全球化與文化資本》，頁 29。

〔註 219〕穆修對韓柳文集校刊刻印之事，詳見其著〈唐柳先生集後序〉，今收於〔唐〕柳宗元：《柳宗元集·附錄》（北京：中華書局，1979 年 10 月），頁 1444～1445。柳開與穆修皆爲韓柳之信徒，歐陽修則特別尊崇韓愈，其〈記舊本韓文後〉便記自幼傾心韓文，詳見歐陽修著，李逸安點校：《歐陽修全集》，冊 3，卷 73，頁 1056～1057。而因柳宗元亦親浮圖，故有排佛主張之歐陽修，自然是尊韓抑柳的。關於柳宗元親浮圖，可參考其〈送僧浩初序〉自言：「儒者韓退之與余善，嘗病余嗜浮圖言，訾余與浮圖遊。」詳見柳宗元：《柳宗元集》，卷 25，頁 673。

它們都在右文政策籠罩下的北宋政教關係之中，表達了相似的訴求，亦在各自的領域裡，同樣選擇前賢古德的遺產作為再生產的對象。

值得一提的是，古文運動裡的排佛論，也多少刺激了三教合一或儒釋融通的觀念發展。為了護教或對抗儒士的排斥，一些禪師留心文字、經教，或內典、或外典，以資論辯交鋒，並有機會在過程中整理或建立新的文本，前述雲門宗契嵩的《輔教編》就是這樣的產物。北宋中期還有雲門宗圓通居訥（1010～1071），《佛祖統紀》記其「出入百家，而折衷於佛法。」〔註220〕同門師弟佛印了元（1032～1098），能與蘇軾「訕酢妙句」，《禪林僧寶傳》記居訥「驚其翰墨」，謂「骨骼已似雪竇。」〔註221〕臨濟宗浮山法遠（991～1067），「因閱班固『九流』，遂擬之作《九帶》，敘佛祖教義，博採先德機語，參同印證。」〔註222〕臨濟黃龍派的真淨克文（1025～1102）「學經論無不臻妙」，〔註223〕而其同派師兄弟晦堂祖心（1025～1100）則閱燈錄而有省，〔註224〕又讀延壽《宗鏡錄》，手不釋卷，「因撮其要處為三卷，謂之《冥樞會要》，世盛傳焉。」〔註225〕由以上數例可看出，在這樣的時代風氣下，宗門「禪教合一」的思路確實逐步明朗化，而「禪教合一」正是文字禪所兼攝的核心價值及意義。〔註226〕要特別說明的是，本節論述的脈絡著重在北宋官方對佛教、禪宗發展的介入或干涉，因此佛教、禪宗的立場看似是被動的，而這就不免要錯失它們自身的主體性。佛教、禪宗的傳布固然會受到各種形式的外力影響，然而它們仍有自我的發展脈絡，並非僅從其對立面之陳述，就能把握其全貌。關於這一點，是日後可再加以補充的部分。

〔註220〕志磐：《佛祖統紀》，卷45，頁410。

〔註221〕詳見惠洪：《禪林僧寶傳》，卷29，頁81。所謂「骨骼已似雪竇」，應指了元才學之高，有如雪竇重顯（980～1052）頌古之能、辯博之才。《禪林寶訓》記南宋臨濟宗心聞曇賁（生卒年不詳）之言：「天禧間，雪竇以辯博之才，美意變弄，求新琢巧，繼汾陽為頌古，籠絡當世學者，宗風由此一變矣。」此雖為批評指責之語，但亦可見重顯在宋代的形象確是富有才學。詳見〔宋〕淨善：《禪林寶訓》（臺北：新文豐，大正藏本，冊48），卷4，頁1036。

〔註222〕詳見惠洪：《禪林僧寶傳》，卷17，頁49。

〔註223〕詳見惠洪：《禪林僧寶傳》，卷23，頁65。

〔註224〕同上註，頁63。

〔註225〕語出〈題宗鏡錄〉，詳見〔宋〕惠洪著，〔日〕廓門貫徹註：《註石門文字禪》（京都：臨川書店，2000年10月，禪學典籍叢刊本第五卷），卷25，頁642。

〔註226〕可參考黃啟江先生的說法，文字禪兼攝禪教合一之意義，如「禪師們兼習禪教，由文字經教入道的經驗。」詳見氏著：〈僧史家惠洪與其「禪教合一」觀〉，《北宋佛教史論稿》，頁334。

第三節　徽宗揚道抑佛的措施

一、北宋諸帝的道教信仰

　　北宋皇帝對三教的態度多半是開放的，如前文提過的眞宗，雖以道教信仰較爲著名，實亦崇奉佛教。〔註227〕在眞宗之後，北宋中晚期歷任諸帝都有崇道的相關記載，以下略舉數例。

　　景祐元年（1034），仁宗命太子少傅晁迥（948～1031）講解其所上之〈神仙可學致篇〉，〔註228〕內容今雖不得而知，從篇名看來，應爲道教養仙之法。同年仁宗又幸開寶寺、上清宮、祥源、會靈觀祈雪與謝雪，〔註229〕其中，祥源觀乃眞宗天禧二年（1018）所立，正殿供奉道教神祇眞武靈應眞君。〔註230〕

　　英宗在位僅四年（1064～1067），其道教信仰亦循前代故事，治平元年（1064）應司馬光（1019～1086）奏請，「祈雨於相國天清寺、醴泉觀」，〔註231〕醴泉觀舊稱即祥源觀。同年又隨即下詔，此後若遇水旱，則命官禱於道教神祇九宮貴神。〔註232〕

　　熙寧五年（1072），神宗「幸集禧觀、大相國寺祈雨」，〔註233〕其中，集禧觀舊稱即眞宗時所立之會靈觀，供奉道教神祇五岳帝。〔註234〕熙寧八年（1075），又「詔大順城眞武特加號」，爲靈應眞君廟。〔註235〕元豐四年（1081），詔廬山太平興國觀九天採訪使者與青城山丈人觀九天丈人，分別加號爲九天採訪應元保運眞君與九天丈人儲福定命眞君，並「令有司具香幣，就遣監司即其祠上之」。〔註236〕

　　元祐六年（1091），哲宗詔明年太皇太后本命歲旦日於中太一、上清儲祥、集禧、建隆、醴泉、萬壽等六處宮觀，以及大相國寺十禪院，各用僧道開建

〔註227〕眞宗的父親太宗也對道教甚爲重視，相關討論可參考竺沙雅章：《宋元佛教文化史研究》，頁377～380。該文對太宗的道教政策及禮遇行爲有所評述。

〔註228〕《長編》，冊5，卷115，頁2699。

〔註229〕同上註，頁2707、2709。

〔註230〕徐松：《宋會要輯稿》，禮五之十四，頁472。

〔註231〕《長編》，冊8，卷201，頁4864。

〔註232〕同上註，頁4865。

〔註233〕《長編》，冊10，卷234，頁，5672。

〔註234〕徐松：《宋會要輯稿》，禮五之二一，頁475。

〔註235〕同上註，禮二一之六三，頁882。

〔註236〕《長編》，冊13，卷311，頁7539。

道場七晝夜，並於宮觀罷散日設醮一坐。〔註237〕紹聖四年（1097），迎茅山道
士劉混康（1036～1108）詣闕；同年又因天文異象，「詔中太一宮設醮，開啓、
罷散日，遣執政官一員詣宮燒香。」〔註238〕元符元年（1098），建靈祐觀，「賜
田三頃，歲度童行一名」。〔註239〕

　　上舉數例，概略顯示北宋中晚期諸帝崇道的記錄，然而北宋以崇奉道教
聞徹四方的皇帝並不在上列。整體而言，除了眞宗之外，就屬徽宗的道教信
仰最爲熱衷，中國首部官方全藏刊板印刷的《政和萬壽道藏》，即成於徽宗時
期。〔註240〕他對道教的援護，甚至短暫的影響到佛教發展。據《長編拾補》
記載，徽宗初即位時，皇嗣未廣，曾被哲宗召見入宮的茅山道士劉混康，「以
法籙符水，出入禁中」，向徽宗「建言京城西北隅地協堪輿，儻形勢假以少高，
當有多男之祥」，從之，而後果然「後宮占熊不絕」，於是徽宗崇信道教，不
遺餘力。〔註241〕

二、教主道君皇帝與北宋晚期的抑佛事件

　　國家體制下各種階級的建立，源自於分類的鬥爭，布爾迪厄在〈文化權
力〉中指出：

> 關於分類鬥爭的分析揭示了一種政治野心，它爲了生產正確的分類
> 方法，經常出現在神秘直覺論的野心當中——這種政治野心正確地
> 定義了君主（rex）。〔註242〕

徽宗在分類鬥爭中所揭露的政治野心，就在於揚道抑佛的指導原則，由此來
檢視其諸多荒誕措施，較著名的就屬政和七年（1117）竟然冊封自己爲教主道
君皇帝，《長編拾補》記：

> 朕每澄神默朝上帝，親受宸命，訂正訛俗。朕乃昊天上帝元子，爲
> 太霄帝君，睹中華被金狄之教盛行，焚指煉臂，捨身以求正覺，朕
> 甚憫焉。遂哀懇上帝，願爲人主，令天下歸于正道。帝允所請，令

〔註237〕《長編》，冊19，卷468，頁11175。「太皇太后」指英宗妻宣仁聖烈皇后高
　　　　氏（1032～1093）。
〔註238〕《長編》，冊19，卷491，頁11646～11647。
〔註239〕《長編》，冊20，卷503，頁11986。
〔註240〕陳國符：《道藏源流考》（北京：中華書局，1989年5月，3刷），頁135～136。
〔註241〕《長編拾補》，冊3，卷44，頁1349。
〔註242〕布迪厄著，李豔麗譯：〈文化權力〉，《全球化與文化資本》，頁31～32。

弟青華帝君權朕太霄之府。朕夙夜驚懼，尚慮我教所訂未周，卿等
表章，冊朕爲教主道君皇帝，只可教門章疏用，不可令天下混用。
〔註243〕

「金狄之教」即指佛教，用以強調其外來宗教的身分。據黃啓江先生〈北宋時期兩浙的彌陀信仰〉的歸納，宋以前的彌陀信仰修持方式中，就有所謂燒指、燒頂、焚身〔註244〕等激烈手段，這類行爲在北宋佛教中並不算罕見，志磐《佛祖統紀》便錄徽宗崇寧間（1102～1106）兩位能仁寺僧「各然二指，禱佛冥被」；〔註245〕天台宗山家派四明知禮（960～1028）亦曾「將焚身以供妙經」而被勸阻，後又「然三指供佛」。〔註246〕這種捨身求道的方式，即徽宗打算訂正的訛俗。甚者又如將寺院改爲宮觀，將一干中印古今得道僧伽包含禪宗初祖以至於六祖，皆冊封爲大士，又改稱佛爲金仙、菩薩爲仙人，均染上道教色彩。〔註247〕可以說「教主道君皇帝」的大張旗鼓，在很大程度上是針對佛教的。

　　大觀元年（1107），徽宗明言「道士序位在僧上，女冠在尼上」。而當時常見的佛教修懺法會，可能爲了迎合不同信仰的國民需求，或有雜以道教神位於其中的情況，於是徽宗在政和二年（1112）下令：

　　　　釋教修懺水陸及祈禳道場，輒將道教神位相參者，僧尼以違制論；
　　　　主首知而不舉，與同罪。〔註248〕

這除了顯示北宋晚期社會對於民間佛道信仰的雜食性選擇，也展現徽宗爲與金狄之教涇渭分明的決心。

　　徽宗對佛教的反感，還可在大觀四年（1110）詔付當時職掌議定各項禮制的議禮局詔文中看出來。先是，盂蘭盆節釋子「薦度亡者解脫地獄」，徽宗認爲此「行之於世俗可矣」，然而若論到行於宗廟，其態度就完全不同了，徽宗曰：

　　　　景靈宮祖考靈遊所在，不應俯循流俗，曲信金狄不根而設此物，縱
　　　　復釋教藏典具載此事，在先儒典籍有何據執？〔註249〕

〔註243〕《長編拾補》，冊3，卷36，頁1142。
〔註244〕黃啓江：〈北宋時期兩浙的彌陀信仰〉，《北宋佛教史論稿》，頁421。
〔註245〕志磐：《佛祖統紀》，卷14，頁222。
〔註246〕同上註，卷8，頁193。此條黃啓江先生於〈北宋時期兩浙的彌陀信仰〉已揭，該文並舉燃指數例，詳見氏著：《北宋佛教史論稿》，頁426～433。
〔註247〕《長編拾補》，冊3，卷39，頁1223。
〔註248〕同上註，卷31，頁1022。
〔註249〕同上註，卷29，頁988～989。

在徽宗看來，盂蘭盆節全是佛教不根、荒謬之流俗，亦不見於先儒的典籍。即便佛典中確有記載此禮制儀式，徽宗也是完全置之不理的。再者，景靈東西兩宮若遇帝后忌辰，佛徒所設齋會便揭榜先帝名號，稱「不違佛敕，來隆道場」，徽宗對此相當不滿，其曰：

> 以祖宗在天之靈，據從佛敕之呼召，不亦瀆侮之甚乎？況胡佛可以
> 稱呼敕旨，有何典常？〔註250〕

或因來自北邊的遼、金、西夏等外患列強的威脅，徽宗的排外心理不難想見，連帶的佛教在他眼中也不過是外來的胡人宗教，其地位自不如中國本有的儒道二教。當然，徽宗這種心態也有佞臣在一旁推波助瀾。重和元年（1118）：

> 道錄院上看詳釋經六千餘卷，內詆謗道、儒二教惡談毀詞，分爲九
> 卷，乞取索焚棄，仍存此本，永作證驗。又，通眞達靈先生林靈素
> 上《釋經詆誣道教議》一卷，乞頒降施行。并從之。〔註251〕

道士林靈素（1077～1121）〔註252〕，《宋史》記其事曰：「少從浮屠學，苦其師笞罵，去爲道士。善妖幻，往來淮、泗間，丐食僧寺，僧寺苦之。」後徽宗因訪方士，得之，賜號通眞達靈先生。自此林靈素手握權勢，「始欲盡廢釋氏以逞前憾，既而改其名稱冠服。」〔註253〕由於少時際遇，林靈素對佛教的反感成爲徽宗揚道抑佛的幕後推手。南宋愛國詩人陸游（1125～1209）的筆記中亦有記載林靈素詆佛之事：

> 政和、宣和間，妖言至多。……林靈素詆釋教，謂之「金狄亂華」。
> 當時「金狄」之語，雖詔令及士大夫章奏碑版亦多用之，或以爲靈
> 素前知金賊之禍，故欲廢釋氏以厭之。其實亦妖言耳。〔註254〕

從陸游所記可知，林靈素對佛教的詆訐，接續北宋古文運動以來的夷夏之防，然因當時國勢衰頹，飽受外族威脅，所以徽宗與林靈素的排佛手段與言論更爲激進。

整體而言，徽宗時期的北宋社會瀰漫著濃厚的道教風格，宰相蔡京（1047～1126）之子蔡攸（1077～1126）與林靈素之徒爭證神變之事，一些道教神祇

〔註250〕《長編拾補》，冊3，卷29，頁988～989。

〔註251〕同上註，卷37，頁1175。

〔註252〕此前有關林靈素的生卒年說法不一，後經李裕民先生考證，取其說以爲定論。詳見氏著：《宋人生卒行年考》（北京：中華書局，2010年9月），頁136。

〔註253〕與上條引文同見脫脫：《宋史》，冊17，卷462，頁13528～13529。

〔註254〕〔宋〕陸游：《老學庵筆記》（北京：中華書局，2007年4月，4刷），卷9，頁121。

傳說藉由官方命名的方式變成被強制推行的符號行為，於是神霄、玉清等道教宮觀遍佈天下。〔註255〕陸游描述當時神霄宮供奉的情形如下：

> 神霄以長生大帝君、青華帝君為主，其次曰蓬萊靈海帝君、西元大帝君、東井大帝君、西華大帝君、清都大帝君、中黃大帝君。又有左右仙伯，東西臺吏，二十有二人，繪於壁。又有韓君丈人，祀於側殿，曰此神霄帝君之高賓也。其說皆出於林靈素、張虛白、劉棟。〔註256〕

各種道教帝君如長生大帝君、青華帝君為主、蓬萊靈海帝君等神祇皆林靈素一干人等發明，並造其仙序次第。這種居心叵測的造神運動也引發了一些社會弊象，如陸游所記：

> 神霄宮事起，土木之工尤盛。羣道士無賴，官吏無敢少忤其意。月給幣帛、硃砂、紙筆、沉香、乳香之類，不可數計，隨欲隨給。〔註257〕

當時各處遍建神霄宮，部分道士與權要無異，其地位儼然高過地方官員；加之朝廷內，皇帝與近臣極度崇信道教，政教關係已不若北宋初、中期。更明確的說，在徽宗二十五年的任期裡，道教已有逐漸凌越世俗政序的趨勢，從皇帝本人自封為「教主道君皇帝」一事便可窺見一斑。

三、小結：徽宗朝的文字禪典範

在北宋末年佛教道化的風氣之中，此前高度發展的禪宗也不得不受之影響。如《宋史・藝文志》子類書目共十七，第二項道家類附釋氏及神仙，其中即錄有《胎息訣》一卷，作者竟署名為禪宗初祖菩提達磨。〔註258〕此書當為道教者流託名撰著，克勤因之作〈破妄傳達磨胎息論〉〔註259〕以正視聽。魏道儒先生1990年的博士論文就指出，原本以超脫生死為最高境界的禪宗，在當時的社會基層群眾中竟也發展出以長壽為目的的修禪。〔註260〕這種禪修結合道教養生之術的現象，正是徽宗揚道抑佛的副作用。

〔註255〕詳見脫脫：《宋史》，冊17，卷472，頁13730～13732。
〔註256〕陸游：《老學庵筆記》，卷9，頁115。
〔註257〕同上註，卷2，頁27。
〔註258〕脫脫：《宋史》，冊6，卷205，頁5188。
〔註259〕紹隆：《圓悟佛果禪師語錄》，卷20，頁809～810。
〔註260〕魏道儒：《宋代禪宗史論》，頁69。

前文提過，徽宗到了政和七年（1117）冊封自己為教主道君皇帝，護持道教不遺餘力，其時已信道教太深。然而在此前，他於建中靖國元年（1101）時曾御製〈建中靖國續燈錄序〉，提到當時雲門、臨濟兩宗獨盛天下，大讚《建中靖國續燈錄》編者——雲門宗的佛國惟白（生卒年不詳）「探最上乘，了第一義。」且評價《建中靖國續燈錄》曰：

> 是錄也，直指性宗，單傳心印，可得於眉睫，可薦於言前。舉手而擎妙喜之世界，彈指以現莊嚴之樓閣。神通運用，真不可得而思議哉！〔註261〕

觀其所言，可知在踐極之初，徽宗原本對佛教、禪宗沒有那麼反感，且對禪宗燈錄的結集仍採取支持的態度。徽宗撰序並舉真宗朝《景德傳燈錄》與仁宗朝《天聖廣燈錄》的成書，特為因循先帝故事，有意與之相提並論。即便徽宗後來愈向道教靠攏，如本節前述，實施了一連串揚道抑佛的措施，但是兩宋之際的文字禪運動竟也沒有因此中斷。若借用布爾迪厄社會學來解釋，可說北宋晚期的禪學思潮，是相對獨立於徽宗逐步建立的道教社會之外，從而勉力自治；在文化生產的過程中，又不得不立足於同一個場域與之進行鬥爭。布爾迪厄在〈文化權力〉中說：

> 隨著社會界（social world）和相對自治的場域的構成差異的不斷增加，生產和強制推行意義的努力在文化生產場域的鬥爭中，並且通過文化生產場域的鬥爭（尤其是在政治的亞場域中）被實施。〔註262〕

文字禪的典範著述在徽宗統治時期出現，是禪人在道教風氣較盛的背景下所進行的知識生產。他們在國家的文化場域中致力於推行自身的意義，例如文字禪大師惠洪，其高唱禪教合一的僧傳與禪文集多在徽宗時期成書刊刻，如林伯謙先生所考察，惠洪於徽宗宣和元年（1119）結集《五宗語要》，並於三年後（1122）完成《禪林僧寶傳》，至宣和六年（1124）梓行於世。〔註263〕而上文提到的克勤，其《碧巖錄》至遲在宣和七年（1125）便遍行

〔註261〕上文所提徽宗〈御製建中靖國續燈錄序〉之語句，皆詳見〔宋〕惟白：《建中靖國續燈錄》（臺北：新文豐，卍續藏本，冊78），卷1，頁640～641。

〔註262〕布迪厄著，李艷麗譯：〈文化權力〉，收於《全球化與文化資本》，頁26。

〔註263〕詳見林伯謙、陳弘學編著：《標點注釋智證傳》（臺北：秀威資訊科技，2006年7月，BOD再刷版），頁35。另可參考周裕鍇：《宋僧惠洪行履著述編年總案》（北京：高等教育出版社，2010年3月），「附錄一：惠洪著述著錄情況一覽表」，頁360～365。

叢林，〔註264〕該書評唱雪竇《頌古百則》，集成公案、頌古，並以著語顯露機鋒，末後再以評唱作結，評唱的內容則以解釋公案與頌文爲主，包含考其用典出處，用力於破除學人於公案字句中計較而來的不當理解，把經教也帶入公案話頭之中。大致上，克勤之意雖在解離文字執著，但從形式的角度看，其《碧巖錄》可以說完全性的走向文字經教的發展道路，文字不再輕易的從證悟的發生過程中被捨棄，根據使用者的悟性，亦可以是入道的契機，甚至是透顯禪理的存在。總的說來，克勤和惠洪這類大興文字以說禪的著作，不但是徽宗朝文字禪的典範，也是整個宋代禪宗史裡頗具特色的一頁。

〔註264〕《碧巖錄》後序最早題引於「宣和乙巳」年，即宣和七年，文中且謂《碧巖錄》乃是克勤「住夾山道林，復爲學徒扣之，凡三提宗綱，語雖不同，其旨一也。」而後「門人掇而錄之，旣二十年矣，師未嘗過而問焉。」可知《碧巖錄》中的文字在宣和七年後序寫成的前二十年，早已「流傳四方」。詳見重顯頌古，克勤評唱：《佛果圜悟禪師碧巖錄》，卷10，頁224。

第三章　禪宗文字在北宋的流通及其效應

第一節　略談北宋印刷術與譯經事業

　　宋代對儒釋道兼容並蓄，三教典籍皆進行過大量編纂工作，[註1] 對佛經的搜集、整理、翻譯自然多所留心。這首先就關係到譯經院的設置，其成立目的在於有組織性、系統性的大量翻譯佛教經典，而大量佛經被翻譯的背後意義即是促進了佛教文本的結集，並推動佛教在中原的傳播、甚至是在中原以外的高麗、日本等國。據《宋史》記載，太宗時期就曾多次將《大藏經》傳入高麗；[註2] 而日僧亦多次入宋求法，著名者如神宗時期入宋的日本天台宗僧成尋（1011～1081），將其滯宋期間所見所聞寫成《參天

〔註1〕可參考〔宋〕王堯臣等編次，〔清〕錢東垣輯釋：《崇文總目》（臺北：臺灣商務，1967年3月，國學基本叢書）。以道藏為例，《長編》亦記真宗大中祥符九年（1016）編有《寶文統錄》共4359卷道教經典，詳見李燾，《長編》，冊4，卷86，頁1975～1976。佛教大藏經則見下文敘述。

〔註2〕如：「（端拱）二年（989），（高麗）遣使來貢，……請《大藏經》，至是賜之。……（淳化）二年（991），遣使韓彥恭來貢。彥恭表述治意，求印佛經，詔以《藏經》並御製《祕藏詮》、《逍遙詠》、《蓮華心輪》賜之。」「彥恭表述治意」之「治」，乃指太平興國七年（982）受封為高麗國王的「王治」。以上分別詳見脫脫：《宋史》，冊18，卷487，頁14039～14040，14037。由年代判斷，太宗所賜《大藏經》當為《開寶藏》。關於《開寶藏》與《高麗藏》之間的牽涉，可參考李富華、何梅：《漢文佛教大藏經研究》，頁118～126。

台五臺山記》，〔註3〕試看成尋所記熙寧六年（1073）六月事：「卯時，陳詠來，相定新譯經、佛像等，買船可預送，並賜預大宋皇帝志送日本御筆文書。」〔註4〕神宗賜贈日本新譯經、佛像，與文書之事，日本學者認為：「這件事，想一想是很了不起的。君臨於天下的中國皇帝，親筆寫信送給被稱為東夷小國的日本朝廷，可以說是史無前例的大事。」〔註5〕可以說，此一中日外交因緣，乃始於成尋入宋求法，進而受贈譯經、佛像，與皇帝文書。

　　整體而言，漢文整理、譯出的佛典在北宋時期帶給佛教傳播莫大助益。而官方能夠進行大規模的譯經與刊刻事業，除了皇帝支持，還有一個必備條件就是北宋印刷術的蓬勃。現在回頭看真宗景德二年（1005）事，皇帝幸國子監閱庫書，當時的經板已從「國初不及四千」，到「今十餘萬，經、傳、正義皆具」，翰林學士邢昺（932～1010）還對真宗說：「今板本大備，士庶家皆有之，斯乃儒者逢辰之幸也。」〔註6〕又據《宋大詔令》記載，真宗在大中祥符二年（1009）因「聞別集眾弊，鏤板已多」，有違教化典訓，下令此後欲雕印文集者，以垂範後世為準則，「委本路轉運使選部內文士看詳，可者即印本以聞」。〔註7〕這條詔令一方面指出政府對文集刊印流布的控管，另一方面，也很好的顯示北宋初期鏤板雕印的普遍。

　　若論到宋代的印刷術，史提夫‧羅傑‧費雪（Steven Roger Fischer）在《閱讀的歷史》中指出，「印刷術普及中國的年代在九八○年，也就是宋朝（西元九六○～一二七九年）學術達到高峰時。」〔註8〕印刷術的普及和改

〔註3〕 書名中，「天台」之「台」與「五臺山」之「臺」，乃照本文所據版本之原書名。《參天台五臺山記》之內容包括大量文學史料、往來於朝野間的宋代文書……等等，還能一窺神宗時期王室對佛教的護持，以及中日間的佛教外交記錄。詳見〔日〕成尋著，王麗萍校點：《新校參天台五臺山記》（上海：上海古籍出版社，2009年11月）。有關成尋生平可參考〔日〕師鍊著：《元亨釋書》（東京：經濟雜誌社，1901年國史大系第十四卷），卷16，頁904～905。

〔註4〕 成尋著，王麗萍校點：《新校參天台五臺山記》，卷8，頁727。「陳詠」為明州（寧波）商人，任通事，負責翻譯，可參考王麗萍：〈《參天台五台山記》所載宋人陳咏軼事考〉，《文獻》，第3期（2005年7月），頁268～280，該文「陳咏」應作「陳詠」。

〔註5〕 〔日〕道端良秀著，徐明、何燕生譯：《日中佛教友好二千年史》（北京：商務印書館，1992年6月），頁72。

〔註6〕 脫脫：《宋史》，冊16，卷431，頁12798。

〔註7〕 不著編者：《宋大詔令集》（北京：中華書局，1962年），卷191，頁701。

〔註8〕 〔美〕史提夫‧羅傑‧費雪著，李中文譯：《閱讀的歷史》（臺北：博雅書屋，2009年7月），頁116。不過作者在該頁還指出「真正的『印刷業』要到十六

良，與北宋時期需要大量刊印書籍有關，而刊印對象除了儒典、道藏以外，
最重要的即是漢文佛經。許理和在〈唐代的佛教與教育〉中指出，印刷術
讓大量的佛教文本在民間流傳，無疑是對推廣佛教閱讀與書寫最重要的貢
獻。但他同時也根據接近 11 世紀初敦煌文獻中印刷品數量的稀少，判斷至
少在兩百五十年後，印刷術於佛教文本的製作與傳播中所扮演的角色，是
相當邊緣化的。〔註9〕如果就北宋官方與民間刊刻多部大藏經的事實來看，
印刷術在北宋對於佛教的傳播而言，其地位應該不能算是邊緣化。如上文
提到眞宗時期國子監所存經、傳、正義等儒典雕板約十餘萬片，然而一部
開寶藏就有約十三萬片的雕板。〔註 10〕日本學者井上進甚至認爲，印刷術
早在唐代就與佛教頗有牽涉，他在《書林の眺望》一書中提到，從至今發
現的唐代印刷物來看，除了若干曆書之外，幾乎全是佛典類。可想見印刷
術的登場與佛教教團密切的關係。〔註 11〕

　　據《夢溪筆談》記載：

> 板印書籍，唐人尚未盛爲之。自馮瀛王始印五經，已後典籍，皆爲
> 板本。慶曆中，有布衣畢昇又爲活板。〔註 12〕

雕板印刷在唐末尚未盛行，五代之後才開始普及，而改良過後產生的活字印
刷術傳由北宋畢昇（約 970～1051）所發明。據引文所言，這種新型印刷術到
仁宗慶曆（1041～1048）時期才出現，而第一部刻本漢文佛教大藏經開寶藏，
其雕造始於宋太祖開寶（968～976）年間，初刻大約完成於宋太宗太平興國
八年（983），可知北宋初期在活字板尚未發明前，雕板印刷的普及已對漢文

世紀才出現。」這應該是純粹從商業活動的角度來看，或許稍微失之武斷。
北宋無論在官方或民間都已有許多鏤板刊印書籍的記載，本文在第二章第一
節便曾引蘇軾〈李氏山房藏書記〉曰：「近歲市人轉相摹刻諸子百家之書，日
傳萬紙」。詳見蘇軾：《蘇軾文集》，卷 11，頁 359。可知即使不如十六世紀的
明代興盛，宋代印刷業仍是有所發展的。

〔註 9〕　Erik Zürcher, "Buddhism and education in T'ang times." in *Neo-Confucian Education: The Formative Stage*, ed. Wm. Theodore de Bary and John W. Chaffee（Berkeley: California University Press, 1989），54～55.

〔註 10〕　念常：《佛祖歷代通載》，卷 18，頁 656。

〔註 11〕　〔日〕井上進：《書林の眺望——伝統中國の書物世界》（東京：平凡社，2006年 11 月），頁 20。文中所謂「至今發現的唐代印刷物」，當爲井上進該書之出版年 2006 年以前所發現爲準。

〔註 12〕　〔宋〕沈括著，胡道靜、金良年、胡小靜譯注：《夢溪筆談全譯》（貴陽：貴州人民出版社，1998 年 12 月），卷 18，頁 576。

大藏經的刊刻有重要影響。儘管後來嶄新的活字板技術為印刷書籍帶來更多的便利，但對於開寶藏來說，其規格與形式在初刻時便已確定樣板，只要原始樣板沒有損壞，就能重覆翻印，與活字板技術的普及與否沒有必然的供需關係。此後終有宋之世，又有數部大藏經刊刻問世，〔註 13〕多由民間集資私刻所成，由是反映了民間對漢文佛典的需求，同時也印證美國學者芮沃壽（Arthur F. Wright，1913～1976）所云，印刷術的發明是與佛教關係密切的。〔註 14〕

　　印刷術對於佛教的效益，主要在於使佛教得到更好的傳播途徑。如前文提過根據井上進的研究指出，在佛學盛行的唐代，其印刷物已包含大量的佛典。然而在雕板印刷尚未普及的時代，卻出現鳩摩羅什（344～413，一說 350～409）、眞諦（499～569）、玄奘（602？～664）、義淨（635～713）、不空（705～774）等多位著名譯經家，其意義不單是佛教譯經史上重要的里程碑，略究各家生平，便知這幾位譯經家都曾見重於皇室。〔註 15〕如南周聖曆元年（698），義淨自域外攜梵本經論歸國，武后親自迎接，「詔以所奉金剛座佛眞容舍利、梵經，置佛授記寺道場，集眾翻譯。」〔註 16〕在帝王推波助瀾之下，譯業當有一定程度的發展。到了宋代，雕板印刷較前代普及，官方對於譯經更有施力之處。如太宗在太平興國七年（982）設置譯經院，〔註 17〕隔年（983）「詔改譯經院為傳法院，又置印經院」。〔註 18〕在神宗熙寧末廢止之前，〔註 19〕印經院即負責刊板摹印新譯經論。《春明退朝錄》記載：

　　太平興國中，始置譯經院於太平興國寺，延梵學僧翻譯新經。始以光祿卿湯公悅、兵部員外郎張公洎潤色之，後趙文定、楊文公、晁文莊、李尚書維，皆為譯經潤文官。〔註 20〕

〔註 13〕本文第一章第一節已揭，如《崇寧藏》、《毗盧藏》、《圓覺藏》、《資福藏》、《磧砂藏》等。

〔註 14〕芮沃壽著，常蕾譯：《中國歷史中的佛教》，頁 71。

〔註 15〕可參考佛光山宗務委員會：《佛光大辭典光碟版》（臺北縣：佛光文化事業，Version 2.0），頁 1658，「四大譯經家」條。

〔註 16〕〔宋〕志磐：《佛祖統紀》（臺北：新文豐，大正藏本，冊 49），卷 39，頁 370。

〔註 17〕《長編》，冊 1，卷 23，頁 522～523。

〔註 18〕徐松：《宋會要輯稿》，道釋二之六，頁 7891。更名傳法院之事，又見《長編》，冊 1，卷 24，頁 566。

〔註 19〕〔宋〕高承著，〔明〕李果訂：《事物紀原》（北京：中華書局，1989 年 4 月），卷 7，頁 373。

〔註 20〕宋敏求：《春明退朝錄》，卷上，頁 10。

宋初譯業蓬勃，引文中所列數人皆儒臣，而宋以前的譯場構造已不可考。但歷朝譯業中皆有負責綴文潤色的專人，如唐代玄奘譯經，便奉敕由大臣數人於「不穩處隨事潤色」。〔註21〕潤文官的職責是在梵本佛典被譯成漢文後，將之潤飾為符合漢地語言習慣的文本。不過，北宋譯經院的譯經大部分為密教典籍，〔註22〕呂澂《中國佛教源流略論》謂：

> 當北宋之初，印度密教發達正盛，有關的梵本流入中國的不會太少，但在天禧元年（公元一〇一七年），宋代統治者注意到密典中有些不純部分和佛教的傳統相違反，因而禁止了新譯《頻那夜迦經》的流行，並不許續譯此類經本，這就大大限制了其後的翻譯。〔註23〕

印度佛教在十世紀下半葉，坦多羅（Tantra）教正成氣候，而中國在北宋時期，乃是禪宗大盛，當時所譯經典不以禪宗為主，因為中國禪學自成一脈，北宋禪僧留意的主要乃是中國的唐代祖師公案語錄，而非來自域外的原生理論，所以太宗設置的譯經院對當時禪學的流行並沒有直接牽涉。不過，若就整個北宋佛教發展來看，譯經院帶來的效益則相當可觀。黃啓江先生認為，「譯經工作的進行對提高佛教地位及傳播佛教信仰，未嘗沒有直接的影響。」〔註24〕且太宗設立譯經院譯出的密教典籍，「對太宗之製造符瑞也特別有幫助。」〔註25〕換言之，域外佛典的輸入與翻譯，終究在某種程度上促進了朝廷與佛教的關係。特別是對譯經潤文官這種身分而言，最起碼官方在當時就需要有能夠熟悉佛典、或是具有一定程度佛學涵養、又同時具備文學能力的人材以堪任用。根據黃啓江先生的研究，宋代潤文官可考者約十六人，多半有翰林學士的資格，而較之太宗朝，真宗朝「通釋典的儒臣較多，潤文官亦多」。〔註26〕這裡要注意兩點，第一，真宗朝通釋典的儒臣人數增加，代表士大夫集團對佛教的認同感也在持續加強，如翰林學士曾會（生卒年不詳），《居士分燈錄》

〔註21〕　念常：《佛祖歷代通載》，卷 12，頁 577。

〔註22〕　可參考 Jan Yün-hua, "Buddhist Relations Between India and Sung China. partII," 142.

〔註23〕　呂澂：《中國佛學源流略論》（臺北縣：大千出版社，2003 年 1 月），頁 560。

〔註24〕　黃啓江：〈北宋的譯經潤文官與佛教〉，《北宋佛教史論稿》，頁 68。

〔註25〕　黃啓江：〈宋太宗與佛教〉，《北宋佛教史論稿》，頁 43。有關太宗之製造符瑞，如端拱二年（989），開寶寺寶塔建成，「有白光起小塔一角，大塔放光，洞照天地，士庶焚香獻供者盈路，內侍數十人求出家掃塔。上謂近臣曰：『我宿世曾親佛座，但未通宿命耳。』」詳見志磐：《佛祖統紀》，卷 43，頁 400。

〔註26〕　黃啓江：〈北宋的譯經潤文官與佛教〉，《北宋佛教史論稿》，頁 74、76。

記其在真宗天禧年間（1017～1021）曾以《中庸》、《大學》、參以《楞嚴經》語句質於雲門宗雪竇重顯（980～1052），後重顯以彈指回應，曾會隨即有所領悟。〔註27〕又如翰林學士朱昂（924～1007），在真宗朝任潤文官，〔註28〕《名公法喜志》記其「所得俸資，日購奇書云自樂，尤好釋氏書。」〔註29〕包括上一章提過刊修《景德傳燈錄》的楊億，更與臨濟宗僧往來頻繁，除了替善昭語錄作序，據《天聖廣燈錄》與《禪林僧寶傳》記載，其與廣慧元璉（951～1036）、鹿門惠昭（生卒年不詳）、石霜楚圓（986～1039）等禪僧皆有聯繫。〔註30〕誠如黃啓江先生所論，這些譯經潤文官「與其他好佛、信佛，甚至崇佛之儒臣對朝廷佛教政策、官場及社會上的信佛風氣必有影響」。〔註31〕像上述這樣同時具有儒臣與潤文官身分的情況，在譯經過程中拉進其與佛教的距離，於是在與僧侶的互動過程中產生儒釋調和的契機，這是可以想見的。

第二，潤文官的任務不僅僅在潤飾佛經譯文，他們本來的身分就是在官方以「重視文風」為統治方針的前提下而被指派的文學家或儒臣，除了能將譯本原來不易閱讀的部分語句修飾成較與漢語接近的形式，另一項重要任務即是萬金川先生在〈佛典漢譯流程裡「過渡性文本」的語言景觀〉中所指出的「看閱」、「監視」，一方面要檢查經文中的思想有無不利於政權，另一方面則是要避御名廟號之諱。〔註32〕大乘佛教在中國社會裡通常不具備政治實

〔註27〕〔明〕朱時恩：《居士分燈錄》（臺北：新文豐，卍續藏本，冊86），卷1，頁588。

〔註28〕志磐：《佛祖統紀》，卷44，頁402。

〔註29〕〔明〕夏樹芳：《名公法喜志》（臺北：新文豐，卍續藏本，冊88），卷3，頁340。

〔註30〕關於楊億與元璉、楚圓交往的記錄，詳見惠洪：《禪林僧寶傳》，卷16，頁46，與卷21，頁59。而與惠昭的互動，則詳見〔宋〕李遵勗：《天聖廣燈錄》（臺北：新文豐，卍續藏本，冊78），卷17，頁502。廣慧元璉、鹿門惠昭、與善昭皆為首山省念（926～993）弟子，石霜楚圓則為善昭法嗣。

〔註31〕黃啓江：〈北宋的譯經潤文官與佛教〉，《北宋佛教史論稿》，頁84。

〔註32〕萬金川：〈佛典漢譯流程裡「過渡性文本」的語言景觀〉，《正觀雜誌》，44期（2008年3月），頁124～125。其中，先生還提到福柯「話語控制」內部程序的「稀釋原則（rarefaction）」，用以解釋潤文官對梵本進行「順應漢地的閱讀文化」之加工，目的乃在防範該文本的「偶發因素與多樣性」，也就是在監看文本中不當的文字。關於潤文官與其他譯場列位，還可參考該文頁117～125。

權，如前文提過的芮沃壽（Arthur F. Wright）就認爲佛教「無法建立基督教在西方世界進入社會政治領域的教會」。〔註33〕當然這不是指所有佛經都遭到國家控制，或甚至因此面目全非，只是在官方介入的場合下，那些入藏的佛經譯本、文本在中國流通，或多或少要經過政權的認同，遑論其形式與內容也可能受到某些規範。至於私人刊刻例如某些禪師語錄者流，雖不在此列，然一旦離開了官方經藏的系統，其流通傳世的程度自然不如前者了。

在宋代，當時流傳的漢譯佛典之讀者，包括了大量文人居士與僧侶，他們必然要接受某些日趨固定的譯法，〔註34〕或是譯家之間不同的翻譯策略。〔註35〕除了佛教思想的輸入之外，在譯本的接受過程中，也很可能同時逐漸改變讀者對佛典文字的要求，這又會影響到作者的思惟考量。誠如臨濟宗的無著妙總（1095～1170）所言：「雄文可以輔宗教」，〔註36〕爲了更好的宣揚宗派教義，再加上禪僧固已習染文人雅士之風，在使用文字上逐漸向文人士大夫看齊。日後兩宋出現的各家禪詩文集，皆多天然雅句，幾無猥俗之弊，正好說明一些禪僧對於文字的運用，已與文人士大夫無異。

總的說來，在北宋譯經事業的發展下，密教經典的引進，並沒有妨礙禪思想在精英集團之間的逐漸流行，當時禪學已經普遍內化於像蘇軾、黃庭堅這樣的北宋文人居士的文化之中。而且，由於印刷術的發達，利於各種文本包括禪宗典籍的流通，催動文化水平的提高，擴大了特定讀者群的範圍。此時的佛教發展正處於如是社會背景之下，逐步興盛的禪宗也不得不受此趨勢

〔註33〕 芮沃壽著，常蕾譯：《中國歷史中的佛教》，頁 79。
〔註34〕 例如漢譯佛經中常見的「如是我聞」，就不類漢語習慣。其梵語的羅馬拼音爲「evam maya srutam」，其語序即「如是」＋「我」＋「聞」。依漢語習慣，亦見有「我聞如是」的譯法。《般若經講記》曰：「如是，指這部經。我，是結集者自稱。聞，是從佛陀親聞，或佛弟子間展轉傳聞。」詳見印順：《般若經講記》（新竹縣：正聞出版社，2003 年 4 月，新版 2 刷），頁 20。
〔註35〕 例如《般若經講記》在說明《金剛經》各譯本時就談到其中的差別：「本經，什公（鳩摩羅什）第一次譯出。……元魏菩提留支的第二譯，陳眞諦的第三譯，隋達摩笈多的第四譯，唐玄奘的第五譯，唐義淨的第六譯。……其後的五譯，實是同一法相學系的誦本：如菩提留支譯，達摩笈多譯等，都是依無著、世親的釋本而譯出。唯有什公所譯，是中觀家的誦本，所以彼此間，每有不同之處。要知道印度原本，即有多少出入：如玄奘譯本也有與無著、世親所依本不同處。」詳見印順：《般若經講記》，頁 19～20。
〔註36〕 語出妙總〈羅湖野錄跋〉，詳見〔宋〕曉瑩：《羅湖野錄》（臺北：新文豐，卍續藏本，冊 83），卷 2，頁 396。

影響，頻頻刊印各類禪籍以資論道參禪。從物質面向來看，「不立文字」與「不離文字」的日漸調和，應可從禪門燈錄、語錄、公案在宋代大行其道的勢頭得到充分說明。

第二節 禪門語錄、燈錄、和公案的結集

自臨濟宗汾陽善昭（947〜1024）作「先賢一百則」，公案頌古便是文字禪文本形式的濫觴。根據宋代禪僧語錄記載，當時上堂說法經常舉古德公案以接引後學，這在宋代是一種普遍的風氣，以至於如佛羅里達大學的 Mario Poceski 所指出的，唐代馬祖道一的語錄也是在他歿後隔了將近三個世紀才由北宋黃龍慧南（1002〜1069）結集於《四家錄》中，〔註37〕這顯示禪宗從相對而言不重視文本的唐代時期，發展到喜好、甚至是依賴文本的局面，即 Mario Poceski 所謂「發生在 10 到 11 世紀間對古典禪的想像的轉變」，〔註38〕而這個轉變的局面正是與文字禪運動在北宋的興盛一起發生的。

在文字禪文本的成立時期，公案除口頭傳播之外，最重要的莫過於藉由語錄或燈錄的記載來加以流傳，它們最初出現的原因應該著眼於教學之運用，如鄧克銘先生所指，禪師教學所引用的古德言句，即可作爲公案；〔註39〕而「禪師個人的生命歷程是一個解脫的榜樣，他留下來的語錄，則又被認爲是一個指標和紀錄。」〔註40〕這也是宋代逐漸重視文本結集與流傳的禪宗，所表現出的一個文字禪面向。〔註41〕另一方面，燈錄的製作跟公案、語錄當然也脫離不了關係，因爲燈錄的內容多由傳主的語錄、行事組成，那也算是公案的文本來源之一。據黃敬家先生的研究，燈錄以師徒間的機緣對答爲主，

〔註37〕 Mario Poceski, *"Mazu yulu* and the Creation of the Chan Records of Sayings." in *The Zen Canon*, 55. 不過在此定本出現之前，晚唐五代已開始編造馬祖語錄的部分內容，詳見賈晉華：《古典禪研究：中唐至五代禪宗發展新探》（香港：牛津大學，2010 年 10 月），頁 111〜141。

〔註38〕 Mario Poceski, *"Mazu yulu* and the Creation of the Chan Records of Sayings." in *The Zen Canon*, 71.

〔註39〕 參考鄧克銘：〈禪宗公案之經典化的解釋——以《碧嚴錄》爲中心〉，《佛學研究中心學報》，第 8 期（2003 年 7 月），頁 141。

〔註40〕 鄧克銘：《大慧宗杲之禪法》，頁 33。

〔註41〕 可參考〈禪宗的語言觀〉：「語錄、公案等，成爲禪門學授之間的寶貴資產，並隨著禪師融合各派宗風的努力，發展出對這些文字資料飽學遍參的風氣，也就是『文字禪』的流行。」詳見林朝成、郭朝順著：《佛學概論》，頁 288。

他以《景德傳燈錄》為例，將燈錄禪師傳的敘事結構分為六部分：「（一）籍貫姓氏，（二）參學尋師，（三）得法因緣，（四）傳法接機，（五）示寂前開示或傳偈，（六）封諡、壽數、僧臘等。」〔註42〕第（一）、（二）、（六）項通常在幾句記錄之間便交待完畢，燈錄的主體應在第（三）、（四）、（五）部分，換言之，就是禪師的語錄，而語錄中通常又包括了大量公案素材。為何禪宗燈錄在體製上會做這樣的選擇，其顯著的原因之一就是「希望讀者從禪師的機智對答中獲得啟悟」，而不是像《宋高僧傳》般側重於對傳主生平及事件的瞭解。〔註43〕若我們暫且擱置燈錄建構系譜正統性之用心不談，從其內容與形式來看，都可以說燈錄確實是以禪師語錄為主體的。而這類文本在北宋大量的出現，連帶的頌古、拈古……等活躍在公案語錄之間的文字也成為北宋文字禪主要的形式與內容。

　　語錄、燈錄、和公案的結集，是本節撰寫的重點。然而，北宋禪籍種類當不止這些形式，如生活在北宋中晚期的善卿（生卒年不詳），其所編宋代禪宗辭書《祖庭事苑》，以考釋禪師語錄著作詞目形音義與典故為主，〔註44〕從側面顯示了北宋社會在閱讀禪籍上的需求；宗賾（生卒年不詳）所集典制類的《禪苑清規》則詳列了禪門規儀制度，使其宗教儀式層面有其典據。又如本文引言提過宋初法眼宗僧延壽（905～976），其宗風本慣於使用文字，故留下不少著作像是《萬善同歸集》、《宗鏡錄》等，〔註45〕藉問答形式闡明教觀一如、融通禪教的主張。再如契嵩（1007～1072）的《傳法正宗記》〔註46〕詳述禪宗法脈，但主要內容架構並不涉及公案語錄。而文字禪大師惠洪（1071～1128）的《林間錄》，〔註47〕雖雜有禪師語錄記載，然全書採筆記形式，內

〔註42〕黃敬家：〈神異與睿智：《宋高僧傳》與《景德傳燈錄》禪師傳記書寫重心的差異〉，《佛教文獻與文學》（高雄縣：佛光文化，2011 年 10 月），頁 471～472。作者實分六部分，而頁 471 敘述中誤記為五部分。又，在頁 465、481，作者亦一再指出燈錄側重師徒對答、或以記言為主的特色。

〔註43〕同上註，頁 484。又，《宋高僧傳》之類的成書與體製選擇，自有其歷史背景因素，相關討論可參考龔雋先生的〈唐宋佛教史傳中的禪師想像〉，詳見氏著：《禪史鉤沉：以問題為中心的思想史論述》，頁 330～368。

〔註44〕關於《祖庭事苑》一書之研究，可參考黃繹勳：《宋代禪宗辭書《祖庭事苑》之研究》（高雄：佛光文化事業，2011 年 4 月）。

〔註45〕今有延壽著作匯編，詳見〔五代〕延壽著，劉澤亮點校整理：《永明延壽禪師全書》（北京：宗教文化出版社，2008 年 3 月），共三冊。

〔註46〕〔宋〕契嵩：《傳法正宗記》（臺北：新文豐，大正藏本，冊 51）。

〔註47〕〔宋〕惠洪：《林間錄》（臺北：新文豐，卍續藏本，冊 87）。

容多自抒其禪理心得，與語錄、公案類的禪籍應有所別。〔註48〕而《禪林僧寶傳》一類的禪宗史書，〔註49〕其紀傳體特徵較爲明顯，亦與燈錄不同。文字禪的文本既從頌古發展開來，便代表公案包括記載或運用它的語錄、燈錄等形式在文字禪範疇下屬於較爲特別的文本。它們與其它禪籍最大的不同在於，所謂的公案、語錄是一種被文字記載下來的瞬間的機鋒，雖然離開了發話當下的整體環境背景，只將當時的言語存留成文字記錄，使得原本活潑的「在場性」幾乎不見蹤影，然而儘管那種「在場性」無法被量化證明，在閱讀的過程中仍然可以發現公案、語錄這類以口語對話爲主的禪籍和其他書面體禪籍的明顯區別。以延壽《宗鏡錄》爲例，雖與大部分公案同屬問答形式，但其文字敘述與公案頗有不同。如其〈標宗章第一〉曰：

> 問：「若欲明宗，只合純提祖意，何用兼引諸佛菩薩言教以爲指南？故宗門中云：『借蝦爲眼，無自己分。』只成文字聖人，不入祖位。」
>
> 答：「從上非是一向不許看教，恐慮不詳佛語，隨文生解，失於佛意，以負初心；或若因詮得旨，不作心境對治。……今還將文字對治，示其眞實。若悟諸法本源，即不見有文字。及絲毫發現，方知一切諸法，即心自性，則境智融通，色空俱泯。當此親證圓明之際，入斯一法平等之時，又有何法是教而可離？何法是祖而可重？」〔註50〕

延壽的禪學並不以文字爲病，這是在北宋逐漸沒落的法眼宗之特色。上段引文正面回答學人對於宗門文字的質疑，實際上延壽的目的在於去執，意在破除「執著於文字不可執著」的想法，從最終「親證圓明之際」來說祖法與教法一如，故文字不廢亦可。其理路清晰，不作光怪陸離或晦澀難明的玄解，與公案問答的模式大相逕庭。下面便舉著名公案「麻三斤」爲例。

「麻三斤」起於雲門宗僧洞山守初（910～990）與僧答問，這則公案在宋代以後結集成書的語錄、燈錄、公案集裡屢見不鮮，如《景德傳燈錄》記守初同門雙泉師寬（生卒年不詳）事曰：

〔註48〕需要特別說明的是，龔雋先生在〈唐宋佛教史傳中的禪師想像〉一文中考察「僧傳」與「燈錄」的書寫策略時，爲敘述方便，將《林間錄》這類筆記雜錄體也列入「燈錄」的系統中。詳見氏著：《禪史鉤沉：以問題爲中心的思想史論述》，頁343。

〔註49〕包括〔宋〕祖琇：《僧寶正續傳》（臺北：新文豐，卍續藏本，冊79）。

〔註50〕延壽：《宗鏡錄》，卷1，頁418～419。

> 僧問洞山：「如何是佛？」洞山云：「麻三斤。」師（師寬）聞之乃
>
> 曰：「向南有竹，向北有木。」〔註51〕

日本學者入矢義高曾著專文討論「麻三斤」，在他的考察中，麻三斤應是指成品化了的麻線的重量單位，可以進一步確認爲「縫製一件麻質僧衣的材料的單位」。〔註52〕因此，入矢氏對守初在這則公案中回答「如何是佛」的理解是：

> 縫製一件袈裟的材料備齊了。這是爲佛準備的。那麼，誰能把它縫
>
> 製成袈裟，爲佛穿著於身呢？能成此事者，就是「與佛同參」。
>
> 〔註53〕

入矢氏對「麻三斤」一詞的原義考察是沒有問題的，但若放到守初這則公案裡頭理解，卻還需要相當的聯想力才能附會。如 Ding-hwa Evelyn Hsieh 所指，「倘若以概念式的、理性的分析去瞭解公案，只會導向知識性的理解而已」，那就變成了「參死句」。〔註54〕這可能是因爲學者在鑽研公案的過程中，難以避免的陷入對語詞考究的執著，而這本就與公案參禪的語境背道而馳。入矢氏此說發表後，日本學者芳澤勝弘寫了一篇〈「麻三斤」再考〉，反駁入矢氏對「麻三斤」公案的解釋，他認爲「洞山用的是『語中無語』的活句，跟那些暗喻、謎語毫無關係。」〔註55〕他所謂的「暗喻、謎語」，指的就是入矢氏將「成品化了的麻線的重量單位」理解爲「縫製一件袈裟的材料備齊了……」云云之情況。芳澤氏指出：

> 對一般的語言不究明其語義（或者甘心於無知），以「此語不應解釋」
>
> 爲理由而遮上神秘的帷幔顯然是錯的。但是不可否認，禪宗語錄中
>
> 確實有許多本來就拒絕解釋的語句。而要辨明兩者的區別又談何容
>
> 易。〔註56〕

〔註51〕 道原：《景德傳燈錄》，卷22，頁386。

〔註52〕 〔日〕入矢義高著，蔡毅、劉建譯：〈禪語散論——「乾屎橛」「麻三斤」〉，《禪籍俗語言研究》，第二期（1995年6月），頁11、13。

〔註53〕 同上註，頁13。

〔註54〕 Ding-hwa Evelyn Hsieh, "A Study of the Evolution of *K'an-hua* Ch'an in Sung China: Yüan-wu K'o-ch'in（1063～1135）and the Function of *Kung-an* in Ch'an Pedagogy and Praxis," 153.

〔註55〕 〔日〕芳澤勝弘著，殷勤譯：〈「麻三斤」再考〉，《俗語言研究》，第三期（1996年6月），頁144。

〔註56〕 同上註，頁146。

本文看法與芳澤氏同，守初所謂的「麻三斤」，當是公案中的「活句」，〔註57〕若執意認為必須於字面上方能尋求正確的解釋，那麼此則公案恐怕也不會受到後人如此重視。「麻三斤」公案所包藏的參悟之契機，應與入矢氏所謂「成品化了的麻線的重量單位」或「縫製一件袈裟的材料」無關。現在回到前引「麻三斤」公案的內文，守初以「麻三斤」回答「如何是佛」，而師寬所謂的「向南有竹，向北有木」，可視為在「麻三斤」之外另作一答語，即文字禪形式中「代別」裡的「別語」。無論是守初還是師寬的回答，從字面上看對於「如何是佛」的提問來說根本殊不可解。克勤《碧巖錄》評道：

> 人多作話會道：「洞山是時在庫下秤麻，有僧問，所以如此答。」
> 有底道：「洞山問東答西。」有底道：「爾是佛，更去問佛，所以
> 洞山遠路答之。」死漢更有一般道：「只這麻三斤便是佛。」且得
> 沒交涉。爾若恁麼去洞山句下尋討，參到彌勒佛下生也未夢見在。
> 〔註58〕

若僅僅在「麻三斤」與「向南有竹，向北有木」句下尋解，終與證成「如何是佛」互不相干。守初與師寬不著邊際的回答，正是要以語言破除對語言的執著，即便是克勤以文字說破了守初別有用意，但是他的評論也沒有正面回答「如何是佛」，大體上仍在要求對語言的去執。〔註59〕像上述《景德傳燈錄》所記師寬的語錄，顯然與前舉延壽《宗鏡錄》理路清晰的書面體問答完全不同。師寬的別語在闡釋公案中實際上體現的是對語言邏輯的超越，就連企圖解釋師寬別語的克勤也沒有背離這條禪宗語錄本色的規範。且克勤的解釋還夾帶了不少白話俗語詞彙，這種活潑的口語形式應較貼近禪師上堂說法的實況，至少從各家語錄、燈錄中的記載看來，文謅謅且依循常理常規的上堂說法是幾乎看不見的。美國學者福克（T. Griffith Foulk）在一篇探討公案文學的文章中也提到，公案是節選自禪師傳記和語錄中的那些簡要的說法、對話或是軼聞，並且展現出幾分特有的精微觀察（sort of special scrutiny）。那些精微觀察總是牽涉到詮釋和評註一段被議論著的文字，那是被假定為出自了悟的

〔註57〕關於公案「活句」的內涵，本文於第四章第一節第二部分「公案『活句』說的流變」有詳論，容待後述。
〔註58〕重顯頌古，克勤評唱：《佛果圜悟禪師碧巖錄》，卷2，頁152～153。
〔註59〕克勤續道：「言語只是載道之器，殊不知古人意，只管去句中求，有什麼巴鼻？」同上註，頁153。

禪師口中的、特別深奧的表述。〔註 60〕福克此處所謂「禪師傳記」指的就是
如《景德傳燈錄》一類的燈錄。可以說，想要以一般人理解的語言文字去確
實描述禪境，在禪學傳統中本屬不可能之事，而公案頌古、代別、評唱……
等宗門著述，正是企圖以指向超越性的文字闡釋這難以言喻之「禪」，令諸多
形式的文字禪文本由此應運而生，特別是運用公案來參禪的語錄記載、以及
包含大量公案語錄的燈錄作品，它們都在宋代陸續被製造出來。這也是公案
何以在文字禪範疇下較為特別的原因。

　　由是，本節將製表說明北宋結集的公案語錄類禪籍（包含燈錄），藉以窺
探北宋文字禪運動的文本製造情形。下頁開始共七表，北宋臨濟、雲門、曹
洞、法眼四宗各列一表；四宗之外或不詳宗派者（卒於北宋）歸於其他類，
列一表；兩宋之交或可能已入南宋者，因難以確定是否在北宋結集，為求謹
慎仍列一表（包括著者卒年已入南宋且宗派不詳者）；最後主要是佚書而無法
從書名或序文判斷其內容者，列一表以備考。須特別說明的是，據本節前面
所述，「燈錄」的主體乃是將禪師的公案、語錄（特別是後者）包含於其中，
當屬以下各表考察收錄之範圍，然以下各表所收者卻未必皆有燈錄。今為各
表名稱的一致性，除時代、宗派名稱（包括無法判斷者）冠於前而有別，其
後皆統稱作「公案語錄類禪籍」，雖未列燈錄之名，而部分表格實包含燈錄。
又，入表禪籍與著者主要參考《宋僧著述考》與石井修道〈宋代禪籍逸書序
跋考〉、〈宋代禪籍逸書序跋考二〉，〔註 61〕以及部分宋僧語錄、年譜與宋人文
集的記述。禪籍收錄處非全舉，主要列常見之藏經或《古尊宿語錄》所收者
以便查詢。表格末欄備註除列特別說明事項，為確定著者之宗派，於備註欄
表其師承，〔註 62〕世系主要依據《禪燈世譜》〔註 63〕及宋以後各種燈史、僧

〔註 60〕 T. Griffith Foulk, "The Form and function of Koan Literature: A Historical
　　　　 Overview." in *The Kōan: Texts and Contexts in Zen Buddhism*, ed. Steven Heine
　　　　 and Dale S. Wright（New York: Oxford University Press, 2000），16.

〔註 61〕 石井修道：〈宋代禪籍逸書序跋考〉，駒澤大學佛教學部論集，通號 8（1977
　　　　 年 10 月），頁 93～114。石井修道：〈宋代禪籍逸書序跋考二〉，駒澤大學佛教
　　　　 學部論集，通號 9（1978 年 11 月），頁 108～125。

〔註 62〕 同宗之各表著者大致按師承先後排序，唯表一、表六為將臨濟宗之黃龍派與
　　　　 楊岐派各自集中排序列出，以便比較兩分派之差異，故部分著者無法按照師
　　　　 承先後排序，然因各著者之師承輩分仍可見於備註欄，故無甚影響，特此說
　　　　 明。

〔註 63〕 〔清〕道忞編修，吳侗集：《禪燈世譜》（臺北：新文豐，卍續藏本，冊 86）。

傳，並參考檢索法鼓佛教學院的「人名規範資料庫」。〔註64〕表格中所引書目之出版項詳見本文主要參考書目。

表一、北宋臨濟宗公案語錄類禪籍

	書　名	著　者	收　錄	備　註
1	風穴（延沼）禪師語錄	風穴延沼（896～973）	古尊宿語錄卷七	《祖庭事苑》卷六錄有《風穴眾吼集》，柳田聖山〈禪籍解題（三）〉頁170考今本風穴語錄即出自古《風穴眾吼集》。 臨濟義玄（787～867）→興化存獎（？～924）→南院慧顒（？～952）→風穴延沼
2	汝州葉縣廣教（歸）省禪師語錄	葉縣歸省（北宋初）	古尊宿語錄卷二三	首山省念（926～993）→葉縣歸省
3	并州承天（智）嵩禪師語錄	三交智嵩（北宋初）	古尊宿語錄卷十	首山省念→三交智嵩
4	潭州神鼎山第一代（洪）諲禪師語錄	神鼎洪諲（北宋初）	古尊宿語錄卷二四	首山省念→神鼎洪諲
5	鳳巖集	谷隱蘊聰（965～1032）	古尊宿語錄卷九	《古尊宿語錄》卷九末載序：「師既露於詞鋒，禪子常親於語要。編成二卷，集號《鳳巖》。」《宋僧著述考》頁164以為亡佚。 首山省念→谷隱蘊聰
6	汾陽無德禪師語錄	汾陽善昭（947～1024）著，楚圓集	大正藏冊四七	首山省念→汾陽善昭
7	天聖廣燈錄	李遵勗（988～1038）	卍續藏冊七八	谷隱蘊聰→李遵勗

	書　名	著　者	收　錄	備　註
8	滁州瑯琊山（慧）覺和尚語錄	瑯琊慧覺（北宋中）著，元聚集	古尊宿語錄卷四六	《佛祖綱目》卷三六記其於仁宗天聖四年（1026）始住瑯琊山。 汾陽善昭（947～1024）→瑯琊慧覺
9	舒州法華山（全）舉和尚語要	法華全舉（北宋中）	古尊宿語錄卷二六	汾陽善昭→法華全舉
10	筠州大愚芝和尚語錄	大愚守芝（北宋中）	古尊宿語錄卷二五	《禪林僧寶傳》卷十六記其於仁宗嘉祐之初示寂（嘉祐元年為1056年）。 汾陽善昭→大愚守芝
11	石霜楚圓禪師語錄	石霜楚圓（986～1039）著，慧南重集	卍續藏冊六九	汾陽善昭→石霜楚圓
12	石門進禪師語錄	石門守進（北宋中）	佚	四庫本道璨（1213～1271）《柳塘外集》卷三載〈石門進禪師語錄序〉。據《宗統編年》卷十九，守進之師葉縣歸省於真宗大中祥符二年（1009）始於葉縣住持，則守進為北宋中人較為可能，然2013年所見「人名規範資料庫」卻列為南宋人，未知何據。 葉縣歸省→石門守進
13	雲峰（文）悅禪師初住翠巖語錄	雲峰文悅（997～1062）著，齊曉輯	古尊宿語錄卷四〇、四一	卷四〇包含〈次住法輪語錄〉、〈後住雲峰語錄〉，卷四一為室中舉古、偈頌。 大愚守芝→雲峰文悅
14	翠巖真禪師語錄	翠巖可真（？～1064）	佚	《嘉泰普燈錄》載黃庭堅（1045～1105）序文。 石霜楚圓→翠巖可真
15	潭州道吾（悟）真禪師語要	道吾悟真（北宋中）	古尊宿語錄卷十九	石霜楚圓→道吾悟真

	書　名	著　者	收　錄	備　註
16	吳山淨端禪師語錄	吳山淨端（1030～1103）著，師皎重編	卍續藏冊七三	前有 1209 年定隆所作序，曰：「示寂百餘年，微言奧旨，膾炙人口。法孫比丘師皎，得其平日與士大夫酬唱，并襟著述，輯一冊，開板流通。」可知淨端歿後其語錄著述雖未成定本，仍「膾炙人口」而傳抄當時，至南宋師皎「得」其文字，才輯冊刊行。 首山省念→谷隱蘊聰→龍華齊岳（生卒年不詳）→吳山淨端
17	東山長老語錄	海惠居實（北宋中）	佚	四庫本蘇頌（1020～1101）《蘇魏公文集》卷六七載〈東山長老語錄序〉，提及居實得法於瑯琊慧覺，慧覺爲善昭法嗣。 瑯琊慧覺→海惠居實
18	禪源通錄	西余拱辰（北宋中）	佚	四庫本張方平《樂全集》卷三三載 1071 年〈禪源通錄序〉曰：「近吳興有具壽僧拱辰，……閱上以來諸傳集錄，正其差訛，攬其精要，推明統本，總括橫枝，……又續法眼之後，至治平之末，達磨法嗣通十有九世，凡二十四卷，題曰《禪源通錄》。」應爲公案語錄類禪籍。 首山省念→谷隱蘊聰→達觀曇穎（989～1060）→西余拱辰
19	楊岐方會和尚語錄	楊岐方會（992～1049）著，仁勇等編	古尊宿語錄卷十九；大正藏冊四七	【楊岐派】 石霜楚圓→楊岐方會

	書　名	著　者	收　錄	備　註
20	楊岐方會禪師後錄	方會著，仁勇編	大正藏冊四七	【楊岐派】
21	白雲守端禪師廣錄	白雲守端（1025～1072）著，海譚錄，處凝等編	卍續藏冊六九	【楊岐派】楊岐方會→白雲守端
22	白雲守端禪師語錄	守端	卍續藏冊六九	【楊岐派】
23	保寧仁勇禪師語錄	保寧仁勇（北宋中）著，道勝、圓淨錄	卍續藏冊六九	【楊岐派】前有 1078 年楊傑（1023～1092）序文。楊岐方會→保寧仁勇
24	法演禪師語錄	五祖法演（約 1024～1104）著，才良等編	古尊宿語錄卷二○～二二；大正藏冊四七	【楊岐派】楊岐方會→白雲守端（1025～1072）→五祖法演
25	開福道寧禪師語錄	開福道寧（1053～1113）著，善果集	卍續藏冊六九	【楊岐派】白雲守端→五祖法演→開福道寧
26	圓悟佛果禪師語錄	圓悟克勤（1063～1135）著，紹隆等編	大正藏冊四七	【楊岐派】五祖法演→圓悟克勤
27	佛果圓悟禪師碧巖錄	重顯頌古克勤評唱	大正藏冊四八	【楊岐派】
28	佛果擊節錄	重顯拈古克勤擊節	卍續藏冊六七	【楊岐派】
29	龍門清遠禪師語錄	佛眼清遠（1067～1120）著，善悟編	古尊宿語錄卷二七～三四	【楊岐派】五祖法演→佛眼清遠
30	黃龍慧南禪師語錄	黃龍慧南（1002～1069）著，惠泉集	大正藏冊四七	【黃龍派】大正藏本未載集者為何人。卍續藏冊六九收有紹興十一年（1141）錢密（生

	書　名	著　者	收　錄	備　註
				卒年不詳）〈黃龍四家語錄序〉，序云：「粵有黃龍四世孫惠泉禪師，手錄積翠（慧南）、晦堂（祖心）、死心（悟新）、超宗（慧方）四家語錄，俾予爲序。」知爲惠泉所集；晦堂以下三家亦各收於卍續藏冊六九。 石霜楚圓→黃龍慧南
31	四家錄	慧南編	南京圖書館元刊本王藺士藏書	【黃龍派】 《善本書室藏書志》卷二二，頁 421 著錄。「四家」爲馬祖、百丈、黃檗、臨濟。
32	寶覺祖心禪師語錄	寶覺祖心（1025～1100）著，子和錄，仲介重編	卍續藏冊六九	【黃龍派】 黃龍慧南→寶覺祖心
33	寶峰雲庵眞淨禪師語錄	眞淨克文（1025～1102）著，福深錄	古尊宿語錄卷四二～四五	【黃龍派】 黃龍慧南→眞淨克文
34	（昭）慶禪師語錄	建隆昭慶（1027～1089）	佚	【黃龍派】 四庫本鄒浩（1060～1111）《道鄉集》卷二八載〈慶禪師語錄敘〉。 黃龍慧南→建隆昭慶
35	雲居祐禪師語錄	雲居元祐（1030～1095）	佚	【黃龍派】 四部叢刊本黃庭堅《豫章黃先生文集》卷十六載〈雲居祐禪師語錄序〉。 黃龍慧南→雲居元祐
36	（圓）機禪師語錄	保寧圓璣（1036～1118）	佚	【黃龍派】 四庫本鄒浩《道鄉集》卷二八載〈璣禪師語錄序〉。 黃龍慧南→保寧圓璣

	書　名	著　者	收　錄	備　註
37	宗禪師後錄	三祖法宗 （？～1117）	佚	【黃龍派】 四庫本鄒浩《道鄉集》卷二八載〈宗禪師後錄敘〉。 黃龍慧南→三祖法宗
38	東林集	東林常總 （1025～1091）	佚	【黃龍派】 四庫本黃裳（1044～1130）《演山集》卷十九載〈東林集敘〉一文，記曰：「照覺禪師……升堂演法，有臨濟慈明之遺風，門人錄其語以序屬予，予與師未及相見，得其語錄而讀之。」知為語錄。 黃龍慧南→東林常總
39	（覺秀）語錄	覺秀 （北宋中晚）	佚	【黃龍派】 著錄於《樂清縣誌》卷八頁 6 上，又記覺秀「傳黃龍心印」；《新續高僧傳四集》卷四一頁 2 下亦記覺秀「參慧公」。二書又皆記惠洪曾以詩贈之，當為北宋中晚期人物，然未見錄於歷代燈史中的臨濟宗世譜，而 2013 年所見「人名規範資料庫」將覺秀列為南宋人，未知何據。 黃龍慧南→覺秀
40	（文）準禪師語錄	泐潭文準 （1061～1115）	佚	【黃龍派】 《石門文字禪》卷二五載〈題準禪師語錄〉。 眞淨克文→泐潭文準
41	（進英禪師）語錄	報慈進英 （？～1122）	佚	【黃龍派】 著錄於《石門文字禪》卷三〇〈花藥英禪師行狀〉。 眞淨克文→報慈進英

	書　名	著　者	收　錄	備　註
42	五宗綱要旨訣	清涼惠洪 （1071～1128）	佚	【黃龍派】 著錄於《註石門文字禪》卷二三〈五宗綱要旨訣序〉，頁597～600。據文末所提，惠洪為免學者所記錯謬，「因編五宗機緣，以授學者，使傳誦焉。」知為語錄。《註石門文字禪》卷十二頁384之〈送珠上人重修五宗語要〉，以及卷二五頁651之〈題五宗錄〉所言「《五宗語要》」，應即為《五宗綱要旨訣》。 眞淨克文→清涼惠洪
43	（法雲杲和尙）語錄	法雲杲 （北宋晚）著 惠洪編	佚	【黃龍派】 《宗門武庫》載：「（法雲杲和尙）詔住法雲。開堂日，中使捧御香至，要語錄進呈。時洪覺範在會下，令侍者請來編語錄，云：『且看老和尙面。』覺範編次呈之。」周裕鍇先生《宋僧惠洪行履著述編年總案‧附錄一》頁365著錄為《惠杲禪師語錄》。《補續高僧傳》卷九載法雲杲即佛照杲，「於紹聖三年（1096）十一月二十一日悟得方寸禪，出世住歸宗。」其與惠洪為同門師兄弟。 按：《註石門文字禪》卷二十頁542〈喧寂菴銘〉中記有「佛照禪師惠泉者」，「泉」「杲」字形相近，不知佛照惠泉與佛照杲有無關聯。此外，同書又記有「杲上人」，卷十七頁480〈次韻李商老送杲上人還石門〉，卷二三頁601〈洪

	書　名	著　者	收　錄	備　註
				州大寧寬語錄序〉所言「石門宗杲上人」命工刻該語錄，卷二五頁 654〈題準禪師語錄〉所言得該錄「於杲上人處」，以及卷二七頁 686〈跋李商老詩〉所記「予至石門，杲禪出商老詩偈巨軸。」今查大慧宗杲徒弟祖詠所編《大慧普覺禪師年譜》頁 795，載政和七年（1117）大慧宗杲開雕《大寧寬和尚語錄》之事，並節錄其所求惠洪之序，序中即稱大慧宗杲為「石門宗杲上人」，可知前述《註石門文字禪》所提「杲上人」或「杲禪」，皆指大慧宗杲，與法雲杲無關。宗杲駐錫地雖不見石門，然據《嘉泰普燈錄》卷十五頁 381，宗杲曾謁泐潭文準，文準之駐錫地即石門山泐潭寺。 真淨克文→法雲杲
44	語錄偈頌	惠洪	佚	【黃龍派】 著錄於《續傳燈錄》卷二二。
45	死心悟新禪師語錄	死心悟新（1043～1114）	卍續藏冊六九	【黃龍派】 晦堂祖心→死心悟新
46	（智明）語錄	黃龍智明（北宋晚）	佚	【黃龍派】 《建中靖國續燈錄》卷二〇載「尚書豐公稷（1033～1108）為語錄序」。 晦堂祖心→黃龍智明
47	（系南）語錄	羅漢系南（1050～1094）	佚	【黃龍派】 著錄於《永樂大典方志輯佚‧臨汀志‧道釋》冊二，頁 1450。 雲居元祐→羅漢系南

	書　名	著　者	收　錄	備　註
48	佛印清禪師語錄	佛印智清（？～1110）	佚	【黃龍派】 四庫本李綱（1083～1140）《梁谿集》卷一三九載〈佛印清禪師語錄序〉。 雲居元祐→佛印智清
49	宗禪師語錄	寧國道宗（北宋晚）	佚	【黃龍派】 四部叢刊本張耒（1054～1114）《張右史文集》卷五一載〈宗禪師語錄序〉。 死心悟新→寧國道宗
50	超宗慧方禪師語錄	禾山慧方（1073～1129）	卍續藏冊六九	【黃龍派】 死心悟新→禾山慧方
51	（從密）語錄	東禪從密（北宋晚）	佚	【黃龍派】 著錄於《永樂大典方志輯佚·臨汀志·道釋》冊二，頁 1452。 東林常總→泐潭應乾→東禪從密
52	（諒元）語錄	白馬諒元（1062～1125）	佚	【黃龍派】 著錄於胡寅（1098～1156）《斐然集》下冊卷二六〈元公塔銘〉頁 568。 東林常總→萬杉紹慈（慈古鏡）→白馬諒元
53	長靈守卓禪師語錄	長靈守卓（1065～1123）著，介諶輯	卍續藏冊六九	【黃龍派】 晦堂祖心→靈源惟清→長靈守卓
54	（宗顯）語錄	信相宗顯（北宋晚）	佚	【黃龍派】 著錄於《補續高僧傳》卷八〈黃檗勝·昭覺白·信相顯三師傳〉。 黃龍慧南→黃檗惟勝（生卒年不詳）→昭覺純白（生卒年不詳）→信相宗顯

	書　名	著　者	收　錄	備　註
55	（慧昌）語錄	雲峯慧昌（北宋晚）	佚	【黃龍派】著錄於《永樂大典方志輯佚‧臨汀志‧道釋》冊二，頁 1451。羅漢系南→雲峯慧昌
56	大潙喆禪師語錄	大潙慕喆（？～1095）	佚	四部叢刊本黃庭堅《豫章黃先生文集》卷十六載〈大潙喆禪師語錄序〉。石霜楚圓→翠巖可眞→大潙慕喆
57	（智）燈禪師語錄	祖印智燈（北宋中晚）	佚	四庫本鄒浩《道鄉集》卷二八載〈燈禪師語錄序〉，其文曰：「嘗與李濤師淵論當世之名僧，師淵語余曰：『吾所見祖印者，有道者也。』……後數年，復遇師淵於都城，問其所謂祖印者而將訪焉，則曰：『寂滅久矣。』」蓋鄒浩（1060～1111）主要生活在北宋中晚期，據其序文推測智燈的主要生活時代亦當以北宋中晚期較爲可能。《五燈全書》卷二五列其爲道吾眞法嗣。石霜楚圓→道吾悟眞→祖印智燈

表二、北宋雲門宗公案語錄類禪籍

	書　名	著　者	收　錄	備　註
1	襄州洞山第二代（守）初禪師語錄	洞山守初（910～990）	古尊宿語錄卷三八	雲門文偃（864～949）→洞山守初
2	薦福承古禪師語錄	薦福承古（970～1045）著，文智編	卍續藏冊七三	該錄頁 43～44，承古自承文偃法嗣，然實則文偃卒時承古尚未出生。相關討

	書　名	著　者	收　錄	備　註
				論可參考土屋太祐《北宋禪宗思想及其淵源》頁 94～95。 雲門文偃→薦福承古
3	古塔主語錄	承古	佚	《郡齋讀書志校證》卷十六頁 789 載爲道古著；《宋僧著述考》頁 226 與頁 289 將道古與薦福承古列爲二人。
4	韶州雙峰蓮華叔姪語錄	雙峰竟欽（910～977）、蓮華峯祥（北宋初）	佚	著錄於著錄於《註石門文字禪》卷二五〈題韶州雙峰蓮華叔姪語錄〉。惠洪所題略曰:「欽、祥默識其（雲門）不傳之妙」。廓門貫徹註以「祥」爲白雲子祥。然子祥不住蓮華，又嗣法文偃，當與竟欽不爲叔姪。今查《祖庭事苑》卷二「蓮華峯」條曰:「廬山蓮華峯祥庵主，嗣奉仙道琛，即雲門之孫。」《禪燈世譜》卷七記文偃法嗣「奉先深」有弟子「廬山祥庵主」，其與竟欽在法脈上即爲叔姪，則惠洪所謂「欽、祥」之「祥」，當爲蓮華峯祥，知貫徹所註有誤。 雲門文偃→雙峰竟欽； 雲門文偃→奉先深（生卒年不詳）→蓮華峯祥
5	智門（光）祚禪師語錄	智門光祚（北宋初中）	古尊宿語錄卷三九	雲門文偃→香林澄遠（907～987）→智門光祚
6	武陵集	德山慧遠（北宋中）	佚	《鐔津文集》卷十一載〈武陵集敘〉曰:「慧遠和尚以有道稱於四方，在天禧、乾興間，其名甚振，學者無遠近歸之。……和尚出於雲門大師三世。……既

	書　名	著　者	收　錄	備　註
				沒，弟子輩緝其言，以其所居之地，名之曰《武陵集》。」知爲語錄。 雲門文偃→雙泉仁郁（生卒年不詳）→德山慧遠
7	明覺禪師語錄	雪竇重顯（980～1052）著，惟蓋竺等編	大正藏 冊四七	此書包括《祖英集》、《雪竇和尚拈古》、《明覺禪師瀑泉集》。 智門光祚→雪竇重顯
8	雪竇顯和尚明覺大師頌古集	重顯著，遠塵等編	卍續藏 冊六七	卍續藏收《瑩絕老人天奇直註雪竇顯和尚頌古》。
9	雲門錄	福昌永珣（北宋中）著，道隆編	佚	四庫本宋祁（998～1061）《景文集》載〈雲門錄序〉，記永珣之說法：「欲令昧者得入，知者徑悟，空文多言者無所旁緣。自唐以來斯道遂顯，諸老大乘更提而迭唱之，高足上首奔走譔集，蓋別行一趣，不得而闕。今道隆所錄，亦由是乎。」知爲語錄。該文記永珣爲仁宗景祐（1034～1037）時人。 雲門文偃→雙泉師寬（生卒年不詳）→福昌重善（生卒年不詳）→福昌永珣
10	原宗集	資聖盛勤（993～1060）	佚	《鐔津文集》卷十一載〈原宗集敘〉曰：「繇釋迦如來而下至于雲門摳衣弟子，凡三百三十三人，其語有六百二十則，總一萬八千餘言。」知爲語錄。 雙泉仁郁→德山慧遠→資聖盛勤
11	法昌倚遇禪師語錄	法昌倚遇（1005～1081）著，宗密錄	卍續藏 冊七三	洞山守初→福嚴良雅（生卒年不詳）→北禪智賢（生卒年不詳）→法昌倚遇

	書　名	著　者	收　錄	備　註
12	拈古頌	趙抃（1008～1084）	佚	四部叢刊本文同（1018～1079）《丹淵集》卷二五載〈拈古頌序〉。 雲居曉舜→蔣山法泉（生卒年不詳）→趙抃
13	慧林宗本禪師別錄	慧林宗本（1020～1099）著，慧辯錄	卍續藏冊七三	雪竇重顯→天衣義懷（989～1060）→慧林宗本
14	（慧林宗本）語錄	宗本	佚	著錄於《慧林宗本禪師別錄》慧辯跋語。
15	永安禪師語錄	永安崇智（北宋中）	佚	四部叢刊本沈遘（1032～1085）《沈氏三先生文集雲巢編》卷七載〈蘇州承天寺永安長老語錄序〉。 雙泉師寬→五祖師戒（生卒年不詳）→永安崇智
16	（知信禪師）語錄	福昌知信（1030～1088）	佚	著錄於《補續高僧傳》卷八〈福昌信公傳〉。 雙泉師寬→福昌重善→夾山惟俊（生卒年不詳）→夾山遵（生卒年不詳）→福昌知信
17	（慧）印禪師語錄	道場慧印（北宋晚）	佚	四庫本鄒浩《道鄉集》卷二八載〈印禪師語錄序〉。 慧林宗本→道場慧印
18	禪餘集	廣教守訥（1047～1122）	佚	《雲臥紀譚》「太平州蕪湖吉祥訥禪師」條曰：「訥有禪餘集，載名卿宿衲言論之勝，叢林秘其傳也。」知為大德語錄。 圓通法秀（1027～1090）→廣教守訥
19	建中靖國續燈錄	佛國惟白（北宋晚）	卍續藏冊七八	圓通法秀→佛國惟白

	書　名	著　者	收　錄	備　註
20	宗門統要集	慧嚴宗永（北宋晚）	永樂北藏冊一五四～一五五	今與元僧清茂所編續集合爲《宗門統要正續集》一書。 圓通法秀→慧嚴宗永
21	臨平妙湛（思）慧禪師　語錄	雪峰思慧（1071～1145）	佚	《石門文字禪》卷二三載〈臨平妙湛慧禪師語錄序〉。 慧林宗本→法雲善本（1035～1109）→雪峰思慧
22	慈受懷深禪師廣錄	慈受懷深（1077～1132）著，善清等編	卍續藏冊七三	慧林宗本→長蘆崇信（生卒年不詳）→慈受懷深
23	福州西禪暹老語錄	西禪道暹（北宋中晚	佚	四部叢刊本黃庭堅《豫章黃先生文集》卷十六載〈福州西禪暹老語錄序〉。 慧林宗本→長蘆崇信→西禪道暹
24	佛鑑大師語錄	金山惟仲（北宋晚）	佚	石井修道〈宋代禪籍逸書序跋考〉列四庫珍本初集北宋毛滂（生卒年不詳）《東堂集》卷十〈佛鑑大師語錄序〉一文以爲據，然四部叢刊本晁補之（1053～1110）《雞肋集》卷六九亦收此文，從內文判斷，當爲晁補之所作。 圓通法秀→佛國惟白→金山惟仲

表三、北宋曹洞宗公案語錄類禪籍

	書　名	著　者	收　錄	備　註
1	古錄	大陽景玄（943～1027）	佚	四庫本張守《毘陵集》卷十載〈大陽明安禪師古錄序〉曰：「大陽明安延公禪師……至其出力接引後學

書　名	著　者	收　錄	備　註
			，惟恐學人或墮邪見，防閑開豐，具佛慈悲，洞山以來，家風不墮。眞歇老人出示《古錄》，一語一句具眞實法。」知爲語錄。 梁山緣觀（生卒年不詳）→大陽景玄
2 投子青禪師頌古	投子義青（1032～1083）著，從圓輯	卍續藏冊六七	卍續藏收《林泉老人評唱投子青和尚頌古空谷集》。 臨濟宗僧浮山法遠（991～1067）受警玄臨終之託，由法遠指定義青嗣法景玄。 大陽景玄→投子義青
3 投子義青禪師語錄二卷本	義青著，自覺編	卍續藏冊七一	
4 投子義青禪師語錄一卷本	義青著，道楷編	卍續藏冊七一	
5 （報恩）語錄	大洪報恩（1058～1111）	佚	著錄於《補續高僧傳》卷九〈報恩傳〉。 投子義青→大洪報恩
6 丹霞子淳禪師語錄	丹霞子淳（1064～1117）著，慶預校勘	卍續藏冊七一	投子義青→芙蓉道楷→丹霞子淳
7 丹霞淳禪師頌古	子淳頌古，慶環輯	卍續藏冊六七	卍續藏收《林泉老人評唱丹霞淳禪師頌古虛堂集》。

表四、北宋法眼宗公案語錄類禪籍

書　名	著　者	收　錄	備　註
1 景德傳燈錄	永安道原（北宋初）	大正藏冊五一	法眼文益（885～958）→天台德韶（890～971）→永安道原

	書　名	著　者	收　錄	備　註
2	語要搜玄	雲居道齊（929～997）	佚	著錄於《景德傳燈錄》卷二六「前金陵清涼泰欽禪師法嗣」條。 法眼文益→清涼泰欽（？～974）→雲居道齊
3	拈古代別	道齊	佚	著錄於《景德傳燈錄》卷二六「前金陵清涼泰欽禪師法嗣」條。

表五、北宋其他公案語錄類禪籍

	書　名	著　者	收　錄	備　註
1	大隨開山神照禪師語錄	大隨法眞（834～919）著，元德編	古尊宿語錄卷三五	法眞雖非北宋僧，然據所附徽宗崇寧四年（1105）郭凝序文，其語錄成書當在北宋。又，《宋僧著述考》頁1記法眞生卒年爲西元878～963年，卒年跨北宋，可能因《古尊宿語錄》同卷所附郭凝〈大隨開山神照禪師行狀〉記法眞卒於乾德元年己卯七月十五日、俗壽八十六，而逆推。然北宋乾德元年干支爲癸亥，「乾德元年己卯」當指前蜀乾德元年（919）。 百丈懷海（720～814）→長慶大安（793～883）→大隨法眞
2	玄沙語錄（玄沙師備禪師廣錄）	玄沙師備（835～908）著，智嚴集	卍續藏冊七三	今卍續藏所收《玄沙師備禪師廣錄》，雖記爲唐光化三年（900）智嚴（生卒年不詳）所集，然卷首亦有孫覺（1028～1090）元豐三年（1080）序曰：「玄沙備師，名徧四海，爲禪者宗。余守此且二年，求其全編不可得。晚得五六斷缺不完之本，畀僧校之，

	書　名	著　者	收　錄	備　　註
				合爲一書。雖有未具，十已得七八矣。因命玄沙僧刻板以行于世。」知此錄應於北宋重新編校結集，故列於此。《註石門文字禪》卷二五〈題玄沙語錄〉記此事，廓門貫徹註亦以此錄爲玄沙《廣錄》。
				玄沙曾從學於芙蓉靈訓（？～851），其時同門尚有雪峰義存（822～908）；後玄沙又從學於義存。
3	語錄	怡山藏用（北宋初）	佚	著錄於《西禪長慶寺志》頁 44，該志以藏用爲南宋人，又記藏用得法於安國弘韜。查《祖堂集》卷十頁 485，弘韜曾親見雪峰義存，並爲其法嗣，則弘韜當爲晚唐五代時人，故其得法弟子藏用不可能爲南宋人，較可能生活於北宋初。
				雪峰義存（822～908）→安國弘韜（生卒年不詳）→怡山藏用
4	德瀾禪師語錄	德瀾（生卒年及宗派不詳）	佚	四庫本鄒浩《道鄉集》卷二八載〈德瀾禪師語錄序〉。鄒卒於徽宗政和元年（1111），故《德瀾禪師語錄》最遲應在北宋晚期成書。
5	方廣譽老語錄	方廣從譽（生卒年及宗派不詳）	佚	四庫本鄒浩《道鄉集》卷二八載〈方廣譽老語錄序〉；又惠洪〈甘露滅齋銘〉提及徽宗政和四年（1114）曾與從譽見面，故從譽可能生活在北宋晚期，加之上條所提鄒浩卒年，則《方廣譽老語錄》最遲應在北宋晚期成書。

	書　名	著　者	收　錄	備　註
6	尼光語錄	尼光 （生卒年及宗派不詳）	佚	四部叢刊本陸游《渭南文集》卷三一載〈跋尼光語錄〉。據石井修道〈宋代禪籍逸書序跋考二〉頁 121 考證，尼光爲北宋人的可能性較高。

表六、兩宋之交或可能已入南宋之公案語錄類禪籍

	書　名	著　者	收　錄	備　註
1	智京語錄	明覺智京 （兩宋之交）	佚	著錄於胡寅《斐然集》下冊卷十九〈智京語錄序〉頁 400，文中記其師智海道平之教「盛行乎崇、觀、政、宣間」；又道平卒於1127 年，故推測智京開堂說法乃至集成語錄應在兩宋之交或已入南宋。 臨濟──大潙慕喆→智海道平（？～1127）→明覺智京
2	虎丘紹隆禪師語錄	虎丘紹隆（1077～1136）著，嗣端等編	卍續藏冊六九	【楊岐派】 臨濟──圓悟克勤→虎丘紹隆
3	璨公語錄	淨眾了璨 （兩宋之交）	佚	【楊岐派】 了燦或作了璨。了燦之師慧懃（1059～1117）卒於北宋晚期；又四庫本鄧肅（1092～1132）《栟櫚集》載〈太平興國堂頭璨公語錄序〉，鄧於文中自稱「栟櫚居士」。查其集中如卷十八〈丹霞清泚軒〉作於徽宗宣和三年（1121），其時早以「栟櫚」自稱；卷十九〈跋朱喬年所跋王安石字〉作於南宋建炎三年（1129），亦以「栟櫚老農」

	書　名	著　者	收　錄	備　　註
				自稱。據此，《璨公語錄》可能成於兩宋之交或南宋之時。 臨濟——五祖法演→佛鑑慧懃→淨眾了燦
4	語錄偈頌	歸宗正賢 （1084～1159）	佚	【楊岐派】 《僧寶正續傳》卷五記「雲居眞牧」即正賢，記曰：「紹興初，妙喜以所居雲門庵委師，繼踵雲門。迴絕人境之外，衲子裹糧從之。師每說法之暇，躬自荷鋤播殖，清規凜然。」可知其開堂說法始於南宋紹興年間，其語錄偈頌亦應在南宋成書。 臨濟——五祖法演→佛眼清遠→歸宗正賢
5	行持語錄	雪竇持 （兩宋之交）	佚	【黃龍派】 《釋氏疑年錄》載其師梵卿卒於 1116 年，則雪竇持爲兩宋之交人物較爲可能。又據四部叢刊本陸游《渭南文集》卷十四〈持老語錄序〉，該語錄由雪竇持弟子在其歿後刻印，應成於南宋淳熙年間（1174～1189）。 臨濟——東林常總→象田梵卿→雪竇持 按：《禪燈世譜》卷四誤植爲「靈寶持」。
6	（文悟）語錄	吉水文悟 （？～1134）	佚	【黃龍派】 著錄於萬曆《吉安府志》卷三一，頁 423；頁 422 記其師爲「青原信」。查《禪宗正脈》卷九，「青原信」即「青原惟信」，爲臨濟宗

	書　名	著　者	收　錄	備　註
				晦堂祖心（1025～1100）法嗣。祖心卒時已爲北宋晚期，則其法孫文悟的生活時代應以兩宋之交或已入南宋較爲可能。（《宋僧著述考》頁214「文悟」條下誤植爲「文悅」。） 臨濟——青原惟信（生卒年不詳）→吉水文悟
7	（居）慧和尚四會語錄	道場居慧（1077～1151）著，道樞編	佚	【黃龍派】 四庫本劉一止（1078～1160）《苕溪集》卷二四載〈慧和尚四會語錄序〉。 臨濟——晦堂祖心→靈源惟清→長靈守卓→道場居慧
8	雪峰慧照禪師語錄	大洪慶預（1078～1140）	佚	「慧照」爲南宋高宗賜號，又四庫本張守《毘陵集》卷十載〈雪峰慧照禪師語錄序〉謂其坐山開法乃是南宋建炎以後之事。 曹洞——丹霞子淳→大洪慶預
9	禪惠語錄	禪惠（生卒年及宗派不詳）	佚	著錄於王象之（1163～1230）《輿地紀勝》卷一四七，頁736。《大明高僧傳》卷八載其曾生活於哲宗元符（1098～1100）年間，而《新續高僧傳四集》卷十五將其列爲南宋時人。
10	寧國長老語錄	寧國長老（生卒年及宗派不詳）	佚	四庫本宗澤（1060～1128）《宗忠簡集》卷六載〈寧國長老語錄序〉，宗澤卒於南宋初，故寧國長老著書至遲應在兩宋之交或南宋初年。

表七、無法判斷之公案語錄類禪籍

	書　名	著　者	收　錄	備　　註
1	大智廣錄	百丈懷海（720～814）著，百丈常編	佚	著錄於《註石門文字禪》卷二五〈題百丈常禪師所編大智廣錄〉，惠洪記其偶見法眼宗僧「常禪師（？～991）居百丈日重編」之唐代《大智廣錄》。未知常禪師居百丈之時是否為宋初？若是，則當視為北宋重新編校之語錄；若為晚唐五代，則不應列於本節表格，然終無法確定。又，惠洪記其所識老僧知瓊（生卒年不詳）嘗手校《大智廣錄》，謂門弟子曰：「佛語心宗、法門旨趣，至江西為大備。大智精妙穎悟之力，能到其所安，此中雖無地可以棲語言，然要不可以終去語言也。」故知「大智」即唐代大智禪師百丈懷海。 按：《五燈會元》卷十一「襄州谷隱山蘊聰慈照禪師」條下記有「百丈恒」禪師；《天聖廣燈錄》卷十七「襄州谷隱山蘊聰慈照禪師」條下則記為「百丈常」禪師，然兩書所記事同，知為同人。又，《禪燈世譜》卷八記為「百丈道恒」。《釋氏疑年錄》卷六記為「洪州百丈山大智院道常」。 法眼──法眼文益→百丈常（？～991）
2	西峰豁禪師雜錄	西峰雲豁（北宋初）	佚	著錄於四庫本周必大（1126～1204）《文忠集》卷八〇〈題西峰豁禪師雜錄〉。該書名為「雜錄」，

	書　名	著　者	收　錄	備　註
				因已亡佚，無法確定是否以公案語錄類為主。 按：《嘉泰普燈錄》卷一「吉州西峰祥符圓淨雲豁禪師」條記大中祥符二年（1009）真宗已聞其名。 雲門──雲門文偃→清涼智明→西峰雲豁
3	集軸禪錄	圓通智珂 （北宋中）	佚	著錄於四庫本余靖（1000～1064）《武溪集》卷八〈江州廬山重脩崇勝禪院記〉。無從判斷是否為公案語錄集。該文記智珂為仁宗景祐（1034～1038）時人。 臨濟──瑯琊慧覺→圓通智珂
4	香山齃 禪師語	香山齃 （北宋中晚） 著，文謙集	佚	【黃龍派】 著錄於《註石門文字禪》卷二五〈題香山齃禪師語〉。諸傳燈史查無此人，唯惠洪題曰：「禪師父事雲庵，於予為法兄。」惠洪於《石門文字禪》所題禪師語錄者，末皆以「語錄」稱之，唯此筆以「語」稱之，未知其體例是否同於本節表格所列之語錄類禪籍。 真淨克文→香山齃
5	明心錄	智通惟久 （？～1124）	佚	【黃龍派】 著錄於《嘉泰普燈錄》卷十「空室道人智通者」條。無從判斷是否為公案語錄集。 臨濟──死心悟新→智通惟久

	書　名	著　者	收　錄	備　註
6	補僧史八書	歸宗正賢 （1084～1159）	佚	【楊岐派】 著錄於《僧寶正續傳》卷五「雲居眞牧禪師」條。臨濟僧正賢所著《語錄偈頌》連同年代略考已列於本節表六「兩宋之交或可能已入南宋之公案語錄類禪籍」第四項。正賢在南宋紹興始開堂說法，未知《補僧史八書》作於北宋或南宋，亦未知該書體例是否兼載禪僧公案語錄行事。 臨濟——五祖法演→佛眼清遠→歸宗正賢
7	北宋僧史	華嚴祖覺 （1087～1150）	佚	【楊岐派】 著錄於《大明高僧傳》卷一〈眉州中巖寺沙門釋祖覺傳二〉。從書名觀之，若「北宋」二字非後人所加，則其時已有北宋南宋之分，而祖覺著書之時應在南宋。然未知該書體例是否兼載禪僧公案語錄行事。 臨濟——圓悟克勤→華嚴祖覺
8	法寶傳	啓霞德宏 （兩宋之交）	佚	著錄於《羅湖野錄》卷下，載烏巨行（1089～1151）爲《法寶傳》作序。無從判斷其體例是否兼載禪僧公案語錄行事。德宏之師泐潭景祥（1062～1132）由北宋入南宋，卒於紹興二年。又《羅湖野錄》卷下載烏巨行爲《法寶傳》作序。《嘉泰普燈錄》卷十六載烏巨行於南宋高宗建炎二年（1128）始「開法

書　名	著　者	收　錄	備　　註
			於壽寧，次遷法海、天寧、烏巨，大播玄風。」其作序之事當在開法之後較爲合理。綜上所述，《法寶傳》很可能成於南宋。
			臨濟──石霜楚圓→翠巖可眞→大潙慕喆→智海道平（？～1127）→渤潭景祥→啓霞德宏
			按：《嘉泰普燈錄》卷二與《五燈全書》卷四將道平與景祥同列爲慕喆法嗣。

　　以上表格，大致展現了北宋公案語錄類禪籍的成立概況，然而禪門典籍浩繁，佚失者又散見著錄在各種僧史、方志、序文、題記……等史料中，要全數一絲不苟的完整記錄考察，恐怕不免有遺珠之憾。現今有關宋代禪籍最全面的著錄考證，當屬李國玲女士的《宋僧著述考》，而即便是該書亦有未見著錄者，如臨濟宗的《（法雲杲和尚）語錄》、《宗禪師後錄》、《東林集》，或是雲門宗的《福州西禪逞老語錄》、《佛鑑大師語錄》……等等。不過本節製作表格的目的，重點並不在說明北宋公案語錄類禪籍之總數實在爲何，而是希望藉此建立如下所述的一種概觀。

　　從本節這些表格的內容來看，首先會注意到語錄生成的時間與其宗派在北宋的起落是若合符節的。法眼宗入宋以後，除了留下諸多佛理禪論的永明延壽、與編纂《景德傳燈錄》的道原之外，僅雲居道齊（929～997）有《語要搜玄》、《拈古代別》見於著錄，法眼宗到了上述三位禪僧之後，基本上就逐漸式微，慢慢銷聲匿跡於北宋禪宗史裡頭。而曹洞宗到了北宋初中期的大陽警玄（948～1027），「年八十，嘆無可以繼者，遂作偈，并皮履布直裰，寄浮山遠，使代爲求法器。」〔註65〕受託付的臨濟僧浮山法遠（991～1067），將警玄的皮履布直裰傳給投子義青（1032～1083），以續洞上之風。〔註66〕義青又傳芙蓉道楷（1043～1118），道楷再傳丹霞子淳（1064～1117），曹洞宗風由是得以延續，義青與子淳皆有語錄傳世。然終北宋之世，曹洞一派的影響

〔註65〕　〔清〕超永：《五燈全書》（臺北：新文豐，卍續藏本，冊81），卷29，頁673。
〔註66〕　惠洪：《禪林僧寶傳》，卷17，頁49。

力在禪宗史上並不及臨濟、雲門兩宗，直到子淳傳法弟子正覺（1091～1157）在南宋初倡導「默照禪」，〔註67〕曹洞宗才得到進一步發展。

同樣的，臨濟宗在北宋初中晚期皆有公案語錄結集成書，而且現今有著錄之數目亦以臨濟宗為首，就算扣除佚失者，以及表六兩宋之交與可能已入南宋的部分，臨濟宗所製造的公案語錄仍在北宋各期最為普遍，居次的雲門宗與之還有一段不小的差距。當然，若以整體來看，雲門與臨濟較之其他宗派，仍同屬北宋叢林的主流宗派。

再者，前文提過，公案語錄是與文字禪關係密切的重要文本來源，也可以說文字禪運動的推進，與這些普行於世的公案語錄相輔相成。從臨濟宗在北宋各期皆有禪僧大德留下公案語錄類禪籍的這一事實來看，文字禪運動的起步和發展是與在北宋大行其道的臨濟宗一起進行的，特別是當中還有文字禪大師如善昭、惠洪、克勤等人致力於斯。雖然我們並不否認其他派別如雲門宗重顯等人在文字禪運動裡所起的效應，但總的說來，若謂臨濟宗處於北宋文字禪運動的核心位置，應是沒有太大疑問的。

本節所整理的北宋公案語錄類禪籍，除了配合參考石井修道兩篇相關研究，雖主要依據了《宋僧著述考》，但該書對於部分生卒年不詳的禪僧未作進一步考察，加上禪僧法號經常有多種稱呼或寫法，同一禪僧隨駐錫地的變遷又可能冠上不同的名號，每一種燈錄、僧史採用的法名也不盡相同，是以在考其師承派別時便難上加難。如表一第 52 項白馬諒元禪師，此法名在現存燈錄僧史中是找不到的，《宋僧著述考》亦僅列其師為「玉溪慈，叢林號曰慈古鏡者」。〔註68〕若以 CBATA 檢索「慈古鏡」，可在《續傳燈錄》、《五燈會元》……等燈錄中找到，並知慈古鏡為東林常總法嗣，然而《續傳燈錄》所記的別號為「玉溪慈」，〔註69〕《五燈會元》所記則為「玉谿慈」。〔註70〕若要據此再查找佐證以確立白馬諒元為臨濟宗東林常總法孫，必須在明代的《禪燈世譜》中一一檢視東林常總名下徒弟，方得見「萬杉紹慈」與「白馬元」師徒之名。再經多方比較後，確認「慈古鏡」、「玉溪慈」、或「玉谿慈」皆為「萬杉紹慈」，而「白馬元」即駐錫白馬寺的「白馬諒元」。以這樣的方式，可以很明確的歸

〔註67〕〔日〕石井修道：《宋代禪宗史の研究》（京都：大東出版社，1987 年 10 月），頁 333。

〔註68〕李國玲：《宋僧著述考》，頁 353。

〔註69〕〔明〕居頂：《續傳燈錄》（臺北：新文豐，大正藏本，冊 51），卷 26，頁 644。

〔註70〕〔宋〕普濟：《五燈會元》（臺北：新文豐，卍續藏本，冊 80），卷 18，頁 379。

納禪僧的師承宗派，若遇生卒年不詳者，再據該禪籍與序文內容、著者與作序者的生平事蹟，或所屬師門中有記錄生卒年者來推論該名禪僧主要生活時期，如此兩相參照，便能補充校正《宋僧著述考》部分不足之處。

　　總的看來，「達磨不立文字，禪師乃存是錄，得無相矛盾耶？」公案語錄類禪籍的盛行，一直是禪宗不得不面對的矛盾，明僧至仁（1309～1382）嘗對此疑議應之曰：

　　達磨不立者，所以祛文字之蔽；禪師存是者，所以明別傳之旨。苟
　　祛其蔽，而得其旨，不亦善乎！《淨名》曰：「依於義不依語。」又
　　曰：「言說文字皆解脫相。」有味哉！有味哉！〔註71〕

既要祛文字之蔽，又要從中明別傳之旨，這種企圖不只見於明代禪僧，自北宋以來，各種禪籍語錄大行於世，禪僧們早已喋喋不休地在這些文本中顯露至仁所說的這種理想。

第三節　北宋士大夫爲禪籍作序之效應

　　在上一節有關北宋公案語錄類禪籍的七種表格中，除了注意到語錄製作與其宗派勢力流行與否的相互關係之外，還能夠發現一項事實——即文人士子爲禪籍作序的情況相當普遍。這種現象在上節表格中已佚失的禪籍身上更顯其文化意義。也就是說，即使因爲年代久遠，斷簡殘編乃至失傳於世，只要曾有過著名或具有一定文化、政治地位的士大夫作過序文，該筆書目題名就更容易流傳著錄下來。如四部叢刊本黃庭堅《豫章黃先生文集》卷十六，共收有五篇禪僧語錄序文，對照上節表格，分別是表一臨濟宗第 13 項《雲峰（文）悅禪師初住翠巖語錄》、〔註72〕第 14 項《翠巖眞禪師語錄》、第 35 項《雲居祐禪師語錄》、第 56 項《大潙喆禪師語錄》，與表二雲門宗第 23 項《福州西禪暹老語錄》。除了《雲峰（文）悅禪師初住翠巖語錄》尚存於《古尊宿語錄》之外，其餘四筆皆亡佚，今得見其書目端賴北宋著名文士黃庭堅留下的序文所致。

〔註71〕連同上文之提問詳見〔元〕文才、子昶等編：《平石如砥禪師語錄》（臺北：新文豐，卍續藏本，冊 70），卷 1，頁 535～536。
〔註72〕詳見〔宋〕黃庭堅著，〔明〕毛晉訂：《豫章黃先生文集》，卷 16，四部叢刊初編，1922 年上海商務印書館再版景印本。《豫章黃先生文集》所收黃庭堅序文爲〈翠巖悅禪師語錄後序〉。《古尊宿語錄》所收爲〈題雲峰悅禪師語錄〉，詳見〔宋〕賾藏主編集，蕭萐父、呂有祥、蔡兆華點校：《古尊宿語錄》（北京：中華書局，2011 年 7 月，4 刷），冊下，卷 41，頁 781～782。

北宋天台宗憲章仲閔（生卒年不詳）有《憲章集》，其自序曰：

> 釋氏子有所述，必求公卿，爲之序其首、跋其尾，駕其說俾行於世。
>
> 且衣冠之士豈知吾之是？識吾之非？儻是而無序，天能喪乎哉？或
>
> 非而有序，人能駕乎哉？〔註73〕

儘管仲閔對僧徒（不專指禪僧）央請公卿士大夫作序感到不滿，或認爲無必要性，但從其自序語氣可知，這在當時應並不罕見，而禪僧委囑士大夫爲其語錄作序亦只是這種現象的一部分罷了。可以想見，藉由名人文士推薦的序文，正如現今的商品有了廣告代言人一般，不但令該著述更利於流傳，也提升了該著者的知名度。

關於北宋佛教與上層社會的關係，已在本文第二章作過討論，禪僧與官僚體系的相互往來，在當時已經普遍構成士大夫及僧侶共營的文化場域。宗派玄旨奧義承續的外在手段，不單純是唐代禪門口耳相傳的形式，北宋禪僧意識到文本傳播此一形式更便於其道之傳布與流行，除了讀者的增加以外，關要處就在於讀者群中有公卿士大夫的名號出現，是以禪僧與官員結交是極爲普遍之事。

北宋臨濟僧吳山淨端（1030～1103）在〈豐年詞〉裡提到：

> 莫怪野老閒言，禪宗近日有多端，第一須會五家宗派，然後熟念傳燈祖源。更談諸家語錄，鈔寫、印版、雕鐫，連曉至夜看讀，也與闍黎一般。更須廣走天下，贏得兩腿疼酸。入到知識門下，先看古老因緣。長廊下胡喝亂喝，僧堂內聚話諠諠。料想曹谿路上，應無如許多般。更學文章四六，廣覽莊老詩篇。自視風流雅措，且要攀接官員出入，纔登寶座。拈起拄杖，敷宣道我即心即佛。舉著絕妙絕玄，那個得悟至理，到底肚裡顢頇。且是撥無因果，懵懂必落魔邊。終日業識擾擾，有甚出頭之年？〔註74〕（後略）

〔註73〕《憲章集》已佚，其自序今見於志磐：《佛祖統紀》，卷14，頁224；詳見〔宋〕宗鑑：《釋門正統》（臺北：新文豐，卍續藏本，冊75），卷6，頁337。

〔註74〕〔宋〕淨端：《吳山淨端禪師語錄》（臺北：新文豐，卍續藏本，冊73），卷上，頁73。引文中「贏得兩腿疼酸」之「贏」，當爲「贏」之誤。關於這本語錄有一個問題需要在此略作說明，語錄頁73「謝章庭臣同李八入山」一條，記歲時爲「紹興四年閏四月」。按淨端及文中所舉呂大資（即資政殿大學士呂惠卿，1032～1111）皆爲北宋人，紹興爲南宋高宗年號，可能爲哲宗「紹聖」年號傳抄之誤。且紹興四年（1134）並無閏四月，又哲宗紹聖四年（1097）爲閏二月，紹聖元年（1094）才是閏四月。文中章庭臣可能是指與淨端交好的章

淨端概略指出北宋禪僧幾個特徵，首先是博學各宗、行腳參學，熟悉各家語錄，汾陽善昭集頌古百則即爲一例。善昭〈行腳歌〉云：「入叢林，行大道，不著世間虛浩浩，堅求至理不辭勞，剪去繁華休作造。」〔註75〕蔣義斌先生在〈宋代禪宗僧人的行腳及其困境〉一文中已對善昭的雲水巡方作過討論，他認爲行腳參學的善昭倡導公案頌古的目的之一，「即爲解決師資缺乏的困境」。〔註76〕淨端也提到當時禪僧「更談諸家語錄，鈔寫、印版、雕鑴，連曉至夜看讀」。由是可知，公案語錄的傳抄刊刻，對宗門具體的用途就在於以文字記錄典範，並使之成爲教學或自學的工具。

　　再看淨端所批評的「長廊下胡喝亂喝，僧堂內聚話諠諠」，當指唐代以後，部分宋僧以玄相高，徒事模仿前代機鋒然實未契禪悟的亂象。至於「更學文章四六，廣覽莊老詩篇」，除了描述北宋禪僧具有一定程度的文學能力（儘管這種能力可能是淨端認爲不必要的），也反映禪僧爲與士大夫交流而作出改變，這一點可說是北宋禪僧脫離了農禪語境、有意識尋求來自於外典的文學美感之表現。又，淨端所不滿的「自視風流雅措，且要攀接官員出入，纔登寶座」的禪僧，或許可在活躍於同時期的雲門宗慧林宗本（1020～1099）與圓通法秀（1027～1090）身上找到一點端倪，蘇軾《東坡志林》曰：「今吾聞本、秀二僧，皆以口耳區區奔走王公。」〔註77〕宗本與法秀爲雪竇重顯門下天衣義懷（989～1060）的法嗣，在當時與皇帝及權貴顯要關係良好。據《五燈會元》記載，轉運使李復圭（生卒年不詳）命宗本開法瑞光，法席日盛；杭州知州陳襄又以承天、興教二剎命宗本擇居。元豐五年（1082），神宗下詔闢相國寺六十四院爲八禪二律，召宗本爲慧林第一祖。後神宗登遐，命入福寧殿說法，既而以老乞歸。出都城，王公貴人送者車騎相屬。〔註78〕可見宗

悇，紹聖元年三月章呂等人因御史所奏，「以備進用」（《長編拾補》，冊1，頁392），四月時章惇便被提舉爲正議大夫，守尚書右僕射（同上，頁404）；閏月又提舉修神宗國史（同上，頁403）。而呂惠卿則於閏月提舉知蘇州（同上，頁413）。時間及事件與「謝章庭臣同李八入山」一條中所謂「聖人急召樞密首廳，呂大資相將朝帝闕」較爲符合。故「紹興四年閏四月」很有可能爲「紹聖元年閏四月」之誤。

〔註75〕楚圓：《汾陽無德禪師語錄》，卷下，頁619。
〔註76〕蔣義斌：〈宋代禪宗僧人的行腳及其困境〉，《宋學研究集刊》第 2 輯（2010年 7 月），頁319。
〔註77〕蘇軾：《東坡志林》，卷2，頁39。
〔註78〕普濟：《五燈會元》，卷16，頁334。

本當日在京師聲望頗高。哲宗爲宗本加號「圓照禪師」時，「皇叔荊王親齎敕授之」，〔註79〕今可在《慧林宗本禪師別錄》中找到許多宗本寫給官員的偈頌，其中有一頌便謝「荊國大王親持圓照禪師號至」。〔註80〕

至於法秀，「初住龍舒四面，後詔居長蘆法雲爲鼻祖」。〔註81〕法雲寺爲冀國大長公主造，《禪林僧寶傳》記曰：

> 開堂之日，神宗皇帝遣中使，降香并磨衲，仍傳聖語，表朕親至之禮，皇弟荊王致敬座下。雲門宗風自是興於西北，士大夫日夕問道。〔註82〕

神宗上仙時，法秀與宗本一同應詔進宮說法，法秀受賜號圓通。〔註83〕因爲他們兩人與皇室公卿互有往來，政教關係良好，連帶使「雲門宗風自是興於西北」，這是北宋禪門尋求發展的有效手段之一。必須說明的是，除了法秀弟子惟白所集《建中靖國續燈錄》中錄有法秀與義懷的問答，以及十數則法秀語錄之外，〔註84〕目前並無發現法秀有語錄集傳世。而在上節表二雲門宗第13、14項著錄的兩本慧林宗本語錄，於今尚得見之《慧林宗本禪師別錄》中並無公卿士大夫所作序文。以宗本、法秀的例子來說，正如慧辯所言：「師（宗本）之道德，聖主賢臣推重隆厚，恩寵異常。」〔註85〕或許他們與朝廷明朗而友善的關係不再需要額外的代言人。但是禪門語錄若有名臣文士的加持，當然能夠更利於流行，從上述仲閱、淨端所言看來，這也是彌漫在北宋叢林的時代風氣。要知道唐宋禪師語錄結集的情況是有所區別的，馬祖門下東寺如會（744～823）曾謂：「自大寂禪師去世，常病好事者錄其語本，不能遺筌領意，認即心即佛，外無別說。」〔註86〕而雲門文偃「說法如雲雨，絕不喜人記錄其語。見必罵逐曰：『汝口不用，反記吾語，異時裨販我去。』」〔註87〕就唐代禪師而言，留下語錄文字反而侷限了契悟的可能，甚至蒙蔽了禪師授

〔註79〕 惠洪：《禪林僧寶傳》，卷14，頁43。
〔註80〕 宗本寫給荊王和其他官員的偈頌，詳見〔宋〕慧辯錄：《慧林宗本禪師別錄》（臺北：新文豐，卍續藏本，冊73），頁87～89。
〔註81〕 普濟：《五燈會元》，卷16，頁335。
〔註82〕 惠洪：《禪林僧寶傳》，卷26，頁72。
〔註83〕 普濟：《五燈會元》，卷16，頁335。
〔註84〕 惟白：《建中靖國續燈錄》，卷10，頁699～701。
〔註85〕 慧辯：《慧林宗本禪師別錄》，頁90。
〔註86〕 靜、筠二禪師編撰，孫昌武等人點校：《祖堂集》，冊下，頁679。
〔註87〕 惠洪：《禪林僧寶傳》，卷29，頁81～82。

徒所欲指引的禪機。而上節曾提過，馬祖語錄的定本是到了北宋黃龍慧南才結集於《四家錄》中。相對來說，宋代禪師的語錄很多雖是由其弟子編集，但亦不違其自主意願，這點可以從士大夫的序文中發現。如善昭請楊億為自己的語錄作序，楊億在序中記善昭事曰：「遐遣清侶，躬裁尺訊，謂《廣內集錄》載師（善昭）之辭句，既參於刊綴。……願永南宗之旨，屬圖鏤版，邀求冠篇。」〔註88〕又如徽宗時蜀州教授馮檝〔註89〕為佛眼清遠（1067～1120）語錄所作之序：「如是神通，《錄》中具載，言言皆正令，句句盡圓宗。雖然鏤板示人，切忌喚作言句。」〔註90〕再如晁補之（1053～1110）為金山惟仲（約北宋晚期）語錄所作之序：「會補之至金山，師傾蓋欣然，……因出門人所集語錄，求為序引。」〔註91〕這些禪師既然有意留下語錄文字、鏤板刊行，自然企望能流傳於世，以明宗風。可以說，這種自覺留下文字記錄的用心，就是大部分宋代禪師與前代古德之間較為鮮明的區別所在。

　　若謂禪僧央請士大夫寫序的動機是為了達到某種廣告效果，那麼可以繼續追問，士大夫為禪僧寫序的理由又是為何？這應可從以下幾點來推敲。首先，為禪籍作序的士大夫，他們未必與著者熟識，或聞其名，或與其門派中人有所聯繫，並不如想像中的必然有師友之誼。但是無論如何，作序者當有一定程度的禪學素養或佛教興趣，或有此因緣而樂於受託為禪籍作序亦不無可能。試看黃庭堅〈福州西禪暹老語錄序〉：

　　佛以無文之印，密付摩訶迦葉，二十八傳，而至中夏。初無文字言說可傳可說，真佛子者，即付即受，必有符證，印空同文，於其契會。雖達磨面壁九年，實為二祖鑄印。若其根器不爾，雖親見德山，棒如雨點；付與臨濟，天下雷行，此印陸沈終不傳也。今其徒所傳文字典要號為一四天下品，盡世間竹帛不能載也。蓋亦如蟲蝕木，賓主相當，偶成文爾。若以為不然者，今有具世間智、得文字通者，自可閉戶無師，讀書十年，刻菩提印而自佩之矣。故曰：「神而明之，

〔註88〕楚圓：《汾陽無德禪師語錄》，卷上，頁595，楊億所作序。
〔註89〕馮檝生卒年不詳，《宋名臣奏議》收其〈上徽宗論沿邊納土三害〉，詳見〔宋〕趙汝愚：《宋名臣奏議》（臺北：臺灣商務，1984年景印文淵閣四庫全書本，冊432），卷143，頁19上～20下。
〔註90〕賾藏主編集，蕭萐父、呂有祥、蔡兆華點校：《古尊宿語錄》，冊下，卷34，頁650。
〔註91〕〔宋〕晁補之：《雞肋集》，卷69，《四部叢刊》初編，1922年上海商務印書館再版景印本。

存乎其人。」「苟非其人，道不虛行。」怡山暹老，初寄瓶鉢於古田，時人不識也。曾福州子固拔於稠人之中，授以西禪，而道俗皆與之。蒲團曲几，於今十二年矣。暹之徒淨圓，以其言句求予為序引。予問淨照禪師，以為其人有道心，知子莫若父也。聞予此言，必不驚也。至於錄開堂升座之語，以續祖燈，則其門人之志也。〔註92〕

此序文中的「淨照禪師」即雲門宗慧林宗本（1021～1100）門下的長蘆崇信（生卒年不詳）。黃庭堅應與西禪道暹（約北宋中晚期）無甚交遊，然在序文中可知黃庭堅與道暹之師崇信有交往，且黃庭堅與宗本同門師兄弟法秀亦有往來，〔註93〕這是黃庭堅與西禪道暹之間輾轉的關係。黃庭堅喜禪，乃是眾所皆知的事，他為禪籍語錄所作的序文中，除了引薦該禪籍與著者，亦藉機抒發一己之禪悅或心得。以此篇序文來看，篇首先謂佛祖以無文之印代代相傳至中國，「初無文字言說可傳可說」；中段又謂「今有具世間智、得文字通者，自可閉戶無師，讀書十年，刻菩提印而自佩之矣。」道不即文字，亦不離文字，黃庭堅此言除了申明「以文字為禪」的可行性，也點出語錄文字在參禪過程裡並非毫無作用，這就從側面認同了道暹語錄的禪學價值。

再看黃庭堅〈雲居祐禪師語錄序〉曰：

> 若有人問：「言句內識此老子？言句外識此老子？」不可道。不即言句，不離言句，對諸方說如來禪也。

「此老子」即雲居元祐（1030～1095）。此段話的意思是，若要在言句之中或言句之外尋求元祐的禪理，這就在根本處預設了「言句」的認知在禪悟中的限制，然而道不限於言句內外，不即言句、不離言句，故黃庭堅才謂「不可道」。該篇序文末段又謂元祐「是無為無事人，何須鄙夫百千偈贊」，並舉一公案話頭作結：「巨鰲莫戴三山去，吾欲蓬萊頂上行。」〔註94〕這裡用了《列

〔註92〕黃庭堅：《豫章黃先生文集》，卷16。
〔註93〕詳見惠洪：《禪林僧寶傳》，卷26，頁73。
〔註94〕上引〈雲居祐禪師語錄序〉詳見黃庭堅：《豫章黃先生文集》，卷16。關於這個話頭，《碧巖錄》載唐代尚書陳操見溈仰宗僧資福如寶，如寶畫一圓相接之，操云：「弟子恁麼來，早是不著便，何況更畫一圓相。」如寶便掩卻方丈門。雪竇重顯評曰：「陳操只具一隻眼」，又曰：「天下衲僧跳不出」。克勤舉風穴延沼語「巨鰲莫戴三山去，吾欲蓬萊頂上行」。並對此公案作總結：「若是巨鰲，終不作衲僧見解；若是衲僧，終不作巨鰲見解。」這是該話頭目前所見最早的源於唐代的典故。詳見重顯頌古，克勤評唱：《佛果圜悟禪師碧巖錄》，卷4，頁172。

子》的典故，〈湯問〉載渤海之東有大壑名歸墟，歸墟有五山，其中方丈、瀛州、蓬萊等三山為三神山。山中所居皆仙聖之種，然因五山之根無所連箸，天帝恐失群仙聖之居，故命北極之神使巨鼇載遷各山。〔註95〕再回到黃庭堅的序文，「巨鼇莫戴三山去，吾欲蓬萊頂上行」此語出自李白（701～762）〈懷仙歌〉，〔註96〕後為唐代臨濟僧風穴延沼（896～973）所用，推其背後大略之意旨，亦可借以引申不同人對同一件事情的認知有各種差別性存在。雖然蓬萊山同涉巨鼇與風穴各自的目的，但巨鼇有巨鼇的去處，風穴亦有風穴的歸所，套用克勤《碧巖錄》對此句的評語，若是巨鼇，終不作風穴見解；若是風穴，終不作巨鼇見解。〔註97〕無論站在哪一方，皆是執著的表現，無法跳脫出執迷不悟的困境，而這正是禪家要抹滅的對象。將這樣的理解再放回黃庭堅的序文內來看，正是表現出要破除「在言句內外尋求元祐禪理」的執著，不禁使黃庭堅的序文亦增添了些許禪機在其中。

　　像上述黃庭堅這樣的例子並不罕見，曾為數部禪僧語錄作序的朝廷重臣鄒浩（1060～1111），〔註98〕其為慧南門下建隆昭慶（1027～1089）語錄所作序文中提到，昭慶門人為其師語錄求序云：

> 世之公卿大夫士，即丈室而親炙之者多矣。如高郵孫莘老、秦少游、括蒼龔深父、會稽陸農師、金華俞秀老，尤其顯者，今皆亡矣。為之序者，非子其誰？

這又是一條北宋禪僧與公卿士大夫往來密切的記錄，士大夫為禪籍語錄所作的序文，除言及該禪師派別師承，略褒其禪學修養，通常會載明受託寫序之因由。再看鄒浩對昭慶門人的回應：

> 予頃教授揚學，獲從禪師游。每見為儒者說儒，為佛者說佛，為老者說老，以至天文地理之占候、百工眾技之制作，靡不隨其人而應焉，……蓋惟忘言乃能得之，雖無此錄可也，而況序乎？

〔註95〕楊伯峻：《列子集釋》，卷5，頁151～153。

〔註96〕原作「巨鼇莫載三山去，我欲蓬萊頂上行。」詳見〔唐〕李白著，〔清〕王琦注：《李太白全集》（北京：中華書局，1999年7月，7刷），卷8，頁448。

〔註97〕克勤原文為：「若是巨鼇，終不作衲僧見解；若是衲僧，終不作巨鼇見解。」詳見重顯頌古，克勤評唱：《佛果圜悟禪師碧巖錄》，卷4，頁172。

〔註98〕鄒浩，字志完。第進士，調揚州、潁昌府教授。哲宗親擢為右正言。徽宗時遷左司諫，進中書舍人，再遷兵、吏二部侍郎，以寶文閣待制知江寧府，徙杭、越州。詳見脫脫：《宋史》，冊14，卷345，頁10955～10958。

鄒浩所透現的禪意，也是一種對文字語言的去執，此錄既然可有可無，更何況是序文？昭慶門人聞而笑曰：「子其爲之」。〔註99〕鄒浩既不執於「立文字」，亦不執於「不立文字」，於是乎仍有此序。若從另一個角度觀察，對士大夫而言，爲禪籍作序固然與其禪學興趣有關，除此之外，這似乎也是一種士大夫的應酬。蘇軾〈題僧語錄後〉云：

> 佛法浸遠，眞僞相半。寓言指物，大率相似。考其行事，觀其臨禍福死生之際，不容僞矣。而或者得戒神通，非我肉眼所能勘驗，然眞僞之候，見於言語。吾雖非夔、曠，聞絃賞音，粗知雅曲。子由欲吾書其文，爲題其末。〔註100〕

今不知蘇軾所題爲何語錄。引文中，「夔」乃舜時樂官，「曠」爲春秋晉國樂師。蘇軾以「夔、曠」比喻深諳禪理之人，以「雅曲」比喻禪僧語錄，可知爲禪籍題詞、作序，在蘇軾看來也屬於雅致的文化活動。而其謂「眞僞之候，見於言語」，正是要指出，禪籍語錄所記載的言句，當能作爲判斷語錄主禪法深淺之考量。

加拿大學者卜正民（Timothy Brook）在研究明代士紳對佛教寺院進行捐贈活動時，提到「文學的贊輔」：

> 士紳除財富和地方權威外，還掌握著可以幫助他們所捐贈的寺院的另一種資源：他們擅長寫詩作文，具有精致的文學技能。……文學的贊輔像經濟的捐贈一樣，儘管是以不同的方式，但都有助於建立一個在他人看來有威望的公共宗教機構。它明白地顯示出寺院是值得士紳發生興趣的，其間蘊涵著一種保護。文學作者越著名，寺院的聲譽就越輝煌。〔註101〕

這種「文學贊輔」的論點也可以套用在北宋士大夫爲禪籍作序的情況。一方面，作序者的來頭愈大，該禪籍就愈容易受到矚目；而另一方面，作序者也透過這樣的文化活動向社會宣告自己的禪學背景，這將爲其在官員以外的身分贏得一些名聲。卜氏說道：

〔註99〕 以上所錄鄒浩序文爲〈慶禪師語錄敘〉，詳見〔宋〕鄒浩：《道鄉集》（臺北：臺灣商務，1985 年景印文淵閣四庫全書本，冊 1121），卷 28，頁 10 下～11 下。

〔註100〕 語出〈題僧語錄後〉，詳見蘇軾：《蘇軾文集》，卷 64，頁 2065～2066。

〔註101〕 〔加〕卜正民著，張華譯：《爲權力祈禱——佛教與晚明中國士紳社會的形成》（南京：江蘇人民出版社，2005 年 11 月），頁 172。

地方精英仍需要國家控制的身份的正式標記，但是政治氣氛鼓勵許
多人追尋能使他們積聚好的名聲而不依賴爲國家服務的地方事業。
〔註102〕

當然這類名聲總爲時代所趨。在北宋，這種名聲就來自當時於士大夫集團中
大盛的禪悅之風。與方外之士交游、爲禪籍寫序、並在序文中透露出自己的
禪學修養，如此種種再與其官員身分、文學之士的形象加諸一起，便造就了
一個更富有文化水準、更爲高尚風雅的新士大夫形象。儘管這種效果未必在
所有與禪僧交往的士大夫有意的計畫之中，但從結果來看，像蘇、黃這樣博
通儒釋、文學和宗教多方發展、與禪門關係密切的文人雅士形象深植人心，
到底是事實。與此同時，禪門因與士大夫打交道，禪徒必須提高自身的文化
技能，特別是有關詩文方面的訓練，於是北宋叢林逐漸出現許多能夠舞文弄
墨的高僧大德，禪籍著作林林總總，語錄也連帶的隨其宗派興盛而大行於世，
文字禪運動便是在此時流衍開來。

　　本節的最後還要討論一個問題，布爾迪厄提出文化資本可以以三種形式
存在，一是具體的形式（容後述）；二是客觀的形式，「即以文化產品的形式
（如圖片、圖書、詞典、工具、機械等）存在」；〔註103〕三是體制的形式，可
以想像爲學位證書所宣稱的學術資格之類的形式。這裡要關注的是第一種，
具體的形式「採取了我們所謂文化、教育、修養的形式」：

必須由投資者身體力行，就像健壯的體格和黝黑的皮膚不能通過他
人的鍛煉來獲得一樣。〔註104〕

換句話說，這種需要自身大量投入心力的資本形式，布爾迪厄認爲「它無法
通過饋贈、買賣和交換進行當下的傳承。」〔註105〕若將士大夫所寫的禪籍語
錄序文獨立來看，一般而言會歸類到文化產品的形式，即布爾迪厄所謂「客
觀的形式」。但是這種受託而作的序文通常不會是獨立的存在，除非該本禪籍
已全數亡佚而僅剩序文，但那也只是形式上的獨立存在。

　　就內容的層面來看，即使一部禪籍僅剩序文傳世，該篇序文除了代表作
序者的觀點、想法，亦連帶使這部早已消失的禪籍書目題名見錄於世，從而

〔註102〕〔加〕卜正民著，張華譯：《爲權力祈禱——佛教與晚明中國士紳社會的形成》
　　　　（南京：江蘇人民出版社，2005年11月），頁324。
〔註103〕布迪厄著，李豔麗譯：〈文化權力〉，收於《全球化與文化資本》，頁6。
〔註104〕同上註，頁8。
〔註105〕同上註，頁9。

增加了該禪籍著者在歷史上的能見度，甚至能少許提升該禪籍著者學術或文化面的評價，當然這也關係到作序者如何引薦，以及外界對作序者本身的評價。而若是禪籍與受託所作之序並存於世，則上述那種情況將更爲明朗，因爲無論從形式或內容來看，該篇序文都不會是獨立的存在。是故，此類受禪僧所託而由士大夫應允給予之序，不可僅僅當作客觀的文化產品形式，需要再從布爾迪厄所謂「具體的形式」來做另一種理解。

士大夫受託而爲禪籍所作之序，在一般的情況下隱含作序者對該禪籍與著者的認同，〔註106〕這意味作序者在社會上、在文學場域中獲得的評價有部分已加諸於該禪籍之中。也就是說，作序者過去所受的文化薰陶、學術訓練而獲得的各種具體形式的文化資本裡，有難以測量的一部分被衍生、傳承到該禪籍甚至是禪籍著者身上，成爲該禪籍著者的聲名之一。前引黃庭堅〈福州西禪暹老語錄序〉就是一個例子，西禪道暹本人未有僧傳，僅在宋以後燈錄中被註記爲長蘆崇信法嗣，本該在後世沒沒無聞，卻因其著作曾由北宋大文學家黃庭堅作序，而在北宋禪宗史上留下一筆記錄；又其語錄雖已亡佚，亦因黃庭堅的序文使其書目題名得以見錄於世。從這個角度來看，本節所論士大夫爲禪籍作序的情況，或許是布爾迪厄具體形式文化資本中的一種例外，因爲這種序文通過士大夫的饋贈，確實令其所擁有具體形式的文化資本進行了某種程度的傳承。這也可以說是文字禪預設的目的之一，因爲文字除了在形式上保留禪師的言行思想，實際上也夾帶著傳播的用意。當一位宋代禪師自覺的留下文字著述包含語錄或禪詩文集，就已經說明了在時空上欲使其宗旨更長遠地爲人所知的期望，而爲了達到這個期望，請士大夫爲其作序不失爲一個好方法。

〔註106〕若不論作序者的僧俗，則亦有例外的情況，如道璨〈石門進禪師語錄序〉通篇不乏微詞，詳見〔宋〕道璨：《柳塘外集》（臺北：臺灣商務，1985 年景印文淵閣四庫全書本，冊 1186），卷三。

第四章　禪文化對宋代社會審美判斷的影響

　　宋代社會的審美判斷，如何受到禪文化的影響？文字禪是宋代（特別是北宋）頗具特色的主要思潮，貫穿其中的脈絡即是禪門公案的流行，而這些公案不只在宗門內產生影響，亦流衍到文人的生活圈。從最顯著的部分來說，宋人詩學有禪門話頭的語源；書論亦有公案的影響；而在宋代頗為流行的茶文化中，茶與禪的關係更時常受到後人關注，遑論當時流行的公案語錄亦載有不少茶事。如果我們把「公案」這個因素抽離出宋代士大夫的文藝活動中，那麼後人所追述的宋代文學、藝術、文化很可能就不是現今所看到的樣貌。職是之故，本章將以宋詩、書論、茶文化作為主要範圍，依序討論其與禪文化交融的現象。

第一節　詩禪關係與公案活句說的流變

一、再議如何看待詩禪關係

　　佛教傳入中國後，除了在思想史上刺激著中國哲學的發展，各種本土文學、藝術……等文化領域的樣貌亦產生變化，更為多元。沈括《夢溪筆談》謂：「音韻之學，自沈約為四聲，及天竺梵學入中國，其術漸密。」〔註1〕「天

〔註1〕沈括著，胡道靜、金良年、胡小靜譯注：《夢溪筆談全譯》。

竺梵學」即印度佛學，南朝著名文學家沈約（休文，441～513）論詩有「四聲八病」說，[註2]《南史》載齊武帝永明九年（491）事曰：

> 時盛爲文章，吳興沈約、陳郡謝朓、琅邪王融以氣類相推轂；汝南周顒善識聲韻。約等文皆用宮商，將平、上、去、入四聲以此制韻，有平頭、上尾、蜂腰、鶴膝。五字之中，音韻悉異；兩句之內，角徵不同，不可增減，世呼爲永明體。[註3]

雖然沒有直接而明確的證據，但是唐代突然出現的律詩，其嚴格規定四聲與韻腳的格律，應與永明體的出現脫不了關係。或者至少可以說，唐代講究聲韻規則的律詩，永明體很可能是它理論發展的源頭之一，然而這還僅僅是佛教在音律形式上影響中國詩論。至晚唐五代詩僧群體的崛起，就湧現了「以詩參禪」、「以詩談禪」的大量詩作；[註4]到了宋代，禪文化被中國全面吸收，與士大夫文化混合在一起，若從北宋文字禪運動的視野下觀察，當時的「以詩明禪」即禪宗文化在內容上大舉進入詩歌領域後的產品。[註5]所謂的「以詩明禪」，其實與晚唐五代詩僧的「以詩參禪」、「以詩談禪」僅名稱有別，在內涵上並無二致。然而，比較起來，宋代這類詩禪現象特別的地方就在於，那些透顯深微禪味的詩作也有不少是出自於文人之手。[註6]如蘇軾〈題沈君琴〉詩曰：「若言琴上有琴聲，放在匣中何不鳴？若言聲在指頭上，何不於君

[註2] 「沈約曰詩病有八，平頭、上尾、蜂腰、鶴膝、大韻、小韻、旁紐、正紐，唯上尾、鶴膝最忌，餘病亦通。」詳見〔宋〕王應麟：《困學紀聞》，卷10，《四部叢刊》三編，1936年上海商務印書館初版景印本。

[註3] 〔唐〕李延壽：《南史》（北京：中華書局，1975年6月），冊4，卷48，頁1195。

[註4] 相關研究可參考王秀林：《晚唐五代詩僧群體研究》（北京：中華書局，2008年12月），頁128～135。

[註5] 此外，若論到宋代古文，亦有學者指出：「宋代古文如〈六國論〉、〈縱囚論〉、〈留侯論〉，率皆翻案之作，而翻案正是禪宗術語。」詳見張高評、林朝成著：〈兩岸中國佛教文學研究的課題之評介與省思——以詩、禪交涉爲中心〉，《普門學報》，第9期（2002年5月），頁285。當然，除了受禪宗之影響，宋代的那些翻案古文，也可能與當時興起的疑經風氣有關，可待進一步研究。

[註6] 所謂區分文人禪詩與僧人禪詩的說法，如蔣述卓先生認爲：「在佛教僧人那裡，是借詩明禪，以詩寓禪；而在那些受禪學影響的詩人們那裡，則是以禪入詩。」詳見氏著：《佛教與中國古典文藝美學》（長沙：岳麓書社，2008年4月），頁77。不過，儘管這種區分凸顯了兩者「落腳點」的不同，然以宋代情況而言，從兩宋禪僧的詩歌創作內容與形式來看，若未見作者姓名，其實難以區分僧俗，這是因爲兩宋禪僧的文學能力已與文人士大夫相差無幾（詳見下文敘述）。

指上聽？」〔註7〕巧妙引用了《楞嚴經》「譬如琴、瑟、箜篌、琵琶，雖有妙音，若無妙指終不能發。」〔註8〕之典故，展示富有禪思的詰問。要說明的是，這種混合的影響自然是雙向的，即宋代禪僧們的詩歌也受到文人的影響而著意於追求文藻，如惠洪許多詩作，僅從其題材的挑選與用字遣詞的手段來看，不雜俗語、不類偈頌、不涉佛語，根本無從分辨作者爲禪僧或是文士；〔註9〕甚至有詩句實亦脫胎自蘇、黃之作，今任舉二句爲例：「驚風急雪吹平野，嬌鴉暮集村不囂。」據貫徹所考，此二句典出老杜「亂雪低薄暮，急雪舞回風」、山谷「急雪脊令相並影，驚風鴻雁不成行」、與東坡「鴉嬌雪意酣」。〔註10〕此類詩例多不勝數，相對來說也顯示出作爲禪僧的惠洪，其對蘇、黃詩作的熟悉度是相當高的。

　　學界關於宋代詩禪的結合已有不少論文與專著討論，本文在第一章第二節第一部分「文字禪的相關研究」中已作過介紹。〔註11〕另可再參考張高評與林朝成兩位先生所著之〈兩岸中國佛教文學研究的課題之評介與省思——以詩、禪交涉爲中心〉，〔註12〕該文介紹並評述上個世紀末以來兩岸關於詩禪問題的研究成果，便於學者參考利用。

　　北宋著名詩人梅堯臣（1002～1060）有詩言：

> 聖人於詩，言曾不專其中。因事有所激，因物興以通。自下而磨上，是之謂〈國風〉、〈雅〉章及〈頌〉篇，刺美亦道同。……邇來道頗喪，有作皆言空。烟雲寫形象，葩卉詠青紅。〔註13〕

研究宋代詩論，或有未審而斷章取義者，可能將此處所謂「有作皆言空」之

〔註7〕　語出〈題沈君琴〉，詳見蘇軾：《蘇軾詩集》，卷47，頁2535。

〔註8〕　〔宋〕思坦集註：《楞嚴經集註》（臺北：新文豐，卍續藏本，冊11），卷4，頁368。

〔註9〕　此例甚多，如其〈吳子薪重慶堂〉略曰：「虛簷風月夜未央，髬鬆成輪發清唱。金鴨香清碧縷飄，燈前玉頰醉紅潮。」渾不似出家人詩句，直與俗家文人之作無異。詳見惠洪著，廓門貫徹註：《註石門文字禪》，卷7，頁282。

〔註10〕惠洪著，廓門貫徹註：《註石門文字禪》，卷1，頁105。

〔註11〕相關詩禪理論如「換骨」、「中的」、「活法」、「飽參」……等可參考周裕鍇先生的《文字禪與宋代詩學》，特別是第三章「話語的轉換：文字禪與宋代詩論」與第四章「語言藝術：禪語機鋒與詩歌句法」。

〔註12〕張高評、林朝成著：〈兩岸中國佛教文學研究的課題之評介與省思——以詩、禪交涉爲中心〉，頁253～293。

〔註13〕〔宋〕梅堯臣：《宛陵先生集‧答韓三子華、韓五持國、韓六玉汝見贈述詩》，卷27，《四部叢刊》初編，1922年上海商務印書館再版景印本。

「空」，指爲禪家所證之空。然以其前後文觀之，未必如是，應作「空言」解。
該詩透露的一個重要訊息是，就梅堯臣所見，北宋中期文人詩作的內容已有
部分與中國傳統「刺美」的要求走上不同道路，也就是說，詩篇歌頌的對象
未必是儒家重視的風雅頌之道。當然這並不是指在宋以前的文人詩作總是奉
儒家聖人教化爲圭臬，但是北宋外有列強環伺，[註14] 內則佛禪風行、儒門
收拾不住，保守的傳統士大夫總是崇尚氣節、以道爲己任，詩人面對時代風
氣的變遷，自然會有如梅氏這般的喟歎。自宋初文字禪興盛以來，文人以禪
入詩是普遍的現象，這是禪文化與士大夫文化融合的結果。可是，以禪語入
詩句，[註15] 是否就代表兩者在本質上可以完全相互融通？這是歷代文人不
斷討論的問題。本文在引言首節就曾提過，雖然宋代以後文字禪並沒有所謂
的「運動」可言，但是文字禪的影響也不會斷然在接下來各時代中徹底消失。
而若僅僅針對詩禪關係來看，「禪」在宋以後的元、明、清各代仍然經常與「詩」
聯繫在一起。後世的討論對於理解前賢的觀念是有所幫助的，如宋元之際詩
論家方回（1227～1307）嘗謂詩家能精述釋氏「趣味之奧」；[註16] 元代詩人
劉將孫（1257～？）在詩禪關係中論吾人耳目所接者，既入於詩語，能「使
人爽然而得其味於意外焉，悠然而悟其境於言外焉。」[註17] 明代有文學家
都穆（1459～1525）學宋人作〈學詩詩〉，[註18] 詩人謝榛（1495～1575）則
有謂：「詩家超悟方是禪」，[註19] 而思想家李贄（1527～1602）亦認爲「談

[註14] 美國學者包弼德（Peter K. Bol）指出：「宋朝在 11 世紀 50 年代的國際關係和
唐朝在 8 世紀 50 年代的國際關係很不一樣。」詳見氏著，王昌偉譯：《歷史
上的理學》（杭州：浙江大學，2009 年 12 月），頁 11。對比漢唐時期大一統
帝國的時代，宋朝時期的中國皇帝則非天下共主，他還必須承認遼金等國的
皇帝亦擁有「天子」的身分。這很可能刺激宋人排外、並更加重視中國傳統
學術思想的心理，故而出現許多古文家與道學家。

[註15] 有關以禪入詩，「詩屬文學，禪屬佛教，二者原爲異趣別轍，又如何共鳴旁通？
然而，討論詩與禪的關係時，得假設詩與禪在某個層面上確實『可以』相融
通，否則很難作深入的討論。」詳見張高評、林朝成著：〈兩岸中國佛教文學
研究的課題之評介與省思——以詩、禪交涉爲中心〉，頁 259。

[註16] 詳見〔元〕方回選評，李慶甲集評校點：《瀛奎律髓彙評》（上海：上海古籍
出版社，1986 年 4 月），卷 47，頁 1620。

[註17] 語出〈如禪集序〉，詳見〔元〕劉將孫：《養吾齋集》（臺北：臺灣商務，1985
年景印文淵閣四庫全書本，冊 1199），卷 10，頁 14 上。

[註18] 出自明代都穆《南濠詩話》，詳見丁福保：《歷代詩話續編》（北京：中華書局，
1983 年 8 月），冊 3，頁 1345～1346。

[註19] 語出明代謝榛〈周子才見過談詩〉，詳見蔡景康：《明代文論選》（北京：人民
文學出版社，1993 年 9 月），頁 134。

詩即是談禪」。〔註20〕上述詩禪關係約與宋人相類，或主張詩可以論禪、或認為詩與禪在「悟」的層面上是一致的，此皆頗有互見參考之價值。〔註21〕不同於上述觀點，明清之際的高士賀貽孫（生卒年不詳）〔註22〕論及詩禪關係曰：

> 近有禪師作詩者，余謂此禪也，非詩也。禪家詩家，皆忌說理，以禪作詩，即落道理，不獨非詩，並非禪矣。詩中情豔語皆可參禪，獨禪語必不可入詩也。〔註23〕

賀氏謂「詩中情豔語皆可參禪」，這並非無前例可循，圓悟克勤自述其得悟的情形便是聽聞其師所舉豔詩而參透禪意。〔註24〕然賀氏又主張禪語不可入詩，似有矛盾，實則著意在禪的不可言說、不落道理，至於參禪者能夠從詩句中得悟，那是由其自身內發的禪體驗所致。簡言之，詩句本身並不是禪，從參禪者的眼光來看，它可以是一種契機，像中藥方劑的藥引一般，誘引參禪者啟發自我內在的禪機，一經透悟，則萬化無不透現禪理，當然這是對參禪者而言，故謂禪家作詩非詩實為禪，禪語不入詩，詩中卻能參禪。不過，賀氏此說確實有一個自相矛盾的問題，所謂「禪語必不可入詩」的「禪語」，已經將「禪」限制在「禪語」此一名相當中，既然賀氏以為禪不落道理、不可言說，又豈能陷於名相裡頭？「禪」若不能入「詩」，又何以能夠入「語」？應該這麼理解，「禪語」只是表述透現禪境的一種形式，它並不代表禪本身，就如同賀氏認為詩句只是禪藉以顯露的一種形式、一種載體，但它本身也不是禪。若如是，則禪語入詩亦無可厚非。

　　與賀貽孫觀點相類，道光年間著名經學家潘德輿（1785～1839）對「以禪言詩」提出了質疑，其謂：

> 以妙悟言詩猶之可也，以禪言詩則不可。詩乃人生日用中事，禪何為者？此則文士好佛之結習，非言詩之弊也。晚宋詩人遂以「學詩

〔註20〕語出明代李贄《焚書》卷四之〈觀音問〉，詳見張建業主編：《李贄文集》（北京：社會科學文獻出版社，2000 年 5 月），卷 1，頁 158。

〔註21〕以上關於元、明詩禪關係之討論，歷來已有許多討論，可再參考馬奔騰：《禪境與詩境》（北京：中華書局，2010 年 9 月），頁 175～188。

〔註22〕其傳詳見〔清〕趙爾巽等著：《清史稿》（北京：中華書局，1977 年 12 月），冊 44，卷 484，頁 13334～13335。

〔註23〕郭紹虞編選，富壽蓀校點：《清詩話續編‧詩筏》（上海：上海古籍出版社，1983 年 12 月），冊 1，頁 192。

〔註24〕紹隆：《圓悟佛果禪師語錄》，卷 12，頁 768。

渾似學參禪」爲七絕首句，互相賡和，纍纍不休，明人亦復效顰。

噫！異矣。〔註25〕

就其所見，在清代以禪言詩仍是「文士好佛之結習」，這與北宋以來的情況一致。潘氏認爲從詩中得見妙悟之機是可以接受的，但若以禪言詩、即前述賀氏所反對的以禪語入詩，如此則無法苟同。理由見於「詩乃人生日用中事，禪何爲者」的提問，從這個提問反過來可以推知潘氏不以爲禪能夠於「日用中事」把握住，在他的觀念裡，禪是脫離現實行住坐臥的抽象存在，詩歌才能貼近日常生活。潘氏所言，也是「詩六義」中的「賦、比、興」〔註26〕的基本前提，無論是直陳、比喻、或是感興，詩歌皆必須與現實有所牽涉。然而，潘氏之說的問題在於，南宗禪自六祖（638～713）以來便有「一行三昧者，於一切處行住坐臥，常行一直心是也」這樣的說法。〔註27〕而慧能法孫馬祖道一（709～788）「以法惟無住，化亦隨方」，〔註28〕他亦主張「平常心是道」，認爲「行住坐臥、應機接物盡是道」。〔註29〕近人鈴木大拙（1870～1966）也這麼說：

> 禪是生命的實相，它不是無生命的石頭或是虛空。禪修的目的，正是要接觸那生意盎然的實相，不，更好說是在行住坐臥當中把握它。
> 〔註30〕

在行住坐臥中悟入禪境，是從祖師禪時代就開始的傳統，雖然它並不是唯一的傳統，但顯然潘德輿對「以禪言詩」、對晚宋詩人「學詩渾似學參禪」〔註31〕的質疑似乎也站不住腳。

〔註25〕〔清〕潘德輿著，朱德慈輯校：《養一齋詩話》（北京：中華書局，2010 年 8月），卷 1，頁 10。

〔註26〕「興者，先言他物以以寢所詠之詞也」；「賦者，敷陳其事而直言之者也」；「比者，以彼物比此物也。」分別詳見〔宋〕朱熹：《詩集傳》（北京：中華書局，1958 年 7 月），卷 1，頁 1、3、4。

〔註27〕〔元〕宗寶：《六祖大師法寶壇經》（臺北：新文豐，大正藏本，冊 48），頁 352。

〔註28〕〔唐〕權德輿：《權載之文集·唐故洪州開元寺石門道一禪師塔銘并序》，卷 28，《四部叢刊》初編，1922 年上海商務印書館再版景印本。

〔註29〕道原：《景德傳燈錄》，卷 28，頁 440。

〔註30〕〔日〕鈴木大拙著，林宏濤譯：《鈴木大拙禪學入門》（臺北：商周，2009 年 5 月），頁 81。

〔註31〕「吳可思道：『學詩渾似學參禪』。」詳見〔宋〕魏慶之：《詩人玉屑》（上海：上海古籍出版社，1978 年 3 月，新 1 版），冊上，卷 1，頁 8。

　　詩境取於現實並藻飾萬化流行，而禪境在現實中把握卻以無住爲宗。「禪境是大空，詩境是大有」，〔註32〕在這種角度下詩與禪當然有所分別，但是在實踐上它們仍然能夠相互融通。〔註33〕對宋代參禪的文人而言，詩禪的關係不必特意劃分界限，以禪入詩普遍出現在他們的詩作中，如蘇軾〈送參寥師〉便謂：

　　　欲令詩語妙，無厭空且靜。靜故了羣動，空故納萬境。閱世走人間，

　　　觀身臥雲嶺。鹹酸雜眾好，中有至味永。詩法不相妨，此語當更請。

〔註34〕

參寥（1043～？）爲雲門宗僧，蘇軾此詩所言之「空」，當隱含或借用些許禪家意味在其中，也就是將禪境與詩語做了一種聯想式的結合。必須要說明的是，詩語中的「空」、「靜」，在一般認識下多半出自描景或對現世情景的感興，如身臥雲嶺、人煙罕至，便覺「空且靜」。然而這種「空且靜」取自於萬有之中，仍屬於「有」。而禪境所證得之空，雖亦從現世中把握，卻不必非得在雲深不知處才覺「空且靜」，即便結廬人境、閱世人間，心境仍無所住，此方謂眞「空」。不過，要參得詩語之妙與禪境之空，確實都需要一個共同的要素——那就是「悟」。南宋詩人戴復古（1167～？）《石屛詩集》有詩曰：

　　　欲參詩律似參禪，妙趣不由文字傳。箇裏稍關心有悟，發爲言句自

　　　超然。〔註35〕

此類參詩如參禪的觀點，在整個宋代詩壇都很流行，當然這是將禪家「悟入」之法門挪用到詩論中。芮沃壽（Arthur F. Wright）把宋代歸類爲佛教的「挪用期」，〔註36〕雖主要討論本土儒學傳統對佛教的吸收、轉而用以發展理學，但若從中國詩論的角度來看，前述這種「悟入」的挪用也符合芮氏所謂「挪用期」在學術史上之意義。又正因爲「悟入」之說可以挪用於詩論，恰好見得禪境與詩境異曲而同工之妙。南宋詩人曾季貍（生卒年不詳）《艇齋詩話》謂：

〔註32〕　馬奔騰：《禪境與詩境》，頁39。

〔註33〕　如〈禪宗的語言觀〉所言：「詩人『參』詩的活動，『悟』詩的思惟，出自詩禪面對語言時相似的情境和態度」。詳見林朝成、郭朝順著：《佛學概論》，頁290。

〔註34〕　語出〈送參寥師〉，詳見蘇軾：《蘇軾詩集》，卷17，頁906～907。

〔註35〕　〔宋〕戴復古：《石屛詩集》，卷7，《四部叢刊》續編，1932年上海商務印書館再版景印本。

〔註36〕　芮沃壽著，常蕾譯：《中國歷史中的佛教》，頁65～80。

後山論詩說換骨，東湖論詩說中的，東萊論詩說活法，子蒼論詩說

飽參，入處雖不同，然其實皆一關捩，要知非悟入不可。〔註37〕

所謂的「換骨」、「中的」、「活法」、「飽參」等術語，在此處雖爲詩論內容，

卻多出自宗門用語，在禪師語錄、公案中經常被提及，有其特定的禪學背景。

〔註38〕就本文觀察，從「換骨」到「飽參」，名稱雖有不同，要之不外乎如下

兩點：首先是以古爲師，以爛熟舊有之文本典刑爲目標；其次是破舊立新，

正是黃庭堅（1045～1105）所謂「無一字無來處」，〔註39〕以前項師古爲基礎，

從中創作新語，而不墨守舊式。廖肇亨先生在探討「詩禪一致論」時也提到：

「宋代詩學論述引入『學禪』、『學仙』等概念，主要在於企圖努力擺脫法度

（典範）所帶來的焦慮。」〔註40〕曾季貍認爲，這些詩法共同的關要處就在

於「悟入」，這種以妙悟溝通禪法與詩法的論調，直到清代、民國以後的詩學

都還能見其蹤跡。如清代詩人王士禛（1634～1711）《帶經堂詩話》云：「捨筏

登岸，禪家以爲悟境，詩家以爲化境，詩禪一致，等無差別。」〔註41〕「捨

筏登岸」，用的是《中阿含經》的典故，〔註42〕隋代嘉祥吉藏（549～623）《金

剛般若疏》解釋道：

> 譬如有人爲賊所逐，取草爲栰，度於彼岸。既至彼岸，則便捨筏。
>
> 初則取筏度河，既至彼岸，則河筏兩捨矣。譬意初則以善捨惡，後
>
> 則善惡雙捨；初則以法捨人、以空捨有，次則人法兩除，空有雙淨。
>
> 如是生死涅槃萬善類然。〔註43〕

「捨筏登岸」本是佛陀說法，王士禛則用之聯繫詩禪兩家。若參照吉藏之解，

推論王士禛所言，借助竹筏以渡河的譬喻，在禪法裡本謂以空捨有，而在詩

法裡頭，作爲臻至化境前的過渡狀態，應該理解爲借助前人典刑以爲根柢，

〔註37〕丁福保：《歷代詩話續編》，冊1，頁296。

〔註38〕可參考周裕鍇：《文字禪與宋代詩學》，頁124～130；及周裕鍇：《宋代詩學通
論》（成都：巴蜀書社，1997年1月），頁222～235。

〔註39〕黃庭堅：《豫章黃先生文集・答洪駒父書三首》，卷19。

〔註40〕廖肇亨：《中邊・詩禪・夢戲：明末清初佛教文化論述的呈現與開展》（臺北：
允晨文化，2008年9月），頁8。

〔註41〕〔清〕王士禛：《帶經堂詩話》（北京：人民文學出版社，1963年11月），卷
3，頁83。

〔註42〕〔東晉〕瞿曇僧伽提婆譯：《中阿含經》（臺北：新文豐，大正藏本，冊1），
卷54，頁764。

〔註43〕〔隋〕吉藏：《金剛般若疏》（臺北：新文豐，大正藏本，冊33），卷3，頁107。

即前述所謂「以古為師」之意；渡河後河筏兩捨，在禪法裡為覺悟後達涅槃解脫之道，在詩法中則可理解為了悟後對典刑的超越、不受舊法束縛，創造了自己的道路。此前仍需借助前人典刑，至此方謂化境。由是，王士禎認為詩的化境與禪的悟境實無二致、「等無差別」。近人錢鍾書（1910～1998）在《談藝錄》中也這麼認為：

> 禪與詩，所也；悟，能也。用心所在雖二，而心之作用則一。了悟以
> 後，禪可不著言說，詩必託諸文字；然其為悟境，初無不同。〔註44〕

錢鍾書明確的以悟境溝通詩禪關係，說明參禪的最終目的在了卻生死、證得解脫之道，而這其中必有一了悟的發生；同樣的，詩的層次若已然臻至化境，其中也必有一妙悟的發生。在悟境發生的當下，詩禪兩家並無不同。以這樣的認知來說，王錢二先生雖非宋人，然所談詩禪關係直與宋人同趣，不出上述蘇軾等人將禪境與詩語連結在一起的作法與主張，這也是宋人以禪學「悟入」的觀念建立詩論「妙悟」價值的陳述。綜觀宋代詩論，特別是江西詩派中那些充滿禪意的詩法，正可與前說互相印證。

二、公案「活句」說的流變

　　南宋詩人嚴羽（生卒年不詳）素不喜「以文字為詩」的江西詩派，但他曾說：「大抵禪道惟在妙悟，詩道亦在妙悟。」〔註45〕如此的理解卻也是宋代江西詩派所贊同的。這是時代風氣使然，南宋楊萬里（1127～1206）曾謂：「要知詩客參江西，政似禪客參曹溪。」〔註46〕一直以來江西詩派在詩論上便頗有禪風，金代詩人劉迎（？～1180）也稱「詩到江西別是禪」。〔註47〕呂本中（1084～1145）作〈江西詩社宗派圖〉，尊黃庭堅（1045～1105）為宗祖，其下列有陳師道（1053～1101）至呂本中等二十五人，〔註48〕論

〔註44〕 錢鍾書：《談藝錄》（北京：三聯書店，2001 年 1 月），冊上，頁 295。
〔註45〕 語出嚴羽《滄浪詩話・詩辯》，詳見〔清〕何文煥：《歷代詩話》（北京：中華書局，1982 年 8 月，2 刷），頁 686。至於嚴羽對江西詩社的不滿，見於同篇，頁 688。
〔註46〕 〔宋〕楊萬里：《誠齋集》，卷 38，《四部叢刊》初編，1922 年上海商務印書館再版景印本。
〔註47〕 〔清〕張豫章等奉敕編：《御選宋金元明四朝詩》（臺北：臺灣商務，1986 年景印文淵閣四庫全書本，冊 1437），卷 13，頁 17 上。
〔註48〕 〈江西詩社宗派圖〉今可見於〔宋〕王應麟：《小學紺珠》（上海：商務印書館，1936 年叢書集成初編本，冊 177），卷 4，頁 159。

者亦多以其形式用意與禪宗系譜相類，如南宋文人孫覿（1081～1169）便稱其圖「如佛氏傳心，推次甲乙。」〔註 49〕詩人劉克莊（1187～1269）亦評黃庭堅「為本朝詩家宗祖，在禪學中比得達摩。」〔註 50〕從各方面來說，江西詩派受禪學影響的痕跡都甚為明顯，具體展現宋代詩禪交融的特色。而呂本中按照禪宗燈錄系譜的形式作〈江西詩社宗派圖〉，張培鋒先生就認為「這也是『文字禪』對詩歌的影響之一。燈錄的形式符合士大夫重視傳統，講究淵源的心態。」〔註 51〕自北宋文字禪興起，那些在燈錄、語錄中被文字化了的公案話頭，愈發成為禪家琢磨的對象。其中，「參活句」逐漸形成臨濟、雲門兩宗重要的話頭，也是公案中常被提及的重要觀念。這條理路被江西詩派吸收，成為他們作詩、賞詩的主要根據。如呂本中〈夏均父集序〉曰：

> 學詩當識活法。所謂活法者，規矩備具而能出於規矩之外，變化不測而亦不背於規矩也。是道也，蓋有定法而無定法，無定法而有定法。知是者則可以與語活法矣。〔註 52〕

呂本中強調的「活法」，〔註 53〕就是從禪門中的「活句」說變化而來，只是前者是學詩、作詩之法，後者則是作為參禪的對象，兩者的作用取向有別。禪師雖教人「參」活句，但也不教人「作」活句。只是，從文學批評的角度來說，「賞詩」或「參詩」應當包含於「學詩」的內容之中，則「學詩當識活法」，亦可說是「參詩當識活法」。「活法」與「活句」確有其相契的性格，禪徒雖以「活句」為參酌的對象，卻被要求不可停滯在一句之中的名相、概念裡頭；詩論的「活法」亦要求學人「規矩備具而能出於規矩之外」，「蓋有定法而無定法」。凡此皆靈活、不死於句下的特徵，這也是宋代詩論與禪學所共有的。

〔註 49〕〔宋〕孫覿：《鴻慶居士集》（臺北：臺灣商務，1985 年景印文淵閣四庫全書本，冊 1135），卷 30，頁 17 上。

〔註 50〕〔宋〕劉克莊：〈江西詩派序〉（上海：上海辭書出版社，2006 年全宋文本，冊 329，卷 7567），頁 108。

〔註 51〕張培鋒：《宋代士大夫佛學與文學》，頁 186。

〔註 52〕此段引文錄於劉克莊：〈江西詩派序〉，頁 115。

〔註 53〕近年有學者指出，呂本中並不是首位提出「活法」說的宋代文人，應是翰林學士胡宿（996～1067）。相關討論詳見曾明、鄧國軍：〈詩學「活法」說不始於呂本中〉，《宋代文學國際研討會論文集》，成都：巴蜀書社，2011 年 3 月，頁 466～485。然此並不影響本文敘述之脈絡，禪文化仍與宋代詩論是相互交融的。

曾季貍曾評論道:「居仁說活法,大意欲人悟。」〔註54〕「居仁」乃呂本中之字。此說就與禪門「參活句」的目標表現出相當的一致性,可知禪學確實在宋代與文人詩論關係匪淺。當時流行的公案文本所記錄的「活句」說,隨著文字禪運動的流衍,被宋代詩論接受、吸收到自身的創作觀與評論方法之中,內化而成詩禪關係的一部分,這已是學界普遍的認識。然而,當「活句」說回到禪門的脈絡裡頭又是如何?它最初被提出來是在怎麼樣的語境底下?禪門中如何看待、運用它?這一點是需要再嘗試做一些說明的。

大慧宗杲(1089~1163)所錄公案集《正法眼藏》載五代德山緣密(生卒年不詳)上堂曰:

> 但參活句,莫參死句。活句下薦得,千劫萬劫永無疑滯。一塵一佛國、一葉一釋迦,是死句;揚眉瞬目、舉指豎拂,是死句;山河大地更無諔詭,是死句。時有僧便問:「如何是活句?」曰:「波斯仰面看。」僧云:「恁麼則不謬也。」圓明便打。〔註55〕

緣密為雲門文偃(864~949)法嗣,其說當是「參活句」最早的典故出處。就其所言,不惟「一塵一佛國、一葉一釋迦」這等遍見於佛典的描述是死句,連「揚眉瞬目、舉指豎拂」等以表情舉止接人的禪法也是死句。再從其以「波斯仰面看」這種突兀而未知所指的言語回答「如何是活句」,就知其用意在於「不說破」。可以說破的就不是活句,而死句在說破的當下,其意義便已然終結,再無增進的餘地。緣密所謂「波斯仰面看」,是提出一個無法用一般性思考來聯結前後文的句子,這種帶有反理性意味的語句所指向的,乃是超越言語文字表相之上的真理。如此正是從反面教人禪悟並不在某部經書或某句說法裡頭,若一味斟酌特定對象本身,實無所得於參禪。然若能在參活句的過程中薦得此一真機,悟入的當下便永劫無滯。

自五代緣密之後,「活句」說流行於北宋叢林間,並逐漸起了些許變化。如臨濟宗的汾陽善昭(947~1024)被問到如何是活句,回答道:「仰面哭蒼天,此猶是死句。」而到了他門下的瑯琊慧覺(生卒年不詳),其語錄記載:

〔註54〕 語出〈讀呂居仁舊詩有懷其人作詩寄之〉,詳見〔宋〕陳思編,〔元〕陳世隆補:《兩宋名賢小集》(臺北:臺灣商務,1986年景印文淵閣四庫全書本,冊1363),卷190,頁17下。

〔註55〕 〔宋〕宗杲:《正法眼藏》(臺北:新文豐,卍續藏本,冊67),卷2,頁599。

上堂，舉「汾陽先師云：『夫學般若菩薩，須參活句，莫參死句。』
如今人便道：『函蓋乾坤是活句，截斷眾流是死句。』潙麼會，莫辜
負他汾陽也無？眾中有一般禪客商量道：『如何是活句？今日好天
晴；如何是死句？萬里崖州。』若潙麼會，學到驢年也即是死句。山
僧與你一時注破了也，作麼生是活句？」遂卓拄杖，便下座。〔註56〕

「函蓋乾坤」、「截斷眾流」典出雲門三句；〔註57〕「今日好天晴」典出北宋
百丈華和尚語；〔註58〕「萬里崖州」典出唐宣宗時李德裕事。〔註59〕這些都
是北宋以降宗門流行的公案話頭，大抵「函蓋乾坤」與「今日好天晴」一組
隱含生生不息、禪機高玄之意；而「截斷眾流」與「萬里崖州」則暗指事物
的終結。公案話頭之所以定型，必有其典故緣由與原始意義，但後人的運用
未必要在與原典相契的情況或場合，可隨意賦予或遮蔽意義，全屬談禪者之
自由。然而聽者未必同心同理，由是產生不著邊際、風馬牛不相及的答問。
若問答雙方心意相通，則禪門機鋒便由此現，這也可說是在參活句的過程中
可遇不可求的境地。只是，「活句」觀念到了善昭、慧覺手上，倘若以不著邊
際的言句如「仰面哭蒼天」、「今日好天晴」來應答，仍因著於形跡、徒拾前
人牙慧而被棄之為死句，禪徒除了接受活句話頭的形式，其自身實未有所悟，
又如何能薦得活句之真機？故謂「學到驢年〔註60〕也即是死句」。這種否定可

〔註56〕 賾藏主編集，蕭萐父、呂有祥、蔡兆華點校：《古尊宿語錄》，冊下，卷46，
頁901。今善昭語錄中未見慧覺此條所舉內容。

〔註57〕 「函蓋乾坤」頌曰：「乾坤并萬象，地獄及天堂。物物皆真現，頭頭總不傷。」
「截斷眾流」頌曰：「堆山積岳來，一一盡塵埃。更擬論玄妙，冰消瓦解摧。」
詳見守堅：《雲門匡真禪師廣錄》，卷下，頁576。

〔註58〕 「師（翠巖可真）住上藍時，有國博問百丈華和尚云：『既是百丈，為甚麼卻
矮小？』華云：『今日好天晴。』博不肯。」詳見〔宋〕悟明：《聯燈會要》（臺
北：新文豐，卍續藏本，冊79），卷14，頁120。或因百丈華當面受人調侃，
卻心無瞋忿，不正面應答，反平心曰「今日好天晴」，暗露其禪學修養境地高
超，又間接契合了「百丈」之稱。

〔註59〕 李德裕為唐武宗會昌（845）毀佛時期的宰相，致力於反佛。唐宣宗繼位後，
「李德裕專權日久，帝惡之，貶潮州司馬。頃之，再貶崖州司戶，惡疾而卒。
初是，有僧通宿世事，謂德裕曰：『公當萬里南行，平生食萬羊，今九千五百
矣。羊未盡，猶有還日。』德裕曰：『吾嘗夢行晉山，見山上盡目皆羊。牧人
曰此公平生所食也。』後旬日，振武節度使李暨饋羊四百。僧曰：『萬羊將滿，
公其不還。』後果卒於朱崖。」詳見志磐：《佛祖統紀》，卷42，頁386。

〔註60〕 驢年，指不可知的年月，參考雷漢卿：《禪籍方俗詞研究》（成都：巴蜀書社，
2010年11月），頁602。

視爲一種遮詮，進而推知善昭師徒沒有正面說出口的弦外之音，方爲其所認可的活句。只是這樣的活句太過於抽象，容易流於對語言的全然否定。

周裕鍇先生認爲活句「指本身無意義、不合理路的句子，通常是反語或隱語，不對問話正面回答。」〔註61〕這應該是從旁觀者的角度對活句所作的表層描述。然而，一旦身爲參禪者，若輕易的把活句視爲語中無語、不合邏輯的句子，在否定語言的同時，卻也消解了「參活句」對於通往終極覺悟之道的可能性。不幸的是，那恰恰是參禪者必須尋求的最終目的。芳澤勝弘說得好：

> 那種把禪家稱之爲「語中無語底活句」的句子，如同把語言學材料注入試管，從外部來觀測結果的方法是毫無效果的，即使那種解釋是多麼清晰、多麼滿足分別智。因爲這種活句（即禪的核心部分）的性格原本就拒絕來自外部的觀察和解說，非要箇中人放棄傍觀者的身份鑽進試管不可。〔註62〕

Ding-hwa Evelyn Hsieh 在其博士論文中就指出，「活句乃是指向參禪者個人被啓發的心靈，與直下透顯出來的天性固有之智慧。」活句之所以被禪師在教學的過程中當作參究的對象，就是因爲它「包含著超越二元思考的模式，並且能夠引領參禪者達到純正而超凡的了悟。」〔註63〕所以禪者不得不著力於此。

同屬臨濟宗的圓悟克勤（1063～1135）亦教人參活句，他雖然明確的說：「但有一切語言，盡是死句。」〔註64〕卻仍留下《碧巖錄》這等評唱公案集之鉅作，唯一可以自我解套的理由，或許便是企圖以語言文字破除學人對語言文字的執著。只是這種作法反而又再生產令學人琢磨鑽研的宗門文字，即便「參活句」遍見於克勤語錄和公案集裡，一旦學人陷於其中且專事推求，活句也變成死句了。因爲要對治這樣的流弊，故日後宗杲才有碎壞《碧巖錄》雕板之事。〔註65〕

〔註61〕周裕鍇：《禪宗語言》，頁 224。
〔註62〕芳澤勝弘著，殷勤譯：〈「麻三斤」再考〉，頁 146。
〔註63〕Ding-hwa Evelyn Hsieh, "A Study of the Evolution of K'an-hua Ch'an in Sung China: Yüan-wu K'o-ch'in（1063～1135）and the Function of *Kung-an* in Ch'an Pedagogy and Praxis," 163, 154.
〔註64〕紹隆：《圓悟佛果禪師語錄》，卷 11，頁 765。
〔註65〕「紹興初，佛日（宗杲）入閩，見學者牽之（《碧巖錄》）不返，日馳月騖，浸漬成弊。即碎其板、闢其說，以至袪迷援溺，剔繁撥劇，摧邪顯正。」詳見〔宋〕淨善：《禪林寶訓》（臺北：新文豐，大正藏本，冊48），卷4，頁 1036。

　　宗杲曾謂：「道由心悟，不在言傳。」〔註 66〕與其師克勤一般亦教人「須參活句，莫參死句。」〔註67〕而且，他所提倡的看話禪不只是單純參究公案話頭文字，而是要進一步超脫這些符號之外。克勤尚且要借助文字闡述的力量來試圖消解學人對公案話頭的執著；宗杲在參究公案中則以「不得下語、不得思量、不得向舉起處會、不得去開口處承當」〔註68〕的作法，企圖超越於這些公案話頭之上，直取其句中正法眼藏。到此境地，活句可說不存在於任何話頭之中，只存在於悟入者的禪境當下，借用錢鍾書的話來說，即「禪句無所謂『死活』，在學人之善參與否。」〔註69〕此亦為公案「活句」說的最後一變。

　　總結上述脈絡，活句的本質在禪宗裡頭從來沒有變動，有所改變的是禪僧對它的描述策略與應用方式，這就是「活句」說的流變。最初活句被提出來，先是作為去除學人對言語執著的最直接的話頭。其後這種話頭被普遍運用，活句在應答者口中很可能模糊或失去原本純粹的語境，於是活句和禪徒之間不再處於直接面對的場合，禪師拒絕將活句再次變成話頭。當禪徒仍無所適從之時，禪師又在教學的過程中再生產活句的典刑，豎起了一塊不可執著於參究話頭的警示牌。只是，過度製造典刑的結果，不期然的令禪徒沉迷其中，活句的作用也逐漸達不到預期的教學效果。待大慧雄起，破碎了隔在禪徒與活句的真實之間的警示牌，重倡對活句的把握，不是在話頭的本身，而是超然於其上、不得下語思量的終極指向，這也成為看話禪的核心價值所在。

　　若在宋代詩論的場合，正如南宋詩人章甫（生卒年不詳）所稱：「人入江西社，詩參活句禪。」〔註70〕周裕鍇先生在探討「宋代詩學術語的禪學語源」時，指出「參活句」是江西詩派的重要詩論。〔註71〕學者在宋詩領域研究中皆不能錯過研究對象與禪學的關係，然而江西詩派「參活句」的內涵，應當還包括另一個同樣來自於禪學語源的詩法，即「句中有眼」。〔註72〕黃庭堅〈贈

〔註66〕蘊聞：《大慧普覺禪師語錄》，卷23，頁910。

〔註67〕同上註，卷14，頁870。

〔註68〕同上註，卷14，頁869。

〔註69〕錢鍾書：《談藝錄》，冊上，頁292。

〔註70〕〔宋〕章甫：《自鳴集》（臺北：臺灣商務，1985年景印文淵閣四庫全書本，冊1165），卷4，頁11上。章甫約為南宋淳熙（1174～1189）時人，詳見書前提要，頁1下。

〔註71〕周裕鍇：《文字禪與宋代詩學》，頁132。

〔註72〕如克勤所謂：「不妨句中有眼，言外有意。」詳見重顯頌古，克勤評唱：《佛果圜悟禪師碧巖錄》，卷3，頁166。

高子勉四首 其四〉詩云：「拾遺句中有眼，彭澤意在無弦。」〔註73〕周裕鍇先生指出「句中之眼相當於弦外之意」，「眼」即「正法眼藏」。〔註74〕此為「參活句」的進一步延伸，「參活句」要求參透超越於公案話頭之上的禪機；「句中有眼」亦要求詩句需有超乎言語之外的意境，這也是黃庭堅在另外一首詩中所說的：「覆卻萬方無準，安排一字有神。」〔註75〕「一字有神」的內涵即與「句中有眼」一致。正法眼藏乃禪宗自古心心相印之奧義，不論是江西詩派的詩論或是禪宗的參活句，最根本的要求都在於把握弦外之音、言外之意，進而有所證悟。因此，以宋詩而言，江西詩派「參活句」當與「句中有眼」互相參照，即直參「活句」中之「正法眼藏」。恰如前述，此與宋代宗杲看話禪的內涵是相契的。

三、小結：有關以禪論詩的正當性

　　龔鵬程先生在〈釋「學詩如參禪」——兼論宋代詩學之理論結構〉一文中，提出不同於過去學界習以為常的看法，以唯識宗「三自性」——遍計所執性、依他起性、圓成實性來作為探討宋詩的理論架構，是一篇極為精彩的論文。〔註76〕不過文中討論到有關禪學對宋詩的影響，牽涉到本文討論詩禪關係的價值取向，因此本節最後必須在此略作一商量。

　　龔先生以唯識學作為宋詩的解釋系統，首先就指出了禪學與詩沒有學者所想像的必然甚至是唯一獨特的關聯，這是很有見地的。可是將「宋詩受到禪宗影響」視為學界「流行而美麗的錯誤」，這就可以再商議。龔先生認為這種錯誤「未詳勘兩者內在的流變和義理結構」，〔註77〕約舉其說如下：

> 禪學與詩，並無必然的關係，……詩人應物抒感，物色之動，心亦搖焉，禪宗卻要人不在色、聲、香、味、觸、法上生心。詩人含毫吐臆，與境孚會，禪宗卻要人心無所住，在幻境上不生念，存在地實踐地自悟本心本性。因此，依禪宗義理來講，絕對開展不出詩來。

〔註78〕

〔註73〕黃庭堅：《豫章黃先生文集》，卷12。
〔註74〕周裕鍇：《文字禪與宋代詩學》，頁118。
〔註75〕語出〈次韻奉酬四首 其三〉，詳見黃庭堅：《豫章黃先生文集》，卷12。
〔註76〕龔鵬程：《佛學新解》，頁99～165。
〔註77〕同上註，頁99～100。
〔註78〕同上註，頁102。

龔先生所舉禪學本質確與詩家之作應爲二物，禪人不因色、聲、香、味、觸、法動心起念；詩人則需與境孚會、有所感興。但是，禪悟的發生有時卻又與色、聲、香、味、觸、法相關，如法演舉艷詩「頻呼小玉元無事，只要檀郎認得聲」，克勤聽聞後竟因此得悟禪境，〔註79〕可知禪悟的發生並不限於平居接物之外。聽聞誦詩之聲、或目見其詩句，隨其動心起念而卻又不爲所動，亦可爲悟入的契機。至於所謂「禪宗義理開展不出詩來」，若嚴格定義詩的本質與形式，或許確如其說。龔先生認爲：

> 近人頗有輯宗門語錄所傳說法偈子爲詩集者，其實偈子與詩不論其
>
> 形式是否相同，都不應混爲一談。〔註80〕

佛禪說法偈頌雖多有韻語，實不能與詩相混，然禪門頌古又是另一回事。頌古乃禪僧因古德公案而有所興作，其與偈頌的根本區別在於，偈頌目的在於反復說法，雖偶有合韻，但形式不乏與詩體相異者；頌古則不然，頌古的目的不僅僅在解釋公案，還展現禪師的感興，故其形式藉詩韻而不以散文表露，字句或長短不一、或格式公整。以結構符合詩體的情況來說，許多北宋禪師所作頌古若不詳其名目由來，直與文人詩作無異。重顯頌古在《碧巖錄》中已多有此例，今從《禪宗頌古聯珠通集》中任舉三首北宋他人之作爲證：

〔註81〕

> 說盡榮枯轉見難，沙彌平墮語言端。
>
> 老僧遙指猿啼處，雲散千空月色寒。
>
> 黃鶴樓中四望賒，滿天風月屬詩家。
>
> 百千諸佛居何土，風起長江湧浪花。
>
> 體露金風觸處周。何須葉落始知秋。
>
> 清風樓上當年事。直至如今笑未休。

無論從形式還是內容來看，這種頌古與世俗文人之詩作幾無異趣，且自晚唐五代詩僧群以來，北宋能爲詩文之禪僧不在少數，惠洪《石門文字禪》

〔註79〕 紹隆：《圓悟佛果禪師語錄》，卷12，頁768。

〔註80〕 龔鵬程：《佛學新解》，頁103之註釋1。原文中，「形式」原作「形武」，今改之。

〔註81〕 以下三首分別詳見〔宋〕法應集，〔元〕普會續集：《禪宗頌古聯珠通集》（臺北：新文豐，卍續藏本，冊65），頁559、570、682。作者依序爲地藏守恩（生卒年不詳），嗣法於慧林宗本（1021～1100）：普融道平（？～1127），嗣法於大溈慕喆（？～1095）：芭蕉谷泉（生卒年不詳），嗣法於汾陽善昭（947～1024）。

便收有其作古體詩、排律，與五、七言絕句和律詩，這些詩作絕非說法偈頌之屬。可以說，或許從禪宗義理面開展不出詩來，但是在實踐面上卻正是不同風貌。

再者，龔先生還談到：「宋代佛學以禪宗較盛，故詩人取譬，常染宗門習氣。」〔註82〕尚論士大夫「以禪論詩又不專就禪宗內部義理。」〔註83〕就本文觀察，這顯然是因為士大夫與禪僧在身分認同、思想信仰上原有區別，禪對部分北宋士大夫來說，只是政事之餘的個人興趣、也是困頓生命之安慰所在，因此士大夫借禪以為論詩之資，仍是從其文人思維出發，而非以宗門義理為依歸，這也是可想而知的。若僅僅從禪宗內在的義理來審判，便會輕易抹煞掉詩人沾染宗門習氣的「以禪論詩」之正當性。龔先生指出，在詩人「以禪論詩」的活動中，禪只是一個「描述系統」：

> 被描述者本身並未規定或安排，而是描述者選擇一種語言形式予以設定，並約定俗成的。〔註84〕

雖然如同龔先生所言，被描述者（詩或禪）的本質或真相不即是描述者（文人士大夫）所作出的描述（學詩如參禪），但卻也不該輕易否定其立場存在之價值。謂「學詩『如』參禪」，不過是在描述兩者有其近似處，從「悟」的層面來說，這是成立的，並不是實指「學詩『即』參禪」。

總的說來，上述龔先生的觀點若以禪門義理面為基準，是有其道理的，但他說「詩人的慧業必須涉及知解、勒成文字，與無言寂寥、言語道斷的禪，並不相同。」〔註85〕這恐怕是忽略了北宋禪林以來特有的文字禪風尚，即文人以禪論詩，禪僧以詩明禪的現象。這時候的禪學，在實踐面上已與所謂「無言寂寥、言語道斷」有一段不小的距離了。

第二節　北宋尚意的翰墨禪機

德國哲學家黑格爾（Georg Wilhelm Friedrich Hegel，1770～1831）在其名著《美學》中指出，宗教經常通過利用藝術的手段以使吾人更好的感受到宗

〔註82〕龔鵬程：《佛學新解》，頁 104。
〔註83〕同上註，頁 102。
〔註84〕同上註，頁 108。
〔註85〕同上註，頁 102～103。

教的眞理。〔註 86〕而外來宗教爲宣教之故，多與當地社會文化交融，改變固有的行爲模式或增添新的文化素材。其中，藝術與宗教的相互影響，便是佛教文化研究中不可忽視的一環。當然，藝術的種類包羅萬象，宗教影響的層面亦遠比想像中廣泛，如廖肇亨先生的〈禪門說戲：一個佛教文化史觀點的嘗試〉，主要探討宋代以後戲劇與宗門話頭之間交融的痕跡，像是唐代馬祖門下鄧隱峰（生卒年不詳）以「竿木隨身，逢場作戲」〔註 87〕表示其「浪拓江湖，遊戲人生的命運」。〔註 88〕後來這條以傀儡戲作比喻的公案話頭，就經常出現在禪師語錄中，〔註 89〕顯示禪門與戲劇交涉的情況。宋代士大夫禪悅之風起，部分文人固有的文藝技能也在進行藝術創作的同時沾染宗門氣息，若暫且擱置文學與藝術的分野，那麼上節考述的詩禪關係就是一個例子。而本節準備探討的對象主要則是北宋書論與禪學的關係，並於文末略述相關畫論。

　　史提夫・羅傑・費雪在《文字書寫的歷史》中提到，中文書寫有時被稱爲「遠東的拉丁文」，不過「拉丁語文在西方成了明日黃花，漢語及中文書寫可不只是這樣。漢語書寫本身就是文化。」〔註 90〕書法作爲中國傳統文化之一環，本是歷代文人雅士具備的基本技能。然而在十二世紀文風鼎盛的中國，宋高宗（1107～1187）曾喟歎道：「書學之弊，無如本朝。」其著〈翰墨志〉曰：

> 本朝士人自國初至今，殊乏以字畫名世，縱有，不過一、二數，誠非有唐之比，……本朝承五季之後，無復字畫可稱。至太宗皇帝始搜羅法書，備盡求訪。當時以李建中字形瘦健，姑得時譽，猶恨絕無秀異。至熙豐以後，蔡襄、李時雍體制方如格律，欲度驊騮，終

〔註86〕 「宗教卻往往利用藝術，來使我們更好地感到宗教的眞理，或是用圖像說明宗教眞理以便於想象。」詳見〔德〕黑格爾著，朱光潛譯：《美學　第一卷》（北京：商務印書館，1996 年 6 月，9 刷），頁 130。

〔註87〕 道原：《景德傳燈錄》，卷 6，頁 246。

〔註88〕 廖肇亨：《中邊・詩禪・夢戲：明末清初佛教文化論述的呈現與開展》，頁 343 ～344。

〔註89〕 如廖肇亨先生所舉南宋天童如淨（1163～1228）之語錄，今可見於〔宋〕文素：《如淨和尚語錄》（臺北：新文豐，大正藏本，冊 48），卷上，頁 125。北宋文字禪代表人物之一的雪竇重顯、圓悟克勤等人亦有此例，分別詳見惟蓋竺：《明覺禪師語錄》，卷 5，頁 702；紹隆：《圓悟佛果禪師語錄》，卷 1，頁 714～715。

〔註90〕 〔美〕史提夫・羅傑・費雪著，呂健忠譯：《文字書寫的歷史》（臺北：博雅書屋，2009 年 9 月），頁 174～175。

> 以駮駮不爲絕賞。繼蘇、黃、米、薛，筆勢瀾翻，各有趣向。然家
>
> 雞野鵠，識者自有優劣，猶勝泯然與草木俱腐者。〔註91〕

一般而言，宋代書學不及唐代。以高宗在南宋對北宋諸家的評價來看，雖亦
有可取，但猶恨「家雞」難成絕賞。當然，宋朝書學之弊並非無端而肇，兩
宋之際的士大夫朱弁（？～1144）在《曲洧舊聞》提到：

> 唐以身言書判設科，故一時之士，無不習書，猶有晉宋餘風。今間
>
> 有唐人遺蹟，雖非知名之人，亦往往有可觀。本朝此科廢，書遂無
>
> 用於世，非性自好之者不習，故工者益少，亦勢使之然也。〔註92〕

宋代科舉廢「書判」，同時消除了書法對於應考取士的實用性，非自有所好者，
士子通常不再琢磨於此，而名家所出，在質量方面自然不及前代。在這種古
優於今的情況下，宋人書論表現出慕古的心理也是可想而知的。

一、歐陽修與蘇軾的尚意書論

　　清代書法家梁巘〔註93〕嘗歸納歷代書法特色，其曰：「晉尚韻，唐尚法，
宋尚意，元、明尚態。」〔註94〕此處所謂「宋尚意」之「意」，嚴格來說在北
宋不同的書法名家手中其涵義實有細微之差異，然論者多未區分。首先談歐
陽修，其得唐代書法名家李邕（678～747）墨蹟後嘗曰：「余雖因邕書得筆法，
然爲字絕不相類，豈得其意而忘其形者耶？」〔註95〕歐陽修書論所尚之意，
與其古文運動主張相契，乃在追求古人之意。如他在與石介通信中曾指責道：

〔註91〕〔宋〕高宗皇帝：〈翰墨志〉（上海：上海書畫出版社，1981 年 10 月，2 刷，
　　　　歷代書法論文選本），頁 367、369。

〔註92〕朱弁：《曲洧舊聞》，卷 9，頁 217～218。

〔註93〕生卒年不詳，主要生活於乾隆時期。

〔註94〕梁巘：〈評書帖〉（上海：上海書畫出版社，1981 年 10 月，2 刷，歷代書法論
　　　　文選本），頁 575。中國學者胡建明先生在此基礎上進一步指出：「綜觀北宋的
　　　　書法，其實真正能稱得上『尚意』書風的，恐怕要到中晚期英宗以後了。」
　　　　詳見胡建明：《宋代高僧墨蹟研究》（杭州：西泠印社，2011 年 3 月），頁 6。
　　　　胡先生所指，主要是在蘇軾（1037～1101）、黃庭堅（1045～1105）等名家開
　　　　始活躍的時期。又，本節有關書法之討論，主要著眼點在於士大夫對於禪門
　　　　公案的應用。至於相關宋僧書法之研究，便可參考《宋代高僧墨蹟研究》。唯
　　　　北宋能夠用以進行討論的禪僧不多，故該書篇幅亦以南宋及東傳日本的部分
　　　　爲主，這應是緣於史料限制而不得不然。

〔註95〕語出〈李邕書〉，詳見歐陽修著，李逸安點校：《歐陽修全集》，冊五，卷 130，
　　　　頁 1980。

「今書前不師乎古，後不足以爲來者法。」〔註96〕石介在排佛論上重視的夷夏之防，展現其泛道德主義的心理，而他對書法的觀點也是以「聖人之道」爲優先，在〈答歐陽永叔書〉中，石介作出如下回應：

> 今不學乎周公、孔子、孟軻、揚雄、皋陶、伊尹，不脩乎德與行，特屑屑致意於數寸枯竹、半握禿毫間，將以取高乎？又何其淺也。

> 夫治世者道，書以傳聖人之道者已。能傳聖人之道足矣，奚必古有法乎？今有師乎？永叔何孜孜於此乎？

> 噫！國家興學校、置學官，止以教人字乎？將不以聖人之道教人乎？將不以忠孝之道教人乎？將不以仁、義、禮、智、信教人乎？永叔但責我不能書，我敢辭乎！〔註97〕

石介若以道爲本、書爲末，相較之下本無可厚非，然其濃厚的學究氣息似欲置書法於無用之地，所謂「奚必古有法乎？今有師乎？」直是有「道」萬事足、餘皆可罔顧的偏執心理。歐陽修由是又回〈與石推官第二書〉，略曰：

> 今足下以其直者爲斜，以其方者爲圓，而曰：「我第行堯、舜、周、孔之道。」此甚不可也。譬如設饌於案，加帽於首，正襟而坐，然後食者，此世人常爾；若其納足於帽，反衣而衣，坐乎案上，以飯寘酒巵而食，曰：「我行堯、舜、周、孔之道」者，以此之於世可乎？不可也。則書雖末事，而當從常法，不可以爲怪，亦猶是矣。〔註98〕

書如不正，行止何以爲端？針對石介唯道獨尊的辯解，歐陽修此說可謂「以子之矛，攻子之盾」，同時也透露出一個訊息，即歐陽修書論師古之意，並非全然無關道德。相反的，其所師之古人，必取乎賢者，嘗曰：「非自古賢哲必能書也，惟賢者能存爾，其餘泯泯不復見爾。」〔註99〕這是他書論「多閱古

〔註96〕 語出〈與石推官第一書〉，詳見歐陽修著，李逸安點校：《歐陽修全集》，冊三，卷68，頁992。

〔註97〕 以上三條引文詳見石介著，陳植鍔點校：《徂徠石先生文集》，卷15，頁176。

〔註98〕 歐陽修著，李逸安點校：《歐陽修全集》，冊三，卷68，頁993。以上有關歐陽修與石介對於書法的論辯，曹寶麟先生已揭，詳見氏著：《中國書法史：宋遼金卷》（南京：江蘇教育出版社，1999年10月），頁47～50。因歐石間的論辯可窺歐陽修書論之概況，本文不得不略引雙方往來魚雁，惟觀點雖與曹先生一致，論述則各有所別。

〔註99〕 語出〈世人作肥字說〉，詳見歐陽修著，李逸安點校：《歐陽修全集》，冊五，卷129，頁1970。

人遺蹟，求其用意」〔註100〕的基本前提，即求古人用意，非賢者不取。曹寶麟先生在《中國書法史》中指出，歐陽修這種觀念成爲蘇軾、黃庭堅等人評價前代書家的主要標準。〔註101〕但必須說明的是，北宋書論在歐陽修之時，並無明顯受禪家影響，而那卻是黃庭堅書論敘述中的特色之一。宋代要論到「以禪喻書」的情形，必首推黃庭堅書論。而蘇軾、黃庭堅二人書論較爲接近，所尙之意也和歐陽修不盡相同。

蘇軾嘗云：「書必有神、氣、骨、肉、血，五者闕一，不爲成書也。」〔註102〕今難考其所謂「神、氣、骨、肉、血」五者之實質涵義爲何。惟東晉書法名家衛鑠（272～349）曾曰：「善筆力者多骨，不善筆力者多肉。多骨微肉者謂之筋書，多肉微骨者謂之墨豬。」〔註103〕推估蘇軾所謂「骨」、「肉」當指筆畫之穠纖；〔註104〕餘三者則未有確論。然宋人書論多尙意，前述歐陽修尙古賢之意，相較之下，蘇軾書論所尙之意則顯得較爲奔放自由。其曰：「我書意造本無法，點畫信手煩推求。」〔註105〕又謂：「書初無意於佳，迺佳爾。」〔註106〕從這兩條引文可勾勒出蘇軾書論的大要，其主張意造無法，故能「自出新意，不踐古人」；〔註107〕無意於佳，則能信手落筆，「寄妙理於豪放之外。」〔註108〕大致說來，蘇軾的尙意精神重視灑脫，惟求「字外之意」，〔註109〕不踐古人形聲點畫，這是與歐陽修尙意書論的同異之處。

但是，蘇軾所謂的「不踐古人」，並不是否定歐陽修師古之意，蘇軾說：

〔註100〕語出〈雜法帖六〉，同上註，冊五，卷143，頁2315。

〔註101〕詳見曹寶麟：《中國書法史：宋遼金卷》，頁58。

〔註102〕語出〈論書〉，詳見蘇軾：《蘇軾文集》，卷69，頁2183。

〔註103〕〔東晉〕衛鑠：〈筆陣圖〉（上海：上海書畫出版社，1981年10月，2刷，歷代書法論文選本），頁22。

〔註104〕參考蘇軾〈題自作字〉曰：「東坡平時作字，骨撐肉，肉沒骨，未嘗作此瘦妙也。」詳見蘇軾：《蘇軾文集》，卷69，頁2203。此其「骨」、「肉」用例之一。

〔註105〕語出〈石蒼舒醉墨堂〉，詳見蘇軾：《蘇軾詩集》，卷6，頁236。又，胡建明先生認爲蘇軾「這種觀點是出於禪宗所奉持《金剛經》和《六祖壇經》等教義。」可參考胡建明：《宋代高僧墨蹟研究》（杭州：西泠印社，2011年3月），頁267～268。

〔註106〕語出〈評草書〉，詳見蘇軾：《蘇軾文集》，卷69，頁2183。

〔註107〕〔清〕卞永譽：《式古堂書畫彙考·書旨》，鑑古書社影印吳興蔣氏密均樓藏本，卷3，頁36上。

〔註108〕語出〈書吳道子畫後〉，詳見蘇軾：《蘇軾文集》，卷70，頁2211。

〔註109〕蘇軾〈小篆般若心經贊〉曰：「心存形聲與點畫，何暇復求字外意？」同上註，卷21，頁618。

「苟能通其意，常謂不學可。」〔註110〕此處的「不學」，非束書不觀，而是指不模仿古人法度，並出其繩墨之外；然若欲通其意，正所謂「學即不是，不學亦不可」，〔註111〕故又不得不「多取古書細看，令入神，乃到妙處。」〔註112〕此處的「入神」，當指悟入古人作書精神，或爲蘇軾所謂「書必有神、氣、骨、肉、血」之「神」亦未可知。由上所述，蘇軾書論主張尚意，基礎則在學養，嘗曰：「退筆如山未足珍，讀書萬卷始通神。」〔註113〕這也是北宋崇文風氣下的普遍觀照，黃庭堅認爲：「士大夫下筆須使有數萬卷書，氣象始無俗態。」〔註114〕而其評宋初書法家王著（生卒年不詳）臨帖亦謂：「若使胸中有書數千卷，不隨世碌碌，則書不病韻。」〔註115〕可以說，蘇、黃這種以學養爲基礎的要求，應是在歐陽修「多閱古人遺蹟」的指示下進一步的開展。

　　曹寶麟先生謂蘇軾的尚意書論「貫徹著禪宗『直指人心』、『見性成佛』、『平常心是道』等觀念」。〔註116〕若以其「意造無法」、「無意於佳」、但求「字外之意」的作書態度來看，或有些許禪意，不過蘇軾學通三教，就其書論內涵而言，謂之取法老莊坐忘亦無不可。就本文觀察，北宋因文字禪興起，加之士大夫禪悅之風盛，造成公案語錄在叢林、翰林之間流行，然而注意到蘇軾詩文不乏佛理禪意之餘，在書論中使用公案禪語的情況實不多見。下舉二例，其〈六觀堂老人草書詩〉曰：

> 物生有象象乃滋，夢幻無根成斯須。清露未晞電已徂，此滅滅盡乃真吾，云如死灰實不枯。逢場作戲三昧俱，化身爲醫忘其軀。草書非學聊自娛，落筆已喚周越奴。〔註117〕

〔註110〕蘇軾〈次韻子由論書〉曰：「吾雖不善書，曉書莫如我。苟能通其意，常謂不學可。」詳見蘇軾：《蘇軾詩集》，卷5，頁210。

〔註111〕語出〈跋黃魯直草書〉，詳見蘇軾：《蘇軾文集》，卷69，頁2195。

〔註112〕原文曰：「然學書時時臨模可得形似，大要多取古書細看，令入神，乃到妙處。唯用心不雜，乃是入神要路。」詳見黃庭堅：《豫章黃先生文集・書贈福州陳繼月》，卷29。篇首有「東坡先生云」，知爲蘇軾語。

〔註113〕語出〈柳氏二外甥求筆跡二首〉，詳見蘇軾：《蘇軾詩集》，卷11，頁543。

〔註114〕引自〔元〕袁袞〈題書學纂要後〉，句前謂「黃太史有言」，知爲山谷語。詳見〔元〕蘇天爵：《國朝文類》，卷39，《四部叢刊》初編，1922年上海商務印書館再版景印本。

〔註115〕語出〈跋周子發帖〉，詳見〔宋〕黃庭堅著，〔明〕毛晉訂：《山谷題跋》（上海：商務印書館，1936年叢書集成初編本，冊1564），卷5，頁52。

〔註116〕曹寶麟：《中國書法史：宋遼金卷》，頁6。

〔註117〕語出〈六觀堂老人草書詩〉，詳見蘇軾：《蘇軾詩集》，卷34，頁1795～1796。

此詩乃東坡觀一老僧所作草書而有省，言句多揭佛理。其中，「逢場作戲三昧
俱」即前文提過唐代鄧隱峰「竿木隨身，逢場作戲」之公案典故，此則公案
多爲宋以後禪師使用。又，蘇軾〈書張長史書法〉曰：

> 世人見古有見桃花悟道者，爭頌桃花，便將桃花作飯喫。喫此飯五
> 十年，轉沒交涉。正如張長史見擔夫與公主爭路，而得草書之法。
>
> 欲學長史書，日就擔夫求之，豈可得哉！〔註118〕

「桃花悟道」者，乃指唐代禪僧靈雲志勤（生卒年不詳）「因桃華悟道」之事，
〔註119〕後成禪門公案，出入於宋代禪僧語錄中。而「張長史見擔夫與公主爭
路」者，「張長史」即唐代草聖張旭（生卒年不詳），所謂「見擔夫與公主爭
路」云云，似乎不合常理。《太平廣記》卷二○八引《國史補》記張旭曰：「始
吾聞公主與擔夫爭路，而得筆法之意。」〔註120〕蘇軾用典與《太平廣記》所
記此條相類。查唐代李肇（生卒年不詳）《國史補》原文，實與《太平廣記》
有些微出入。《國史補》記張旭曰：「始吾見公主擔夫爭路，而得筆法之意。」
〔註121〕可知或是張旭見公主之擔夫與人爭道而行，故而得草書筆法之意。宋
代另有一說，與蘇軾同時的書法家朱長文（1039～1098），其著〈續書斷〉所
記「張長史」條下云：「嘗見公出，擔夫爭路，而入又聞鼓吹，而得筆法之意。」
〔註122〕此說則以爲「公出」誤植爲「公主」。然既爲唐朝事，唐人所記當較宋
人更爲可信，故應仍以《國史補》原書爲準。蘇軾此條除引禪門公案，所舉
張長史例亦頗類禪宗頓悟之說。不過，總的看來，蘇軾這類用例較少；相比
之下，黃庭堅「以禪論書」的情形則較爲明顯。

二、黃庭堅書論中對禪門公案話頭的運用

黃庭堅〈書家弟幼安作草後〉曰：

〔註118〕語出〈書張長史書法〉，詳見蘇軾：《蘇軾文集》，卷 69，頁 2200。

〔註119〕「福州靈雲志勤禪師，本州長溪人也。初在溈山，因桃華悟道，有偈曰：『三
十來年尋劍客，幾逢落葉幾抽枝。自從一見桃華後，直至如今更不疑。』」詳
見道原：《景德傳燈錄》，卷 11，頁 285。

〔註120〕〔宋〕李昉等編：《太平廣記》（北京：中華書局，1986 年 3 月，3 刷），冊 5，
卷 208，頁 1595。

〔註121〕〔唐〕李肇：《國史補》（上海：上海古籍出版社，1979 年 1 月，新一版），
卷上，頁 17。

〔註122〕〔宋〕朱長文：〈續書斷〉（上海：上海書畫出版社，1981 年 10 月，2 刷，歷
代書法論文選本），頁 325。

> 夫老夫之書，本無法也。但觀世間萬緣，如蚊蚋聚散，未嘗一事橫
> 於胸中，故不擇筆墨，遇紙則書，紙盡則已。〔註 123〕

據周裕鍇先生考證，目前所知「文字禪」一詞最早便由黃庭堅使用，〔註 124〕
黃庭堅不管是詩論還是書論皆與佛禪相融，上舉所謂「觀世間萬緣，如蚊
蚋聚散」云云，實爲佛家諸法因緣生滅之論。而其自謂所書本無法，顯然
與蘇軾「我書意造本無法」同調。又，黃庭堅嘗曰：「心不知手，手不知筆」，
〔註 125〕如此信手落筆的態度，也與蘇軾「心忘其手手忘筆，筆自落紙非我
使」〔註 126〕的意境相契。同時代的書法名家米芾（1051～1108）主張「謂
把筆輕，自然手心虛，振迅天眞，出於意外」，〔註 127〕亦與上述蘇、黃同
一個路數。

再者，黃庭堅的學書之法，「但觀古人行筆意耳」〔註 128〕，仍與蘇軾同
途，黃庭堅曰：

> 古人學書不盡臨摹，張古人書於壁間，觀之入神，則下筆時隨人意。
> 學字既成，且養於心中，無俗氣然後可以作，示人爲楷式。凡作字，
> 須熟觀魏晉人書，會之於心，自得古人筆法也。〔註 129〕

所謂「觀之入神」，當指觀覽古人書時，契悟古人作書之精神或神韻。前述歐
陽修謂學書要「多閱古人遺蹟」，蘇軾則有「多取古書細看，令入神，乃到妙
處」之說，整體而言黃庭堅的學書之法也大類於歐蘇。要特別說明的是，引
文中黃庭堅提到「無俗氣然後可以作」，但是俗氣的有無以何爲標準？劉熙載
《藝概》說：「黃山谷論書最重一『韻』字，蓋俗氣未盡者，皆不足以言韻也。」
〔註 130〕黃庭堅也曾說：「凡書畫當觀韻。」〔註 131〕曹寶麟先生則指出，此處

〔註 123〕黃庭堅：《豫章黃先生文集》，卷 29。
〔註 124〕詳見周裕鍇：《文字禪與宋代詩學》，頁 32。
〔註 125〕語出〈山谷評諸名家書〉，詳見卞永譽：《式古堂書畫彙考·書評上》，卷 1，
頁 46 上。
〔註 126〕語出〈小篆般若心經贊〉，詳見蘇軾：《蘇軾文集》，卷 21，頁 618。
〔註 127〕語出〈米南宮自敍〉，詳見卞永譽：《式古堂書畫彙考·收藏法書》，卷 4，頁
61 上。
〔註 128〕語出〈跋爲王聖予作字〉，詳見黃庭堅：《豫章黃先生文集》，卷 29。
〔註 129〕語出〈跋與張載熙書卷尾〉，同上註。
〔註 130〕〔清〕劉熙載著，袁津琥校注：《藝概注稿·書概》（北京：中華書局，2009
年 5 月），冊下，卷 5，頁 765。
〔註 131〕語出〈題摹燕郭尚父圖〉，詳見黃庭堅：《豫章黃先生文集》，卷 27。

的「韻」可用「不俗」來解釋，端看書者的人格、修養……等等。〔註132〕就本文理解，黃庭堅所謂「無俗氣」，除了「臨大節而不可奪，此不俗人也」〔註133〕的解釋之外，當有恬適高潔、淡泊名利之意。其〈不俗軒耐閒軒頌〉云：「不愛孔方乃不俗。」〔註134〕「孔方」即借指銅幣；而其〈寄題安福李令愛竹堂〉則曰：「淵明喜種菊，子猷喜種竹。託物雖自殊，心期俱不俗。」〔註135〕「淵明」自不待言，「子猷」即東晉王羲之（303～361）第五子王徽之（生卒年不詳），《世說新語》入「任誕」一門，以愛竹著名，嘗指竹曰：「何可一日無此君！」〔註136〕東坡亦有詩云：「可使食無肉，不可使居無竹。無肉令人瘦，無竹令人俗。」〔註137〕可知蘇、黃二人皆以竹爲脫俗之象徵。參照前述黃庭堅所謂「士大夫下筆須使有數萬卷書，氣象始無俗態」之意，則這種脫俗當從學養中落腳，以讀書萬卷培養人品，人品高潔則不俗，不俗則落筆有韻，這種將人格修養與書法高下連結起來的審美判斷，就是黃庭堅學書之法的大要。不過，除了上述與歐蘇同途的部分，黃庭堅的書論也自有其特色，宋代何薳（1077～1145）《春渚紀聞》載：

> 東坡先生、山谷道人、秦太虛七丈，每爲人乞書，酒酣筆倦，坡則
>
> 多作枯木拳石，以塞人意；山谷則書禪句；秦七丈則書鬼詩。〔註138〕

黃庭堅應酬作書多用禪句，正因其書道與禪學相涉之故，其〈李致堯乞書書卷後〉云：「耳熱眼花，忽然龍蛇入筆。學書四十年，今名所謂鼇山悟道書也。」〔註139〕「鼇山悟道」典出唐代禪師雪峰義存（822～908），《聯燈會要》載義存事曰：

> 師與巖頭，一日到鼇山店。……巖頭震威一喝，云：「豈不聞道：『從

〔註132〕詳見曹寶麟：《中國書法史：宋遼金卷》，頁157。

〔註133〕語出〈書繪卷後〉，詳見黃庭堅：《豫章黃先生文集》，卷29。

〔註134〕〔宋〕黃庭堅：《山谷集・別集》（臺北：臺灣商務，1985年景印文淵閣四庫全書本，冊1113），卷2，頁16下。

〔註135〕〔宋〕黃庭堅著，史容注：《山谷外集詩注》，卷7，《四部叢刊》續編，1932年上海商務印書館再版景印本。

〔註136〕〔劉宋〕劉義慶著，〔梁〕劉孝標注，朱鑄禹彙校集注：《世說新語彙校集注》（上海：上海古籍出版社，2002年12月），卷下，頁634～635。

〔註137〕語出〈於潛僧綠筠軒〉，詳見蘇軾：《蘇軾詩集》，卷9，頁448。

〔註138〕〔宋〕何薳：《春渚紀聞》（北京：中華書局，2007年5月，3刷），卷7，頁110。

〔註139〕黃庭堅：《山谷題跋》，卷7，頁68。

門入者，不是家珍』！」師云：「如何即是？」頭云：「他後若欲播
揚大教，須一一從自己胸襟流出將來，與我蓋天蓋地去。」師於言
下大悟，跳下床，作禮云：「師兄，今日始是鼇山成道！師兄，今日
始是鼇山成道！」〔註140〕

此條記義存與其同門嚴頭全豁（828～887）在鼇山的問答，義存由是頓悟證
道，後成禪門常見公案話頭。黃庭堅借此典故喻其忽於書道大悟，這種以禪
喻書的作風正是他書論中的特色。又，其〈跋法帖〉曰：

余嘗論近世三家書云：「王著如小僧縛律；李建中如講僧參禪；楊凝
式如散僧入聖。」當以右軍父子書為標準。〔註141〕

此條記黃庭堅評三家書，首先是前文提過的王著，黃庭堅評其書病韻，病韻
則猶有俗氣，正如小僧佛理未透、不能入定，尚為戒律所縛，比喻其書未脫
前人家法，猶有繩墨之跡。王著自言為唐相王方慶（？～702）之後，〔註142〕
王方慶為王羲之後人。〔註143〕王著之書今已亡佚，而論其未脫家法，推想應
著眼於其「學王」之跡太過。〔註144〕其次是李建中（945～1013），李為宋初
書法名家，書學唐代張從申（生卒年不詳），然「未能至也」；〔註145〕而張從
申則學二王。〔註146〕或因李書學張而未至，不得二王法門，正如講經僧參禪，
已熟佛理，然欲得禪悟仍需超脫經教言說之外，比喻其書已具法式，惜境界
未至超凡。最後是五代書法名家楊凝式（873～954），黃庭堅對他的評價最高，
曾曰：「余嘗論二王以來，書藝超軼絕塵，惟顏魯公、楊少師相望數百年。」

〔註140〕悟明：《聯燈會要》，卷21，頁184。

〔註141〕黃庭堅：《山谷題跋》，卷4，頁34。

〔註142〕「王著，字知微，文仲同時人。自言唐相石泉公方慶之後。」詳見脫脫：《宋
史》，冊12，卷296，頁9872。

〔註143〕「后嘗就求羲之書，方慶奏：『十世從祖羲之書四十餘番……』」云云，詳見
歐陽修、宋祁：《新唐書》，冊14，卷116，頁4224。

〔註144〕曹寶麟先生對此已有考證，王著本學初唐虞世南（558～638），世南學智永禪
師（生卒年不詳），智永則為王羲之七世孫。詳見氏著：《中國書法史：宋遼
金卷》，頁16。

〔註145〕歐陽修「因與秦玠郎中論書。玠學書於李西臺建中，而西臺之名重於當世。
余因問玠：『西臺學何人書？』云：『學張從申也。』問玠識從申書否，云：『未
嘗見也。』因以此碑示之，玠大驚曰：『西臺未能至也！』詳見歐陽修：《歐
陽修全集・集古錄跋尾・唐王師乾神道碑》，冊5，卷140，頁2252～2253。

〔註146〕北宋書法家黃伯恩（1079～1118）〈跋開弟所藏張從申慎律師碑後〉云：「予
觀從申雖學右軍，其原出於大令筆意。」詳見氏著：《東觀餘論》，津逮秘書
明刻本，卷下，頁50上。「大令」即王獻之。

〔註147〕在他眼中，楊凝式與顏眞卿（709～785）乃二王以後書藝最爲可觀者。謂楊書「散僧入聖」，正如閑遊散僧不受縛於律，已然大徹大悟，藉以喻其書道入聖。

黃庭堅援禪論書不止於前述所論，上一節談「公案『活句』說的流變」曾提過黃庭堅有詩云「拾遺句中有眼」，須參詩中正法眼藏。這種觀念也被引入其書論之中，其〈自評元祐間字〉曰：

> 蓋用筆不知禽縱，故字中無筆耳。字中有筆，如禪家句中有眼，非
>
> 深解宗趣，豈易言哉！〔註148〕

陳志平先生在《黃庭堅書學研究》中已指出「擒縱」一詞經常出現在禪籍裡頭，「是禪師與學人談禪問答的具體手段」。〔註149〕所謂「用筆不知擒縱」，明確的說應該是指未能掌握筆勁收放之機，這就意味著在書論上觀賞角度與審美判斷已從字形進入筆意的層次。在詩論中，「句中有眼」的要求在於詩句中須有言外意旨，方得機趣；而在書論裡頭，「字中有筆」亦要求所書之字須含字外之意趣。然何謂字外之意趣？此與「筆意」皆爲抽象描述，不過一詞代一詞耳，試以黃庭堅〈題林和靖書〉所言來作參照：

> 林處士書清氣炤人，其端勁有骨，亦似斯人涉世也耶！〔註150〕

林逋（968～1028）爲宋初行書名家，《宋史》記其「少孤，力學，不爲章句。性恬淡好古，弗趨榮利，家貧衣食不足，晏如也。」〔註151〕有顏子之風。黃庭堅評其書「似斯人涉世」，直在其字中見其風骨。蓋此風骨不在字形、更不在字義，當即在所謂「字外之意趣」，也就是黃庭堅所主張「字中有筆」之「筆意」。這也符合前述黃庭堅評書講究的「不俗」，以學養爲基礎，在書作中展現高潔之人格。蘇門中人晁補之（1053～1110）論書曰：「學書在法，而其妙在人。法可以人人而傳，而妙必其胸中之所獨得。」〔註152〕此「妙」亦可說

〔註147〕語出〈跋李康年篆〉，詳見黃庭堅：《豫章黃先生文集》，卷29。〈山谷評諸名家書〉記曰：「王氏來，惟顏魯公、楊少師得蘭亭用筆意。」詳見卞永譽：《式古堂書畫彙考・書評上》，卷1，頁43上。

〔註148〕黃庭堅：《山谷題跋》，卷5，頁49。「禽」乃「擒」之古字。

〔註149〕詳見陳志平：《黃庭堅書學研究》（北京：首都師範大學美術學博士論文，2004年5月），頁97。

〔註150〕黃庭堅：《山谷題跋》，卷8，頁82。原文「亦似斯□涉世也耶」缺「人」字，今據文淵閣四庫本《山谷集・別集》卷11，頁16上補字。

〔註151〕脫脫：《宋史》，冊17，卷457，頁13432。

〔註152〕語出〈跋謝良佐所收李唐卿篆千字文〉，詳見晁補之：《雞肋集》，卷33。

是黃庭堅所謂「字中有筆」，學書雖有前人法式可以參詳琢磨，然筆意必獨得於個人涵養之中，涵養愈高，則筆意愈妙。

已有學者明確指出，宋代尚意書法中的「意」，即是「禪意」。〔註153〕綜觀以上的討論，黃庭堅化禪家「句中有眼」說以成其「字中有筆」之書論主張，蘇軾與之又皆曾以公案禪語來論斷古今書作（整體上仍以黃庭堅的用例較爲顯著），一方面足見北宋文人與禪文化交融之一隅；另一方面，也間接顯示出北宋文字禪運動所帶動的公案流行，如何在士大夫的雅文化中被吸收、運用。

三、北宋畫論對「物外之形」的追求

本節的最後，還要一提北宋相關畫論。北宋文人不止以禪論書，黃庭堅曾自謂因「參禪而知無功之功」，遂能「觀圖畫悉知其巧拙功俗、造微入妙」，〔註154〕這是將禪思想援引到畫的審美判斷之中。徐復觀（1904～1982）先生在《中國藝術精神》中討論到此事，舉明代蒼雪大師（1588～1656）詩曰：「試看一點未生前，問子畫得虛空否？」〔註155〕論證「禪境虛空，既不能畫，又何從由此而識畫。」〔註156〕然而，欲描述禪悟與畫境之間是否有所交集，就如同討論禪悟與詩境的關係時，必然會面對如下疑難：禪是否能夠藉由詩句顯現？或者詩句中能否透現禪意？在說明禪悟與畫境的關係中也能夠問類似的問題。可是，如果在推求答案的過程中，必將執於一端，恐怕不得不陷於捨本逐末之境。因爲重點並不在禪之能否入畫、或畫之能否證禪，以黃庭堅

〔註153〕詳見胡建明：《宋代高僧墨蹟研究》，頁7。

〔註154〕語出〈題趙公佑畫〉，詳見黃庭堅：《山谷題跋》，卷3，頁25。

〔註155〕〔明〕蒼雪著，行敏等輯：《蒼雪和尚南來堂詩集》（上海：上海古籍出版社，2002年續修四庫全書本，冊1393），卷1，頁503。

〔註156〕詳見徐復觀：《中國藝術精神》（臺北：學生書局，1979年9月，六版），頁372～374；需要補充說明的是，此處徐先生認爲，黃庭堅實是在參禪的過程中達到莊學的境界。「無功之功」即《莊子·人間世》所謂「無用之用」。他指出，禪學與莊學在工夫歷程上有其相通之處，然莊學是〈德充符〉所謂「官天地、府萬物」，是「有所住而生其心」；禪學則是「本來無一物」，故「應無所住而生其心」。只是禪學到了宋代，「一般人多把莊與禪的界限混淆了，大家都是禪其名而莊其實」，因此黃庭堅此言「只能是莊學的意境，而不能是禪學的意境。」徐先生言之自有其理，唯本節此處之重點乃在逐步推衍北宋畫論尚意之傾向，藉此描述其與北宋書論的相契之處，故於黃庭堅此條之莊禪糾葛，僅列徐說以供參考。

此例來說，重點應是觀畫者本身的禪學素養是否足以與禪相契，隨其得道淺深之不同，禪境未必不能入於翰墨，觀者亦未必不能因參禪而於畫境有所感悟。這是可再加以商量的。

除上舉黃庭堅之例，歐陽修與蘇軾的畫論亦需在此處討論。墨戲在北宋是作爲士大夫與僧侶交遊的媒介之一，如華光長老（生卒年不詳）喜作墨梅，與黃庭堅、〔註157〕陳與義（1090～1138）、〔註158〕鄒浩〔註159〕……等人皆有筆墨往來。蘇軾嘗以墨畫作佛事，惠洪〈東坡畫應身彌勒贊并序〉便提到：「東坡居士，游戲翰墨，作大佛事，如春形容，藻飾萬像，又爲無聲之語，致此大士於幅紙之間，筆法奇古，遂妙天下。」〔註160〕「無聲之語」即贊蘇軾畫作生動富有詩意。這些都是墨畫在北宋士大夫與僧徒之間留下的往還痕跡。

此外，前文所論「意足我自足」〔註161〕的尙意書風，也吹到當時的畫論身上。例如歐陽修書論表現「得其意而忘其形」，其論畫也格外重視「意」，他說：「蕭條淡泊，此難畫之意也，畫者得之，覽者未必識也。」〔註162〕畫者得其「意」，覽者卻未必能體會，此說或類於禪家以心傳心之說，禪境只能意會、難以言傳，借用五祖法演（？～1104）的話來說，即是「描也描不成，畫也畫不就。」〔註163〕但這並不代表歐陽修論畫便摻有禪學思想，如同其所謂「得其意而忘其形」，也不能即此而稱歐陽修書論以《莊子》「得魚忘筌」、「得意忘言」〔註164〕爲依歸。宋代三教並隆，宋人接受的思想刺激更爲多元，於宗教、文學、藝術……各方面的表現也更爲複雜，僅以某

〔註157〕〈書贈花光仁老〉曰：「比過鷲山，會芝公書記，還自嶺表，出師所畫梅花一枝。」詳見黃庭堅：《山谷集・別集》，卷11，頁2上。

〔註158〕「花光仁老作墨花，陳去非與義題五絕句。」詳見〔宋〕曾敏行：《獨醒雜志》（臺北：臺灣商務，1985年景印文淵閣四庫全書本，冊1039），卷4，頁1下。

〔註159〕鄒浩有〈觀華光長老仲仁墨梅〉一文，又有〈寄花光仁老〉、〈仁老寄墨梅〉等詩。詳見鄒浩：《道鄉集》，卷5，頁16下；卷9，頁14上～15上。

〔註160〕惠洪著，廓門貫徹註：《註石門文字禪》，卷19，頁522。卷16頁461也有〈次韻張敏叔畫桃梅二首〉這樣的詩作，此類士大夫與僧侶以詩畫相交的情形在宋代不算少見。

〔註161〕〔宋〕米芾：《寶晉英光集》（上海：商務印書館，1939年叢書集成初編本，冊1932），卷3，頁19。

〔註162〕語出〈鑑畫〉，詳見歐陽修：《歐陽修全集》，冊5，卷130，頁1976。

〔註163〕蘊聞：《大慧普覺禪師語錄》，卷17，頁883。

〔註164〕語出〈外物第二十六〉，詳見王先謙：《莊子集解》，卷7，頁66。

一種特定的學說思想去定義、組織一個框架以試圖瞭解某位宋人，經常是看不見其全貌的。不過，此處若謂宋人畫論以傳神達意爲特徵，而非重視追求形似，應沒有太大問題。南宋士人曾三益（1146～1236）工畫草蟲，嘗自言：

> 某自少時，取草蟲籠而觀之，窮晝夜不厭。又恐其神之不完也，復就草地之間觀之。於是始得其天，方其落筆之際，不知我之爲草蟲耶，草蟲之爲我也。〔註165〕

此條引文中也可以看到《莊子》思想的表述，畫家有如「莊周夢蝶」，〔註166〕齊物我，與所畫之跡合而爲一，臻至傳神之境。但要注意到，曾氏所言非以草蟲之形爲工，其恐草蟲之「神」不完，於是將出籠而就草地觀之，以追其神、傳其意。這也是宋人畫論不以形似爲貴的例子之一。

再看歐陽修云：「古畫畫意不畫形。」〔註167〕蘇軾也說：「論畫以形似，見與兒童鄰。」〔註168〕歐蘇所指，並非反對畫之「形似」，但凡有常形之物，「世之工人或能曲盡其形」，〔註169〕故不爲難能可貴者。難者應如晁補之（1053～1110）所謂「畫寫物外形」，〔註170〕即超越形似以外的境界。這種畫論，與前文詩論「句中有眼」、書論「字中有筆」等以禪爲軸心的脈絡如出一轍，皆要求在觀賞對象或作品本身之外，須另有一層更爲玄奧的旨趣。可以說歐蘇所追求的應是「蕭然有意於筆墨之外者」，〔註171〕借用元代文士程鉅夫（1249～1318）的話來說，「畫者以意而形其形，觀者以形而意其意」，〔註172〕方爲歐蘇所認可的理想狀態。若從這個角度看，北宋文人畫論確有「尚意」的傾向，試看蘇軾云：

〔註165〕〔宋〕羅大經著，王瑞來點校：《鶴林玉露》（北京：中華書局，2005 年 6 月，3 刷），丙編卷 6，頁 343。曾三益字無疑，號雲巢。

〔註166〕〈齊物論第二〉：「昔者，莊周夢爲胡蝶，栩栩然胡蝶也，自喻適志與！不知周也。俄然覺，則蘧蘧然周也。不知周之夢爲胡蝶與？胡蝶之夢爲周與？」詳見王先謙：《莊子集解》，卷一，頁 18。

〔註167〕語出〈盤車圖〉，同上註，冊 1，卷 6，頁 99。

〔註168〕語出〈書鄢陵王主簿所畫折枝二首〉，詳見蘇軾：《蘇軾詩集》，卷 29，頁 1525。

〔註169〕語出〈淨因院畫記〉，詳見蘇軾：《蘇軾文集》，卷 11，頁 367。

〔註170〕語出〈和蘇翰林題李甲畫雁二首〉，詳見晁補之：《雞肋集》，卷 8。

〔註171〕語出〈傳神記〉，詳見蘇軾：《蘇軾文集》，卷 12，頁 401。原句乃東坡用以贊一畫師之風範。

〔註172〕語出〈姜清叟畫格〉，詳見〔元〕程鉅夫：《雪樓集》（臺北：臺灣商務，1985 年景印文淵閣四庫全書本，冊 1202），卷 25，頁 24 上。

　　觀士人畫，如閱天下馬，取其意氣所到。乃若畫工，往往只取鞭策、

　　皮毛、槽櫪、芻秣，無一點俊發，看數尺許便卷。〔註173〕

尋常畫師畫馬只重形似，而蘇軾認為畫馬貴在顯其意氣，方有可觀之處。也
就是說，畫雖死物，然若畫中之馬意氣活潑，似欲破紙而奔出，便能誘引觀
者入勝。而此意氣即抽象、無常形之物，任憑畫工曲盡其形，也未必能夠傳
此意氣。

　　最後再看北宋畫家黃休復（生卒年不詳）《益州名畫錄》曰：

　　畫之逸格，最難其儔。拙規矩於方圓，鄙精研於彩繪。筆簡形具，

　　得之自然，莫可楷模，出於意表。故目之曰「逸格」爾。〔註174〕

黃休復提出的「逸格」亦不以形似為貴，故謂「拙規矩於方圓，鄙精研於彩
繪」。「逸格」的涵義在於用筆簡率自然、不刻意雕琢，而終竟能得其「形」，
則知此「形」非徒指創作對象之外表形象，應類於前述晁補之所論的物外之
形，也是蘇軾所謂「意氣所到」者。查《益州名畫錄》書前序文，該書作於
真宗景德三年（1006），黃休復當早於歐陽修、蘇軾等人，雖不能即是便謂此
中有何承襲淵源，但亦顯示北宋初期以後文人畫論有其共同趨向，尚意而不
貴形似，且此中之「意」，應與其詩論、書論所追求者同趣。也就是說，在這
些宋人的文藝活動中，禪意皆蘊藏在其構成的要素裡頭。儘管不是唯一的一
個，卻隱約說明當時的審美判斷與時代的禪學發展有其微妙的相關性。

第三節　禪門中的茶文化

一、茶禪關係再商榷——兼論茶禪東傳日本之淵源

　　十九世紀，日人館柳灣（1762～1844）參考依據康熙下令編纂的《御定
佩文齋詠物詩選》，以其中所收一百一十五首茶詩為基礎，增補收羅唐、宋、
金、元、明歷代茶詩共二百六十一首，題為《詠茶詩錄》，是《御定佩文齋詠
物詩選》所收茶詩兩倍以上的數量。〔註175〕在這二百六十一首茶詩當中，北

〔註173〕語出〈又跋漢傑畫山二首〉，詳見蘇軾：《蘇軾文集》，卷70，頁2216。

〔註174〕〔宋〕黃休復著，〔明〕朱衣、姚汝循校：《益州名畫錄》，收於《王氏畫苑》
　　　　卷之九，日本早稻田大學藏明金陵徐智督刊本，目錄頁1。

〔註175〕詳見〔日〕石川忠久：《茶をうたう詩——『詠茶詩錄』詳解》（東京：研文
　　　　出版，2011年6月），頁8。該頁記《詠茶詩錄》所收茶詩數量為二百五十九
　　　　首，然據目錄所列，當有二百六十一首。

宋就佔了九十八首，兩宋共計則收有一百二十三首，佔《詠茶詩錄》將近一半的內容。這些爲數可觀的茶詩正好可以說明宋人飲茶風氣相當興盛。王安石在一篇議論茶法的文章中就提到：「夫茶之爲民用，等於米鹽，不可一日以無。」〔註176〕茶在宋代不只作爲百姓日用不可或缺的物品，更屬於文人雅致之一，如歐陽修嘗因蔡襄爲其〈集古錄目序〉刻石，特贈茶葉等物以爲潤筆；〔註177〕而唐宋詩家亦常以茗飲入詩，如唐代劉禹錫（772～842）〈嘗茶〉詩云：

> 生採芳叢鷹觜牙，老郎封寄諝仙家。今宵更有湘江月，照出霏霏滿
> 盌花。〔註178〕

「鷹觜」是一種茶名，〔註179〕「牙」即葉芽也；末句「霏霏滿盌花」指茶碗中浮於茶面上的茶沫湯花。此詩以「嘗茶」爲題，正是「詩情茶助爽」，〔註180〕很好的展現出飲茶對詩人而言有提興詩情之功用。又如宋代梅堯臣曰：「彈琴閱古畫，煮茗仍有期。」〔註181〕張耒亦有詩云：「圍棊靜掃一堂空，烹茶旋煮新泉熟。」〔註182〕可知茶與北宋文人琴棋書畫的關係是相當貼近的。

對於叢林來說，茶更是一種規儀內外的必需品，2010 年一本有關茶器文化的研究指出，宋代建窯〔註183〕生產的茶盞中，出現一種點注茶湯時可以防止茶湯外濺的「斂口型」茶盞，顧名思義即盞口向內微斂，造型極似禪僧所

〔註176〕〔宋〕王安石：《臨川先生文集·議茶法》，卷 70，《四部叢刊》初編，1922年上海商務印書館再版景印本。

〔註177〕「蔡君謨既爲余書〈集古錄目序〉刻石，其字尤精勁，爲世所珍，余以鼠鬚栗尾筆、銅綠筆格、大小龍茶、惠山泉等物爲潤筆，君謨大笑，以爲太清而不俗。」詳見歐陽修著，李偉國點校：《歸田錄》，卷 2，頁 27。

〔註178〕〔唐〕劉禹錫：《劉夢得文集外集》，卷 8，《四部叢刊》初編，1922 年上海商務印書館再版景印本。

〔註179〕唐代楊曄論蒙頂茶，謂：「今眞蒙頂，有鷹嘴牙白茶，供堂亦未嘗得其上者，其難得也如此。」詳見〔唐〕楊曄：《膳夫經》（南京：江蘇古籍出版社，1988年宛委別藏本），頁 8。又，此條所引《膳夫經》乃清代阮元（1764～1849）所編《宛委別藏》本，《膳夫經》作者原名「楊曄」，編者爲避康熙「玄燁」之諱，更名爲「楊煜」；今據《宋史·藝文志》所錄「楊曄《膳夫經手錄》四卷」改之。詳見脫脫：《宋史》，冊 6，卷 207，頁 5307。

〔註180〕劉禹錫：《劉夢得文集外集·酬樂天閑臥見憶》，卷 4。

〔註181〕梅堯臣：《宛陵先生集·依韻和邵不疑以雨止烹茶觀畫聽琴之會》，卷 46。

〔註182〕〔宋〕張耒：《張右史文集·遊楚州天慶觀觀高道士琴碁》，卷 15，《四部叢刊》初編，1922 年上海商務印書館再版景印本。

〔註183〕建窯位於今福建省建陽市水吉鎮，建於唐代建寧府建安，後遷往建陽，盛於宋、元。參考〔清〕藍浦、鄭廷桂著，連冕編注：《景德鎮陶錄圖說》（濟南：山東畫報出版社，2004 年 5 月），卷 7，頁 177。

用之鉢，很可能由此演變而來。〔註184〕唐代的《百丈清規》中已有許多關於茶事的記載，到了宋代的《禪苑清規》中也傳承固定的點茶規範，例如卷五〈堂頭煎點〉條下云：

> 或本州大守、本路監司、本縣知縣（並係大眾迎送，堂頭並據主位。如在縣下，住持即接知縣，自餘不須）。侍者燒香訖，住持人起云：「欲獻臨茶（或臨湯）取某官指揮。」如其允許方可點茶。如蒙歡賞，住持人但云臨茶，聊以表專，不合輕觸。諸官入院，茶湯飲食竝當一等迎待。若非借問佛法，不得特地祇對（檀越施主）。或官客相看，只一次燒香，侍者唯問訊住持而已，禮須一茶一湯。若住持人索喚別點茶湯，更不燒香（如檀越入寺，亦一茶湯，不須燒香）。〔註185〕

「堂頭」與「住持」同義；「煎點」乃「煎茶」與「點茶」的合稱，泛指茶的飲用方式。〔註186〕所謂「茶湯」，一般而言即指茶水，然禪院之中茶湯有別，湯多指「米湯」之類。〔註187〕此條為住持以茶湯接待官客的相關事宜，如遇地方官員入寺參拜，住持禮須親以茶飲接待，有其固定禮式；尋常施主（檀越）入寺，亦須以茶湯接待，不需燒香。諸如此類對茶的規定在《禪苑清規》裡頭並不罕見，多種條目載錄皆不可缺茶，可知飲茶在宋代禪院內不但是日常起居行為，與燒香一樣也屬於禮制的內容。

　　據蕭麗華女士〈唐代僧人飲茶詩研究〉，飲茶文化早在唐代寺院中就很流行，僧人藉飲茶以助參禪、或接待賓客品茗而論禪，都是極為常見的。〔註188〕然而在這個階段，茶只是作為一種輔助參禪的飲品，在禪僧的認知裡，茶的本質並不等同於禪。就算是唐代趙州從諗（778～897）的著名公案「喫茶去」，也只是將「喫茶」作為接引學人的機巧方便，試看《五燈會元》記從諗事云：

〔註184〕參考王子怡：《中日陶瓷茶器文化比較研究》（北京：人民出版社，2010年3月），頁84。

〔註185〕〔宋〕宗賾：《（重雕補註）禪苑清規》（臺北：新文豐，卍續藏本，冊63），卷5，頁536。

〔註186〕煎茶，謂煎煮茶葉而飲之；點茶，謂注湯入碗，投茶末以成膏，尋再徐徐點注湯水並以茶匙調勻。

〔註187〕芙蓉道楷云：「唯將本院莊課一歲所得，均作三百六十分。日取一分用之，更不隨人添減。可以備飯則作飯，作飯不足則作粥，作粥不足則作米湯。」詳見普濟：《五燈會元》，卷14，頁292。

〔註188〕可參考蕭麗華：〈唐代僧人飲茶詩研究〉，《臺大文史哲學報》，第71期（2009年11月），頁210～213。

> 師問新到：「曾到此間麼？」曰：「曾到。」師曰：「喫茶去。」又問
> 僧，僧曰：「不曾到。」師曰：「喫茶去。」後院主問曰：「爲甚麼曾
> 到也云喫茶去，不曾到也云喫茶去？」師召院主，主應喏，師曰：「喫
> 茶去。」〔註189〕

從諗爲道一（709～788）法孫，家風教人「行住坐臥、應機接物盡是道」。而
「喫茶」本是禪寺中平居必有之活動，新來與舊到者皆要喫茶。不過，其實從
諗的重點並不在「茶」或是「喫茶」。推其意，當在貫徹「平常心是道」之宗
旨。據沈多梅女士的考證，現存文獻中首次提出「喫茶去」的禪僧並非從諗，
而是從諗的師伯歸宗智常（生卒年不詳）。〔註190〕《景德傳燈錄》記智常事曰：

> 師剗草次，有講僧來參。忽有一蛇過，師以鋤斷之。僧云：「久響歸
> 宗，元來是箇麁行沙門。」師云：「坐主，歸茶堂內喫茶去。」〔註191〕

出家人殺生本匪夷所思，然智常僅僅淡然回應「喫茶去」，似渾不以爲意，並
不執於殺與不殺，直是顯露出一種超然處世的平常心。再回到「趙州喫茶」
的公案，即使從諗認爲在「喫茶」的過程中能夠體悟禪境，那也不過是日常
應機接物中的其中一個對象而已。如《五燈會元》也記從諗以「摘楊花」接
人，〔註192〕在另一則公案中又以「庭前栢樹子」回答「如何是祖師西來意」，
〔註193〕所謂「喫茶」、「摘楊花」、「庭前栢樹子」等皆是以尋常物事來應接學
人，從諗的機鋒並沒有著意於特定的目標。

　　若論及以「茶」作爲主要對象，與對「禪」的體認聯繫在一起，就必須
要提到「茶禪一味」。樓宇烈先生在〈禪茶一味道平常——趙州大師「吃茶去」
公案的現代闡釋〉一文中提到：

> 茶禪一味，當以吃茶品味禪意，由禪意體會平常，於平常證得清淨；
> 禪茶一味，當以禪意演練茶藝，由茶藝進升茶道，於茶道證悟禪道。
>
> 〔註194〕

〔註189〕普濟：《五燈會元》，卷4，頁93。

〔註190〕詳見沈冬梅：〈《景德傳燈錄》與禪茶文化〉，《禪茶：歷史與現實》，杭州：浙
　　　　江大學，2011年3月，頁67。

〔註191〕道原：《景德傳燈錄》，卷7，頁256。

〔註192〕「僧辭，師曰：『甚處去？』曰：『諸方學佛法去。』師豎起拂子曰：『有佛處
　　　　不得住，無佛處急走過。三千里外，逢人不得錯舉。』曰：『與麼則不去也。』
　　　　師曰：『摘楊花、摘楊花。』詳見普濟：《五燈會元》，卷4，頁91～92。

〔註193〕同上註，頁92。

〔註194〕樓宇烈：〈禪茶一味道平常——趙州大師「吃茶去」公案的現代闡釋〉，《中國
　　　　禪學》，第三卷（2004年11月），頁297。

按樓先生所言，以禪悟來說，看起來是漸修式的。趙州的喫茶去，是不是有
這樣的階段式進路？這一點暫且不談。此處比較明確的問題在於，若把禪意
和禪道分開，即所謂「以禪意演練茶藝，由茶藝進升茶道，於茶道證悟禪道」
云云，那麼，在還沒有證悟禪道之前，要如何善用禪意演練茶藝？這在工夫
層面上恐怕要再商榷。然而，究竟茶與禪如何可說一味？東亞細亞禪學研究
所的崔錫煥先生在〈東方文化圈禪茶文化的發展和展望〉一文中僅如是說：「一
味到底是什麼意思？平常心中可以得到其答案。」〔註195〕這樣的說法並沒有
提供「茶禪一味」此一命題何以會被特別提出，既要反求平常心，似乎茶並
沒有和禪必然連繫在一起的理由。

　　所謂「禪茶一味」或「茶禪一味」的具體概念，當完成於日本茶人村田
珠光（1422 或 1423～1502）之手。歷來有關日本「茶禪一味」思想的討論不
在少數，多提及圓悟克勤寫給其弟子虎丘紹隆（1077？～1136）的受法印可墨
蹟流入日本，輾轉從一休宗純（1394～1481）傳到茶人村田珠光手中，進而
悟出茶與禪在本質上的聯繫。〔註196〕其中，蕭麗華女士在 2009 年的一篇論文
中概略提到，「茶禪一味」是克勤手書贈與來華參學的日本弟子榮西禪師的四
字真訣，後由村田珠光所得。蕭教授並註明此說乃參考引用自日人成川武夫
所著《千利休茶の美學》。〔註197〕這個說法有兩個問題，首先，榮西出生於
1141 年，〔註198〕克勤則卒於 1135 年，〔註199〕從時間點上來看榮西不可能見

〔註195〕崔錫煥：〈東方文化圈禪茶文化的發展和展望〉，《禪茶：歷史與現實》，杭州：
　　　　浙江大學，2011 年 3 月，頁 131。又，在頁 129，崔先生提到：「趙州吃茶去
　　　　以後形成了飲茶聊天的習俗，到了宋代原武几近禪師提倡茶禪一味之後茶和
　　　　禪合二為一了。」原文並沒有近一步說明或註解，本文亦查無「原武几近」
　　　　禪師的任何資訊。一般普遍的說法，還是以趙州「喫茶去」為中國禪茶文化
　　　　中最具代表性者。
〔註196〕如滕軍：《日本茶道文化概論》（北京：東方出版社，1994 年 6 月，2 刷），頁
　　　　39～40。又如〔日〕伊藤古鑒著，冬至譯，張哲俊審譯：《茶和禪》（天津：
　　　　百花文藝出版社，2005 年 1 月），頁 39。再如沈冬梅：《茶與宋代社會生活》
　　　　（北京：中國社會科學出版社，2007 年 8 月），頁 219～220。
〔註197〕詳見蕭麗華：〈唐代僧人飲茶詩研究〉，頁 226 的註釋 85。著者於該文頁 211
　　　　的註釋 8 說明有關「茶禪一味」的描述乃參考引用於〔日〕成川武夫：《千利
　　　　休茶の美學》（東京：玉川大學，1983 年），頁 9。
〔註198〕《元亨釋書》載榮西卒於順德天皇建保三年（1215），世壽 75。詳見〔日〕
　　　　師鍊：《元亨釋書》（東京：經濟雜誌社，1901 年 5 月國史大系第十四卷），
　　　　卷 2，頁 660。可知其生年應在西元 1141 年。
〔註199〕詳見陳援菴：《釋氏疑年錄》（臺北縣：彌勒出版社，1982 年 7 月），卷 7，頁
　　　　244。

過克勤。其次，今查克勤給紹隆的印可墨蹟眞本藏於日本的東京國立博物館，〔註200〕而內容全文則見於《圓悟佛果禪師語錄》卷十四〈示隆知藏〉，爲便於敘述，今不厭其詳將全文錄於下：

> 有祖已來，唯務單傳直指，不喜帶水拕泥、打露布、列窠窟，鈍置人。蓋釋迦老子，三百餘會對機設教，立世垂範，太〔註201〕段周遮。是故最後徑截省要，接最上機。雖自迦葉二十八世，少示機關，多顯理致。至於付受之際，靡不直面提持，如倒刹竿，盌水投針，示圓光相，執赤旛，把明鑑，説如鐵橛子，傳法偈。達磨破六宗，與外道立義，天下太平，翻轉我天爾狗，皆神機迅捷，非擬議思惟所測。泊到梁遊魏，尤復顯言，教外別行，單傳心印，六代傳衣，所指顯著。逮曹溪大鑑，詳示説通、宗通。歷涉既久，具正眼大解脱。宗師變革通塗，俾不滯名相、不墮理性言説，放出活卓卓地脱灑自由，妙機遂見。行棒行喝，以言遣言，以機奪機，以毒攻毒，以用破用。所以流傳七百來年，枝分派別，各擅家風。浩浩轟轟，莫知紀極。然鞫其歸著，無出直指人心。心地既明，無絲毫隔礙，脱去勝負、彼我是非、知見解會，透到大休大歇安穩之場，豈有二致哉！所謂「百川異流，同歸于海」，要須是箇向上根器，具高識遠見。有紹隆佛祖志氣，然後能深入閫奧，徹底信得及、直下把得住，始可印證，堪爲種草。捨此，切宜寶祕愼詞，勿作容易放行也。
>
> 五祖老師，平生孤峻，少許可人。乾曝曝地壁立，只靠此一著。常自云，如倚一座須彌山，豈可落虛弄滑頭謾人，把箇沒滋味鐵酸餡，劈頭拈似學者，令咬嚼。須待渠桶底子脱，喪卻如許惡知惡見，胸次不掛絲毫，透得淨盡，始可下手鍛煉，方禁得拳踢。然後示以金剛王寶劍，度其果能踐履負荷，淨然無一事，山是山水是水，更應

〔註200〕網址爲 http://www.tnm.jp/
在頁面上方選擇「調查‧研究」中的「畫像檢索」，再於「キーワードから檢索する」的檢索欄位中輸入「印可」二字，即可搜尋到圓悟克勤的印可狀相片，點選相片可放大顯示，再點選兩次便能夠清楚辨識其中文字。
若欲直接瀏覽印可狀圖片，其網址爲 http://image.tnm.jp/image/1024/C0008430.jpg，本文最後使用此網頁資料的時間爲 2015 年 7 月。
〔註201〕東京國立博物館本爲「大」。

轉向那邊，千聖籠羅不住處，便契乃祖已來所證傳持正法眼藏。及
至應用爲物，仍當驅耕夫牛、奪飢人食，證驗得十成無滲漏，即是
本家道流也。

摩竭陀國親行此令，少林面壁全提正宗，而時流錯認，遂尚泯默，
以爲無縫罅、無摸索，壁立萬仞。殊不知本分事恣情識摶量便爲高
見，此大病也，從上來事本不如是。巖頭云，只露目前些子，箇如
擊石火閃電光。若撗不得不用疑著，此是向上人行履處。除非知有
莫能知之，趙州喫茶去、祕魔巖擎扠、雪峯輥毬、禾山打鼓、俱胝
一指、歸宗拽石、玄沙未徹、德山棒、臨濟喝，並是透頂透底，直
截剪斷葛藤，大機大用，千差萬別會歸一源，可以與人解粘去縛。
若隨語作解，即須與本分草料。譬如七斛驢乳，只以一滴師子乳滴，
悉皆迸散。要腳下傳持相繼綿遠，直須不徇人情，勿使容易，乃端
的也。末後一句始到牢關，誠哉是言，透脫死生，提持正印，全是
此箇時節。唯踏著上頭關捩子底，便諳悉也。

隆公知藏，湖湘投機。還往北山十餘年，眞探賾精通本色衲子，遂
舉分席訓徒已三載。予被睿旨，移都下天寧，欲得法語以表道契，
因爲出此數段。宣和六年十二月中，佛果老僧書。〔註202〕

此篇即圓悟克勤交予其弟子虎丘紹隆之印可狀，今東京國立博物館所藏墨蹟
內文僅至引文第一段結尾「勿作容易放行也」爲止。印可狀的目的在認可弟
子嗣法，內容則藉文字說禪，當視爲文字禪的文本之一。克勤在該篇印可狀
中並未手書「茶禪一味」四字，這就是第二個問題所在。實際上印可狀中提
及「茶」字者亦僅引文第三段「趙州喫茶去」一處。此蓋舉「趙州喫茶」公
案，與「德山棒、臨濟喝」一般，皆古德教人心下直截契悟之例。然而，禪
並不在所謂的機鋒棒喝中。正如惠洪指出「心之妙，不可以語言傳，而可以
語言見。」〔註203〕喫茶與棒喝只不過是禪師接人的方便手段，禪的玄旨奧義
並不是由喫茶或棒喝傳授給徒弟，而是在手段形跡之外方得證見。

在此篇印可狀中，克勤不但沒有手書「茶禪一味」四字眞訣，更沒有針

〔註202〕紹隆：《圓悟佛果禪師語錄》，卷14，頁776～777。東京國立博物館本所收部
　　　　分與大正藏本相應之片段內容一致，惟用字或有不同，如「拖」與「扡」、「旛」
　　　　與「幡」……等，皆異體字或同義字，並不影響句義。
〔註203〕惠洪著，廓門貫徹註：《註石門文字禪》，卷25，頁644。

對茶禪關係提出任何說法。今據十六世紀時日本茶人山上宗二（1544～1590）所著《山上宗二記》，發現此前兩岸所謂「克勤付予紹隆印可狀輾轉傳到茶人村田珠光手中」之說法，可能是有所誤解的。山上宗二遠紹村田珠光門下，其《山上宗二記》之主要內容，即是由村田珠光傳授、代代相承而來。〔註204〕在《山上宗二記》的「墨蹟之事」中，錄有三筆克勤墨蹟敘述，配合日本學者橫井清的注釋考證，一是傳經村田珠光手中者，「其文面乃是圜悟對其高弟虎丘紹隆悟道的讚賞與勉勵。」二是俗稱「流れ圜悟」、因船難而從海上漂來的「給虎丘紹隆參禪的印可狀」，今藏於東京國立博物館。三是克勤寫給法嗣密印（生卒年不詳）的書狀。〔註205〕從文字敘述可知，以往兩岸在茶禪一味的討論中，很可能將《山上宗二記》所錄第一筆與第二筆克勤墨蹟混淆了。第一筆雖傳經茶人村田珠光手中，也應是日本「茶禪一味」的淵源，但它並不是克勤寫給紹隆的印可狀。第二筆註明了是印可狀，且收藏於東京國立博物館，知是前文所列〈示隆知藏〉一文，而此印可狀並未傳到村田珠光手中。可知，此前對於克勤手書印可狀流入日本、成為村田珠光「茶禪一味」淵源的理解，不可盡信。中國學者胡建明先生在其著《宋代高僧墨蹟研究》中早就注意到這個問題，據其研究，《山上宗二記》所錄第一筆傳經村田珠光的克勤墨蹟，今收藏於東京畠山紀念館。〔註206〕查胡先生所附畠山紀念館館藏圖像與所錄書狀全文，知此字跡之辨認實屬不易，且在現存克勤入藏流通的著作裡，僅可在《佛果克勤禪師心要》的〈示開聖隆長老〉書狀〔註207〕中找到

〔註204〕據日本學者橫井清考察，《山上宗二記》主要內容是由村田珠光傳承下去的，其傳授之系譜如下：村田珠光→同宗珠→鳥居引拙→武野紹鷗→千宗易（後改名為利休）→山上宗二，詳見〔日〕山上宗二著，橫井清譯注：《山上宗二記》（東京：平凡社，1994年日本の茶書本，19刷），頁137。

〔註205〕以上詳見山上宗二著，橫井清譯注：《山上宗二記》，頁189～190。

〔註206〕畠山紀念館網址如下：http://www.ebara.co.jp/csr/hatakeyama/index.html 今入其首頁左方「コレクション」的「書跡」中檢索，除見大慧宗杲及他人之墨寶，並未搜尋到該筆書狀墨蹟圖像記錄。胡建明先生之著作早在2007年便先有日文版問世，得到日本學界極大反響，是故該筆書狀墨蹟收於畠山紀念館的說法應是沒有問題的。筆者因各種緣故無法親至當地一睹，2013年4月14日上午便致信畠山紀念館詢問該筆克勤墨蹟下落與胡先生研究的有關事項，隨即收到回信，表示已收到詢問之內容，會再連絡確認相關事項。未有下文。關於胡先生之著作於日本出版一事，詳見胡建明：《宋代高僧墨蹟研究》，頁316。

〔註207〕〔宋〕子文編：《佛果克勤禪師心要》（臺北：新文豐，卍續藏本，冊69），卷上始，頁458。

殘文，缺字漏句甚多，可見胡先生考證之功。今爲說明本節論點，需將胡先生所考書狀全文附於下，唯必重申此書狀全文皆得力於胡先生之研究。

> 開聖堂頭隆禪師，政和中，相從于湘西道林，膠漆相投，箭鋒相拄，由是深器之。既而復相聚于鍾阜大爐鞴中，禁得鉗槌子。此所因緣，日近日親。而從上來𨍏佛𨍏祖、越格超宗、千人萬人羅籠不住處，毛頭針竅間，廓澈薦通，包容百千萬億無邊香水刹海。拄杖頭點發列聖命脉，吹毛刃上揮斷路布葛藤，踞曲彔木，與人拔楔抽釘，解粘去縛，得大自在。仍來夷門分座，共相扶立。久之，以北堂高年倚門，徑還。麼陷生緣去處，果亦霜露菓熟，諸聖推出，應藩侯命出世，此一辨當頂顯揚，此風久已寂寞，而能卓卓不昧，始末行藏，殊不辜操道行持，傳法利生之雅範也。況箇一著臨濟正法眼藏，綿綿至慈明、楊岐，〔註208〕須擇風吹不入、水灑不著底剋利漢，負殺人不眨眼氣概，高提正印，罵祖呵佛，猶是餘事，直令盡大地人通頂透底，絕生死、碎巢臼，灑灑落落到無爲事大達之場，𨍏爲種草。今旣特來金陵敘別，因出此以示，貴聞見者，知的的相承，非造次也。建炎二年二月十二日將赴雲居住山　圓悟禪師克勤書。〔註209〕

胡建明先生依內容、筆跡風格與史料考證，研判這一筆克勤墨蹟應該是由大慧宗杲代筆，且不該妄稱爲印可狀，印可狀指的應是「流れ圓悟」。〔註210〕從上所附傳經村田珠光的墨蹟全文來看，內容全與茶事無涉，更遑論有關「茶禪一味」的描述。而村田珠光得之，竟悟出茶與禪在本質上的聯繫，應當主要由其茶道背景所致。滕軍女士說得好：「佛法並非有什麼特別的形式，它存在於每日的生活之中，對茶人來說，佛法就存在於茶湯之中別無他求。這就是『茶禪一味』的境地。」〔註211〕作爲「室町幕府茶道教師」的珠光，〔註212〕若謂禪法就在他每天實際踐履的茶道之中，這也是可以理解的。

〔註208〕胡先生錄作「歧」，觀其所附圖像應作「岐」。唯本文無法提供圖像，出處詳見下註。

〔註209〕該筆墨蹟圖像記錄及胡建明先生所考全文，詳見氏著：《宋代高僧墨蹟研究》，頁49～50。

〔註210〕詳見胡建明：《宋代高僧墨蹟研究》，頁48～54。

〔註211〕滕軍：〈茶道與禪〉，《農業考古》，第4期（1997年），頁72。

〔註212〕滕軍女士指出珠光是日本第八代將軍足利義政（1436～1490）的茶道教師，詳見氏著：《日本茶道文化概論》，頁40。有關村田珠光的茶道背景，還可參考〔日〕矢部良明：《茶の湯の祖、珠光》（東京：角川書店，2004年4月）。

　　除了上述克勤手書印可狀流入日本的說法，2010 年有學者提出日本臨濟宗僧大休宗休（1462～1549）的語錄《見桃錄》中引用南宋松源崇嶽（1139～1203）的茶話詩：「茶兼禪味可，能避俗塵來。」由此爲日本「茶禪一味」的思想源自於中國找到了依據，且茶人珠光的弟子亦曾向大休宗休參禪，說明了日本茶人與禪之間的關係。〔註213〕但是，這個說法尚欠更多的證據，今查《見桃錄》，提及「茶」者並不多，〔註214〕難以判斷大休宗休是否曾著意於茶禪；而松源崇嶽今存著作《松源岳禪師語》〔註215〕與《松源崇嶽禪師語錄》〔註216〕亦查無大休宗休所舉茶話詩。不過崇嶽語錄中確實多處言及「喫茶」，亦曾用趙州公案「喫茶去」，〔註217〕似甚親近茶事，故宗休舉署名「松岳和尚」所作茶話詩應有其可信度。又，查大休宗休所承師系如下：

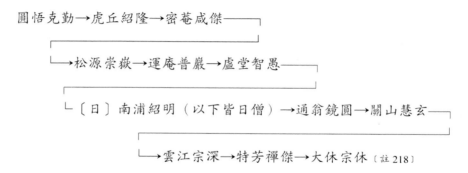

〔註213〕顧雯、顧春芳：〈論日本「茶禪一味」思想與「茶道」〉，《茶禪東傳寧波緣——第五屆世界禪茶交流大會文集》，北京：中國農業，2010 年 12 月，頁 172～173。

〔註214〕有關其「茶」字用例，略舉二條：其一，「據室，機關脫落，別討生涯，放竹篦，拄杖不在，且坐喫茶。」其二，「學北禪家教，董百丈叢規，只是尋常茶飯，衲僧底未爲奇。」詳見〔日〕宗休著，遠孫比丘眾等重編：《見桃錄》（臺北：新文豐，大正藏本，冊 81），卷 1，頁 412、419。又，宗休引茶話詩見於頁 426，署名「松岳和尚」所作。「岳」、「嶽」爲異體字。

〔註215〕收於〔宋〕師明：《續古尊宿語要》（臺北：新文豐，卍續藏本，冊 68），卷 4，頁 448～451。

〔註216〕〔宋〕（參學）善開等錄：《松源崇嶽禪師語錄》（臺北：新文豐，卍續藏本，冊 70）。

〔註217〕如「趙州喫茶去，毒蛇橫古路，踏著乃知非，佛也不堪做。」又如「春風吹落碧桃花，一片流經十萬家。何似飛來峰下寺，相邀來喫趙州茶。」詳見善開：《松源崇嶽禪師語錄》，卷下，頁 104、107。

〔註218〕參考〔日〕村上專精著，楊曾文譯：《日本佛教史綱》（臺北縣：彌勒出版社，1984 年 2 月），頁 210～211。

而一休宗純所承師系則如下：

圓悟克勤→虎丘紹隆→……→〔日〕南浦紹明（以下皆日僧）───┐

└宗峰妙超→徹翁義亨→華叟宗曇→一休宗純〔註219〕

由上所示，大休宗休與一休宗純皆遠紹克勤門下，宗純當爲宗休師叔輩。可知兩說有其共同淵源，臨濟宗楊岐派下墨蹟之所以流傳到日本也有跡可循。不過，此亦僅能補充說明從克勤、紹隆，經由宗純或宗休，再到村田珠光之間輾轉的關係而已。前述《見桃錄》有關「茶」的記載並不多，若僅以崇嶽「茶兼禪味可，能避俗塵來」而稱此乃日本「茶禪一味」的思想淵源，應仍有再商議的空間。就本文所見，蘇軾在北宋早有「茶筍盡禪味」〔註220〕之句，但亦不足以說明日本「茶禪一味」與中國的淵源關係。總的看來，村田珠光之所以將茶道與參禪聯繫在一起，應要歸結於他個人的茶道背景；至於流傳到日本的楊岐派下墨蹟，充其量僅爲其中的一個契機。

　　唐宋以來，飲茶逐漸成爲士僧之間常見的交流活動，蘇軾就有詩作記載其與僧人以茶交往的情況，如〈送南屏謙師〉曰：「道人曉出南屏山，來試點茶三昧手。」〔註221〕又如〈絕句三首・其二〉云：「偶爲老僧煎茗粥，自攜修綆汲清泉。」〔註222〕佛印了元亦有茶詩寄蘇軾：「遇客不須容易點，點茶須是喫茶人。」〔註223〕凡此皆後人耳熟能詳的飲茶雅興之作，宋朝士大夫與具有文化素養的僧侶藉茶事往來是很平常的。不過，宋代文人與禪僧對於飲茶的心理應有所區別。2010 年中國社會科學出版社出版的一本博士論文中提到，宋代下層平民會在茶湯中添加作料，除了調味的目的，也爲了增加醫療效果，這種作法甚爲文人士大夫所鄙視。〔註224〕蓋因彼此飲茶之取向不同，平民飲

〔註219〕參考〔日〕村上專精著，楊曾文譯：《日本佛教史綱》（臺北縣：彌勒出版社，1984 年 2 月），頁 210〜211。

〔註220〕語出〈參寥上人初得智果院，會者十六人，分韻賦詩，軾得心字〉，詳見蘇軾：《蘇軾詩集》，卷 31，頁 1656。

〔註221〕語出〈送南屏謙師〉，詳見蘇軾：《蘇軾詩集》，卷 31，頁 1669。

〔註222〕語出〈絕句三首・其二〉，同上註，卷 50，頁 2762。

〔註223〕轉引自〔清〕如乾說，張恂編閱，繼堯校訂：《憨休禪師敲空遺響》（臺北：新文豐，嘉興藏本，冊 37），卷 5，頁 274。

〔註224〕參考劉樸兵：《唐宋飲食文化比較研究》（北京：中國社會科學出版社，2010年 11 月），頁 245〜248。

茶主要是爲解渴或醫療等生理需求；而文人士大夫之飲茶，除了能助興詩情之外，也常與琴棋書畫相連，在主客觀上皆被認爲是風雅的活動。有學者指出，北宋文人茶會與唐代相比，已經出現了變化，「唐代茶會的中心其實是禪」，多有僧人參與飲茶談禪；宋代茶會則以茶道爲中心，主要即在品嚐茶湯，進行點茶、分茶、或鬥茶……等茶藝活動。〔註225〕在宮廷之內，宋徽宗甚至著有〈大觀茶論〉，〔註226〕對於種茶、製茶、乃至茶器、品茶……等皆有論述，而其他宋代文人如歐陽修、蔡襄、沈括等相關茶類著述亦有十餘種。〔註227〕可以說，宋代上層社會文士的飲茶心態是完全投入、享受雅致的，這又與禪僧將茶事納入清規之中的情況有所不同。

　　相較之下，飲茶對於寺院中的禪僧來說，除了是日常禮制的內容，也可以在禪門公案的記載中發現茶事暗含禪機的話頭。然而，這與前述所謂「茶禪一味」的情況仍有些許區別。像村田珠光這樣的茶人在茶湯中體驗禪境；而像從諗這樣的禪僧卻只是藉由「喫茶」作爲接引學人的方便法門。「喫茶」並不即是「禪」，這其中體現的仍是馬祖道一指引的「平常心是道」。「喫茶」是寺院中的平常瑣細之事，禪悟並不由喫茶而得來，能夠啓悟的應是自己的內心。這一點，可說是禪門公案藉由「喫茶」把握禪機的基本前提。下文將舉北宋《景德傳燈錄》爲例，考察禪門公案中的茶事內容與禪學意義。

二、禪門公案中的茶事——以《景德傳燈錄》爲例

　　北宋蔡條（？～1126）《鐵圍山叢談》曰：「茶之尙，蓋自唐人始，至本朝爲盛。」〔註228〕有關茶事的記載在唐代禪林間已相當普遍，如在宋初出版的《景德傳燈錄》，作爲文字禪的代表性文本之一，多記唐至五代古德公案語錄，除了著名的「趙州喫茶去」，也有不少禪師以「喫茶」作爲機鋒話頭。略舉三例如下：

〔註225〕可參考熊海英：《北宋文人集會與詩歌》（北京：中華書局，2008 年 5 月），頁 31～32。
〔註226〕詳見〔宋〕趙佶：〈大觀茶論〉（桂林：廣西師範大學，2011 年中國古代茶學全書本），頁 93～103。
〔註227〕同上註，詳見《中國古代茶學全書》所收者。
〔註228〕蔡條：《鐵圍山叢談》，卷 6，頁 106。

（一）卷十八記唐代雪峰義存法嗣鼓山神晏（生卒年不詳）事，或問：「如何是教外別傳底事？」神晏曰：「喫茶去。」〔註229〕

（二）卷二二記南漢雲門宗僧白雲祥（生卒年不詳）事，或問：「從上宗乘如何舉揚？」白雲祥曰：「今日未喫茶。」〔註230〕

（三）卷十二記唐末五代潙仰宗僧資福如寶（生卒年不詳）事，或問：「如何是和尚家風？」如寶曰：「飯後三椀茶。」〔註231〕

所謂「教外別傳底事」、「從上宗乘」、「和尚家風」〔註232〕等，皆指禪宗以心傳心之奧義與風範，推其用心約與趙州相類，禪門奧義既不可言傳，當不能問得，禪師紛紛以喫茶之事作回應，乃是答以「不答」，不正面回答宗旨何在。若必有言，所謂「飯後三椀茶」也絕非實指飯後喝上三碗茶就成就得了禪師風範，禪師不過藉此等寺內尋常瑣事來應機接人罷了。從這點來看，又再次證明禪院日常生活與茶事甚為貼近。

　　《景德傳燈錄》中還有許多藉茶事顯露禪機的記錄，如卷十八記吳越時雪峰門下的龍冊道怤（868～937）便以觀人點茶應對來定量其禪法見解。〔註233〕又如卷二○記唐代曹洞宗僧嵇山章（生卒年不詳）事曰：

　　　（嵇山章）曾在投子作柴頭。投子喫茶次，謂師曰：「森羅萬象，總在遮一椀茶裏。」師便覆卻茶，云：「森羅萬象在什麼處？」投子曰：「可惜一椀茶。」〔註234〕

嵇山章為雲居道膺（835～902）法嗣，此前曾在投子大同（819～914）處任管理柴薪的職役。而投子大同曾從其師翠微無學（生卒年不詳）處承「真空不空」之教，〔註235〕此條所謂茶中有森羅萬象者，可能即是從「真空妙有」的思路

〔註229〕道原：《景德傳燈錄》，卷18，頁351。

〔註230〕同上註，卷22，頁384。

〔註231〕同上註，卷12，頁298。

〔註232〕「和尚」此處特指「禪僧」。

〔註233〕「有僧引童子到曰：『此兒子常愛問僧佛法，請和尚驗看。』師乃令點茶。童子點茶來，師啜訖過，盞托與童子，童子近前接。師卻縮手曰：『還道得麼？』童子曰：『問將來。』（法眼別云：『和尚更喫茶否？』）僧問：『和尚此兒子見解如何？』師曰：『也只是一兩生持戒僧。』」詳見道原：《景德傳燈錄》，卷18，頁349。

〔註234〕同上註，卷20，頁363。

〔註235〕翠微無學曾贈投子大同一頌：「佛理何曾理，真空有不空。大同居寂住，敷演我師宗。」《投子（大同）和尚語錄》記：「師（投子大同）問翠微：『二祖見達磨，有何所得？』微云：『你今見吾，有何所得？』師又問：『如何是佛理？』

而來。《景德傳燈錄》卷十五尚記投子大同指著庵前一塊石頭說道：「三世諸佛，總在裏許。」〔註236〕「眞空」與「妙有」並不是對立二元且相違的概念，只是從不同的角度試圖描述「眞如」。〔註237〕《佛光大辭典》亦解釋道：「以眞空故，緣起之諸法宛然；以妙有故，因果之萬法一如。」〔註238〕因此，投子大同所謂茶中之「森羅萬象」與石中之「三世諸佛」，既是「妙有」，也爲「眞空」。而前舉秬山章覆茶之公案，其與投子大同正是分別從「眞空」和「妙有」的角度去透顯禪理。投子大同謂茶之有森羅萬象以示「妙有」；秬山章則是覆卻茶湯以指「眞空」。另外，關於茶之有森羅萬象，還可參考北宋陶穀（903～970）《荈茗錄》所記「饌茶而幻出物象於湯面者，茶匠通神之藝也。」其曰：

> 茶至唐始盛。近世有下湯運匕，別施妙訣，使湯紋水脈成物象者，
> 禽獸蟲魚花草之屬，纖巧如畫，但須臾即就散滅。此茶之變也，時
> 人謂之「茶百戲」。〔註239〕

點注茶湯入碗不免在茶面上浮現湯紋茶沫，「須臾即就散滅」，正如「一切有爲法，如夢幻泡影。」〔註240〕當然，這與前述覆茶公案中投子大同的語境是有別的。

再看《景德傳燈錄》卷二七，「諸方雜舉徵拈代別語」下也有類似的記載：

> 或問僧：「承聞大德講得肇論是否？」曰：「不敢。」曰：「肇有物不
> 遷義是否？」曰：「是。」或人遂以茶盞就地撲破，曰：「遮箇是遷
> 不遷？」無對。〔註241〕

微云：『佛即不理。』師云：『莫落空否？』微云：『眞空不空。』」詳見賾藏主編集，蕭蓮父、呂有祥、蔡兆華點校：《古尊宿語錄》，冊下，卷36，頁679～680。

〔註236〕詳見道原：《景德傳燈錄》，卷15，頁319。可再參考唐代牛頭法融（594～657）〈牛頭山初祖法融禪師心銘〉：「正覺無覺，眞空不空。三世諸佛，皆乘此宗。」詳見《景德傳燈錄》，卷30，頁458。

〔註237〕華嚴澄觀（738～839）嘗曰：「大哉眞界，萬法資始。包空有而絕相，入言象而無迹；妙有不有，眞空不空。」詳見〔宋〕本覺編：《釋氏通鑑》（臺北：新文豐，卍續藏本，冊76），卷10，頁105。

〔註238〕佛光山宗務委員會：《佛光大辭典光碟版》（臺北縣：佛光文化事業，Version 2.0），頁4215。

〔註239〕以上兩條《荈茗錄》引文，詳見〔宋〕陶穀：《荈茗錄》（桂林：廣西師範大學，2011年中國古代茶學全書本），頁47。

〔註240〕〔姚秦〕鳩摩羅什譯：《金剛般若波羅蜜經》（臺北：新文豐，大正藏本，冊8），頁752。

〔註241〕道原：《景德傳燈錄》，卷27，頁434。

此則公案以茶盞之存壞為例，表面上針對「物不遷論」提出質疑。東晉佛學大師僧肇（384～414）嘗曰：

> 求向物於向，於向未嘗無；責向物於今，於今未嘗有。於今未嘗有，
> 以明物不來；於向未嘗無，故知物不去。覆而求今，今亦不往。是
> 謂昔物自在昔，不從今以至昔；今物自在今，不從昔以至今。〔註242〕

僧肇之意，以同一個對象來說，昔物自在昔、今物自在今，不同時間點的同一個對象各自住於其時，故謂物不遷。而在上舉公案中的質問，若同一個茶盞昔存而今壞、昔有而今無，是否還能謂之「不遷」？也就是說，質問者的說法是將不同時間點的同一個茶盞視為處於連貫的狀態，今昔有別則物當有遷。實則此二說之區別僅在於觀看事物的方向不同。僧肇曰：

> 夫人之所謂動者，以昔物不至今，故曰動而非靜。我之所謂靜者，
> 亦以昔物不至今，故曰靜而非動。動而非靜，以其不來；靜而非動。
> 以其不去。然則所造未嘗異，所見未嘗同。〔註243〕

以同一個對象為前提，一說以昔物與今物之不同，論證事物有所變動；另一說亦以昔物與今物之不同，論證昔物與今物各自住於其時，故為不遷。這是僧肇「物不遷論」的大意。不過，《景德傳燈錄》所記皆禪門故事，以此脈絡再回到上文所舉公案會發現，質問者將茶盞打破，主要目的非在爭辯「物不遷論」的邏輯，推其禪機，應在體現對世間因緣生滅的去執，不受縛於經論，超脫於遷與不遷之外，用意當與前述嵇山章覆卻茶碗中的茶水以指「真空」是相近的。

　　在北宋的燈錄、公案集裡頭皆可找到不少與「茶」有關的公案話頭，〔註244〕茶事被禪僧用來當作機鋒應對的素材，蓋因禪院本有喫茶的傳統和固定的禮式，茶事貼近於禪林生活，自然成為禪師隨手拈提的對象之一。《景德傳燈錄》雖主要記載宋以前古德公案故事，但是它在北宋結集出版，於文本中保存並傳播前代禪林的茶文化。因此今日對唐宋茶文化史的考察，除了宋代史

〔註242〕〔姚秦〕僧肇：《肇論》（臺北：新文豐，大正藏本，冊45），頁151。
〔註243〕同上註。
〔註244〕除《景德傳燈錄》外，克勤《碧巖錄》亦記載數條茶事公案，較具代表性者如卷五記唐末五代慧朗禪師（朗上座，生卒年不詳）煎茶，卻將茶銚翻倒。或問茶爐下為何物，慧朗答：「捧爐神。」重顯評曰：「當時但踏倒茶爐。」克勤以此語為公案活處。詳見重顯頌古，克勤評唱：《佛果圜悟禪師碧巖錄》，卷5，頁183～184。

籍、宋人筆記與詩文集以外，在很大程度上還必須依賴宋代禪僧語錄、公案集，和燈錄中的相關史料。這些在文字禪運動中被製造出來的文本，不只作爲特定時代的禪宗記錄，也向後人展示了部分過去的文化面貌。

第五章　文字禪的流風餘韻

第一節　從文本裝幀方式看禪門對公案態度的轉變

在政府右文策略的指導下，北宋社會文風日盛，板印事業也在此時獲得進一步發展。有關宋初印刷術的普及，和它與佛教的關係，已在本文第三章第一節作過陳述。然而，在書籍刊印方式改變的同時，那些埋首於公案語錄的禪僧實際閱讀經驗究竟產生哪些變化？變化的過程又帶來何種影響？這是本節準備要討論的部分。

板印書籍在唐代已現蹤跡，到了宋代才盛行，加之活字板印刷術的出現，宋代的印刷品比前代普及是可以想見的。相對於此前各地手抄本每頁不定的字數，〔註1〕由於板印技術的影響，一板一頁行數字數固定的格式逐漸爲人使用。雖然手抄本並沒有因此消失，但是雕板印刷的版面更爲整齊，利於閱讀，因此除官刻經藏典籍之外，民間使用雕板刊印書籍的情況也不罕見，如善昭語錄「鏤版」請楊億作序冠於篇首、〔註2〕又如宗杲所壞《碧巖錄》之「雕板」等等。〔註3〕爲了對應這種板印書頁的裝幀方式，首見於唐末五代的「蝴蝶裝」逐漸流行於宋朝。〔註4〕明代張萱（生卒年不詳）《疑耀》「古裝書法」條下記：

〔註1〕根據李際寧先生的研究，南北朝至隋唐時期固然有所謂標準的寫經格式，然「行字不同時代略有不同」；且在字體方面除了時代性以外，亦有地域性的差別，例如俗體字、異體字在不同寫本中的運用。詳見氏著：《佛經版本》（南京：江蘇古籍出版社，2003年8月，2刷），頁14。

〔註2〕詳見楚圓：《汾陽無德禪師語錄》，卷上，頁595，楊億所作序。

〔註3〕詳見淨善：《禪林寶訓》，卷4，頁1036。

〔註4〕參考許瀛鑑主編：《中國印刷史論叢・史篇》（臺北：中國印刷學會，1997年9月），冊上，頁101。歐陽修嘗謂：「唐人藏書，皆作卷軸。」可推知蝴蝶裝或未在唐代流行。詳見歐陽修著，李偉國點校：《歸田錄》，卷2，頁31。

今祕閣中所藏宋版諸書，皆如今制鄉會進呈試錄，謂之蝴蝶裝。其
糊經數百年不脫落，不知其糊法何似。〔註5〕

可知蝴蝶裝在宋代經常被使用，至明代祕閣所藏宋板書皆爲蝴蝶裝，《明史‧
藝文志》亦謂：「祕閣書籍皆宋元所遺，無不精美，裝用倒摺，四周外向。」
〔註6〕從其所述，當指蝴蝶裝。關於蝴蝶裝（及其他古書裝幀）的形式，許多
印刷文化相關研究的專書皆有描述，並附簡單圖示，〔註7〕然過於簡略。爲了
更加清楚此種裝幀的使用方式，今依前賢所述，實際操作如下：

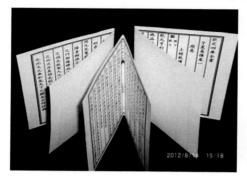 

圖一：蝴蝶裝書頁對折　　　　圖二：蝴蝶裝書頁對折（鳥瞰）

將書頁各自對折，版心朝內，如上圖一至二。

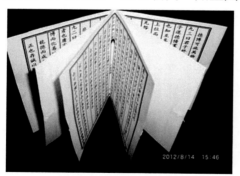 

圖三：蝴蝶裝書頁黏合 1　　　　圖四：蝴蝶裝書頁黏合 2

〔註5〕〔明〕張萱：《疑耀》（上海：商務印書館，1937 年叢書集成初編本，冊 341），
　　　　卷 5，頁 104。
〔註6〕〔清〕張廷玉等著：《明史》（北京：中華書局，1974 年 4 月），冊 8，卷 96，
　　　　頁 2344。
〔註7〕如朱迎平：《宋代刻書產業與文學》（上海：上海古籍出版社，2008 年 3 月），
　　　　頁 87〜88。又如張樹棟、龐多益、鄭如斯：《中華印刷通史》（臺北：印刷傳
　　　　播興才文教基金會，2004 年），頁 433〜435。

以各頁對折後之版心為輻輳，依頁序黏貼各頁對折處，如上圖三至四。

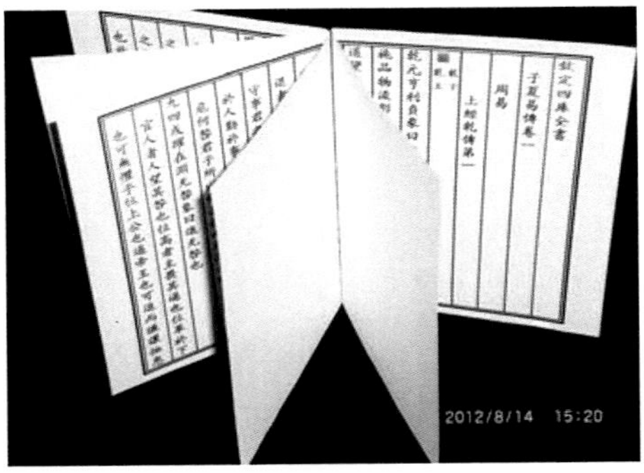

圖五：蝴蝶裝隔頁空白面

蝴蝶裝的大略樣式即如上諸示意圖，書籍展開之形略似蝴蝶展翅。經實際操作後，確認這種裝幀方式有兩處不便，其一是書籍展開後雖一頁即完整的一板內容，但是隔頁的版面卻必為整面空白，如上圖五，空白的版面即上下頁的背面。如此一來，每讀一頁就會遇到一頁空白，不便於閱讀的連續性；其二，這種裝幀方式的書頁皆為單一紙張，又由於空白頁的關係，在增加翻頁的次數的同時，也提高了書頁破損的機會。學者朱迎平先生認為蝴蝶裝在翻頁時易使書脊的黏連處脫落，〔註8〕然據前引張萱所記，宋板蝴蝶裝經數百年不脫落，可見朱氏所推敲者應不為常例。

　　在蝴蝶裝之後，出現了一種稱作「包背裝」的裝幀方式。有關包背裝出現的時期，歷來有不同看法，在未有新的史料證據出現前，暫列各說於此。《中華印刷通史》認為出現於元初，而盛於元末明初；〔註9〕《中國出版通史》認為出現於宋代後期；〔註10〕《宋代刻書產業與文學》則認為在南宋中期以後就已出現。〔註11〕今依前賢所述，實際操作如下：

〔註 8〕　朱迎平：《宋代刻書產業與文學》，頁 87。李致忠：《中國出版通史・宋遼西夏金元卷》（北京：中國書籍出版社，2008 年 12 月），頁 158 亦採此說。

〔註 9〕　張樹棟、龐多益、鄭如斯：《中華印刷通史》，頁 435。

〔註10〕　李致忠：《中國出版通史・宋遼西夏金元卷》，頁 158。

〔註11〕　朱迎平：《宋代刻書產業與文學》，頁 87。

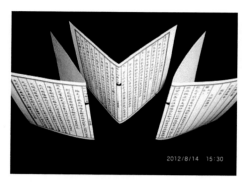

圖六：包背裝書頁對折

將書頁各自對折，版心朝外，與蝴蝶裝相反，如上圖六。

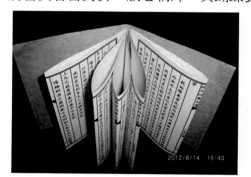

圖七：包背裝書頁黏合加書皮

圖八：包背裝（鳥瞰）

以對折後之書頁兩端邊緣為輻輳，黏連成書脊，再以厚紙作書皮，包背於書脊，如上圖七至八。包背裝樣式即如上諸示意圖，除多一書皮包背，外形約類於蝴蝶裝，皆顯今日書籍之雛形；然版心朝外，正與蝴蝶裝相反。這種裝幀方式避免了上述蝴蝶裝可能產生的問題，唯同一板之內容被分為一頁之正背兩面，但較之蝴蝶裝，仍無礙於閱讀的連續性，且一頁雙層，較不易破損。

　　實際操作後，大致看來包背裝可以說是蝴蝶裝的改良版，最大的差異僅在一開始書頁對折時版心向內或向外而已。由此觀之，其出現的時間理應不會距蝴蝶裝太遠，故在南宋中後期出現是很有可能的。不過，據前引張萱及《明史・藝文志》之說，相對而言整個宋代還是以蝴蝶裝較為流行，而包背裝當如《中華印刷通史》所稱，在元明時期才逐漸普及。

　　在蝴蝶裝之外，宋代還流行一種裝幀方式稱作「經折裝」。李際寧先生在《佛經版本》中指出，這種裝幀方式常見於宋元明清以來的佛教典籍，最早

在唐末五代就已出現。〔註 12〕宋神宗元豐三年（1080）開雕、竣工於徽宗崇寧三年（1104）的《崇寧藏》就是經折裝。〔註 13〕據李際寧先生所考，刻本刊印的佛典經折裝多為單面印刷，然雙面印刷者亦有之，或為減少單折厚度、或為節省紙張，如今中國國家圖書館收藏的一冊《崇寧藏》即雙面印刷的經折裝。〔註 14〕今日經折裝還很普遍，常見於供人助印隨取的佛書，如下圖九至十：

圖九：今日所見經折裝佛書 1

圖十：今日所見經折裝佛書 2

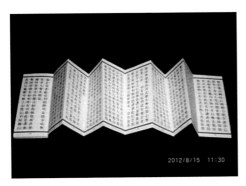

圖十一：經折裝展閱部分頁面

圖十二：經折裝收展方便

　　經折裝的好處是檢索方便，無論是單面印刷或雙面印刷，翻閱時不必如使用卷軸時需全體展開，而是能夠隨所需僅翻閱特定頁面，其餘頁面可收可

〔註 12〕李際寧：《佛經版本》，頁 37。
〔註 13〕參考童瑋編：《二十二種大藏經通檢》（北京：中華書局，1997 年 7 月），頁 10；以及李富華、何梅：《漢文佛教大藏經研究》，頁 192。二書所言《崇寧藏》之「折裝」，即指「經折裝」。
〔註 14〕詳見李際寧：《佛經版本》，頁 37。

展，如上圖十一至十二。實際上若將首尾外皮攤平靠攏，其外形亦大類於包背裝，如下圖十三至十四：

圖十三：經折裝書皮靠攏展開　　　　圖十四：經折裝（鳥瞰）

法國學者費夫賀（Lucien Febvre，1878～1956）與馬爾坦（Henri-Jean Martin，1924～2007）合著之《印刷書的誕生》，提到中國有一種裝幀方式，「各張書頁並非完全分離，紙頁外緣連成一氣，收摺起來呈長矩形，開展時又似手風琴的風箱，向前或是向後翻查都很迅速」。從敘述看來，分明是指經折裝，但作者卻說「中國人以『旋風裝』稱之。」〔註15〕這無疑是一種誤解。學界對「旋風裝」的界定還沒有確論，較通行的說法是，旋風裝收展如卷軸，然展開後，內頁浮貼多層書頁，翻閱時書頁紛飛如旋風，因而得名；又因書頁層層相疊，狀如麟片，故或稱龍麟裝。〔註16〕在目前所知史料中，宋代刊印書籍並沒有使用旋風裝的情況，故不再多談。

　　以上花了數頁篇幅實際操作並說明幾種宋代書籍的裝幀方式，目的在於展示無論是蝴蝶裝、包背裝、還是經折裝，比起卷軸的使用，皆大幅提升讀者翻閱檢索的便利性，文字禪代表性文本之一的《碧巖錄》亦可能在此種背景下產生。克勤作《碧巖錄》非單純排列雪竇頌古再加以解釋，其評唱內容用典豐富，除參用其他禪門公案話頭，〔註17〕亦舉引各種書籍以輔論述，如

〔註15〕〔法〕費夫賀、馬爾坦合著，李鴻志譯：《印刷書的誕生》（臺北：貓頭鷹出版社，2005年11月），頁95。

〔註16〕可參考李際寧：《佛經版本》，頁39～40；以及張樹棟、龐多益、鄭如斯：《中華印刷通史》，頁431～432。

〔註17〕如評唱保福從展與長慶慧稜遊山公案，又引趙州話頭論述，詳見重顯頌古，克勤評唱：《佛果圜悟禪師碧巖錄》，卷3，頁164。再如評唱王太傅入招慶煎茶之公案，又舉大溈慕喆話頭、寶壽延沼與胡令能問答之事以論述，詳見卷5，頁183～184。這種例子在《碧巖錄》中隨處可見。

《莊子》、〔註18〕《祖庭事苑》、〔註19〕《續高僧傳》、〔註20〕《續咸通傳》〔註21〕……等等。今雖未有直接證據顯示克勤所用書籍之裝幀方式為何類，然蝴蝶裝、經折裝等流行於宋代，前文亦提及明代所見之宋板書皆蝴蝶裝、佛教典籍亦多經折裝，而《碧巖錄》共十卷百則的評唱既考校眾家公案、又能引據文獻史料，推想其所見文本應屬便於翻閱檢索的裝幀方式，即蝴蝶裝或經折本之流，否則難以「類聚觀之，體認出來」。〔註22〕《二程集》中記載，有學生向程頤（1033～1107）問仁，其答曰：「將聖賢所言仁處，類聚觀之，體認出來。」日本學者清水茂認為所謂「類聚觀之」必然要有如「冊子本」之類便於檢索的書籍才做得到。〔註23〕其所謂「冊子本」乃與「卷子本」相對而言，即指蝴蝶裝、經折本之類。克勤（1063～1135）主要生活時期約晚於程頤三十年左右，若程頤之時使用方便翻閱檢索的「冊子本」已不為罕見，則克勤之時亦可想而知。

　　公案在宋代的流行，一方面由時代風氣所趨，一方面也得力於印刷出版事業的發展，禪人之所以追究鑽研公案，必有其物質條件為原因之一。伊沛霞（Patricia Ebrey）《內闈》根據宋代繪畫表現的內容，指出「有女人服侍的男子一般說來是文人學子的形象，看上去在吟詩或校勘典籍而不在騎馬」，〔註24〕這是與北方外族尚武的形象相對立的。她還指出，宋代「文人學子形象的流行無疑得益於印刷術的推廣應用」。〔註25〕這一點雖然是針對世俗文人學子，但對北宋能詩能文、具有一定文化素養的禪僧而言也是一樣的情況。

　　加拿大學者馬歇爾・麥克盧漢（Marshall McLuhan，1911～1980）在其著

〔註18〕 以〈徐無鬼〉中「運斤成風」之事典述解王太傅入招慶煎茶之公案，同上註，卷5，頁183～184。

〔註19〕 用《祖庭事苑》載《孝子傳》記楚王夫人事，同上註，卷10，頁224。

〔註20〕 用以考二祖慧可，同上註，卷10，頁219。

〔註21〕 用以考唐宣宗事，同上註，卷2，頁152。今不知《續咸通傳》為何書。

〔註22〕 語出程頤，詳見〔宋〕程顥、程頤著，王孝魚點校：《二程集・河南程氏遺書》（北京：中華書局，2004年2月，二版3刷），冊上，卷18，頁182。

〔註23〕 詳見〔日〕清水茂著，蔡毅譯：《清水茂漢學論集・印刷術的普及與宋代的學問》（北京：中華書局，2003年10月），頁91～92。

〔註24〕 原作「文人學子形象的流行無疑得益於印刷術的推廣應用，教育的普及，科舉制在選拔人才上的勝利以及儒學的復興。」詳見〔美〕伊佩霞著，胡志宏譯：《內闈——宋代婦女的婚姻和生活》（南京：江蘇人民出版社，2010年7月，三版），頁28。

〔註25〕 同上註，頁28～29。

《理解媒介》中提到，西方活字印刷所使用的字母表，「將口語的視象成分作為最重要的成分保留在書面語之中，將口語中其他所有的感官成分轉換為書面形態。」〔註 26〕由於印刷業的誕生，人類傳播訊息的方式從口語發展到書面形態，這在中西方文化中都是一致的。美國學者沃爾特·翁（Walter J. Ong，1912～2003）在其著《口語文化與書面文化》中進一步指出：「印刷術強化並改變了文字對思維和表達的影響」，我們傳播與接受訊息的管道從口語發展到書面形態，以感官成分而言，即反映出「語音到視覺的變遷」。〔註 27〕在宋代亦如是，印刷術導致傳播與接受的重心從聽覺向視覺轉移，同時也是促進禪僧詩句、話頭比起以往更多地被記錄整理成書面文本的原因之一。文本的普及，在效用上自然有利於傳播。考量到保存的容易與否，無論是手抄或是印刷，皆不必諱言其傳播能力確實較口述更具優勢，特別是能夠印刷生產的文本。然而被「固定化」或「標準化」則是無法避免的必要之惡。

當公案語錄引起禪人研究的熱潮，有兩種情況會順勢而生，其一是經典地位的造就，如宋人所整理、或重新編纂的馬祖、趙州等唐代禪師語錄或公案話頭，其言行舉止即在宋代禪僧語錄公案集中被引以為經典範本，並試圖透過模仿以重現當時風範，趙州「喫茶去」一再被宋代禪師提及且反覆使用，就是一個例子；其二，隨著各種語錄、類似的燈史出現，當祖師言行被公案文本反覆地固定下來，過去活潑潑地禪機被迫僵化，一些禪僧便開始萌發反思的態度，懷疑那些公案語錄大行其道的正當性，是否有違於禪門初衷。

蘇勇強先生的《北宋書籍刊刻與古文運動》認為宋代「疑古之風」反映了儒家經典真理性遭到懷疑的現象，「因為那些『真理』與北宋人所生活的現實世界有了出入，而印刷傳播的版本多種和信息多源，更促使宋人開始懷疑經典流傳過程中乖謬的產生。」〔註 28〕這種情形不只在翰林中發生，也見於宋代叢林。蔣義斌先生指出，「宋代學術頗有新局面，宋儒作學問，並不迷信權威，學者多有懷疑的精神，如蘇軾疑《尚書》，王安石疑《春秋》」等等。其中，「大慧的禪法，可說是最能順應當時重視『疑』的學風，且不失禪的本

〔註26〕 〔加〕麥克盧漢著，何道寬譯：《理解媒介：論人的延伸》（北京：商務印書館，2000 年 10 月），頁 204。

〔註27〕 〔美〕翁著，何道寬譯：《口語文化與書面文化：語詞的技術化》（北京：北京大學，2008 年 8 月），頁 89。

〔註28〕 蘇勇強：《北宋書籍刊刻與古文運動》，頁 164。

色之禪法。」〔註29〕宗杲所表現出來的「疑」，自然包括對文本將公案定型並廣爲流傳的正當性之懷疑。宋元之際的徑山希陵（1247～1322）在元仁宗延祐四年（1317）爲《碧巖錄》作後序曰：

> 大慧禪師，因學人入室，下語頗異，疑之纏勘，而邪鋒自挫，再鞠而納欵自降，曰：「我《碧巖集》中記來，實非有悟。」因慮其後不明根本，專尚語言以圖口捷，由是火之以救斯弊也。然成此書、火此書，其用心則一，豈有二哉！〔註30〕

宗杲弘法始於南宋初，〔註31〕其師克勤亦卒於南宋初。當時已有學人將《碧巖錄》視作參禪用的參考書，唯記其中言句，不明所以，徒事模仿。此當與宗杲認知的「參究公案」有極大出入，他說：

> 近世學語之流，多爭鋒逞口快，以胡說亂道爲縱橫、胡喝亂喝爲宗旨。一揆一拶，如擊石火、似閃電光。擬議不來，呵呵大笑，謂之機鋒俊快，不落意根。殊不知，正是業識弄鬼眼睛，豈非謾人自謾、誤他自誤耶！〔註32〕

從讀者的接受層面來看，公案集的流行，一方面僵化了古德機鋒，另一方面也抹煞學人的思考空間，逐演爲胡道亂喝、假大笑與口快以爲自得禪意。此當非克勤作《碧巖錄》的原意。因印刷出版業的蓬勃，爲克勤考校公案典據提供了助力，爲使學人明白古德祖師的禪悟不落於形跡、更不在言語處，克勤企圖以語言破除對語言的執著，古德公案因此又被迫在一個新的文本中固定下來，卻也更好的得到傳播效益。此後公案文本成爲禪徒學習對象，亦由於裝幀方式從卷軸式到冊本式的改革，閱讀、暗記、考校公案更爲便利，逐使相關紙本書物愈發普及，成爲「文字禪」在宋代勃興的原因之一。發展到後來，禪徒對公案的態度反從參究而陷入鑽研執著，公案的用途竟成了模仿的範本，這個影響恐怕是克勤所始料未及的。至此，公案文本再不能啓發學人，令人不能忽視的問題並非這些文本的內容，而是學人對於公案文字的執著。宗杲因之焚毀《碧巖錄》雕版，象徵性地呼籲禪徒切莫拘泥於文字言句。

〔註29〕 蔣義斌：〈大慧宗杲看話禪的疑與信〉，《國際佛學研究年刊》，創刊號（1991年12月），頁63。
〔註30〕 重顯頌古，克勤評唱：《佛果圜悟禪師碧巖錄》，卷10，頁224～225。引文中，「納欵」即「納款」，蓋歸順降服之意。
〔註31〕 參考魏道儒：《宋代禪宗史論》，頁104～105所考。
〔註32〕 蘊聞：《大慧普覺禪師語錄》，卷24，頁915。

惟其初衷仍與克勤無異，只是彼此面對不同境遇，採取的相應之道自然有別。在宗杲之時，公案中直接指向超越了悟的「活句」，早與「故弄玄虛」相混，學人鑽研公案的態度已成為當時叢林遍見的膠著。

南宋初曹洞宗僧宏智正覺（1091～1157）所倡「默照禪」，也不走鑽研公案典據的路數，他採取的作法與宗杲「看話禪」有別。宗杲曾說：

> 今時學道人，不問僧俗，皆有二種大病。一種多學言句，於言句中作奇特想；一種不能見月亡指，於言句悟入。而聞說佛法禪道不在言句上，便盡撥棄，一向閉眉合眼，做死模樣，謂之靜坐觀心默照。
> 〔註33〕

這裡所謂的「靜坐觀心默照」云云，被宗杲視為「邪見」，〔註34〕魏道儒先生早已指出宗杲與正覺兩人關係良好，〔註35〕故宗杲批判的主要對象應不是正覺，而是從正覺提倡的「默照禪」中衍生出的流弊。必須說明的是，從這條引文也可以看出，宗杲「看話禪」的重點並不在公案言句本身，他教人參究活句，雖以公案話頭為起手處，但是參究時「不得下語、不得思量、不得向舉起處會、不得去開口處承當。」〔註36〕可以說，所謂的活句只是一種權設的內觀冥想之對象，因為活句對於邏輯的超越，正能藉此跳脫語言文字的思維束縛，從而相契於了悟的境地。相對來看，正覺的「默照禪」則重新回歸坐禪的傳統。他說：

> 真實做處，唯靜坐默究，深有所詣。外不被因緣流轉，其心虛則容，其照妙則準。內無攀緣之思，廓然獨存而不昏，靈然絕待而自得。
> 〔註37〕

所謂「默照」者，「默默忘言，昭昭現前」，「靈然獨照，照中還妙」。〔註38〕這是一種藉由靜坐的手段來達到「休歇餘緣，坐空塵慮」〔註39〕的境界，並證得「一切法到底其性如虛空」。〔註40〕正覺嘗謂人「不要作道理、咬言句、

〔註33〕 蘊聞：《大慧普覺禪師語錄》，卷20，頁895。
〔註34〕 同上註。
〔註35〕 詳見魏道儒：《宋代禪宗史論》，頁148。
〔註36〕 蘊聞：《大慧普覺禪師語錄》，卷14，頁869。
〔註37〕 集成等編：《宏智禪師廣錄》，卷6，頁73。
〔註38〕 同上註，卷8，頁100。
〔註39〕 正覺謂：「休歇餘緣，坐空塵慮。默而昭、淨而照、虛而容、廓而應，不與外塵作對，了了地獨靈。到箇田地，方識阿祖。」同上註，卷6，頁75。
〔註40〕 同上註，卷5，頁64。

胡棒亂喝，盡是業識流轉。」〔註41〕可知他也如宗杲一般，認識到禪籍文本的流行，對於禪徒尋文逐義之參禪態度未始無弊。就此而論，他的「默照禪」所顯露的部分訴求，亦可視爲對公案的一種反動態度。可以說，無論是宗杲的「看話禪」還是正覺的「默照禪」，總的看來，皆因兩宋之際文字禪文本逐漸梓行廣布，導致叢林對公案態度有了上述的轉變。

第二節　文字禪在南宋的餘緒

兩宋之際，曹洞宗宏智正覺與臨濟宗楊岐派大慧宗杲的崛起，令禪宗整體氛圍到南宋有顯著的變化。上一節提到，默照禪與看話禪透露出對公案的反動，但是這並不代表公案語錄類禪籍從南宋以後就不再被重視。從《宋僧著述考》所收錄的著作看來，南宋時仍有不少禪僧語錄刊行於世，〔註42〕《聯燈會要》、〔註43〕《嘉泰普燈錄》、〔註44〕《五燈會元》〔註45〕等大型燈錄也相繼出現。然而，「文字禪」一詞自北宋黃庭堅、惠洪之後，南宋禪林並不常使用，惟當論及語錄、公案頌古等以文字爲禪的表述時，方以此類文本爲對象而有所發。蓋詞彙的使用或許有其特定的時代性，不過文本的傳播卻會隨著印刷的發達而跨越侷限。若要探求文字禪在南宋叢林的餘緒，便須留意當時還流傳的文字禪文本如何被看待、表述。據悟明（生卒年不詳）《聯燈會要》自序曰：

近年已來，據師位者，不本宗由，枝詞蔓説，對句押韻，簇錦攢花，

〔註41〕 集成等編：《宏智禪師廣錄》，卷5，頁60。
〔註42〕 因爲年代難以確考的禪僧不在少數，再加上亡佚書籍未知的數量與內容，要實際統計出兩宋禪僧語錄公案類分別的出版數字是不可能的。然而李國玲女士的《宋僧著述考》所收錄者已是目前所見最爲豐富的書目，仍可作爲指標性參考。就本文所知，《宋僧著述考》頁409所收曇瑩《珞琭子賦注二卷》，有著者於南宋初年（1127）自序，此筆之後，除生卒年、開法年不詳，或佚書而難以考究者，皆爲南宋時期或宋元之際的出版刊物，而此筆之前，仍有數筆或兩宋之交、或已入南宋不定。又可參考本節下文所製南宋公案語錄類禪籍諸表格。
〔註43〕 卷頭有著者於南宋淳熙十年（1183）自序，詳見悟明：《聯燈會要》，卷1，頁11。
〔註44〕 「嘉泰」即南宋寧宗年號（1201～1204），且著者正受（1146～1208）確知爲南宋時人。
〔註45〕 著者普濟（1179～1253）確知爲南宋時人。

　　誑人自誑，不知其幾。學者不辨邪正，遞相沿襲，與之俱化。從上
　　不傳之旨，絕無聞矣。〔註46〕

就悟明所見，所謂「枝詞蔓說，對句押韻，簇錦攢花」等已是南宋禪師遍見
的現象，這種弊端的由來，一方面因禪僧文學能力上揚，另一方面也很可能
受到古德公案中帶有機鋒的韻語影響所致。如重顯頌古「金烏急，玉兔速，
善應何曾有輕觸」。頌古本為韻語不足奇，而重顯所頌乃洞山「麻三斤」公案，
〔註47〕《碧巖錄》考有僧問重顯之師智門光祚（生卒年不詳）「洞山麻三斤」
意旨如何，智門便以「花簇簇，錦簇簇」、「南地竹兮北地木」來回答。〔註48〕
此即帶韻的公案話頭，全無理路可循。這類作風經由語錄公案集的傳遞，延
燒到悟明所處的南宋叢林。但是重顯與光祚是自身有所契悟，始藉韻語表達
「不可言傳」之意；而後人所學「不本宗由」、「不知其幾」、「不辨邪正，遞
相沿襲」，在還沒有參透的階段就藉「枝詞蔓說」以為口實，弊端因此而起。
前述宗杲對此表達不滿的作法，乃毀其師《碧巖錄》雕板，而悟明則反其道
而行，其曰：

　　所謂「不立文字，直指人心，見性成佛」此一絡索，得非文字語言
　　乎？若作文字語言會，未具衲僧眼在；不作文字語言會，亦未具衲
　　僧眼在。〔註49〕

語錄公案本身並不一定是阻礙學人參禪的存在，所謂「不立文字」也必須
以文字表達，古德語錄公案的價值就在於勘破對語言文字的執著，而這種
去執不是一味地否定語言文字，關要處在於不執著語言文字的存立與否。
因此，悟明為匡正禪風，標舉徽範，重選前賢「提唱機緣，問答語句，拈
提古今，得其要妙者」，令「後學得見前輩典刑」，〔註50〕由是方成《聯燈
會要》。

　　大致上，公案、語錄、燈史等禪籍在南宋仍不減流行，禪人對「大興文
字以為禪」的看法也不似北宋晚期惠洪所面對的指責來得絕對分明。晦堂祖
心法嗣靈源惟清（？～1117）曾對惠洪說：

〔註46〕悟明：《聯燈會要》，卷1，頁11。
〔註47〕僧問洞山：「如何是佛？」山云：「麻三斤。」
〔註48〕以上所舉重顯頌洞山「麻三斤」至《碧巖錄》所考，詳見重顯頌古，克勤評
　　　　唱：《佛果圜悟禪師碧巖錄》，卷2，頁152～153。
〔註49〕悟明：《聯燈會要》，卷1，頁11。
〔註50〕同上註。

聞在南中時，究《楞嚴》，特加箋釋，非不肖所望。蓋文字之學不能
洞當人之性源，徒與後學障先佛之智眼，病在依他作解，塞自悟門。
資口舌則可勝淺聞，廓神機終難極妙證。故於行解多致參差，而日
用見聞尤增隱昧也。〔註51〕

《楞嚴經》自宋初受到永明延壽推崇後，〔註52〕一直是北宋禪學界流行的經
典，惠洪著有《楞嚴經合論》，〔註53〕分段羅列原典，穿插論釋於其中，此當
為惟清所指。惟清認為，惠洪這種箋釋的「文字之學」非但不能洞察本性，
又成為後學參禪的障礙弊病，「終難極妙證」。惟清與惠洪在師門內尚屬平輩，
惠洪的師侄輩佛眼清遠（1067～1120）〔註54〕更曾明確的表示：

學者不可泥於文字語言。蓋文字語言，依他作解，障自悟門，不能
出言象之表。……迴觀文字之學，何嘗以什較百、以千較萬也！

〔註55〕

清遠之說與前引惟清所言如出一轍，雖清遠未必針對惠洪，然對「文字之學」
的否定，乃是北宋中晚期以來禪學界常見的價值判斷，而站在他們對立面的
禪僧，首當其衝的便是惠洪，以及更早的善昭、重顯等文字禪代表人物。惠
洪的師叔輩泐潭洪英（1012～1070）〔註56〕嘗說道：

諸方老宿批判先覺語言拈提公案，猶如捧土培泰山、掬水沃東海。
然彼豈賴此以為高深耶？觀其志在益之，而不自知非其當也。〔註57〕

所謂「捧土培泰山、掬水沃東海」，即如前述「以什較百、以千較萬」一般，
捧土與掬水對於增益泰山東海之高深原屬無濟於事；禪人「不自知非其當」，
而以語言文字論禪，同樣於事無補。洪英所指乃公案拈古、或頌古之屬，可
知其對象當為善昭、重顯以來的文字禪風。類似的批判到兩宋之際還可見到，
如宗杲法嗣卍菴道顏（1094～1164）嘗曰：

〔註51〕淨善：《禪林寶訓》，卷2，頁1023。
〔註52〕如延壽鉅作《宗鏡錄》中就多次引用《楞嚴經》語。
〔註53〕〔宋〕德洪造論，正受會合：《楞嚴經合論》（臺北：新文豐，卍續藏本，冊
　　　　12）。
〔註54〕惠洪之師真淨克文乃與祖心同為黃龍慧南門下師兄弟。佛眼清遠之師五祖法
　　　　演與惠洪同輩，然惠洪為臨濟黃龍派，法演乃臨濟楊岐派。
〔註55〕淨善：《禪林寶訓》，卷2，頁1026。
〔註56〕惠洪著有〈寶峰英禪師傳〉，詳見惠洪：《禪林僧寶傳》，卷30，頁82～83。
　　　　寶峰英即泐潭洪英，為慧南法嗣。
〔註57〕淨善：《禪林寶訓》，卷1，頁1021。

語言無味，如煮木札羹、炊鐵釘飯，與後輩咬嚼，目爲拈古。其頌
始自汾陽，暨雪竇宏其音、顯其旨，汪洋乎不可涯。後之作者，馳
騁雪竇而爲之，不顧道德之奚若，務以文彩煥爛相鮮爲美，使後生
晚進不克見古人渾淳大全之旨。烏乎！予遊叢林及見前輩，非古人
語錄不看、非百丈號令不行，豈特好古？蓋今之人不足法也。〔註58〕

道顏將矛頭指向北宋文字禪之濫觴，也就是善昭和重顯的百則頌古。所謂「後
之作者，馳騁雪竇而爲之」云云，約莫暗責其師祖克勤作《碧巖錄》評唱重
顯頌古之事。正因南宋叢林禪師普遍追求「文彩煥爛」，企圖藉由「形式」上
靠攏古德公案言句，以自許禪悟妙契，遂令禪之「內容」愈加空泛，徒成文
句堆砌之物。因此「前輩非古人語錄不看、非百丈號令不行」，皆因「今之人
不足法」，這也是前述悟明編《聯燈會要》之緣由所在。

　　不過，道顏等人反對公案頌古以文字爲禪的立場，並不代表整個南宋叢
林的普遍看法。如前文所提，此時的禪宗對「大興文字以爲禪」、或者說對「文
字禪」的表述，並沒有北宋洪英、惟清以降所謂的「非其當」、「依他作解」、
「塞自悟門」等來得嚴苛；相較之下，不置可否、甚至委婉認同的情況並不
罕見。如提倡「默照禪」的正覺雖教人「不要作道理、咬言句」，本人卻被譽
爲「禪宗頌古四家」、「頌聖」之一，〔註59〕頌古本爲文字禪形式中較爲普遍
的一種，元代萬松行秀（1166～1246）更稱：

吾宗有雪竇、天童，猶孔門之有游、夏。二師之頌古，猶詩壇之李
杜。〔註60〕

「天童」即正覺，可知正覺頌古與重顯齊名。又，同時代的宗杲雖不滿學人
徒事模仿公案言句而毀《碧巖錄》雕板，但這僅是在形式上提出不可模仿公
案言句的訴求而已，他並不否認公案在禪學上的價值性，或者說是參禪之用，
否則也不會提倡看話禪。儘管宗杲看話禪的重點並不在公案言句本身，參究

〔註58〕淨善：《禪林寶訓》，卷3，頁1033。此條龔儁先生已揭，詳見氏著：《禪史鈎
　　　　沉：以問題爲中心的思想史論述》，頁295之註釋1。

〔註59〕清人受登、槃譚爲《紫絕老人天奇直註雪竇顯和尚頌古》作序曰：「禪宗頌古
　　　　有四家焉，天童、雪竇、投子、丹霞是已。……昔人以雪竇、天童，比之孔
　　　　門游、夏，擬爲頌聖。」詳見本瑞註，道霖編集：《紫絕老人天奇直註雪竇顯
　　　　和尚頌古》，卷1，頁255。頌古四家即雪竇重顯、宏智（天童）正覺、投子
　　　　義青、丹霞子淳。

〔註60〕〔宋〕正覺頌古，〔元〕行秀評唱：《萬松老人評唱天童覺和尚頌古從容庵錄》
　　　　（臺北：新文豐，大正藏本，冊48），卷1，頁226。

時亦不得下語思量，但總是以公案話頭作爲起手處。況且宗杲自身著述甚豐，〔註61〕大興文字以爲禪，對於以筆硯作佛事的態度自不待言。他的同門師兄弟瞎堂慧遠（1103～1176）亦嘗曰：

> 然文字禪不可不學，他日參究已事未明，只於教乘中作箇知解宗徒、義學沙門，有何不可？

此說看似以爲學成文字禪之境地，至多擅於教乘義學耳，實則瞎堂慧遠別有深意，其續曰：

> 學者多云：「山僧語話，不近人情。」不是不肯人，只要你參須實參，悟須實悟，見須實見，豈可以實法繫綴人耶？不可草草。此乃入佛階級，透脫生死，安敢自欺？若此不了，空作箇撥無因果漢，後悔何及。
>
> 要須是悟桶底剔脫，方知道元來不在言句上，亦當自知時節。〔註62〕

那些務以麗藻作禪事的學人，參非實參、悟非實悟，原是陷於追求文字的執著之中。然而瞎堂認爲，文字禪並非不可學，惟關要處須知「元來不在言句上」。這也是五代德山緣密以來「參活句」〔註63〕的主張，與其同門宗杲「看話禪」的要求一致。

宋元之際，臨濟宗楊岐派虎丘系下的虛堂智愚（1185～1269）題〈覺範和尚塔在同安〉曰：

> 說文字禪，籠絡虛空。罵古塔主，不明要旨。褒貶抑揚，流行坎止。
>
> 棲鳳嵓高插杳冥，落花啼鳥誰相委。〔註64〕

「罵古塔主」之事，乃惠洪批判薦福承古（？～1045）誤解臨濟義玄「一句語須具三玄門，一玄門須具三要」〔註65〕之說，詳見惠洪所著〈臨濟宗旨〉〔註

〔註61〕如《正法眼藏》、《禪林寶訓》、《宗門武庫》……等，可參考李國玲：《宋僧著述考》，頁416～423。

〔註62〕上引瞎堂兩段言語，詳見〔宋〕齊己等編：《瞎堂慧遠禪師廣錄》（臺北：新文豐，卍續藏本，冊69），卷3，頁583。

〔註63〕詳見本文第四章第一節第二部分「公案『活句』說的流變」。

〔註64〕〔宋〕妙源編：《虛堂和尚語錄》（臺北：新文豐，大正藏本，冊47），卷6，頁1033。智愚的師承爲：虎丘紹隆→應菴曇華→密菴咸傑→松源崇嶽→運庵普巖→虛堂智愚。

〔註65〕道原：《景德傳燈錄》，卷12，頁291。

〔註66〕「臨濟但曰：『一句中具三玄，一玄中具三要，有玄有要』而已，初未嘗目爲句中玄、意中玄、體中玄也。古塔主者誤認玄沙三句爲三玄，故但分三玄而遺落三要。叢林安之不以爲非，爲可太息。」詳見〔宋〕惠洪：〈臨濟宗旨〉（臺北：新文豐，卍續藏本，冊63），頁168。

66〕與〈題古塔主論三玄三要法門〉。〔註 67〕智愚對文字的態度較微妙，曾贊人「已知所得離文字，此去禪棲必有山。」乃以「離文字」爲高。其閱《宗鏡錄》後又頌曰：「百卷非文字，精探海藏深。」〔註 68〕延壽的《宗鏡錄》受到惠洪推崇，〔註 69〕正是因爲《宗鏡錄》結合禪教，不以文字爲病；而智愚雖亦讚賞《宗鏡錄》，卻謂《宗鏡錄》「百卷非文字」，恐是不願正面認同文字經教的心理所致。從上題覺範塔文來看，儘管智愚謂「說文字禪，籠絡虛空」，然文末喻惠洪如棲鳳岩高插天際，仍表現出對於惠洪曲高和寡之同情。

此外，同爲臨濟宗楊岐派虎丘系下的希叟紹曇（？～1298）著《五家正宗贊》，其對雪竇重顯之贊文曰：「說祖師禪，說文字禪，蝸篆新泥壁。」〔註 70〕「蝸篆」意即蝸牛爬行足跡屈曲有如篆文，此處當指重顯著成頌古百則一事，對文字禪未置可否，〔註 71〕而其贊後總結曰：

> 高風逸韻古來今，只許一人如北斗。泰山仰之彌高，望之不及。
>
> 〔註 72〕

「逸韻」雖未必指重顯之頌古百則，但從所謂「北斗」、「泰山」之描述看來，亦可知紹曇極爲欽佩這位文字禪大師。

上述諸例顯示，南宋叢林對於以文字爲禪的態度雖不似北宋諸多非議，但或有曖昧不明之處。叢林以外的文人士大夫則不然，南宋名儒眞德秀（1178～1235）之啓蒙師曾丰（1142～1224）著《緣督集》，有韻曰：

> 形影神中冥莫逆，問答小參文字禪，賈誼升堂馬入室，更能尚友古聖賢。〔註 73〕

〔註 67〕惠洪著，廓門貫徹註：《註石門文字禪》，卷 25，頁 652～653。

〔註 68〕以上兩條引文分見妙源：《虛堂和尚語錄》，卷 7，頁 1039、1034。

〔註 69〕可參考惠洪著，廓門貫徹註：《註石門文字禪‧題宗鏡錄》，卷 25，頁 642～643。

〔註 70〕〔宋〕紹曇：《五家正宗贊》（臺北：新文豐，卍續藏本，冊 78），卷 4，頁 610。紹曇的師承爲：虎丘紹隆→應菴曇華→密菴咸傑→破庵祖先→無準師範→希叟紹曇。

〔註 71〕類似的態度還有克勤法孫焦山師體（1108～1179），其曰：「『活祖師意，直用直行，離文字禪。……青出於藍，有何奇特？』良久云：『野步雲頭閙。閒歌雪子吟。』」師體對「離文字禪」顯然並沒有大加讚賞。詳見師明：《續古尊宿語要》，卷 6，頁 521。

〔註 72〕紹曇：《五家正宗贊》，卷 4，頁 611。

〔註 73〕語出〈題饒德裕三益軒〉，詳見〔宋〕曾丰：《緣督集》（臺北：臺灣商務，1985年景印文淵閣四庫全書本，冊 1156），卷 3，頁 11 下～12 上。書前提要頁 1 上謂「眞德秀幼嘗受學于丰」。

「馬」即西漢司馬相如（約前 179～前 127），詩中乃用西漢揚雄（前 53～18）《法言》「如孔氏之門用賦也，則賈誼升堂，相如入室矣」之典，〔註74〕以喻參文字禪漸入佳境，而能與古德尚友。又如南宋易足居士章甫（生卒年不詳）著《自鳴集》，有詩云：

> 諸塵不染眼自碧，萬事隨緣心已安。……杖藜過我城南偏，遊戲世間文字禪。〔註75〕

章甫號爲居士，韻涉佛理，末句當述其作詩參禪之閒情逸致。此外，再如江湖詩人戴復古（1167～？）的「好留一室館狂客，早晚來參文字禪」、〔註76〕韓淲（1159～1224）的「顧我粥飯僧，豈了文字禪」〔註77〕等，皆以「文字禪」入詩，透露其禪悅之心。文人既無禪門不立文字的包袱，他們所認知的「文字禪」自然便純粹是一種文學與禪悅結合的生活雅致。實際上，宋代文人受「文字禪」影響並不止於禪思與詩情的交融，如果稍微關注「理學家」或者說「道學家」這類通常與佛徒站在對立面的文人群體，會發現他們的文化生活也受到文字禪運動間接的影響。

作爲文字禪文本之一，禪僧語錄包含大量公案、詩頌，這是他們傳播自宗禪學主張的重要手段。在形式上，禪僧語錄多以貼近世俗的白話口語爲主，即便是其中的偈頌，也常見以俗語入韻。隨著兩宋印刷出版的蓬勃，裝幀方式已不類前代卷軸，取而代之的是經折裝和蝴蝶裝的普遍使用，甚至可能及於包背裝等冊子本的形式，在帶來閱讀便利的同時，禪籍也得到比以往更爲廣大的傳播效益，特別是那些有士大夫作序的禪僧語錄。這類語錄形式看在淡薄儒門眼裡，正是他山之石，可以攻玉。

論者或謂中國早在《論語》、《孟子》的時代就產生語錄體的形式，如美國學者宇文所安（Stephen Owen）便認爲：「無論是禪宗的『話頭』，還是新儒家的『語錄』，或者詩話，它們的形式、魅力以及它們獨特的權威性卻大都可以追述到儒家經典《論語》。」〔註78〕《論語》作爲中國經典之一，不可避免

〔註74〕〔漢〕揚雄著，〔晉〕李軌注：《揚子法言》，卷 2，《四部叢刊》初編，1922年上海商務印書館再版景印本。

〔註75〕語出〈呈謝仲連〉，詳見〔宋〕章甫：《自鳴集》，卷3。頁 11 下～12 上。其號詳見書前提要頁 1 上。

〔註76〕語出〈寄報恩長老恭率翁〉，詳見戴復古：《石屏詩集》，卷1。

〔註77〕語出〈爲寺僧分韻得禪字〉，詳見〔宋〕韓淲：《澗泉集》（臺北：臺灣商務，1985 年景印文淵閣四庫全書本，冊 1180），卷 5，頁 26 下。

〔註78〕〔美〕宇文所安著，王柏華、陶慶梅譯：《中國文論：英譯與評論》（上海：上海社會科學院，2003 年 1 月），頁 396。

的總要成爲某些特定情況下的指標。不過，實際上在《論》、《孟》這種文言語錄晉升爲中國經典並運用於科舉之後，直到 10 世紀宋代之前都沒有在士子著作體式中流行開來。如果一定要指出它們之間根源性的聯繫，就必須要進一步說明爲什麼在《論語》出現後的一千多年之中，語錄體沒有興起、而是傳疏箋注的時代。〔註79〕

據柳田聖山的研究，從《祖堂集》與《景德傳燈錄》的記載看來，唐代雪峰義存（822～908）門下已有拈古的一般傾向，推測應是當時禪宗各派共通的方式。〔註80〕又，《景德傳燈錄》記五代至宋初法眼文益之法孫——雲居道齊，「著語要、搜玄、拈古、代別等集，盛行諸方，此不繁錄。」〔註81〕入宋以後，雖然法眼宗逐漸沒落，但這種結集語要、拈古的作法，在北宋日漸蔚爲風氣，尤其可以在臨濟宗的發展過程中看見。詳情可參考本文第三章第二節所製北宋各派結集的公案語錄類禪籍表格。

在美國學者田浩（Hoyt C. Tillman）所編的一本論文集中，賈德訥（Daniel K. Gardner）對宋代語錄體進行了探討，他指出，《郡齋讀書志》在「宋代新儒學中不下於一千多個標題」裡列有一個「語錄」部類，表明「『語錄』體形式在 12、13 世紀的新儒家那裡真的形成了。」〔註82〕作爲南宋最著名的私家藏書目錄《郡齋讀書志》，同時也是目前所知最早附有題解的分類藏書目錄，「語錄類」在該書中的出現，的確具有時代性的學術意義。〔註83〕然而，賈德訥接著指出：

〔註79〕關於這個問題，牟潤孫先生在〈論儒釋兩家之講經與義疏〉一文中提出的「經疏爲講經之記錄」，亦即經疏在某種層面上也可以說是一種語錄，這或許可以作爲進一步考察的根據，不過，在該文中牟潤孫先生也論證了釋家經疏早於儒家。詳見牟潤孫：《注史齋叢稿》（北京：中華書局，1987 年 3 月），頁 241、248。如此一來，若以《論語》爲禪師與新儒家語錄的根源，就必須先解決牟先生提出的論證，才能再往前溯源。

〔註80〕詳見〔日〕柳田聖山：《禪文獻の研究 上》（京都：法藏館，2001 年 10 月，柳田聖山集第二卷），頁 403。

〔註81〕道原：《景德傳燈錄》，卷 26，頁 428。另可參考賈晉華女士所論，詳見氏著：《古典禪研究：中唐至五代禪宗發展新探》，頁 317。

〔註82〕賈德訥著，楊麗華、吳艷紅等譯：〈宋代的思維模式與言說方式——關於「語錄」體的幾點思考〉，《宋代思想史論》，北京：社會科學文獻出版社，2003 年 12 月，頁 395。

〔註83〕《郡齋讀書志》中的「語錄類」非原著者晁公武（1105～1180）所設，而是補訂附志的南宋史學家趙希弁（生卒年不詳）所設，趙爲宋太祖九世孫。

最近的研究表明，一方面，禪宗佛教徒們確實可能早新儒家大約一百年就已採用「語錄」形式，但另一方面，這種體例直到 11、12 世紀，也就是說，直到它在新儒家之間流行開來時，才開始在禪師自身圈子內發達起來。如此說來，一種學派對另一種學派的影響是不那麼易於假定的。〔註84〕

首先必須要說明，《郡齋讀書志》「語錄類」中所列書目，有很多並不是本文所謂受禪僧語錄影響而產生的形式。禪僧語錄除了口語、白話等特徵以外，與其他書面體最大的不同，就在於禪僧語錄通常是由弟子記載禪師問答當下的對話過程，問答雙方未必是師徒，亦可能是禪師間或僧俗間的對話。雖然被記錄下來的文字已經離開發話當下的整體環境背景，但是仍保留了無法被量化的在場性，進而能以之作為這種對話式語錄與其他書面體的根本區別。

換言之，經過雕琢的、對話性貧乏的、書面語氣的文本，即使列於《郡齋讀書志》「語錄類」中，在形式仍與禪僧語錄的影響沒有太深刻的關係，例如為人所熟知的胡宏（1105～1161）《五峯先生知言》，其體例便非口語對話，〔註85〕《郡齋讀書志》卻將之歸為語錄類，題解尚謂「此書乃平日之所自著，其言約，其義精。」〔註86〕顯然與禪僧語錄是兩種完全不同的體式。又如「語錄類」中所列兩筆張九成（1092～1159）講述之作《無垢先生心傳錄》與《橫浦日新》，前者間有答問，〔註87〕然整體仍未脫書面語氣；〔註88〕後者則多文言短語，如：

〔註84〕 賈德訥著，楊麗華、吳艷紅等譯：〈宋代的思維模式與言說方式——關於「語錄」體的幾點思考〉，頁 395。

〔註85〕 且舉《知言》卷一首條為例：「天命之謂性。性，天下之大本也。堯、舜、禹、湯、文王、仲尼六君子先後相紹，必曰心而不曰性，何也？曰心也者，知天地，宰萬物，以成性者也。六君子盡心者也，故能立天下之大本。人至於今賴焉，不然異端竝作，物從其類而瓜分，孰能一之？」詳見〔宋〕胡宏：《知言》（臺北：臺灣商務，1985 年景印文淵閣四庫全書本，冊 703），卷 1，頁 1 上。

〔註86〕 〔宋〕晁公武著，孫猛校證：《郡齋讀書志校證‧讀書附志》（上海：上海古籍出版社，1990 年 10 月），頁 1210。〈讀書附志〉由趙希弁所補。

〔註87〕 如：「或問：『去異端難否？』先生曰：『人多不識異端，所以難去。只如楊、墨，本學仁義，仁義豈是異端？惟孟子能辯之，故能去之也。不然，未必不反溺其說。此所以去之覺難也。』」詳見〔清〕黃宗羲著，全祖望補修，陳金生、梁運華點校：《宋元學案‧橫浦學案‧橫浦心傳》（北京：中華書局，1986 年 12 月），冊 2，卷 40，頁 1304～1305。

〔註88〕 又如：「禍福有幸有不幸，而善惡之理則一定。君子惟其一定之理而已，豈當論幸不幸！小人則一味圖僥倖，或僥倖而得福，往往不復以善惡為定理矣。」同上註，頁 1305。

幼喜放，壯喜鬪，老喜憂。

學文者多忌，學道者多退。

君子之學，豈志在取一第、效一官而已！飲食起居，皆宰相事業也。

〔註 89〕

此皆與白話語錄不類，倒似格言，全是書面語氣。《心傳錄》尚兼有書面體之答問，《橫浦日新》不但爲書面語，亦乏對話體例。其他又如《張子太極解義》、《二十先生西銘解義》、《無極太極辨》、《總括夫子言仁圖》、《羣經新說》、《論五經疑難新說》、《勉齋先生講義》等，〔註 90〕凡此種種雖皆列於《郡齋讀書志》「語錄類」，然據其原典或《郡齋讀書志》之題解，皆可知與本節所要討論的語錄形式完全不同。今除《郡齋讀書志》之「語錄類」外，另參考南宋尤袤（1127～1194）《遂初堂書目》與陳振孫（1179～1262）《直齋書錄解題》二書「儒家類」所列語錄，〔註 91〕以及相關宋人文集，考得宋代理學家或文白夾雜、或口語對話之語錄如下：

（一）程顥（1032～1085）、程頤（1033～1107）著，《河南程氏遺書》。今有北京中華書局理學叢書本（《二程集》）。

（二）謝良佐（1050～1103）著，《上蔡語錄》。朱熹所編，收於京都中文出版社近世漢籍叢刊思想初編本冊六。

（三）李侗（1093～1163）著，《延平答問》。朱熹所編，收於京都中文出版社近世漢籍叢刊思想初編本冊六。

（四）朱熹（1130～1200）著，《朱子語類》。今有北京中華書局理學叢書本。

（五）朱熹、呂祖謙（1137～1181）編，《近思錄》。今有臺灣商務印書館清人張伯行集解本。

（六）李方子（生卒年不詳）編，《傳道精語》。已佚，見錄於《郡齋讀書志校證》。〔註 92〕

〔註89〕以上三條引文詳見黃宗羲：《宋元學案‧橫浦學案‧橫浦日新》，冊 2，卷 40，頁 1312。

〔註90〕晁公武著，孫猛校證：《郡齋讀書志校證》，頁 1212～1213。

〔註91〕詳見〔宋〕尤袤：《遂初堂書目》（上海：商務印書館，1935 年叢書集成初編本，冊 32），頁 16～17。以及〔宋〕陳振孫：《直齋書錄解題》（上海：商務印書館，1937 年叢書集成初編本，冊 46），卷 9，頁 261～276。

〔註92〕「李方子編濂溪、康節、橫渠、明道、伊川、晦庵、南軒、東萊之說，類而集之。」應爲類於《近思錄》之作。詳見晁公武著，孫猛校證：《郡齋讀書志校證》，頁 1213。李方子爲朱熹門人。

（七）不知編者，《諸儒鳴道集》。已佚，見錄於《直齋書錄解題》。〔註 93〕

（八）陸九淵（1139～1193）著、傅子雲等編錄，《象山先生全集》。今有《四部叢刊》初編本，卷三四～三五爲語錄。〔註 94〕

（九）陳淳（1159～1223）著，《北溪大全集》。今有《景印文淵閣四庫全書》本，卷三五～四二爲問答式語錄。〔註 95〕

此外，關於以上所計，有幾點必須另作說明：

（一）從本文第三章第二節所製七表可看到，宋代禪僧語錄不少是由多位弟子或錄、或編、或集，有「語錄」、「廣錄」、「雜錄」、或「後錄」之分，然一位禪師被結集的語錄仍以一種較爲常見，就算有兩種以上如表一第 19、20 項楊岐方會列有「語錄」與「後錄」兩種，亦未有在此二種語錄的基礎上出現更爲完備、流通的集成本；況且《楊岐方會和尙語錄》中包括了仁勇編〈袁州楊岐山普通禪院會和尙語錄〉與守端編〈後住潭州雲蓋山海會寺語錄〉，本文並未將此分開列計，因那是匯集不同弟子的抄錄本，然後才成爲現今所看到的定本，故僅列計該定本。而在理學家語錄的場合也是如此，一些理學家也有不同弟子分別記述語錄，如朱熹弟子所記語錄實有數筆，以《郡齋讀書志》所列爲例，後人編輯朱熹語錄尙有廖德明等編《晦菴先生語錄》、黃幹等編《晦菴先生語續錄》、楊與立編《朱子語畧》、吳必大記《師誨》、蔡模纂《續近思錄》（皆朱子語）。〔註 96〕此後有南宋黎靖德（生卒年不詳）參考當時流傳的各種朱熹語錄匯集本（已經過第二手或以上之整理），再次統

〔註 93〕「不知何人所集涑水、濂溪、明道、伊川、橫渠、元城、上蔡、無垢，以及江民表、劉子翬、潘子醇，凡十一家，其去取不可曉。」應爲類於《近思錄》之作。詳見陳振孫：《直齋書錄解題》，頁 273。《遂初堂書目》頁 17 記爲《諸儒名道集》。

〔註 94〕象山語錄泰半文白夾雜，然亦見口語對話之特徵，略舉一條語錄：「先生問子直學問何所據。云：『信聖人之言。』先生云：『且如一部《禮記》凡「子曰」皆聖人言也，子直將盡信乎？抑其間有揀擇？』子直無語。先生云：『若使其都信，如何都信得？若使其揀擇，卻非信聖人之言也。人謂某不教人讀書，如敏求前日來問某下手處，某教他讀〈旅獒〉、〈太甲〉、〈告子·牛山之木〉以下，何嘗不讀書來？只是比他人讀得別些子。』」詳見〔宋〕陸九淵：《象山先生全集》，卷 35，《四部叢刊》初編，1922 年上海商務印書館再版景印本。

〔註 95〕略舉一條語錄：「問：『仁活物。』（陳淳答）心是箇活物，仁便是心中活底道理，所以謂心之德。」詳見〔宋〕陳淳：《北溪大全集》（臺北：臺灣商務，1985 年景印文淵閣四庫全書本，冊 1168），卷 37，頁 3 下。

〔註 96〕詳見晁公武著，孫猛校證：《郡齋讀書志校證》，頁 1208～1210。

一匯編整理而成《朱子語類》。由於語錄主為同一人，內容乃集眾家大成，故朱熹語錄亦僅以此筆列計。二程語錄的情形亦如是。〔註97〕然即便將程朱諸弟子所集語錄分別拆開列計，與禪師語錄比較起來，在數量上仍然不會有值得重視的差異。

（二）《近思錄》之類為多位理學家語錄之匯編，其中或有被錄者已見計單行語錄集，如二程的《河南程氏遺書》。然因此類語錄匯編，乃經過編輯者對多位語錄主之語錄進行有意的採摭取捨，而非單純合編成冊，有如禪家《古尊宿語錄》之類，是故另計一書。

（三）題名為語錄之屬，卻未計於上者，有兩種情形：

1、如《郡齋讀書志》所列《橫渠先生語錄》、《龜山先生語錄》，〔註98〕此二者通篇書面語，且不以問答對話為主，故不計。

2、亡佚且題解不詳或原典僅存數條記載而難以考究者，計有：

（1）《郡齋讀書志》所列《復禮齋語錄》；〔註99〕

（2）《遂初堂書目》所列《林子誨語錄》；〔註100〕

（3）《直齋書錄解題》所列《龜山別錄》、《尹和靖語錄》、與《南軒語錄》；

〔註101〕

〔註97〕二程語錄的《河南師說》與《河南程氏遺書》亦僅計後者，據《直齋書錄解題》所言，《河南師說》所錄不若《河南程氏遺書》之詳訂，詳見陳振孫：《直齋書錄解題》，頁268。又，《遂初堂書目》頁17列於《伊川經解》之後的《師說》，當指《河南師說》。

〔註98〕晁公武著，孫猛校證：《郡齋讀書志校證》，頁1206、1208。張載語錄詳見〔宋〕張載：《張子語錄》，《四部叢刊》續編，1932年上海商務印書館再版景印本。楊時語錄詳見〔宋〕楊時：《龜山先生語錄》，《四部叢刊》續編，1932年上海商務印書館再版景印本。又，《遂初堂書目》頁17與《直齋書錄解題》頁272所列《節孝先生語》亦通篇書面語，詳見〔宋〕徐積：《節孝語錄》（臺北：臺灣商務，1985年景印文淵閣四庫全書本，冊698）。《郡齋讀書志》頁1207、《遂初堂書目》頁17、與《直齋書錄解題》頁270所列《元城語錄》亦屬書面語，詳見黃宗羲：《宋元學案·元城學案·元城語錄》，冊2，卷20，頁822～827。

〔註99〕晁公武著，孫猛校證：《郡齋讀書志校證》，頁1212。《復禮齋語錄》今已不見。

〔註100〕尤袤：《遂初堂書目》，頁17。《林子誨語錄》今已不見，且著者亦不可考。

〔註101〕陳振孫：《直齋書錄解題》，卷9，頁271。此三書今已不見，或有他人所記師說語錄之屬，亦多為書面語。如四庫本《和靖集》另有王時敏所記尹和靖語錄〈師說〉，通篇多書面語，詳見〔宋〕尹焞：《和靖集》（臺北：臺灣商務，1985年景印文淵閣四庫全書本，冊1136），卷5～7。又如《宋元學案》有張栻〈南軒答問〉，亦書面語，詳見黃宗羲：《宋元學案·南軒學案》，冊2，卷50，頁1611～1624。

　　（4）最後是三家皆列之《元城談錄》與《元城道護錄》。〔註102〕
因無法確定上述這七部著作之內容體式，爲求謹愼，且列於此。

　　由於這些因素，上文所考僅爲概況，然前列《河南程氏遺書》至《北溪
大全集》等九部語錄，現存者皆以口語對話間雜文白之形式爲主，與書面語
有較爲明顯之區別。這一方面顯示部分宋代理學家留下的著述形式有別於傳
統、近似於禪僧語錄；另一方面，據本文第三章第二節「禪門語錄、燈錄、
和公案的結集」所考，北宋禪僧語錄的數量絕對多於具有相類特徵形式的宋
代理學家語錄，並且還要更早。即便將二程、朱熹諸弟子各別所記的語錄分
開計算，並加上文言或書面體等前文不計之類，北宋禪僧語錄仍是壓倒性的
居多。如此一來，前述賈德訥所謂這種語錄體「直到它在新儒家之間流行開
來時，才開始在禪師自身圈子內發達起來」，這樣的說法與事實並不相契。〔註
103〕不過，必須指出的是，禪僧公案語錄的結集成書，到了南宋確實更爲發達，
顯示出文字禪在南宋於文本製造上仍有其影響力。以下計列五表說明，南宋
臨濟宗、曹洞宗結集的情況最爲顯著，各列一表；宋元之際（主要生活於南
宋的禪僧）的公案語錄類禪籍列一表；生卒年或宗派不詳者皆列於「南宋其
他公案語錄類禪籍」，而雲門宗之結集因僅見一筆《嘉泰普燈錄》，亦列於此
表；最後是「無法判斷之南宋公案語錄類禪籍」，列一表以備考。所有體例、
參考依據皆與本文第三章第二節「禪門語錄、燈錄、和公案的結集」所製七
表一致；其中，表六「兩宋之交或可能已入南宋之公案語錄類禪籍」所列者，
雖然數量稀少，但其結集時間點上的判定較爲曖昧，故已於表六列出者不再
列於以下南宋諸表。

〔註102〕詳見《郡齋讀書志》頁 1207、《遂初堂書目》頁 17、與《直齋書錄解題》
　　　　頁 270，三家所記書名或有不同，然皆同指劉安世（1048～1125）之作。
　　　　今可於《宋元學案》覓得寥寥數筆《元城談錄》與《元城道護錄》之資料，
　　　　而《談錄》亦似書面語，惟《道護錄》或夾雜白話口語，但仍因現存文獻
　　　　缺乏而不足考。詳見黃宗羲：《宋元學案・元城學案》，冊 2，卷 20，頁 827
　　　　～828。
〔註103〕陳垣先生亦謂：「自燈錄盛行，影響及於儒家，朱子之《伊洛淵源錄》，黃黎
　　　　洲之《明儒學案》，萬季野之《儒林宗派》等，皆仿此體而作也。」詳見氏著：
　　　　《中國佛教史籍概論》（上海：上海書店，2001 年 8 月），頁 78。

表八、南宋臨濟宗公案語錄類禪籍

	書　名	著　者	收　錄	備　　註
1	竹菴珪和尚語	龍翔士珪（1083～1146）著，	卍續藏冊六八續古尊宿語要本	【楊岐派】龍翔士珪即與大慧宗杲合集《禪林寶訓》之竹菴珪。佛眼清遠（1067～1120）→龍翔士珪
2	東林和尚雲門庵主頌古	士珪、宗杲合著，悟本錄	古尊宿語錄卷四七	【楊岐派】
3	雪堂行拾遺錄	雪堂道行（1089～1151）	卍續藏冊八三	【楊岐派】道行即烏巨行，《嘉泰普燈錄》卷十六載烏巨行於南宋高宗建炎二年（1128）始「開法於壽寧，次遷法海、天寧、烏巨，大播玄風。」佛眼清遠→烏巨行
4	（道行）語錄	道行	佚	【楊岐派】南宋道融（生卒年不詳）《叢林盛事》卷上記道行「遷衢之烏巨，其道大振，終於饒之薦福。玅喜親為撰〈語錄序〉，流傳于世。」
5	大慧普覺禪師宗門武庫	大慧宗杲（1089～1163）著，道謙編	大正藏冊四七	【楊岐派】《大慧普覺禪師年譜》頁803記該書成於紹興十年（1140）。
6	正法眼藏	宗杲	卍續藏冊六七	【楊岐派】該書拈提古德機緣，並間有宗杲評議著語。《大慧普覺禪師年譜》頁802記該書成於紹興十七年（1147）。

	書　名	著　者	收　錄	備　註
7	大慧普覺禪師語錄	宗杲著，蘊聞編	大正藏冊四七	【楊岐派】《大慧普覺禪師年譜》頁798記宗杲於建炎四年「菴于雲門，方成法席」，則其弟子所編語錄當在南宋成書，且該錄卷首尚有編者蘊聞述其於乾道七年（1171）奏進入藏之事。
8	禪林寶訓	宗杲、竹菴珪共集，淨善重集	大正藏冊四八	【楊岐派】書首淨善序云：「《寶訓》者，昔妙喜、竹菴誅茅江西雲門時共集。」又，《大慧普覺禪師年譜》頁798記建炎四年（1130）事曰：「師四十二歲，是年春遷海昏雲門菴。」知該書成於南宋建炎四年之後。又，淨善序文記其於孝宗淳熙間（1174～1189）得《禪林寶訓》，故其重集之事最早亦當在1174年以後。圓悟克勤（1063～1135）→大慧宗杲
9	普覺宗杲禪師語錄（又名：大慧禪師禪宗雜毒海）	宗杲著，道謙、法宏編	續藏經第壹輯第貳編第二六套冊一	【楊岐派】該書共兩卷，上卷多記宋代禪師公案機緣；下卷內容則與公案語錄類無關。卷首有宗杲法嗣祖慶（生卒年不詳）於孝宗淳熙十五年（1188）所作序文，卷末祖慶跋文作於光宗紹熙元年（1190）。
10	瞎堂慧遠禪師廣錄	瞎堂慧遠（1103～1176）著，齊己等編	卍續藏冊六九	【楊岐派】圓悟克勤→瞎堂慧遠

	書　名	著　者	收　錄	備　註
11	且菴語錄	長蘆守仁（？～1183）	佚	【楊岐派】著錄於四庫本清代嵇曾筠（1670～1738）等監修之《浙江通志》卷二四六。烏巨行→長蘆守仁
12	此菴守淨禪師語要	西禪守淨（生卒年不詳）	續藏經第壹輯第貳編第二六套冊一	【楊岐派】大慧宗杲→西禪守淨
13	卍庵法語	卍菴道顏（1094～1164）	佚	【楊岐派】四部叢刊本《渭南文集》卷二六載〈跋卍菴語〉。大慧宗杲→卍菴道顏
14	拈八方珠玉集	徑山祖慶（生卒年不詳）	卍續藏冊六七	【楊岐派】選錄諸家頌古、拈古。大慧宗杲→徑山祖慶
15	佛照禪師奏對錄	佛照德光（1121～1203）	古尊宿語錄卷四八	【楊岐派】大慧宗杲→佛照德光
16	佛照禪師語錄	德光	佚	【楊岐派】四部叢刊本《渭南文集》卷十四載〈佛照禪師語錄序〉。
17	天童無用淨全禪師語錄	天童淨全（1137～1207）	佚	【楊岐派】四部叢刊本《渭南文集》卷十五載〈天童無用禪師語錄序〉。大慧宗杲→天童淨全
18	大光明藏	橘洲寶曇（1129～1197）	卍續藏冊七九	【楊岐派】列述歷代古德機緣，並間有法語評議。續修四庫全書本寶曇所著《橘洲文集》頁 130，〈龕銘〉自述「從先大慧於育王（原作『育主』）、徑山，

	書　名	著　者	收　錄	備　註
				晚見東林卍庵、蔣山應庵。」 大慧宗杲→橘洲寶曇
19	（彥岑）語錄	圓極彥岑 （生卒年不詳）	佚	【楊岐派】 著錄於南宋道融（生卒年不詳）《叢林盛事》卷上。 佛眼清遠→雲居法如（1080～1146）→圓極彥岑
20	應菴曇華禪師語錄	應菴曇華 （1103～1163）	卍續藏 冊六九	【楊岐派】 圓悟克勤→虎丘紹隆（1077～1136）→應菴曇華
21	普菴印肅禪師語錄	普菴印肅 （1115～1169）	卍續藏 冊六九	【楊岐派】 佛眼清遠→黃龍法忠（1084～1149）→普菴印肅
22	寂感禪師法語	印肅	佚	【楊岐派】 著錄於《郡齋讀書志校證‧讀書附志》頁 1165。
23	濟顛道濟禪師語錄	道濟 （1137～1209）	卍續藏 冊六九	【楊岐派】 圓悟克勤→瞎堂慧遠→道濟
24	密菴和尚語錄	密菴咸傑 （1118～1186） 著，崇岳、了悟等編	大正藏 冊四七	【楊岐派】 應菴曇華→密菴咸傑
25	肯堂語錄	淨慈彥充 （生卒年不詳）	佚	【楊岐派】 著錄於四庫本《文淵閣書目》卷四。 大慧宗杲→卍菴道顏→淨慈彥充
26	元聰語錄	徑山元聰 （1136～1209）	佚	【楊岐派】 四部叢刊本南宋樓鑰（1137～1213）《攻媿集》

	書　名	著　者	收　錄	備　註
				卷五三載〈聰老語錄序〉。大慧宗杲→教忠彌光（？～1155）→徑山元聰
27	語錄	徑山妙嵩（？～1221）	佚	【楊岐派】明代元賢（1578～1657）《建州弘釋錄》記妙嵩「有語錄十卷，厄于火」。大慧宗杲→佛照德光→徑山妙嵩
28	七會錄	退谷義雲（1149～1206）	佚	【楊岐派】四部叢刊本《渭南文集》卷四〇載〈退谷雲禪師塔銘〉，記曰：「學者集師（義雲）語爲《七會錄》行于世。」大慧宗杲→佛照德光→退谷義雲
29	北礀居簡禪師語錄	北礀居簡（1164～1246）	卍續藏冊六九	【楊岐派】大慧宗杲→佛照德光→北礀居簡
30	率菴梵琮禪師語錄	雲居梵琮（生卒年不詳）著，了見等編	卍續藏冊六九	【楊岐派】大慧宗杲→佛照德光→雲居梵琮
31	月林師觀禪師語錄	萬濤師觀（1147～1221）	卍續藏冊六九	【楊岐派】五祖法演→開福道寧→大溈善果（1079～1152）→大洪祖證（生卒年不詳）→萬濤師觀
32	無門關	黃龍慧開（1183～1260）著，宗紹編	大正藏冊四八	【楊岐派】列舉古德公案，並下著語、作頌古。萬濤師觀→黃龍慧開
33	無門慧開禪師語錄	慧開著，普敬等錄	卍續藏冊六九	【楊岐派】

	書　名	著　者	收　錄	備　註
34	五燈會元	大川普濟（1179～1253）	卍續藏冊八〇	【楊岐派】佛照德光→徑山如琰（1151～1225）→大川普濟
35	大川普濟禪師語錄	普濟著，元愷編	卍續藏冊六九	【楊岐派】
36	偃溪廣聞禪師語錄	偃溪廣聞（1189～1263）著，元清等編	卍續藏冊六九	【楊岐派】佛照德光→徑山如琰→偃溪廣聞
37	淮海原肇禪師語錄	淮海原肇（1189～？）著，實仁等編	卍續藏冊六九	【楊岐派】佛照德光→徑山如琰→淮海原肇
38	介石智朋禪師語錄	介石智朋（生卒年不詳）著，正賢等編	卍續藏冊六九	【楊岐派】卷首序文作於南宋咸淳四年（1268）。佛照德光→徑山如琰→介石智朋
39	宗門會要	智朋	佚	【楊岐派】四庫本道璨《柳塘外集》卷三載〈宗門會要序〉，略曰：「閩人朋介石爲書曰《宗門會要》，根以《統要》，參以《五燈》，遠而古宿之代別，近而諸方之拈頌，旁而佛鑒、大圓之法語，八方珠玉，一展卷而燦焉。」知爲公案語錄集。
40	物初大觀禪師語錄	物初大觀（1201～1268）著，德溥等編	卍續藏冊六九	【楊岐派】佛照德光→北磵居簡→物初大觀
41	聯燈會要	淨慈悟明（生卒年不詳）	卍續藏冊七九	【楊岐派】大慧宗杲→西禪鼎需（1092～1153）→鼓山安永（？～1173）→淨慈悟明

	書 名	著 者	收 錄	備 註
42	無文道燦禪師語錄	無文道燦（1213～1271）著，惟康編	卍續藏冊六九	【楊岐派】「道燦」或作「道璨」。大慧宗杲→天童淨全→育王妙堪（1177～1248）→無文道燦
43	松源崇嶽禪師語錄	松源崇嶽（1132～1202）	卍續藏冊七〇	【楊岐派】應菴曇華→密菴咸傑→松源崇嶽
44	破菴祖先禪師語錄	破菴祖先（1136～1211）	卍續藏冊七〇	【楊岐派】應菴曇華→密菴咸傑→破菴祖先
45	曹源道生禪師語錄	曹源道生（？～1198）	卍續藏冊七〇	【楊岐派】應菴曇華→密菴咸傑→曹源道生
46	運菴普巖禪師語錄	運菴普巖（1156～1226）	卍續藏冊七〇	【楊岐派】密菴咸傑→松源崇嶽→運菴普巖
47	無明慧性禪師語錄	無明慧性（1162～1237）	卍續藏冊七〇	【楊岐派】密菴咸傑→松源崇嶽→無明慧性
48	天目禪師語錄	天童文禮（1167～1250）	佚	【楊岐派】尤袤之孫尤焴（1190～1272）作〈天目禪師語錄序〉，略曰：「後數年，禮滅翁之名諠於江湖，……又三十年，予乃得見其遺語於天竺晦巖，晦巖囑余拈出。」禮滅翁即文禮。該文見於臺北明文書局《天童寺志》頁566。密菴咸傑→松源崇嶽→天童文禮
49	癡絕和尚語錄	癡絕道冲（1169～1250）著，智沂等編	卍續藏冊七〇	【楊岐派】密菴咸傑→曹源道生（？～1198）→癡絕道冲

	書　名	著　者	收　錄	備　註
50	石田法薰禪師語錄	石田法薰（1171～1245）著，了覺、師坦等編	卍續藏冊七〇	【楊岐派】密菴咸傑→破菴祖先→石田法薰
51	無準師範禪師語錄	徑山師範（1178～1249）著，宗會等編	卍續藏冊七〇	【楊岐派】密菴咸傑→破菴祖先→徑山師範
52	無準和尚奏對語錄	師範著，了南、了垠編	卍續藏冊七〇	【楊岐派】
53	能侍者編無準語錄	師範著，能侍者編	佚	【楊岐派】四庫本道璨《柳塘外集》卷三載〈能侍者編無準語錄序〉，上述兩筆師範語錄編者計有宗會、智折、覺圓、如海、妙倫、惟一、了禪、了心、普明、了南、紹曇、了覺、師坦、妙因、至慧、了垠，未見「能侍者」之名，應爲不同弟子所集語錄。
54	虛堂和尚語錄	虛堂智愚（1185～1269）著，妙源編	大正藏冊四七	【楊岐派】松源崇嶽→運菴普巖→虛堂智愚
55	石溪心月禪師語錄	石溪心月（？～1254）著，住顯等編	卍續藏冊七一	【楊岐派】松源崇嶽→金山掩室開（生卒年不詳）→石溪心月
56	石溪心月禪師雜錄	心月	卍續藏冊七一	【楊岐派】
57	大覺禪師語錄	蘭谿道隆（1213～1278）著，智光等編	大正藏冊八〇	【楊岐派】松源崇嶽→無明慧性（1162～1237）→蘭谿道隆
58	西巖了慧禪師語錄	西巖了慧（1198～1262）著，修義等編	卍續藏冊七〇	【楊岐派】破菴祖先→徑山師範→西巖了慧

書 名	著 者	收 錄	備 註
59 兀菴普寧禪師語錄	兀菴普寧（1199～1276）著，淨韻等編	卍續藏冊七一	【楊岐派】《禪燈世譜》卷六徑山師範下列法嗣誤作爲「元庵寧」。破菴祖先→徑山師範→兀菴普寧
60 斷橋妙倫禪師語錄	斷橋妙倫（1201～1261）著，文寶、善靖編	卍續藏冊七〇	【楊岐派】破菴祖先→徑山師範→斷橋妙倫
61 劍關子益禪師語錄	劍關子益（？～1267）著，善珙等編	卍續藏冊七〇	【楊岐派】破菴祖先→徑山師範→劍關子益
62 希叟紹曇禪師語錄	希叟紹曇（？～1298）著，自悟等編	卍續藏冊七〇	【楊岐派】卷首序文作於南宋祥興二年（1279），知此錄結集之時未入元。破菴祖先→徑山師範→希叟紹曇
63 希叟紹曇禪師廣錄	紹曇著，法澄等編	卍續藏冊七〇	【楊岐派】該錄未見他人所作序跋，然所錄紀年皆南宋，故暫與上筆語錄同列於南宋。
64 五家正宗贊	紹曇	卍續藏冊七八	【楊岐派】卷首有紹曇1254年所作序文。該書列舉達磨以下五宗禪師法語，並作贊文。
65 方山文寶禪師語錄	方山文寶（？～1264）著，先睹、祖燈等錄，機雲編	卍續藏冊七〇	【楊岐派】徑山師範→斷橋妙倫→方山文寶
66 月磵和尚語錄	月磵文明（1231～？）著，妙寅等編	卍續藏冊七〇	【楊岐派】徑山師範 → 西巖了慧（1198～1262）→月磵文明

	書　名	著　者	收　錄	備　註
67	雪峰空和尚外集	雪峰慧空（1096～1158）著，惠然編	禪門逸書初編冊三	【黃龍派】 今禪門逸書本題爲「北宋惠空撰」，然據《雪峰慧空禪師語錄·頂相讚》記慧空於「紹興癸酉（1153）」始「開法郡之雪峯」，故該書應成於南宋。 晦堂祖心→泐潭善清→雪峰慧空
68	雪峰慧空禪師語錄	慧空著，慧弼編	卍續藏冊六九	【黃龍派】
69	雪峰空和尚內集	慧空	佚	【黃龍派】 《雪峰慧空禪師語錄》覺性跋語提及慧空有《內集》。
70	福州仁王謨老語錄	仁王大心謨（生卒年不詳）	佚	【黃龍派】 四庫本李彌遜（1089～1153）《筠谿集》卷二二載〈福州仁王謨老語錄〉，記曰：「侍者元嗣錄其上堂小參問答之語，請敍於予」；又言及紹興乙丑（1145）事，推知該錄應成書於南宋。 靈源惟清→上封本才（生卒年不詳）→仁王大心謨
71	叢林盛事	道融（生卒年不詳）	卍續藏冊八六	【黃龍派】 歷代燈錄未詳道融師承，《叢林盛事》卷下有宗杲法嗣遜菴宗演（生卒年不詳）跋語，謂「融見塗毒策，策見游典牛，是爲黃龍六世孫也。」塗毒策即徑山智策（1117～1192），游典牛即雲巖天游（生卒年不詳）。若以道融爲智策法嗣而次之，道融確爲黃龍下六世，知宗演所言不誤。

書　名	著　者	收　錄	備　註
			泐潭文準→雲巖天游→徑山智策→道融

表九、南宋曹洞宗公案語錄類禪籍

	書　名	著　者	收　錄	備　註
1	眞歇清了禪師語錄	眞歇清了（1090～1151）著，德初、義初等編	卍續藏冊七一	清了卒於紹興二十一年，該語錄由其門人編集，至紹興二十八年（1158）始有居士吳敏作序，見於書首。可知該語錄應成書於南宋。丹霞子淳（1064～1117）→眞歇清了
2	雪峯眞歇了禪師一掌錄	清了	佚	四庫本《梁谿集》卷一三七載〈雪峯眞歇了禪師一掌錄序〉，其文曰：「了公自號眞歇，昔演法于長蘆，今開席于雪峯，……其徒集機緣語句爲《一掌錄》。」知爲語錄。又《嘉泰普燈錄》卷九記清了於建炎末方「受閩中象骨請」，「閩中象骨」即福州雪峰，故推測《一掌錄》成於南宋。
3	宏智禪師廣錄	宏智正覺（1091～1157）著，集成等編	大正藏冊四八	該錄卷九有正覺於紹興二十七年（1157）所作序文。丹霞子淳→宏智正覺
4	明州天童景德禪寺宏智覺禪師　語錄	正覺著，淨啓重編	嘉興藏冊三二	該錄卷四〈行實〉記正覺「建炎末乃住天童」，知該錄成書於南宋。
5	天童覺和尙頌古	正覺	大正藏冊四八；卍續藏冊六七	今大正藏收有行秀評唱之《萬松老人評唱天童覺和尙頌古從容庵錄》；卍續藏收有本端直註、性福

	書　名	著　者	收　錄	備　　註
				編集之《縈絕老人天奇直註天童覺和尚頌古》,《宋僧著述考》頁 430 著錄之《天童覺和尚頌古》則題爲法雲所輯。
6	天童覺和尚拈古	正覺	卍續藏冊六七	今卍續藏收有行秀評唱之《萬松老人評唱天童覺和尚拈古請益錄》。
7	淨慈慧暉禪師語錄	淨慈慧暉（1097～1183）著,明聰下語寄言、了廣編	卍續藏冊七二	宏智正覺→淨慈慧暉
8	如淨和尚語錄	天童如淨（1163～1228）著,文素編	大正藏冊四八	眞歇清了→天童宗珏（1091～1162）→雪竇智鑒（1105～1192）→天童如淨
9	天童山景德寺如淨禪師續語錄	如淨著,義遠編	大正藏冊四八	
10	雪庵從瑾禪師頌古集	雪庵瑾（1117～1200）	卍續藏冊六九	眞歇清了→天童宗珏→雪竇智鑒→天童如淨→雪庵瑾

表十、宋元之際公案語錄類禪籍

	書　名	著　者	收　錄	備　　註
1	環溪惟一禪師語錄	環溪惟一（1202～1281）著,覺此編	卍續藏冊七○	【楊岐派】卷首杭翁序文與卷尾普明、覺性跋語皆作於元代至元癸未年（1283）,惟未詳序跋者生平。推其成書之時應已入元。臨濟——徑山師範→環溪惟一

書　名	著　者	收　錄	備　註
2	虛舟普度禪師語錄	虛舟普度（1199〜1280）著，淨伏等編	卍續藏冊七一	【楊岐派】卷尾跋語云：「徒弟淳眞侍者，遠持八會錄，請雪巖法弟祖欽編次，書此以記歲月云。至元甲申（1284）中秋節謹跋。」據此推測該錄入元方結集成書。臨濟——松源崇嶽→華藏無礙通（生卒年不詳）→虛舟普度
3	佛光國師語錄	無學祖元（1226〜1286）著，一眞、一愚等編	大正藏冊八〇	【楊岐派】臨濟——徑山師範→無學祖元
4	雪巖祖欽禪師語錄	雪巖祖欽（？〜1287）著，昭如、希陵等編	卍續藏冊七〇	【楊岐派】卷首序文云：「巖門人持師《語錄》來，漫題編端。大德貳年（1298），三月上澣，性存眞逸家之巽書。」知該書應成於元代。《宋僧著述考》著錄於頁586，爲四卷本，頁587 記嘉興藏收有二卷本；而頁560 所錄「法欽」及其二卷本「語錄」者，觀其法嗣承傳，應爲重出，當以此條祖欽及其語錄爲是。臨濟——徑山師範→雪巖祖欽
5	橫川和尚語錄	橫川如珙（1222〜1289）著，本光等編	卍續藏冊七一	【楊岐派】卍續藏書目作橫川行珙禪師語錄。卷首有如珙於元至元二十五年（1288）所作序文。臨濟——松源崇嶽→天童文禮→橫川如珙

	書　名	著　者	收　錄	備　註
6	絕岸可湘禪師語錄	絕岸可湘（1206～1290）著，妙恩等編	卍續藏冊七〇	【楊岐派】臨濟──徑山師範→絕岸可湘
7	高峰原妙禪師語錄	高峰原妙（1238～1295）	卍續藏冊七〇	【楊岐派】臨濟──徑山師範→雪巖祖欽→高峰原妙
8	高峰原妙禪師禪要	原妙著，持正錄，洪喬祖編	卍續藏冊七〇	【楊岐派】
9	龍源介清禪師語錄	龍源介清（1239～1301）著，士洵等編	卍續藏冊七〇	【楊岐派】臨濟──密菴咸傑→天童自鏡（生卒年不詳）→寂聰照（生卒年不詳）→龍源介清
10	雲外雲岫禪師語錄	天童雲岫（1242～1324）著，士慘編	卍續藏冊七二	曹洞──宏智正覺→淨慈慧暉→華藏慧祚（生卒年不詳）→東谷妙光（？～1254）→直翁德舉（生卒年不詳）→天童雲岫

表十一、南宋其他公案語錄類禪籍

	書　名	著　者	收　錄	備　註
1	澹堂竹筒語錄	竹筒德朋（？～1167）	佚	著錄於《補續高僧傳》卷九，同卷記德朋「初為邑名僧守璋弟子」，「守璋」師承未詳；同卷又記德朋「入徑山禮眞歇了禪師」，一日「豁然開悟，歇可之」。「及歇被旨住皐亭崇先顯孝，師（德朋）侍往。歇既化，遂奉旨繼宣法化。」清了認可德朋開悟，德朋又相隨侍從清

書　名	著　者	收　錄	備　註
			了，由是若暫列德朋爲曹洞宗清了門下，似無不妥，然歷代燈錄僧傳世譜皆未註記如此，從之。
2　語錄集藁	法平（生卒年及宗派不詳）	佚	著錄於四庫本南宋羅濬（生卒年不詳）《寶慶四明志》卷九。同卷記法平「初受席即參妙喜師爲書記」，然未見錄於歷代燈史中的臨濟宗世譜。
3　古尊宿語錄	賾藏主（生卒年及宗派不詳）	卍續藏冊六八	賾藏主或謂爲南宋臨濟宗楊岐派僧守賾僧挺。據北京中華書局《古尊宿語錄》頁 26 及《宋僧著述考》頁 424 所考，皆未能確定守賾即是賾藏主。
4　頌古四篇	德純（生卒年及宗派不詳）	佚	著錄於《樂清縣誌》卷八頁 5。
5　上堂語錄	德純	佚	著錄於《樂清縣誌》卷八頁 5。
6　禪宗頌古聯珠集	法應（生卒年及宗派不詳）	卍續藏冊六五	今卍續藏收有元代普會（生卒年不詳）續集之《禪宗頌古聯珠通集》。
7　紹興傳燈	惠眞（生卒年及宗派不詳）	佚	嘉業堂叢書本曹勛《松隱文集》卷二八頁 4～5 載〈眞和尚紹興傳燈序〉。
8　嘉泰普燈錄	正受（1147～1209）	卍續藏冊七九	雲門——慧林宗本→法雲善本→雪峰思慧→淨慈道昌（1089～1171）→正受
9　人天眼目	智昭（生卒年及宗派不詳）	大正藏冊四八	舉各家機語頌古代別。

	書　名	著　者	收　錄	備　　註
10	人天寶鑑	四明曇秀 （生卒年及宗派不詳）	卍續藏 冊八七	《宋僧著述考》頁297與「人名規範資料庫」皆以與蘇軾交遊的曇秀為《人天寶鑑》編者。然《人天寶鑑》自序紀年為南宋理宗紹定三年（1230），與劉埜序文同年。今查四庫本《東坡全集》所附年譜頁38，紹聖「三年丙子（1096）」條下云：「又有曇秀道人來訪先生，而先生題其詩卷云：『予在廣陵，曇秀作詩，予和之。後五年，曇秀來惠州見予。』且先生以壬申（1092）知揚州，至是恰五年矣。」再查紹聖四年（1097）事，知蘇軾於此年方離開惠州。則蘇軾所交往的曇秀，可能是在1092年便相識了，最遲不可能晚於1097年。且查《東坡志林》卷一頁22，蘇軾亦自云「曇秀來惠州見予。」也就是說，蘇軾所交往的曇秀，與《人天寶鑑》自序紀年差了一百三十多年以上，兩者定非同一人。
11	西山亮禪師語錄	西山亮 （1153～1242，宗派不詳）	卍續藏 冊六九	該書末有居簡（1164～1246）為之所作〈塔銘〉，記西山亮移徑山時，「堂中第一座邀庵演，是其況，乃依演決所疑。」邀庵演為大慧宗杲法嗣，是則西山亮可能為臨濟宗僧。
12	元谷禪師語錄	合宗 （生卒年不詳）	佚	四庫本居簡《北磵集》卷五載〈元谷禪師語錄序〉；卷十〈慧日宗元谷

	書　名	著　者	收　錄	備　註
				目齒兩種不壞之塔銘〉記合宗「得吾佛照末後句」。「末後句」有如「印可」，然歷代燈錄不詳合宗師承、佛照德光門下亦未列有此人。而居簡既爲德光法嗣，參考其說，合宗很可能是臨濟宗僧德光弟子。
13	續古尊宿語要	晦室師明（生卒年及宗派不詳）	卍續藏冊六八	
14	相模州極樂禪寺月峰和尚語錄	月峰（生卒年及宗派不詳）著，眞契編	中國國家圖書館古籍館善本閱覽室	中國國家圖書館所藏乃南宋咸淳刻本。據《宋僧著述考》頁 589，該書卷首有惟符序文，紀年爲咸淳戊辰（1268），即南宋度宗四年，惟符不知何許人也。據任繼愈《中國國家圖書館古籍珍本圖錄》頁 71 書影，內文記月峰於「正嘉元年建長禪寺首座寮受請拈法衣」，「正嘉元年」乃 1257 年，爲日本鎌倉幕府時期年號，建長寺乃日本禪寺，書名所記「相模州」亦爲日本地名。月峰應是南宋時期渡日華僧。
15	相模州極樂禪寺月峰和尚頌古	月峰	中國國家圖書館古籍館善本閱覽室	中國國家圖書館將此筆月峰頌古與上書著錄在同一條書目中。
16	枯崖漫錄	枯崖圓悟（生卒年及宗派不詳）	卍續藏冊八七	該書列錄古德公案機緣。據卷上序文及卷下跋語，知枯崖和尚爲南宋時閩之福清人。序文作於南宋咸淳八年（1272）。《宋僧著述考》頁 592～593 又記枯崖圓悟字肯庵，福

書　名	著　者	收　錄	備　註
			建福清人，一作建寧人。查《枯崖漫錄》卷中頁33錄有「肯庵圓悟禪師」條，記爲建寧人，文多推崇。然枯崖圓悟既爲著者，於理當不爲是，肯庵圓悟與枯崖圓悟應爲二人，是則《宋僧著述考》所記有待商榷。

表十二、無法判斷之南宋公案語錄類禪籍

	書　名	著　者	收　錄	備　註
1	眞際語錄	眞際德止？（1100～1155）	佚？	著錄於四庫本《文淵閣書目》卷四，然《眞際語錄》亦可能指《古尊宿語錄》卷十三所收《趙州（從諗）眞際禪師語錄》。《宋僧著述考》頁440並未加以區別，該筆著者僅舉德止。曹洞——芙蓉道楷（1043～1118）→寶峯惟照（1084～1128）→眞際德止
2	宗門直指	德光	佚	【楊岐派】《佛祖統紀》卷四七記德光「入對內殿，進《宗門直指》。」無從判斷是否爲公案語錄集。德光其他著作見於表八第15、16項。大慧宗杲→佛照德光
3	禪宗蒙求	晞賜（生卒年及宗派不詳）	佚	著錄於《輿地紀勝》卷九五，頁550。無從判斷是否爲公案語錄集。

　　從上列諸表顯示的訊息來看，南宋時期所結集的公案語錄類禪籍，主要是臨濟宗楊岐派下《碧巖錄》作者克勤的徒子徒孫所製造，這不但標識著原本北宋臨濟宗下黃龍與楊岐兩派均衡的勢力發展被打破，也同時指出楊岐派在南宋的影響力較其他宗派更具代表性。法眼宗在北宋初期就逐漸凋零，南宋自無公案語錄成書；相較之下，本文目前所知南宋雲門宗公案語錄類禪籍僅有《嘉泰普燈錄》一筆，與北宋時期可以確認的二十四筆差距不小；〔註104〕而曹洞宗在眞歇清了、宏智正覺活躍的時期也生產了一定數量的公案語錄，雖與位居第一的南宋臨濟宗差距頗大，卻也正好爲正覺默照禪在南宋盛行一時提供了佐證。

　　禪僧的公案語錄類禪籍從北宋開始大量製造之後，跟隨各宗各派勢力消長的氣息脈動，繼續在南宋盛行。可以確定的是，禪僧語錄這種對當時人來說更爲通俗、易於接受的表達形式，不但令學人從繁瑣的經典注疏中得到喘息的機會，亦成爲部分理學家模仿學習的對象，〔註105〕並藉以擴大其讀者群，這也是賈德訥同意的看法。〔註106〕加之以兩宋結集的數量、時間來看，謂理學家語錄受到禪僧語錄的影響，而排除相反或曖昧的情況，應是較爲合理的推測。

　　《河南程氏遺書》中記載一條語錄談到書面文和口語的比較：

> 以書傳道，與口相傳，煞不相干。相見而言，因事發明，則并意思
> 一時傳了：書雖言多，其實不盡。〔註107〕

面對語言與文字在傳遞道理的效用上，理學家更相信語言，這點與禪僧一致。

〔註104〕詳見本文第三章第二節，表二「北宋雲門宗公案語錄類禪籍」所列。

〔註105〕近來中國有學者認爲，儘管從語錄的「時代」、「名稱」、「師生問答」、「俚俗方言」等特徵和宋代理學吸收釋道之學而集大成來看，「宋人語錄更直接受到禪門語錄的影響」，但畢竟宋代理學「嚴屬排斥佛道，並與『孔孟之道』具有最親近的血緣關係」，所以理學家語錄「從名稱、形式到內容都只應是《論語》的嫡傳。」詳見任競澤：《宋代文體學研究論稿》（北京：商務印書館，2011年11月），頁221。這種說法僅著眼於儒釋兩家在思想面上的區別，欠缺客觀的史料佐證，稍有強辯之嫌。

〔註106〕「口頭語言似乎必定能讓教義更接近於人，比書面語言更易讀易懂，更易於被人接受。也許，這些思想家（指理學家）將禪的盛行同禪的『語錄』體之新鮮、簡明和易於爲人接受等特性相聯繫，因而也採用這種文體。」詳見賈德訥著，楊麗華、吳艷紅等譯：〈宋代的思維模式與言說方式——關於「語錄」體的幾點思考〉，頁406～407。

〔註107〕程顥、程頤著，王孝魚點校：《二程集·河南程氏遺書》，卷二上，頁26。

然而語錄這種形式，乃是發話當下的記錄，既有其特定的背景語境，能夠「因事發明」，卻又不得不作爲固定於文本中的文字而存在，因此理學家也並不總是信賴語錄，謝良佐（1050～1103）便曾說：

> 昔從明道、伊川，學者多有語錄，唯某不曾錄。常存著他這意思，寫在冊子上，失了他這意思。〔註108〕

這種憂慮也普遍存在於唐宋禪師之間。〔註109〕可以這麼說，宗杲的看話禪教人參活句，並要人「不得下語、不得思量、不得向舉起處會、不得去開口處承當。」〔註110〕正是要對治這種憂慮。總的看來，語錄的流行從禪門延燒到新儒家，在文字禪運動中不斷被製造出來的禪僧語錄，吸引了理學家目光，當他們採用相類的形式來製造理學家語錄並廣其讀者群的同時，也順勢汲取了一種教訓，即語錄文字在傳道、授業、解惑的過程中，亦可能帶來某種程度的遮蔽。《二程集》載：

> 伊川先生無恙時，門人尹焞得朱光庭所抄先生語，奉而質諸先生。
> 先生曰：「某在，何必讀此書？若不得某之心，所記者徒彼意耳。」
> 尹公自是不敢復讀。〔註111〕

程頤（1033～1107）所言，亦近於禪門以心傳心之意，這也是朱熹提醒「諸家語錄，自然要就所錄之人看」〔註112〕的用意所在。根據記錄者的不同，難免或多或少在記錄的過程中將自己的理解融入語錄裡，包括用字與摘取語要的選擇等等，再客觀如實的記載也只是「如」實、接近眞實而已，那並不就是代表語錄主發話當下的實際情況。因此，語錄所記，未必能傳達語錄主眞實的思想面貌，理學家在面對上述這種語錄文字可能帶來的遮蔽時，也只能權以「得某之心」這等有如禪家心心相印的法門來嘗試消解了。

　　本節的最後，尚須一提南宋的文學僧與禪文學。近年來，旅美學者黃啓江先生致力於研究宋代禪文化，特別是南宋禪僧及其詩文集，2010 年先後出

〔註108〕〔宋〕謝良佐：《上蔡語錄》（京都：中文出版社，1985 年近世漢籍叢刊思想初編本，冊 6），卷下，頁 78。

〔註109〕例如東寺如會所謂：「自大寂禪師去世，常病好事者錄其語本，不能遺筌領意，認即心即佛，外無別說。」詳見靜、筠二禪師編撰，孫昌武等人點校：《祖堂集》，冊下，頁 679。

〔註110〕蘊聞：《大慧普覺禪師語錄》卷 14，頁 869。

〔註111〕程顥、程頤著，王孝魚點校：《二程集・目錄》，頁 6。

〔註112〕〔宋〕黎靖德編：《朱子語類》（北京：中華書局，1986 年 3 月），冊 7，卷 101，頁 2559。

版了《一味禪與江湖詩——南宋文學僧與禪文化的蛻變》（7月）、〔註113〕《文學僧藏叟善珍與南宋末世的禪文化——《藏叟摘稿》之析論與點校》（8月）、〔註114〕以及《無文印的迷思與解讀——南宋僧無文道璨的文學禪》（10月）。〔註115〕《一味禪與江湖詩》可說是南宋文學僧與禪文學的總論。在北宋，目前所知詩文諸體不一而足的禪詩文集，有契嵩的《鐔津文集》〔註116〕與惠洪的《石門文字禪》。到了南宋，禪詩文集的數量遽增，據黃教授初步研究，「孝宗朝至南宋末約有四、五十位以上之文學僧，至少留下了四、五十種詩集、文集、或詩文集。」〔註117〕其中，目前所見類似《鐔津文集》、《石門文字禪》等體製多重之鉅作，〔註118〕有橘洲寶曇（1129～1197）的《橘洲文集》、敬叟居簡（1164～1246）的《北磵詩文集》、物初大觀（1201～1268）的《物初賸語》、無文道璨（1213～1271）的《無文印》、淮海元肇的《淮海外集》（文集）與《淮海挐音》（詩集），以及藏叟善珍的《藏叟摘稿》。〔註119〕

由於南宋禪僧製造了為數可觀的文學著作，在當時也出現匯編、選集本，如法應（生卒年不詳）的《禪宗頌古聯珠通集》、孔汝霖（生卒年不詳）的《中興禪林風月集》、與松坡宗憩（生卒年不詳）的《江湖風月集》。〔註120〕這些禪籍的問世，都證明文字禪著意追求文學性的一面到南宋有了更為蓬勃的發展。自從正覺默照禪流行一時、與宗杲看話禪崛起之後，比起參禪理論的發揮，南宋禪僧們更願意致力於文學創作。時代的禪風雖然在變遷，但綜觀整個宋代叢林，即使「文字禪」一詞在南宋禪門中已非熱點，禪僧卻不斷往文士化發展，延續了文字禪的脈絡並使其貫穿兩宋禪文化，同時也與唐代禪門

〔註113〕黃啓江：《一味禪與江湖詩——南宋文學僧與禪文化的蛻變》（臺北：臺灣商務，2010年7月）。

〔註114〕黃啓江：《文學僧藏叟善珍與南宋末世的禪文化——《藏叟摘稿》之析論與點校》（臺北：新文豐，2010年8月）。

〔註115〕黃啓江：《無文印的迷思與解讀——南宋僧無文道璨的文學禪》（臺北：臺灣商務，2010年10月）。

〔註116〕〔宋〕契嵩：《鐔津文集》（臺北：新文豐，大正藏本，冊52）。

〔註117〕黃啓江：《一味禪與江湖詩——南宋文學僧與禪文化的蛻變·導言》，頁3～7。

〔註118〕詩有古詩、絕句、律詩、偈頌等；文有議論、奏書、信箋、題序、塔銘……等等。

〔註119〕以上黃啓江先生已揭，關於這些禪詩文集的介紹，詳見前舉黃啓江先生諸作。

〔註120〕《禪宗頌古聯珠通集》本文第四章第一節已揭，收於卍續藏，中華大藏經第78冊亦有。《中興禪林風月集》與《江湖風月集》之點校本詳見朱剛、陳玨：《宋代禪僧詩輯考》（上海：復旦大學，2012年3月），附錄一、二。

棒喝的印象漸行漸遠，可知文字禪運動之餘緒並沒有在北宋斷絕，而是在南宋繼續流衍。

第三節　餘論：略談惠洪與文字禪在元明兩代的表述

　　元代「禪學浸微，教乘益勝」，〔註121〕然而「宗匠說法如雲，指不勝屈」，〔註122〕雖不至名家輩出，亦有立範門庭之師，如留下不少論文詩頌語錄文字、並爲明人所熟悉的元僧中峰明本（1263～1323）即是一例。〔註123〕而自宋季以迄元明，克勤門下大慧宗杲與虎丘紹隆兩法系持續在南方用力經營，元代臨濟宗「一般因襲宗杲的傳統，行看話禪」，〔註124〕以參究話頭爲尚。至明代，宗杲仍受到禪學界極高的推崇。如《紫柏尊者全集》記載明代書畫家董其昌（1555～1636）「橫口襃貶古德機緣，判寂音決非悟道之僧」，「寂音」即惠洪，紫柏眞可（1544～1604）爲替惠洪辯白，有如下之對話：

> 道人（眞可）從容謂渠曰：「汝信大慧杲禪師悟道否？」渠曰：「是一定大悟徹的。」又問曰：「寂音乃大慧平生所最仰者，脫寂音果見地不眞，大慧難道作人情、仰畏他耶？」思白（董其昌）俛首無語。〔註125〕

紫柏眞可雖意在爲惠洪護航，但必須注意到的是，紫柏眞可認知的悟道禪僧典範乃是以宗杲爲基準，這也是董其昌所同意的。憨山德清（1546～1623）亦謂：「參禪看話頭一路，最爲明心切要。」〔註126〕「參禪看話頭」即指宗杲提倡的「看話禪」。由上述可窺知當時叢林內外對宗杲崇高地位之印象。

　　有關明代禪僧對惠洪的遙仰，除了紫柏眞可，又如憨山德清自謂禪道佛

〔註121〕念常：《佛祖歷代通載》，卷22，頁732。

〔註122〕〔明〕淨柱：《五燈會元續略》（臺北：新文豐，卍續藏本，冊80），卷1，頁443。

〔註123〕容見下述。

〔註124〕杜繼文、魏道儒：《中國禪宗通史》（南京：江蘇人民出版社，2009年12月，2刷），頁503。有關元代禪宗發展概況，可參考頁483～530。

〔註125〕〔明〕德清閱：《紫柏尊者全集‧與黃愼軒》（臺北：新文豐，卍續藏本，冊73），卷24，頁349。廖肇亨先生已揭此條，詳見氏著：〈惠洪覺範在明代：宋代禪學在晚明的書寫、衍異與反響〉，《中邊‧詩禪‧夢戲：明末清初佛教文化論述的呈現與開展》，頁112～113。

〔註126〕〔明〕德清著，福善日錄：《憨山老人夢遊全集》（臺北：新文豐，嘉興藏本，冊22），卷2，頁750。

法不敢望惠洪、宗杲「二老門墻」，〔註127〕且以惠洪爲「法施之大者」，〔註128〕「法施」即宣講佛法以普渡眾生，蓋指惠洪所著語言典則之功。此外尚有漢月法藏（1573～1635）、木陳道忞（1596～1674）……等，亦頗推崇惠洪，前賢對此已有詳論。〔註129〕廖肇亨先生指出，在明代上述那種「寂音乃大慧平生所最仰者」的歷史評價，乃出自紫柏眞可刻意的建構，〔註130〕其說確有所據。不過，南宋普濟（1179～1253）所輯《五燈會元》記宗杲嘗親依惠洪，「每歎其妙悟辯慧」〔註131〕；宗杲弟子祖詠（生卒年不詳）所編《大慧普覺禪師年譜》則記宗杲在湛堂文準（1061～1115）歿後攜其所記文準語錄「謁洪覺範，以議編次」，〔註132〕又載曰：

> 時韓子蒼宰分寧，洪覺範寓雲巖，師與二公從遊久之。一日，師作
> 〈覺範頂相贊〉，有「種空花，抽暗楔」之句，二公擊節大稱賞之。
> 〔註133〕

政和八年（1118），惠洪寓居分寧縣（今江西修水縣）內的雲巖寺，韓駒（1080～1135）時任分寧知縣，宗杲在此期與二公從遊甚密，且爲惠洪作贊。〔註134〕贊中所謂「空花」，乃言本非實有之相，惠洪以詩文名世，而文字性空，故「種空花」約指惠洪汲汲於詩文以作禪事；〔註135〕又，「抽暗楔」即成語「拔丁抽楔」之謂，以喻惠洪文字爲禪人排疑解難。從上述可知，即使宗杲平生所「最仰者」非惠洪，然此二人仍應有一定程度的互相欣賞。

〔註127〕〔明〕福善錄，通炯編：《憨山老人夢遊集》（臺北：新文豐，卍續藏本，冊73），卷32，頁694。

〔註128〕同上註，卷11，頁537。

〔註129〕可參考廖肇亨：〈惠洪覺範在明代：宋代禪學在晚明的書寫、衍異與反響〉，頁105～149。

〔註130〕同上註，頁113。

〔註131〕普濟：《五燈會元》，卷17，頁369。

〔註132〕〔宋〕祖詠：《大慧普覺禪師年譜》（臺北：新文豐，嘉興藏本，冊1），頁794。以上兩條魏道儒先生已揭，詳見氏著：《宋代禪宗史論》，頁101～102。

〔註133〕祖詠：《大慧普覺禪師年譜》，頁795。祖詠記爲宣和元年（1119）事。陳自力先生已揭此條，據其考證，惠洪館於雲巖寺當爲政和八年（1118）事。詳見氏著：《釋惠洪研究》，頁56。

〔註134〕此贊全文爲「頭如杓，面如楪，口無舌，說無竭。是而非，同而別，種空華，抽暗楔。死木蛇，活如蝎，擊塗毒，腦門裂，是阿誰，甘露滅。」詳見蘊聞：《大慧普覺禪師語錄》，卷12，頁859。

〔註135〕參考明代古雪哲（1614～？）禪師所言：「古今善知識全提半提、千說萬說，總是種空華、撈水月。」詳見〔明〕眞哲說，傳我等編：《古雪哲禪師語錄》（臺北：新文豐，嘉興藏本，冊28），卷9，頁349。

　　惠洪的禪學地位在明代被提舉，代表著「文字禪」也在明代重新成爲禪人關注的對象。上述紫柏眞可、漢月法藏……等著名禪師對之以企慕態度爲主，但這並不代表整個明代叢林的看法，如曹洞宗僧永覺元賢（1578～1657）即不然，嘗曰：

> 洪覺範書有六種，達觀老人深喜而刻行之。余所喜者，《文字禪》而已。此老文字，的是名家，僧中希有。若論佛法，則醇疵相半。世人愛其文字，併重其佛法，非余所敢知也。〔註136〕

惠洪所著《石門文字禪》詩文諸體不一而足，內容繁密，非但爲北宋的僧中名家，在歷代禪僧中也不算常見。然而禪門傳統並不尚文字，在元賢看來，惠洪確有其才，不過論佛法則尚未盡善。要注意的是，紫柏眞可在明代重刊惠洪著作，不管「文字禪」是否因而在此期獲得更多的擁護者，這股北宋遺下的禪風成爲明代禪人或褒或貶的話頭、進而重新引起關切，乃是必然的現象。

　　如前所述，有關紫柏眞可等人在晚明遙企惠洪、重舉文字禪等等，已是明代禪學史中基本的認識，〔註137〕下文要留意的是一卷較少引起學界注意的明代文字禪作品。明代著名文學家李贄（1527～1602），「出入儒佛之間，以空宗爲歸」，並曾「薙髮去冠服，即所居爲禪院，居常與侍者論出家事。」〔註138〕他留有不少佛禪文字，今有一筆題爲李贄所著的明刊本《文字禪》，論者或疑爲僞託之作，〔註139〕故 2000 年北京出版的《李贄文集》〔註140〕並未收錄此作，《文字禪》今可見於《四庫禁燬書叢刊補編》第 35 冊的《大雅堂訂正枕中十書》卷四。〔註141〕《枕中十書》除袁宏道作序外，另有如德（生卒年不詳）序文謂：

〔註136〕〔明〕道霈重編：《永覺元賢禪師廣錄》（臺北：新文豐，卍續藏本，冊72），卷30，頁572。

〔註137〕尚可參考吳靜宜：《惠洪文字禪之詩學內涵研究》，頁211～215。

〔註138〕〔清〕彭際清：《居士傳》（臺北：新文豐，卍續藏本，冊88），卷43，頁260。

〔註139〕可參考王冠文：《李贄著作研究》（臺北：臺北大學人文學院古典文獻學研究所碩士論文，2009年7月），頁22～24。《文字禪》爲《枕中十書》第四卷。

〔註140〕張建業主編：《李贄文集》（北京：社會科學文獻出版社，2000年5月），共七冊。

〔註141〕詳見〔明〕李贄輯，袁宏道校，如德閱：《大雅堂訂正文字禪》（北京：北京出版社，2005年四庫禁燬書叢刊補編本，冊35），頁222～243。以下或簡稱《文字禪》。

　　吾聞卓老被收，以書囑三□寺老僧曰：「善爲秘枕中，三季後必有識
　　吾書者在。」今未三年，而卓吾□復大行四方，求者亦如飴，是書
　　竟爲中郎袁先生得。〔註142〕

《美國國會圖書館藏中國善本書目》以袁宏道卒於萬曆二十八年（1600）、李
贄則卒於萬曆三十年（1602），故認爲此序與史實不符，此書此序皆爲僞託。
〔註143〕就本文所知，這應該是將袁宗道（1560～1600）的卒年誤認爲其弟宏
道（1568～1610）的卒年。據三袁的么弟袁中道（1570～1623）《珂雪齋集》
所記，宗道卒於「庚子秋」，即萬曆二十八年（1600），得年四十一歲。〔註144〕
宏道則卒於「萬曆庚戌九月」，即萬曆三十八年（1610），得年四十三歲。〔註
145〕此既爲中道所述，當無疑。且袁宏道於其著《珊瑚林》中亦嘗提及李贄臨
死之事，〔註146〕故可知《美國國會圖書館藏中國善本書目》所論有誤。而2009
年臺北的一本碩士論文《李贄著作研究》亦僅於「辨僞」中列出《美國國會
圖書館藏中國善本書目》所考，並未進一步查證。〔註147〕又，《李贄著作研究》
尚列有林海權先生《李贄年譜考略》所論《枕中十書》之可疑處，〔註148〕其
理由約爲輯校者未曾於他處提及此書，略爲可疑，然未具足夠說服力。不過，
即使《文字禪》的著者無法確定是否爲李贄，也能夠確定它是明代刊行的文
字禪著作。以此來窺探明代文字禪之一隅，應不致爲過。

　　就本文所見，大雅堂訂正本《文字禪》共錄七十三條，不分卷，然版心
有「文字禪四卷」字樣，卷末又有「大雅堂訂正文字禪四卷終」等字，實則

〔註142〕此序不見於四庫禁燬書叢刊補編本，可見於國家圖書館善本書庫所收明大雅
　　　　堂刊本之《大雅堂訂正枕中十書》序文頁8～9，並有影像資料可於國家圖書
　　　　館館內之「古籍影像檢索系統」使用。
〔註143〕王重民輯錄，袁同禮重校：《美國國會圖書館藏中國善本書目》（臺北：文海
　　　　出版社，1972年6月），頁657。
〔註144〕語出〈石浦先生傳〉，「石浦」乃宗道之號。又，原文記爲「庚于秋」，「于」
　　　　當「子」之誤。詳見〔明〕袁中道著，錢伯城點校：《珂雪齋集》（上海：上
　　　　海古籍出版社，1989年1月），卷17，頁710～711。
〔註145〕語出〈吏部驗封司郎中中郎先生行狀〉，同上註，卷18，頁754與764。
〔註146〕「問：『李卓老臨死時得力否？』先生（袁宏道）笑曰：『不得力。』問：『如
　　　　何不得力？』曰：『若得力便不死。』」詳見〔明〕袁宏道著，張五教編：《珊
　　　　瑚林》，明萬曆刻本，卷下，頁45上。
〔註147〕詳見王冠文：《李贄著作研究》，頁355。
〔註148〕詳見林海權：《李贄年譜考略》（福州：福建人民出版社，1992年11月），頁
　　　　496。《李贄著作研究》列於頁355。

所謂「四卷」乃指《文字禪》爲《枕中十書》中的第四書，《枕中十書》分別
爲《精騎集》、《篔窗筆記》、《賢奕選》、《文字禪》、《異史》、《博識》、《尊重
口》、《養生醍醐》、《理談》、《騷壇千金訣》。〔註149〕《枕中十書》之編著者於
目錄「文字禪」條下自述：

> 余逃禪矣，而憫夫不知禪者。故將禪門一切醒悟話頭集爲一書，使
> 人讀之便覺冷冷然百念冰去，非文字而禪耶！〔註150〕

可知《文字禪》之內容正如其名，多記禪僧詩頌、或僧俗交遊之機鋒逸事；
所舉僧中亦有非禪人者，如東晉神異僧佛圖澄（233～349）、劉宋譯經僧求那
跋摩（367～431）與義解僧竺道生（355～434），所記皆爲開悟之言事。〔註
151〕經本文查校，《文字禪》所舉人物時代範圍自東晉以迄於元朝，除數條尚
有自著語，全文多參引宋元明三朝禪籍語錄或筆記，試舉二例如下：

例一、《文字禪》第十五則：

> 唐李渤問歸宗禪師曰：「須彌納芥子，僕即不疑。芥子<u>納</u>須彌，恐無
> 是理。」<u>歸</u>曰：「人言學士讀萬卷書，是否？」曰：「然。」歸宗曰：
> 「心如椰子大，萬卷書從何處<u>着落</u>？」<u>李</u>言下有悟。宋王荊公有詩
> 云：「巫醫之所知，瞽史之所業，載車必百兩，獨以方寸攝。」<u>亦此
> 意也</u>。〔註152〕

南宋羅大經（約1196～1252）《鶴林玉露》：

> 唐李渤問歸宗禪師曰：「須彌納芥子，僕即不疑。芥子<u>藏</u>須彌，恐無
> 是理。」<u>歸宗</u>曰：「人言學士讀萬卷書，是否？」<u>渤</u>曰：「然。」歸
> 宗曰：「<u>是</u>心如椰子大，萬卷書從何處<u>着</u>？」<u>荊公</u>詩云：「巫醫之所
> 知，瞽史之所業，載車必百兩，獨以方寸攝。」<u>即歸宗之意</u>。〔註153〕

例二、《文字禪》第七十二則：

> 古人上堂先提大法綱要，審問大眾，<u>學者請益</u>，遂形問答。今人杜
> 撰四句落韻詩，喚作「鈞話」。一人突出眾前，高吟古詩一聯，喚作

〔註149〕容肇祖先生亦有著錄，詳見氏著：《明李卓吾先生贄年譜》（臺北：臺灣商務，
　　　　1982年11月），頁62～63。
〔註150〕李贄輯，袁宏道校，如德閱：《大雅堂訂正枕中十書》（北京：北京出版社，
　　　　2005年四庫禁燬書叢刊補編本，冊35），頁125。
〔註151〕詳見李贄輯，袁宏道校，如德閱：《大雅堂訂正文字禪》，頁230～231。
〔註152〕同上註，頁226～227。
〔註153〕羅大經著，王瑞來點校：《鶴林玉露》，乙編卷5，頁213。

「罵陣」。俗惡！俗惡！可悲可痛。<u>蓋前輩念生死事大，對眾決疑，</u><u>惟以發明未起生滅心也。此今古上堂之所以異也</u>，佛法亦至此真可謂落劫矣。〔註154〕

《禪林寶訓》：

萬菴曰：「古人上堂先提大法綱要，審問大眾，學者<u>出來</u>請益，遂形問答。今人杜撰四句落韻詩，喚作『鈎話』。一人突出眾前，高吟古詩一聯，喚作『罵陣』。俗惡！俗惡！可悲可痛。<u>前輩念生死事大，對眾決疑，既以發明未起生滅心也</u>。〔註155〕

上舉兩則《文字禪》的記載，與《鶴林玉露》、《禪林寶訓》之間的不同處，已用下標線標出。行文大同小異，僅數字之差，或間有少許自著語。如是之例，比比皆是。可以說，《文字禪》是讀書札記式的輯本，而非著者自行創作。

《文字禪》所引用禪籍以外的文本，除《鶴林玉露》，其他尚有北宋趙令時（1064～1134）的《侯鯖錄》、〔註156〕宋元之際陳世崇（1245～1308）的《隨隱漫錄》、〔註157〕以及元代蔣正子（生卒年不詳）的《山房隨筆》〔註158〕等較常引用。然仍以佛、禪典籍爲多，如唐代道世（生卒年不詳）的《法苑珠林》、〔註159〕南宋淨善（生卒年不詳）的《禪林寶訓》、〔註160〕南宋曉瑩（約1128～1220）的《羅湖野錄》、〔註161〕南宋志磐的《佛祖統紀》、〔註162〕以及

〔註154〕《文字禪》頁243。

〔註155〕淨善：《禪林寶訓》，卷3，頁1033。

〔註156〕《文字禪》頁233「近時詩僧難得佳者」以下五條，分別參引〔宋〕趙令時著，孔凡禮點校：《侯鯖錄》（北京：中華書局，2004年9月），頁43、50～51、92、102。

〔註157〕《文字禪》頁234「史相生朝」以下兩條，參引〔宋〕陳世崇著，孔凡禮點校：《隨隱漫錄》（北京：中華書局，2010年1月），卷3，頁30～31。

〔註158〕《文字禪》頁234起「月湖本真上人」以下四條，分別參引〔元〕蔣正子：《山房隨筆》（北京：中華書局，1982年歷代詩話本，冊下），頁712、719～720、721。

〔註159〕《文字禪》頁236「晉沙門支遁」以下兩條、頁238「迷意」條，分別參引〔唐〕道世：《法苑珠林》（臺北：新文豐，大正藏本，冊53），頁330、653。

〔註160〕如《文字禪》頁223「貫首座」、頁225「或菴體禪師」、頁235「明教嵩和尚」以下兩條，分別參引淨善：《禪林寶訓》，頁1029、1038、1016、1017。僅舉數例爲證。

〔註161〕如《文字禪》頁223「趙清獻公」以下兩條、頁227起「灉州顯首座」以下七條，分別參引曉瑩：《羅湖野錄》，頁375、376、391、392、394～395。僅舉數例爲證。

明代袾宏（1535～1615）的《緇門崇行錄》〔註163〕等皆被多次引用。較特別的是，《文字禪》於後段部分引用了五篇篇幅不小的文章，經查校，乃是元代中峰明本《天目中峰和尚廣錄》內的文章，分別是〈觀蜂蟻〉、〔註164〕〈中峰本禪師止源說〉、〔註165〕〈評恃〉、〔註166〕〈存實〉、〔註167〕〈誡閒〉。〔註168〕其內容非詩頌或禪人機鋒逸事，而是論道談理之文，且截兩段爲例：

〈評恃〉：

> 聖人無爲而天下治，無作而事功成，無思而理通，無取而用足，蓋不自知其聖也。苟存所知，則亦恃矣。安有聖人而自恃其道大德備哉？且道雖尊、德雖貴，猶不可恃，況道德以降舉皆虛妄，或起心恃之，猶抱蛇虎而眠，不遭其噬齧者，余不信也。〔註169〕

〈誡閒〉：

> 入世間則忠于君、孝于親，悉盡其義，不可不忙；出世間則親師擇友，朝參暮叩，以盡其道，又不可不忙。旣盡其義又盡其道，將見體如泰山之不動、心等太虛之無爲，豈一閒字可同日語哉！或入不能盡其義、出世不能盡其道，惟孜孜以安閒不擾爲務，而不肯斯須就勞者，聖人斥之爲無慚。凡有識者安肯務此無慚而復嗜閒于疎散之域也。余故書此以爲投閒者之誡。〔註170〕

〔註162〕如《文字禪》頁232「宋孝宗」、頁237「心馳魏闕者」、頁238「自經文東流」，分別參引志磐：《佛祖統紀》，頁429、268、266。僅舉數例爲證。

〔註163〕如《文字禪》頁230起「晉佛圖澄」以下五條，分別參引〔明〕袾宏：《緇門崇行錄》（臺北：新文豐，卍續藏本，冊87），頁359、360、362、366。僅舉數例爲證。

〔註164〕詳見《文字禪》頁237～238，參引〔元〕明本著，慈寂編：《天目中峰和尚廣錄·蜂蟻》（臺北縣：彌勒出版社，1989年8月，禪宗全書本，冊48），卷26，頁257～258。

〔註165〕詳見《文字禪》頁240，參引明本著，慈寂編：《天目中峰和尚廣錄·止源字說》，卷25，頁249～250。

〔註166〕詳見《文字禪》頁240～241，參引明本著，慈寂編：《天目中峰和尚廣錄·評恃》，卷26，頁256～257。

〔註167〕詳見《文字禪》頁241，參引明本著，慈寂編：《天目中峰和尚廣錄·存實》，卷26，頁256。

〔註168〕詳見《文字禪》頁241～242，參引明本著，慈寂編：《天目中峰和尚廣錄·誡閒》，卷26，頁255～256。

〔註169〕《文字禪》頁241。

〔註170〕《文字禪》頁242。

《文字禪》所錄五篇中峰明本的文章皆如上例，行文平實、不落玄語，《文字禪》幾乎一字不漏的抄錄原著，且文中所謂「余」者，皆《天目中峰和尚廣錄》原有，即非《文字禪》編著者自稱，而是指中峰明本，讀者於此不可不辨。

就本文所見，李贄曾對明本說法略有微詞，〔註171〕然亦不足以藉此估量選錄明本論述的《文字禪》是否為李贄所輯，若謂李贄接觸過明本語錄則是毫無疑問的。總的來看，從上文分析可知，在明代刊行的《文字禪》除引用各類筆記、禪籍傳述之歷代機緣韻語，特從《天目中峰和尚廣錄》中轉錄明本所作文章五篇，且內容非關古德故事，亦不見提於其他各類燈史、禪錄、或筆記，而是條理清晰的論文，推測《文字禪》的編著者應對明本另眼看待，或至少熟悉其文字。就此而論，明本雖身處元代，但有關他對經教文字的態度、對文字禪的看法，當對明代禪人有一定程度的影響，他的語錄在明代本來就很受文人關注，題為《文字禪》校者的袁宏道，其兄宗道便曾「遍閱大慧、中峰諸錄，得參求之訣。」〔註172〕職是之故，應有必要在此略微討論明本的相關說法。

明本曾將「文字禪」同「葛藤禪」等一干「閑名雜字」並舉，批評叢林「吹起知見風」，「聚成惡業，流入無間，卒未有休日」。〔註173〕有趣的是，明本雖不滿「文字禪」之名目、反對知見，自身卻留下大量文章與詩作，既有如上所舉〈誡閒〉等平實論理之文，亦多禪機深微之作，其文學能力甚為人所知，明代著名書畫家周履靖（生卒年不詳）更曾將明本的〈梅花百咏〉編入《夷門廣牘》〔註174〕中以廣流傳。今可於《天目中峰和尚廣錄》與《天目明本禪師雜錄》見其浩繁詩文。〔註175〕大致說來，明本並不執於文字之有無，嘗曰：

> 佛豈不知，聖道亦在眾生分上各各具足，非可以語言教之者。及乎
> 應酬三百餘會差別之機，則大小偏圓頓漸半滿之聲，無日不出乎口。
> 而今古學者不達其語言方便，指以為實法，各執所解，異見紛然鼓

〔註171〕李贄〈念佛答問〉曰：「古人謂『佛有悟門』，曾奈落在第二義，正仰山小釋迦吐心吐膽之語。後來中峰和尚謂『學道真有悟門』，教人百計搜尋，是誤人也。」詳見張建業主編：《李贄文集》，冊1，頁128。

〔註172〕袁中道著，錢伯城點校：《珂雪齋集》，卷17，頁709。

〔註173〕明本著，慈寂編：《天目中峰和尚廣錄》，卷4下，頁50。

〔註174〕〔明〕周履靖：《夷門廣牘》，景明刻本，冊37。

〔註175〕此二書皆可見於藍吉富先生主編的《禪宗全書》第48冊，以及《大藏經補編》第25冊（臺北縣：華宇出版社，1986年）。

舞於是非之場，方馳於能所之轍，俾一大藏教去《碧巖集》亦不相
遠。且聖教尚爾，況他文字乎？雖然，逮極究研教之得失，實在當
人爲己事之真切不真切耳。或爲己事真切，則知片言隻字果有超越
生死之驗，如教中謂鵝王擇乳也。或師資之間誠有志於克明己事，
荷負宗乘，決不肯依文解義，自能扣己而參，政不在《碧巖集》之
有無也，何足議哉！〔註 176〕

依明本之意，可以說具有文字禪代表性的文本《碧巖錄》它的得失並不在其
本身，「文字禪」不過是禪人巧立的名目，它代表的概念即是一種知見，這才
是明本所要反對的。文字並不一定會「使學人穿鑿知解，障自悟門」，〔註 177〕
端看參禪之手段或爲「鵝王別乳」，〔註 178〕能夠從隻字片語中提取契悟之驗；
又或是「決不肯依文解義」，守持宗乘，自契教外別傳之旨。

　　對於文字經教的看法，發展到元明時期，部分禪人已不再著意於文字經
教本身對參禪的功過得失，而是把重點放在如明本所說的「人爲己事之真切
不真切」，一方面指出或有未達者錯以言說文字爲實法的情況，一方面也認可
它的權教方便，這與一些宋代禪師教人須參活句莫參死句、不在話頭文字處
作解等較爲凸顯對文字的不信任是有些許差異的。如克勤《碧巖錄》就教人
「切忌揀擇言句」、〔註 179〕「但有一切語言，盡是死句。」〔註 180〕在尋求言
外之旨的同時，未曾正面肯認文字的參禪之功，雖然其《碧巖錄》本身就是
文字經教。明本說得好：

苟不洞徹如來之本心，則滯有文字非教也，執無文字非禪也。〔註 181〕

題爲《文字禪》校者的袁宏道亦如明本一般，主張拋棄知見，不廢文字經教，
其《珊瑚林》曰：「經教皆有權有實，人不達其爲權，往往牽纏固執，看不痛
快。」〔註 182〕文字固有其侷限，〔註 183〕但並不代表經論語錄等皆不足觀，而

〔註 176〕明本著，慈寂編：《天目中峰和尚廣錄》，卷 11 中，頁 117～118。

〔註 177〕同上註，頁 117。

〔註 178〕「譬如水乳，同置一器。鵝王飲之，但飲其乳汁，其水猶存。」詳見〔宋〕
　　　　善卿：《祖庭事苑》（臺北：新文豐，卍續藏本，冊 64），卷 5，頁 383。

〔註 179〕重顯頌古，克勤評唱：《佛果圜悟禪師碧巖錄》，卷 1，頁 149。

〔註 180〕紹隆：《圜悟佛果禪師語錄》，卷 11，頁 765。

〔註 181〕明本著，慈寂編：《天目中峰和尚廣錄》，卷 19，頁 212。

〔註 182〕袁宏道著，張五教編：《珊瑚林》，卷上，頁 28 下。

〔註 183〕「如我震旦國語至朝鮮琉球便不通去，可見文字力弱，即異域不能行，況生
　　　　死分上。」同上註，卷上，頁 46 上。

是先要將「從前所知所能的道理、及所偏重習氣、所偏執工夫一一拋棄」，〔註184〕如此觀看經論文字或祖師語錄才不致陷入「徒玩索文義」、〔註185〕各執其解的困境。袁宏道嘗曰：

> 夫見即教，教即見，非二物也。……見即教，《金剛》以無我爲相，
>
> 滅度眾生；教即見，《楞嚴》以一微塵，轉大法輪。〔註186〕

據文義，引文之「見」當指禪宗明心見性之旨。〔註187〕《金剛經》示不住於相而證悟空性，《楞嚴經》明根塵同源而悟入實相；亦可說是明心見性參驗於經教文字，經教文字亦歸本於明心見性。故謂「見即教，教即見」，見教非二物。由此而稱袁宏道論禪亦重視經教，這是沒有問題的。

　　總的說來，依上述中峰明本與袁宏道論述的主張，得以一窺元明時期禪學思想之一隅，亦即禪悟能隨意會，亦可以文字傳。經教不見得必然籠絡虛空，文字也不見得有礙於禪悟，必先捨棄自身知見習氣，不執於文字之有無，則明「禪即離文字之教，教即有文字之禪」。〔註188〕在明代紫柏眞可、漢月法藏、木陳道忞等人重新標舉惠洪禪學地位的風氣下，這些透脫的表述正可說是不經意地呼應了北宋文字禪內蘊的「禪教合一」觀。

〔註184〕袁宏道著，張五教編：《珊瑚林》，卷下，頁20下。

〔註185〕同上註，卷下，頁38上。

〔註186〕〔明〕袁宏道著，錢伯城箋校：《袁宏道集箋校》（上海：上海古籍出版社，1981年7月），卷5，頁235。

〔註187〕可參考龔鵬程：《佛學新解・袁中郎的佛教與文學》，頁175。

〔註188〕明本著，慈寂編：《天目中峰和尚廣錄》，卷19，頁213。

第六章　結　語

　　北宋文字禪運動的流衍，不只是禪宗內在思想發展的過程，亦與宗門之外的社會文化變遷息息相關。實際上任何一種思潮在特定的時代發生，必然有來自於外在的刺激，這種刺激無論是思想理論或是物質條件，都與文化脫離不了關係。若嘗試將北宋文字禪暫且從宗教哲學氛圍中抽離出來，便能凸顯禪僧文化從山林步入江湖、游於翰林的蹤跡。宋初政府就大抵確定的右文策略，首先引導北宋重文的社會風氣，同時也將政教關係籠罩於其下。日本學者石井修道就已觀察到，宋代燈史多被冠以年號，可見禪宗是作為國家教團的形式而存在。〔註1〕於是，在這種背景之下，僧人並不總是在寺院內作佛事，而是能夠與官僚體系談辯互動，這當然也與太宗、眞宗以來對佛教的支持有關。

　　在中國，政治的力量絕對能左右宗教的生態，既有像三武一宗的法難一般，對佛教造成重創；也有像宋初王室的扶持，令佛教自安史之亂以後得到更快的恢復與發展。然而，以士大夫治國的宋廷，其成員除了有與皇帝佛教興趣一拍即合的文士，也出現一批排佛的士大夫。馬克斯・韋伯（Max Weber，1864～1920）說過：

　　　　知識分子——我們權且這樣稱呼那些篡奪了文化共同體領導權的人
　　　　——則尤其注定了要去傳播「民族」觀念。〔註2〕

〔註1〕　詳見〔日〕石井修道著，程正譯：〈宋代禪宗史的特色——以宋代燈史的系譜為線索〉，《中國禪學》，第三卷（2004年11月），頁188。

〔註2〕　〔德〕韋伯著，閻克文譯：《馬克斯・韋伯社會學文集》（北京：人民出版社，2010年6月），頁170。

佛教畢竟非中土原生，雖「佛者之教，其等級次第皆與吾儒同」，然「特其端異耳」，〔註3〕總不免被部分人士視爲外來之異端，特別是在宋代北方外族環伺、壓迫的局勢下，一些士大夫崇尚氣節、慕古尊統的想法自當油然而生。韋伯也指出：

> 「民族」的重要意義通常都是植根於文化價值觀的優越性、至少也是不可替代性之中，只有通過培育群體的獨特性才能保存和發展這些價值觀。〔註4〕

因此，部分排佛人士爲自唐代韓愈之後再次確立民族文化價值觀，聚集在北宋古文運動中，企圖通過排佛論調的提出以確保儒家道統的持續壟斷經營。從長遠的歷史面向看來，這個企圖自然是失敗的。以蘇軾所見而言，儒釋儘管分宮，但「江河雖殊，其至則同」，〔註5〕三教調和的訴求也逐漸在古文運動中滋長。不過，排佛的儒者在文化壟斷上的失敗並不代表整個古文運動的全部內涵。作爲一個契機，古文運動替僧侶與士大夫打開一條通往同一個文學場域的道路。古文家爲了更瞭解自己的論敵，在對抗之中反而增加佛教走入士大夫群體的機會，如《澠水燕談錄》記歐陽修素「不喜釋氏，士有談佛書者，必正色視之。」〔註6〕這不只描述歐陽修排佛的態度，另一方面也顯示出佛典已進入士大夫講談的範圍；而僧侶爲了與士大夫站在同一個論辯舞臺，「粗事乎翰墨」，竟也展現出「高文遠識」，令大內「諸公稱之於館閣」。〔註7〕

在宋代，歐陽修所見「浮圖能詩者不少」，更「不減唐人」佳韻。〔註8〕文風的普及從世俗吹入山林寺院中，自善昭、重顯、契嵩以來，以詩文擅場的禪僧並不罕見。當然這種文化衝擊的影響總是雙向的，仕於神、哲兩朝的王闢之（1031～？）嘗曰：「近年，士大夫多脩佛學，往往作爲偈頌，以發明禪理。」〔註9〕作詩本爲士大夫拿手好戲，一與禪悅之風相呼應，詩壇遂有「暫

〔註3〕羅大經著，王瑞來點校：《鶴林玉露》，丙編卷四，頁307。
〔註4〕韋伯著，閻克文譯：《馬克斯·韋伯社會學文集》，頁170。
〔註5〕語出〈祭龍井辯才文〉，詳見蘇軾：《蘇軾文集》，卷63，頁1961。
〔註6〕王闢之著，呂友仁點校：《澠水燕談錄》，卷10，頁124。
〔註7〕語出〈重上韓相公書〉，詳見契嵩：《鐔津文集》，卷9，頁693。
〔註8〕歐陽修著，李偉國點校：《歸田錄》，佚文，頁50。
〔註9〕王闢之著，呂友仁點校：《澠水燕談錄》，卷3，頁31。

借好詩消永夜，每逢佳處輒參禪」〔註10〕之句。在士大夫形象演為「在家僧」〔註11〕的同時，詩與禪也相融了。

包弼德（Peter K. Bol）在《歷史上的理學》中指出：

> 教育的普及直接導致士從官僚家族轉變為受過教育的精英社群。印
> 刷在其中扮演了一個重要的角色。〔註12〕

事實上，宋代書籍刊印的發展也促進禪學對士大夫文化的滲透。例如作為卷秩浩繁的《景德傳燈錄》之節選本《傳燈玉英集》，由士大夫王隨（973～1039）所編，與前者一同入藏，這正說明知識分子對於禪宗知識的需求性。也就是說，士大夫需要隨手可得的、在閱讀上更為便利的禪宗燈錄。〔註13〕

禪籍進入士大夫生活，還可在禪僧語錄的流行中發現。一些北宋禪師不僅替前代祖師編纂語錄，也自覺地為自身留下語錄文字。語錄經常包含禪師所舉古德公案話頭，各家多有沿用。作為文字禪文本，它的作用也在藉由文字的記錄以確立當代禪師典範形象。韋伯說過：

> 相應於整個中國文化的文書學者性格，中國的佛教必須特別徹底地
> 內在轉化為一種純粹的聖典宗教（religion of books）。〔註14〕

禪師語錄與其他公案集、燈錄成為北宋文字禪運動中的聖典。又由於印刷術與文本裝幀方式的進步，利於禪僧閱讀考究各家公案語錄以及外典，禪僧在生產新的禪文本的過程中愈趨文士化，而禪徒們欲廣其流傳，亦商請士大夫為之作序，成為文人應酬之雅事，於是更令彼此的文化內涵牽涉交雜。其中，理學家也注意到禪僧口語對話式語錄的妙用，在北宋眾家禪僧語錄刊行以後，兩宋理學家們也相繼運用這種體式。

日人土田健次郎指出，道學家的語錄特徵與禪宗語錄相同，且道學家的

〔註10〕 語出〈夜直玉堂，攜李之儀端叔詩百餘首，讀至夜半，書其後〉，詳見蘇軾：《蘇軾詩集》，卷30，頁1616。

〔註11〕 黃庭堅〈謝楊履道送銀茄四首之三〉：「戎州夏畦少蔬供，感君來飯在家僧。」詳見《豫章黃先生文集》，卷6。蘇軾〈和黃魯直食筍次韻〉：「一飯在家僧，至樂甘不壞。」詳見《蘇軾詩集》，卷22，頁1171。

〔註12〕 包弼德著，王昌偉譯：《歷史上的理學》，頁35～36。

〔註13〕 參考鈴木哲雄：〈北宋期の知識人と禪僧との交流〉，頁62；以及黃繹勳：〈《傳燈玉英集》卷十四補闕和研究——宋士大夫王隨刪節《景德傳燈錄》之探討〉，頁110。

〔註14〕 〔德〕韋伯著，康樂、簡慧美譯：《印度的宗教》（桂林：廣西師範大學，2005年12月），頁374。

形象也從語錄中被建構，若以二程爲教祖來舉例，道學師友生徒可視爲教團，語錄及《大學》《中庸》則是經典，如此一來，「宗教的三要素都齊全了。」〔註15〕可知理學家在模仿禪僧語錄形式的同時，也令儒學更趨向於宗教化。法國學者克洛德‧海然熱（Claude Hagège）說：

> 在喜歡活生生的口語的人看來，把重要宗教的傳統教化所用的語篇
> 連綴成文，不是重要的撰寫活動。〔註16〕

語錄雖然是對話的記錄，畢竟不是「活生生的口語」，在北宋文字禪運動中被大量製造出來的語錄，某種程度上抹煞了原本活潑潑地禪門機緣。不過「文字是權力的工具，它能夠讓號令遠達於窮鄉僻壤」，〔註17〕而像禪僧語錄那種非書面體、而採白話口語式的文字記錄，對於傳播教義思想或任何言說都比過去口傳方式要來得更加有效率，顯然這點也爲理學家所吸收。至於導師的言行思想被文字僵化固定，更是彼此皆難以避免的弊端。

在文字禪的發展流衍中，北宋士大夫禪悅之風更不可遏止，文人群體愈與禪文化交融，如在詩禪關係方面就甚爲顯著。儘管亦有學者認爲「宋人並未將禪與詩等同起來，即並不認爲禪與藝術是同一實體。」〔註18〕然而從宋詩的內蘊觀察，學界較爲普遍的認識是，知識分子除了發現「詩與禪擁有極爲相似的性格」，〔註19〕也醉心其他與禪同趣的文化藝術層面。如書家所謂「行草得三昧」、〔註20〕「禪得玄機筆得精」，〔註21〕這是佛禪之趣與書法的相契；又如北宋畫論中追求的物外之形，借用南宋羅大經的話來說，正是：

> 繪雪者不能繪其清，繪月者不能繪其明，繪花者不能繪其馨，繪泉

〔註15〕〔日〕土田健次郎著，朱剛譯：《道學之形成》（上海：上海古籍出版社，2010年4月，日本宋學研究六人集‧第二輯），頁452、461。

〔註16〕〔法〕海然熱著，張祖建譯：《語言人：論語言學對人文科學的貢獻》（北京：北京大學，2012年1月），頁63。

〔註17〕同上註，頁69。

〔註18〕皮朝綱先生認爲：「形成『詩書畫禪一體化』的主張，是在明清時代。」詳見氏著：《禪宗的美學》（高雄：麗文文化，1995年9月），頁102。

〔註19〕鈴木哲雄：〈北宋期の知識人と禪僧との交流〉，頁62

〔註20〕語出〈贈中師草聖〉，詳見〔宋〕林逋著，沈幼征校注：《林和靖詩集》（杭州：浙江古籍出版社，1986年2月），卷4，頁136。

〔註21〕語出師頑（936～1002）〈贈宣義大師英公〉，詳見〔清〕厲鶚：《宋詩紀事》（上海：上海古籍出版社，1983年6月），上冊，卷2，頁36。此詩乃師頑寫給北宋著名書僧夢英（生卒年不詳）之作。

者不能繪其聲，繪人者不能繪其情。然則言語文字，固不足以盡道
也。〔註22〕

宋代士大夫繪事不以形似爲貴，專注於意氣所到筆墨之外，恰如禪門相尙的
句中有眼，一切言說皆不足以盡道，須在參活句中悟得言外之意，方能了明
宗旨。

　　在北宋由文人與禪僧共構的文化沙龍中，茶在其中亦佔有一席之地。《敕
修百丈清規》中載有禪院方丈請茶之榜文，〔註23〕本爲公文例式，至北宋始
發展爲「堆砌典故、標榜禪趣的文字禪門類」。〔註24〕惠洪《石門文字禪》便
錄有五筆茶榜；〔註25〕南宋魏齊賢、葉棻（生卒年皆不詳）所編《五百家播
芳大全文粹》亦收有十四筆宋代文人所作茶榜。〔註26〕作爲交際應酬與雅致
生活的用品，士大夫本尙茶，若以茶之極品而言，甚至時見士大夫「金可有
而茶不可得」〔註27〕的情形；而茶自唐代以來也是寺院常制禮式的內容之一，
可以說僧人的日常生活是離不開茶的。蓋「茶之爲物，滌昏雪滯，於務學勤
政，未必無助」，〔註28〕且復有益於參禪。是故喫茶成爲禪門公案中一再被提
舉的話頭，蘇軾亦嘗言「茶筍盡禪味」，〔註29〕禪與茶可說在北宋的文化沙龍
裡互相陶融了。

　　前舉有關北宋書法、繪畫與禪之同趣，此類藝術享受需要較爲高深的教
育程度，韋伯認爲：

　　對於向上參與文化的大眾來說，語言——這意味著以語言爲基礎的

〔註22〕 羅大經著，王瑞來點校：《鶴林玉露》，丙編卷6，頁336。
〔註23〕 詳見〔元〕德煇重編：《敕修百丈清規》（臺北：新文豐，大正藏本，冊48），
　　　　卷4，頁1136。
〔註24〕 宣方：〈宋元佛寺茶榜考論〉，《茶禪東傳寧波緣——第五屆世界禪茶交流大會
　　　　文集》，北京：中國農業，2010年12月，頁93。
〔註25〕 分別是〈請崇寧茶榜〉、〈請逍遙宜老茶榜〉、〈雲老送南華茶榜〉、〈請雲蓋奭
　　　　老茶榜〉、〈嶽麓爲潙山茶榜〉，詳見惠洪著，廓門貫徹註：《註石門文字禪》，
　　　　卷28，頁697、699、700～702。
〔註26〕 詳見〔宋〕魏齊賢、葉棻同編：《五百家播芳大全文粹》（臺北：臺灣商務，
　　　　1985年景印文淵閣四庫全書本，冊1353），卷79。沈冬梅女士已揭此條，詳
　　　　見氏著：《茶與宋代社會生活》，頁211。
〔註27〕 歐陽修著，李偉國點校：《歸田錄》，卷2，頁24。
〔註28〕 羅大經著，王瑞來點校：《鶴林玉露》，甲編卷3，頁51。
〔註29〕 語出〈參寥上人初得智果院，會者十六人，分韻賦詩，軾得心字〉，詳見蘇軾：
　　　　《蘇軾詩集》，卷31，頁1656。

> 文學——乃是首要的、而且到目前為止仍是唯一可得到的文化價
> 值。藝術比文學遠更具有貴族氣質。這恰恰是文學最偉大的成就所
> 在。〔註30〕

文字禪運動流衍到南宋，續唱尾聲，如南宋陸續出現的文學僧，他們「步出寺院，走入江湖」，〔註31〕創作許多禪詩文集傳世，這些文學作品都為當時的禪文化留下可觀的記錄，也是宋僧不凡的成就之一。除為人所熟知的《中興禪林風月集》與《江湖風月集》，近來有學者又在日本發現《無象照公夢遊天台石橋頌軸》，〔註32〕蓋南宋末年中日禪僧相互唱和之詩軸，錄有數十首禪茶韻語，凡此皆北宋文字禪運動之餘緒，實為學者保留了豐富的研究價值。

又如明代題為李贄所編之《文字禪》，多記禪門機語逸事，參錄各種外典與佛禪經籍。該書既以「文字禪」為名，其用意當承北宋以來以文字為禪、以筆硯作佛事的風向。另一方面也顯示出，「禪不重視經教」的印象在文字禪風行以後是行不通的。不只兩宋如此，元明禪人如中峰明本、袁宏道等人在他們的禪學思想中亦不輕廢經教，這種「禪教合一」的觀念也是文字禪所強調的核心價值。

如上所述，本文主要處理了幾個問題，首先是北宋時期官方與佛教之間的關係及影響。宋初三帝各有其佛教信仰背景，在他們主導的右文策略之下，佛教特別是禪宗逐漸出現許多能文之輩，文學技術的提高也令士僧之間在學術思想方面的交流更為深刻。皇帝及部分朝臣的支持，並不是佛教自安史之亂以後在宋代走出新氣象的唯一原因。流行於士大夫集團的禪悅之風，在消弭古文運動裡排佛論所夾帶之異端印象的同時，令禪宗更為徹底的被中國吸收、昇華，並開展出文字禪的風向，這才是宋代禪宗能夠與唐代並列為禪的黃金時期的主要原因。唯宋代士人雖耽於禪悅，然其時儒釋道並隆，而本文識有所短，論述未能及於道教，此中的三教關係尚待日後進一步研究。

其次是北宋禪僧與官僚體系互動的情況，以及禪籍在宋代的流通與效應。在整體社會氛圍崇尚文風之下，印刷術的發達，與佛藏、禪籍的刊印流布是互相牽動的關係。那些成為文字禪文本的大量語錄、公案頌古之作，說明宋代禪

〔註30〕韋伯著，閻克文譯：《馬克斯‧韋伯社會學文集》，頁172。

〔註31〕參考黃啟江先生〈南宋詩僧與文士之互動〉，詳見氏著：《一味禪與江湖詩——南宋文學僧與禪文化的蛻變》，頁110～111。

〔註32〕《無象照公夢遊天台石橋頌軸》點校本詳見朱剛、陳玨：《宋代禪僧詩輯考》，附錄三。

師的特色即在於高揚的文學能力、並更願意留下文字著述，這一點可在兩宋臨濟宗所生產的文本質量中察覺。也正因為這項與前代禪宗大相逕庭的記錄，士大夫與禪僧之間藉由禪籍序文的授受，加深了彼此更具有文化內涵的歷史評價。誠如張高評先生在〈宋代雕版印刷之政教指向──印刷傳媒之控制研究〉中所指，宋代「印刷傳媒與文學、經籍、史書、理學間，由於閱讀接受、審美品味，以及商品經濟關係，亦交相作用，互為因果。」〔註33〕引而伸之，由於閱讀接受與審美品味的介入，無論是士大夫文集中收有與禪僧往來的詩文酬酢、或是禪門典籍中錄有士大夫所作序跋，皆對彼此的社會印象有一定程度的影響。而在這樣的文字禪發展脈絡之下，宋代禪宗可以說選擇性地拋開棒喝機鋒的歷史，唯有在語錄中禪師們還不斷強調文字不可執著、道不可言傳。儘管事實是北宋時期經教文字早已逐漸在宗門內重拾價值性，到南宋、元、明時期仍是如此。而過分地考據鑽研公案，也造就了南宋初默照禪與看話禪的反動思潮。其中，重視活句說的看話禪其實並沒有真的脫離文字禪的流衍，繼續在南宋以後受到禪人的青睞。若再回到文本製造的考察，則南宋大量出現的禪僧語錄和禪詩文集更加說明了文字禪運動並沒有在北宋即告終結。

　　最後是文字禪與宋代審美判斷的交集。作為宋代禪宗史特有的文化現象，文字禪的觸角伸展到士大夫與禪僧進行的文藝活動裡頭。就本文所談過的詩、書、畫、茶等較有特色的範圍而言，這種將文字禪與宋代其他文化聯結的觀照，在很多情況下要歸功於文字禪文本的流布，使禪門公案的運用遍及於宋人的文藝價值觀。然而，任何一種宗教發展都必然含有物質層面。宋代文化多元，文字禪作為北宋禪宗最主要的禪法，它落實於物質性的一面應當不止於本文所提過的文藝活動、或相關的文本生產。例如宋代興盛的書院，其基本功能除了作為學校以外，也進行藏書、刻書、祭祀等活動。雖為儒生求學場所，卻同佛、道一般為孔子設置祭禮，除了祭祀用的設像，也包括規制的祭器與祭品，甚至還有如《百丈清規》般的規條。〔註34〕可以說，書院

〔註33〕　張高評：〈宋代雕版印刷之政教指向──印刷傳媒之控制研究〉，《成大中文學報》，第 20 期（2008 年 4 月），頁 209。
〔註34〕　有關宋代書院的規訓與祭祀，可參考楊布生、彭定國：《中國書院與傳統文化》（長沙：湖南教育出版社，1992 年 8 月），頁 142～152。該書其他部分亦對書院的講學、藏書、歷史發展……等有所論述；另可參考丁鋼、劉琪：《書院與中國文化》（上海：上海教育出版社，1992 年 10 月），頁 19～45 討論書院與佛道的關係。

許多宗教性的特徵都受有禪院的影響。在宋代活絡的儒禪交涉關係中，文字禪物質性的一面是否也曾佇立於書院與禪院之間？兩者的清規教條在制度面上又具有哪些關係可供比較？再進一步說，宋代書院的「會講」，是一種不具正式組織性質的學術討論活動，一般被視爲書院「講會」的前身，〔註35〕書院講會則較有組織性、制度性，著名的朱陸鵝湖之會就是一例。以往的研究表明，宋代書院這種聚眾講學辯論的形式，其實是受到佛教的影響。〔註36〕而在禪宗盛行的宋代，這些會講、講會等與書院關係密切的活動，又與當時禪院內參究公案話頭的形式有何關聯？以上這些都是日後必須再加以擴充論述的部分。

　　在考察北宋文字禪運動之後，注意到其流衍的根源性因素，特別是從文本製造的角度來看，很多情況下主要來自於禪師宣揚其禪學宗旨並欲使之遍布於世的長遠期望。當然這也是因爲禪師自身具備了相應的文學能力。若失去沐化的過程，就沒有所謂的傳宗接代；禪悟如果只屬於宗師個人，而沒有接引徒子徒孫，那麼禪境的末路很可能只是流於自我陶醉。換言之，「己欲立而立人，己欲達而達人」是禪師們必須把持的宗教熱情。對那些能夠舞文弄墨的禪師而言，尤其在北宋文字禪的脈絡之下，禪師上堂說法、對話的文字記錄，以及公案頌古詩句……等等文本的生產，無非致力於禪悟的傳承，皆被視爲傳宗接代的一種助力。這在文風鼎盛、出版印刷發達的宋代社會是具有其時代意義的。如果失去上述的物質與文化條件（外緣）、以及禪師本身文學素養的提升（內因），文字禪很可能不會在北宋出現。進一步說，從宋初政府就確立的右文策略，令士大夫在政治舞臺上大放異彩，許多文人士子的名聲不脛而走，甚至成爲備受社會仰望的文壇領袖、大文豪。就此而論，如果蘇軾的詩作不是這麼風行於世（如宋人筆記中便隨處可摘錄），也許惠洪《石門文字禪》中許多詩句就失去靈感來源；又如果北宋圖書傳播與裝幀技術沒有達到一定的水平（無論內典外典、各家禪師語錄，即使不算隨手可得，也

〔註35〕 有關會講與講會的關係，可參考周揚波：《宋代士紳結社研究》（北京：中華書局，2008年9月），頁174～175。《書院與中國文化》對會講與講會亦有詳論，可參考丁鋼、劉琪：《書院與中國文化》，頁56～63。

〔註36〕 如《法苑珠林》記北齊初（西元550年以後）有「彼岸寺鑒禪師講會」，詳見〔唐〕道世：《法苑珠林》（臺北：新文豐，大正藏本，冊53），卷91，頁956。關於講會的佛教淵源，除上註所提周揚波先生之研究，亦可參考吳宣德：〈「講會」定義獻疑〉，《教育史研究》，第4期（2001年12月），頁6～7。

不致於罕見，並較以往更便於翻閱檢索），那麼克勤要寫成《碧巖錄》恐怕也非易事。凡此種種，皆是在一個時代思潮的構成中經常被忽略的要素。也就是說，北宋文字禪運動的流衍，絕不是某一個宗派或團體可以獨自建構出來的一節禪學史，它理應包含更多來自於時代的種種衝突與調和，同時自身的發展脈絡也不可避免地被包含在其他歷史背景之中。

　　綜上所述，北宋文字禪運動無疑是一個複雜的文化現象，廖肇亨先生指出，文字禪風尚是「將信仰與知識、經典與實踐、文藝與神聖等所有種種糾葛複雜的問題一體化，更體現出社會倫理與文化脈絡的交融互攝。」〔註37〕也由於這個悠遊於叢林與翰林之間的文化現象容納了許多深刻的議題，在文學、宗教、思想、政治與社會……等宋代及其後的範圍皆有後人致力研究的空間。以禪宗用語言文字表述「心印」的情況來說，佛經文體有韻有散，為何「偈子」這種體式更容易「印心」？如佛典中所描述的六祖雖不識字，卻能在聞偈後另創一偈，〔註38〕儘管有明顯的口語特徵，卻超越同門，成為嗣法印可的根據，其中「神話」的成分有多少？究竟禪宗如何看待與區分韻散兩種體式在參禪或教學時的作用？這也相關於北宋文字禪議題中經常出現的禪詩，尤其是在公案語錄類禪籍裡大量出現的偈頌、詩句，它們與其他文字禪文本中的散文雖皆以文字作禪事，然其中是否有更細緻的、不同的功能取向？若再進一步問，為何宋人主張「文以載道」，〔註39〕而不說「語以載道」？文字和口語的分野在宋代如何被文人（包括士大夫與禪僧）把握？這些都是尚待處理的問題。除此之外，若要精確、完整地考述文字禪的各種層面，應該還要具備相應且足夠的跨領域知識。例如同時期的遼、金、西夏，它們的佛教、禪學發展是何種面貌？與宋代文字禪的差異比較何在？尚且不能忽略的是，域外各種語言對文字禪的相關研究又已進展到何種地步？例如日韓皆有茶禪一味的文化命題，此與中國的茶禪關係有無明確的淵源可循？或是否能夠在文字禪的脈絡下作為比較文化的對象？凡此種種，除專業知識之外，還必須具備一定程度的語言能力。惜個人力有未逮，見少識狹，本文告此段落之時，尚有諸多未竟與缺失之處，這是日後必須進一步努力的所在。

〔註37〕　廖肇亨：《中邊・詩禪・夢戲：明末清初佛教文化論述的呈現與開展》，頁25。
〔註38〕　詳見〔元〕宗寶編：《六祖大師法寶壇經》（臺北：新文豐，大正藏本，冊48），頁348～349。
〔註39〕　詳見〔宋〕周敦頤：《周子全書》（上海：商務印書館，1937年萬有文庫本），冊中，卷10，頁180。

主要參考書目

本參考書目主要分「文獻史料」、「近人論著」、「學位論文與單篇論文」
三部分，除「文獻史料」以時代排序為先，餘皆以著者姓氏筆劃遞增排序。
又，「文獻史料」下分「佛藏禪籍類」、「史書類」、「子書類」、「集書類」等四
部類，其中，凡釋氏著作即使具有其他三類之性質，亦皆歸於「佛藏禪籍類」。

一、文獻史料

（一）佛藏禪籍類

1. 〔姚秦〕鳩摩羅什譯，《金剛般若波羅蜜經》，臺北：新文豐，大正藏本，
   冊 8。
2. 〔姚秦〕鳩摩羅什譯，《維摩詰所說經》，臺北：新文豐，大正藏本，冊
   14。
3. 〔姚秦〕僧肇著，《肇論》，臺北：新文豐，大正藏本，冊 45。
4. 〔隋〕智顗著，《妙法蓮華經玄義》，臺北：新文豐，大正藏本，冊 33。
5. 〔隋〕吉藏著，《金剛般若疏》，臺北：新文豐，大正藏本，冊 33。
6. 〔唐〕道宣著，《續高僧傳》，臺北：新文豐，大正藏本，冊 50。
7. 〔唐〕窺基著，《金剛般若論會釋》，臺北：新文豐，大正藏本，冊 40。
8. 〔唐〕道世著，《法苑珠林》，臺北：新文豐，大正藏本，冊 53。
9. 〔唐〕杜朏著，《傳法寶紀》，臺北：新文豐，大正藏本，冊 85。
10. 〔唐〕澄觀著，《大方廣佛華嚴經隨疏演義鈔》，臺北：新文豐，大正藏本，
    冊 36。
11. 〔唐〕裴休編，〈黃檗山斷際禪師傳心法要〉，臺北：新文豐，大正藏本，
    冊 48。

12. 〔唐〕文益著，《宗門十規論》，臺北：新文豐，卍續藏本，冊 63。

13. 〔南漢〕文偃說、守堅編，《雲門匡眞禪師語錄》，臺北：新文豐，嘉興藏本，冊 24。

14. 〔南唐〕靜、筠二禪師編，《祖堂集》，北京：中華書局，2007 年中國佛教典籍選刊本。

15. 〔北宋〕延壽著，《宗鏡錄》，臺北：新文豐，大正藏本，冊 48。

16. 〔北宋〕贊寧著，《宋高僧傳》，臺北：新文豐，大正藏本，冊 50。

17. 〔北宋〕太宗皇帝著，《御製祕藏詮》，臺北：新文豐，景印高麗大藏經本，冊 35。

18. 〔北宋〕道原著，《景德傳燈錄》，臺北：新文豐，大正藏本，冊 51。

19. 〔北宋〕趙安仁、楊億等編修，《大中祥符法寶錄》，1935 年宋藏遺珍本。

20. 〔北宋〕智圓著，《閑居編》，臺北：新文豐，卍續藏本，冊 56。

21. 〔北宋〕楚圓編，《汾陽無德禪師語錄》，臺北：新文豐，大正藏本，冊 47。

22. 〔北宋〕李遵勖編，《天聖廣燈錄》，臺北：新文豐，卍續藏本，冊 78。

23. 〔北宋〕契嵩著，《傳法正宗記》，臺北：新文豐，大正藏本，冊 51。

24. 〔北宋〕契嵩著，《鐔津文集》，臺北：新文豐，大正藏本，冊 52。

25. 〔北宋〕惟蓋竺編，《明覺禪師語錄》，臺北：新文豐，大正藏本，冊 47。

26. 〔北宋〕克勤評唱，《佛果圜悟禪師碧巖錄》，臺北：新文豐，大正藏本，冊 48。

27. 〔北宋〕惠洪著，《冷齋夜話》，南京：鳳凰出版社，2009 年 12 月。

28. 〔北宋〕惠洪著，《禪林僧寶傳》，京都：臨川書店，2000 年禪學典籍叢刊第五卷。

29. 〔北宋〕德洪著，《石門文字禪》，臺北：新文豐，1973 年兩冊本。

30. 〔北宋〕德洪造論，正受會合，《楞嚴經合論》，臺北：新文豐，卍續藏本，冊 12。

31. 〔北宋〕德洪覺範著，〔日〕廓門貫徹註，《註石門文字禪》，京都：臨川書店，2000 年禪學典籍叢刊第五卷。

32. 〔北宋〕慧洪著，覺慈編：《智證傳》，臺北：新文豐，卍續藏本，冊 63。

33. 〔北宋〕慧洪著，《林間錄》，臺北：新文豐，卍續藏本，冊 87。

34. 〔北宋〕文瑩著，《湘山野錄》，北京：中華書局，2007 年唐宋史料筆記叢刊本。

35. 〔北宋〕文瑩著，《玉壺清話》，北京：中華書局，2007 年唐宋史料筆記叢刊本。

36. 〔北宋〕惟白集,《建中靖國續燈錄》,臺北:新文豐,卍續藏本,冊 78。

37. 〔北宋〕宗賾集,《(重雕補註)禪苑清規》,臺北:新文豐,卍續藏本,冊 63。

38. 〔北宋〕善卿編正,《祖庭事苑》,臺北:新文豐,卍續藏本,冊 64。

39. 〔北宋〕慧辯著,《慧林宗本禪師別錄》,臺北:新文豐,卍續藏本,冊 73。

40. 〔南宋〕紹隆編,《圓悟佛果禪師語錄》,臺北:新文豐,大正藏本,冊 47。

41. 〔南宋〕善清、善隨等編,《慈受懷深禪師廣錄》,臺北:新文豐,卍續藏本,冊 73。

42. 〔南宋〕賾藏主編,蕭萐父、呂有祥、蔡兆華點校,《古尊宿語錄》,北京:中華書局,2011 年 7 月,4 刷。

43. 〔南宋〕蘊聞編,《大慧普覺禪師語錄》,臺北:新文豐,大正藏本,冊 47。

44. 〔南宋〕道謙編,《大慧普覺禪師宗門武庫》,臺北:新文豐,大正藏本,冊 47。

45. 〔南宋〕祖詠編,《大慧普覺禪師年譜》,臺北:新文豐,嘉興藏本,冊 1。

46. 〔南宋〕集成等編,《宏智禪師廣錄》,臺北:新文豐,大正藏本,冊 48。

47. 〔南宋〕曉瑩著,《雲臥紀譚》,臺北:新文豐,卍續藏本,冊 86。

48. 〔南宋〕曉瑩著,《羅湖野錄》,臺北:新文豐,卍續藏本,冊 83。

49. 〔南宋〕正受編,《嘉泰普燈錄》,臺北:新文豐,卍續藏本,冊 79。

50. 〔南宋〕祖琇著,《僧寶正續傳》,臺北:新文豐,卍續藏本,冊 79。

51. 〔南宋〕法應集,〔元〕普會續集,《禪宗頌古聯珠通集》,臺北:新文豐,卍續藏本,冊 65。

52. 〔南宋〕齊己、如本、祖淳、法慧編,《瞎堂慧遠禪師廣錄》,臺北:新文豐,卍續藏本,冊 69。

53. 〔南宋〕淨善重集,《禪林寶訓》,臺北:新文豐,大正藏本,冊 48。

54. 〔南宋〕悟明集,《聯燈會要》,臺北:新文豐,卍續藏本,冊 79。

55. 〔南宋〕道融著,《叢林盛事》,臺北:新文豐,卍續藏本,冊 86。

56. 〔南宋〕善開等錄,《松源崇嶽禪師語錄》,臺北:新文豐,卍續藏本,冊 70。

57. 〔南宋〕師皎重編,《吳山淨端禪師語錄》,臺北:新文豐,卍續藏本,冊 73。

58. 〔南宋〕普濟集,《五燈會元》,臺北:新文豐,卍續藏本,冊 80。

59.〔南宋〕文素編，《如淨和尚語錄》，臺北：新文豐，大正藏本，冊48。

60.〔南宋〕曇秀輯，《人天寶鑑》，臺北：新文豐，卍續藏本，冊87。

61.〔南宋〕宗鑑集，《釋門正統》，臺北：新文豐，卍續藏本，冊75。

62.〔南宋〕師明集，《續古尊宿語要》，臺北：新文豐，卍續藏本，冊68。

63.〔南宋〕妙源編，《虛堂和尚語錄》，臺北：新文豐，大正藏本，冊47。

64.〔南宋〕道璨著，《柳塘外集》，臺北：臺灣商務，1985年景印文淵閣四庫全書本，冊1186。

65.〔南宋〕志磐著，《佛祖統紀》，臺北：新文豐，大正藏本，冊49。

66.〔南宋〕紹曇記，《五家正宗贊》，臺北：新文豐，卍續藏本，冊78。

67.〔元〕行秀評唱，《萬松老人評唱天童覺和尚頌古從容庵錄》，臺北：新文豐，大正藏本，冊48。

68.〔元〕明本著，慈寂編，《天目中峰和尚廣錄》，臺北縣：彌勒出版社，1989年禪宗全書本，冊48。

69.〔元〕宗寶編，《六祖大師法寶壇經》，臺北：新文豐，大正藏本，冊48。

70.〔日〕師鍊著，《元亨釋書》，東京：經濟雜誌社，1901年國史大系第十四卷。

71.〔元〕德輝重編，《敕修百丈清規》，臺北：新文豐，大正藏本，冊48。

72.〔明〕居頂編，《續傳燈錄》，臺北：新文豐，大正藏本，冊51。

73.〔明〕如卺集，《禪宗正脈》，臺北：新文豐，卍續藏本，冊85。

74.〔明〕本瑞註，道霖編集，《螟絕老人天奇直註雪竇顯和尚頌古》，臺北：新文豐，卍續藏本，冊67。

75.〔明〕袾宏輯，《緇門崇行錄》，臺北：新文豐，卍續藏本，冊87。

76.〔明〕德清閱，《紫柏尊者全集》，臺北：新文豐，卍續藏本，冊73。

77.〔明〕福善錄，通炯編，《憨山老人夢遊集》，臺北：新文豐，卍續藏本，冊73。

78.〔明〕朱時恩著，《居士分燈錄》，臺北：新文豐，卍續藏本，冊86。

79.〔明〕元賢集，《建州弘釋錄》，臺北：新文豐，卍續藏本，冊86。

80.〔明〕明河著，《補續高僧傳》，臺北：新文豐，卍續藏本，冊77。

81.〔明〕夏樹芳著，《名公法喜志》，臺北：新文豐，卍續藏本，冊88。

82.〔明〕如惺著，《大明高僧傳》，臺北：新文豐，大正藏本，冊50。

83.〔清〕道忞編修，吳侗集，《禪燈世譜》，臺北：新文豐，卍續藏本，冊86。

84.〔清〕淨柱輯，《五燈會元續略》，臺北：新文豐，卍續藏本，冊80。

85.〔清〕真哲說，傳我等編，《古雪哲禪師語錄》，臺北：新文豐，嘉興藏本，冊 28。

86.〔清〕道霈重編，《永覺元賢禪師廣錄》，臺北：新文豐，卍續藏本，冊 72。

87.〔清〕紀蔭編，《宗統編年》，臺北：新文豐，卍續藏本，冊 86。

88.〔清〕超永編，《五燈全書》，臺北：新文豐，卍續藏本，冊 81～82。

89.〔清〕彭際清著，《居士傳》，臺北：新文豐，卍續藏本，冊 88。

90.〔清〕聞性道、德介著，《天童寺志》，臺北：明文書局，1980 年中國佛寺史志彙刊本，第一輯，冊 13～14。

91.〔清〕法緯著，《西禪長慶寺志》，揚州：廣陵書社，2006 年中國佛寺志叢刊本，冊 100。

92. 喻昧庵輯，《新續高僧傳四集》，1923 年北洋印刷局本。

（二）史書類

1.〔北齊〕魏收著，《魏書》，北京：中華書局，1974 八冊本。

2.〔唐〕李延壽著，《南史》，北京：中華書局，1975 年六冊本。

3.〔後晉〕劉昫等著，《舊唐書》，北京：中華書局，1975 年十六冊本。

4.〔北宋〕王堯臣等編次，〔清〕錢東垣輯釋，《崇文總目》，臺北：臺灣商務，1967 年國學基本叢書本。

5.〔北宋〕歐陽修、宋祁著，《新唐書》，北京：中華書局，1975 年二十冊本。

6.〔北宋〕程俱著，《麟臺故事校證》，北京：中華書局，2004 年唐宋史料筆記叢刊本。

7.〔南宋〕晁公武著，孫猛校證，《郡齋讀書志校證》，上海：上海古籍出版社，1990 年 10 月。

8.〔南宋〕李燾著，《續資治通鑑長編》，北京：中華書局，2008 年，二版 2 刷。

9.〔南宋〕尤袤著，《遂初堂書目》，上海：商務印書館，1935 年叢書集成初編本，冊 32。

10.〔南宋〕趙汝愚編，《宋名臣奏議》，臺北：臺灣商務，1984 年景印文淵閣四庫全書本，冊 432。

11.〔南宋〕孟元老著，《東京夢華錄》，北京：中華書局，2006 年中國古代都城資料選刊本。

12.〔南宋〕王象之著，《輿地紀勝》，臺北縣：文海出版社，1971 年，二版，影印咸豐五年刻本。

13.〔南宋〕李心傳著，《建炎以來繫年要錄》，北京：中華書局，1956 年唐宋史料筆記叢刊本。

14.〔南宋〕李心傳著，《舊聞證誤》，北京：中華書局，2006 年唐宋史料筆記叢刊本。

15.〔南宋〕陳振孫著，《直齋書錄解題》，上海：商務印書館，1937 年叢書集成初編本，冊 44～48。

16.〔南宋〕王栐著，《燕翼詒謀錄》，北京：中華書局，2007 年唐宋史料筆記叢刊本。

17.〔南宋〕羅濬著，《寶慶四明志》，臺北：臺灣商務，1984 年景印文淵閣四庫全書本，冊 487。

18.〔元〕脫脫等著，《宋史》，臺北：鼎文書局，1998 年影印中華書局本，九版。

19.〔明〕余之禎總修，王時槐纂修，劉元卿、羅大紘考輯，《（萬曆）吉安府志》，北京：書目文獻出版社，1991 年日本藏中國罕見地方志叢刊本。

20.〔明〕不著撰人，《樂清縣誌》，1964 年上海古籍書店影印天一閣藏明代方志選刊本。

21.〔清〕黃宗羲著，全祖望補修，陳金生、梁運華點校，《宋元學案》，北京：中華書局，1986 四冊本。

22.〔清〕嵇曾筠等監修、沈翼機等編纂，《浙江通志》，臺北：臺灣商務，1984 年景印文淵閣四庫全書本，冊 519～526。

23.〔清〕張廷玉等著，《明史》，北京：中華書局，1974 年二十八冊本。

24.〔清〕趙翼著，《二十二史劄記》，上海：商務印書館，1937 年叢書集成初編本，冊 3543～3552。

25.〔清〕徐松著，《宋會要輯稿》，北京：中華書局，1957 年。

26.〔清〕丁丙著，《善本書室藏書志》，上海：上海古籍出版社，1995 年續修四庫全書本，冊 926。

27. 馬蓉等點校，《永樂大典方志輯佚》，北京：中華書局，2004 年五冊本。

（三）子書類

1.〔劉宋〕劉義慶著，〔梁〕劉孝標注，朱鑄禹彙校集注，《世說新語彙校集注》，上海：上海古籍出版社，2002 年中華要籍集釋叢書本。

2.〔唐〕陸羽著，《茶經》，1927 年左氏百川學海本，冊 28。

3.〔唐〕楊曄著，《膳夫經》，南京：江蘇古籍出版社，1988 年宛委別藏本。

4.〔北宋〕黃休復著，〔明〕朱衣、姚汝循校，《益州名畫錄》，收於王氏畫苑卷之九，日本早稻田大學藏明金陵徐智督刊本。

5. 〔北宋〕錢易著，黃壽成點校，《南部新書》，北京：中華書局，2002 年 6 月。

6. 〔北宋〕歐陽修著，《歸田錄》，北京：中華書局，2006 年唐宋史料筆記叢刊本。

7. 〔北宋〕司馬光著，《涑水記聞》，北京：中華書局，2009 年唐宋史料筆記叢刊本。

8. 〔北宋〕宋敏求著，《春明退朝錄》，北京：中華書局，2006 年唐宋史料筆記叢刊本。

9. 〔北宋〕張載著，《張子語錄》，北京：書同文，電子版四部叢刊續編，1932 年上海商務印書館再版景印本。

10. 〔北宋〕徐積著，《節孝語錄》，臺北：臺灣商務，1985 年景印文淵閣四庫全書本，冊 698。

11. 〔北宋〕王闢之著，呂友仁點校，《澠水燕談錄》，北京：中華書局，2006 年唐宋史料筆記叢刊本。

12. 〔北宋〕沈括著，胡道靜、金良年、胡小靜譯注，《夢溪筆談全譯》，貴陽：貴州人民出版社，1998 年 12 月。

13. 〔北宋〕蘇軾著，《東坡志林》，北京：中華書局，2008 年唐宋史料筆記叢刊本。

14. 〔北宋〕蘇轍著，《龍川別志》，北京：中華書局，2006 年唐宋史料筆記叢刊本。

15. 〔北宋〕蘇轍著，《龍川略志》，北京：中華書局，2006 年唐宋史料筆記叢刊本。

16. 〔北宋〕朱長文著，〈續書斷〉，上海：上海書畫出版社，1981 年歷代書法論文選本。

17. 〔北宋〕謝良佐著，《上蔡語錄》，京都：中文出版社，1985 年近世漢籍叢刊思想初編本，冊 6。

18. 〔北宋〕陳師道著，《後山談叢》，北京：中華書局，2007 年唐宋史料筆記叢刊本。

19. 〔北宋〕楊時著，《龜山先生語錄》，北京：書同文，電子版四部叢刊續編，1932 年上海商務印書館再版景印本。

20. 〔北宋〕邵伯溫著，《邵氏聞見錄》，北京：中華書局，2008 年唐宋史料筆記叢刊本。

21. 〔北宋〕趙令畤著，孔凡禮點校，《侯鯖錄》，北京：中華書局，2004 年唐宋史料筆記叢刊本。

22. 〔北宋〕方勺著，《泊宅編》，北京：中華書局，2007 年唐宋史料筆記叢刊本。

23. 〔北宋〕何薳著，《春渚紀聞》，北京：中華書局，2007 年唐宋史料筆記叢刊本。

24. 〔北宋〕葉夢得著，《石林燕語》，北京：中華書局，1997 年唐宋史料筆記叢刊本。

25. 〔北宋〕吳處厚著，《青箱雜記》，北京：中華書局，2007 年唐宋史料筆記叢刊本。

26. 〔北宋〕魏泰著，《東軒筆錄》，北京：中華書局，2006 年唐宋史料筆記叢刊本。

27. 〔北宋〕蔡絛著，《鐵圍山叢談》，北京：中華書局，2006 年唐宋史料筆記叢刊本。

28. 〔北宋〕黃伯恩著，〔明〕毛晉訂，《東觀餘論》，津逮秘書明刻本。

29. 〔南宋〕朱弁著，《曲洧舊聞》，北京：中華書局，2008 年唐宋史料筆記叢刊本。

30. 〔南宋〕張邦基著，《墨莊漫錄》，北京：中華書局，2004 年唐宋史料筆記叢刊本。

31. 〔南宋〕高宗皇帝著，〈翰墨志〉，上海：上海書畫出版社，1981 年歷代書法論文選本。

32. 〔南宋〕曾敏行著，《獨醒雜志》，臺北：臺灣商務，1985 年景印文淵閣四庫全書本，冊 1039。

33. 〔南宋〕洪邁著，《容齋隨筆》，北京：中華書局，2005 年唐宋史料筆記叢刊本。

34. 〔南宋〕陸游著，《老學庵筆記》，北京：中華書局，2007 年唐宋史料筆記叢刊本。

35. 〔南宋〕陸游著，《避暑漫抄》，上海：商務印書館，1939 年叢書集成初編本，冊 2863。

36. 〔南宋〕莊綽著，《雞肋編》，北京：中華書局，2004 年唐宋史料筆記叢刊本。

37. 〔南宋〕王明清著，《揮麈後錄》，臺北：新文豐，1980 年學津討原本。

38. 〔南宋〕岳珂著，《桯史》，北京：中華書局，2005 年唐宋史料筆記叢刊本。

39. 〔南宋〕趙彥衛著，《雲麓漫鈔》，北京：中華書局，2007 年唐宋史料筆記叢刊本。

40. 〔南宋〕羅大經著，《鶴林玉露》，北京：中華書局，2005 年唐宋史料筆記叢刊本。

41. 〔南宋〕劉昌詩著,《蘆浦筆記》,北京:中華書局,2007 年唐宋史料筆記叢刊本。

42. 〔南宋〕王應麟著,《小學紺珠》,上海:商務印書館,1936 年叢書集成初編本,冊 176～178。

43. 〔南宋〕王應麟著,《困學紀聞》,北京:書同文,電子版四部叢刊三編,1936 年上海商務印書館初版景印本。

44. 〔南宋〕陳世崇著,孔凡禮點校,《隨隱漫錄》,北京:中華書局,2010 年唐宋史料筆記叢刊本。

45. 〔明〕李贄輯,袁宏道校,如德閱,《大雅堂訂正文字禪》,北京:北京出版社,2005 年四庫禁燬書叢刊補編本,冊 35。

46. 〔日〕山上宗二著,橫井清譯注,《山上宗二記》,東京:平凡社,1994 年日本の茶書本,19 刷。

47. 〔明〕袁宏道著,張五教編,《珊瑚林》,明萬曆刻本,兩卷。

48. 〔明〕張萱著,《疑耀》,上海:商務印書館,1937 年叢書集成初編本,冊 340～341。

49. 〔清〕卞永譽纂輯,《式古堂書畫彙考》,鑑古書社影印吳興蔣氏密均樓藏本。

50. 〔清〕梁巘著,〈評書帖〉,上海:上海書畫出版社,1981 年歷代書法論文選本。

51. 〔清〕劉熙載著,袁津琥校注,《藝概注稿》,北京:中華書局,2009 年中國文學研究典籍叢刊本。

52. 〔清〕藍浦、鄭廷桂著,連冕編注,《景德鎮陶錄圖說》,濟南:山東畫報出版社,2004 年 5 月。

(四)集書類

1. 〔唐〕劉禹錫著,《劉夢得文集外集》,北京:書同文,電子版四部叢刊初編,1922 年上海商務印書館再版景印本。

2. 〔唐〕柳宗元著,《柳宗元集》,北京:中華書局,1979 年四冊本。

3. 〔北宋〕柳開著,《河東先生集》,北京:書同文,電子版四部叢刊初編,1922 年上海商務印書館再版景印本。

4. 〔北宋〕林逋著,沈幼征校注,《林和靖詩集》,杭州:浙江古籍出版社,1986 年兩浙作家文叢本。

5. 〔北宋〕孫復著,《孫明復先生小集》,北京:線裝書局,2004 年宋集珍本叢刊(冊 3)影印清鈔徐坊校跋本。

6. 〔北宋〕宋祁著,《景文集》,臺北:臺灣商務,1985 年景印文淵閣四庫全書本,冊 1188。

7. 〔北宋〕梅堯臣著，《宛陵先生集》，北京：書同文，電子版四部叢刊初編，1922 年上海商務印書館再版景印本。

8. 〔北宋〕石介著，陳植鍔點校，《徂徠石先生文集》，北京：中華書局，1984 年 7 月。

9. 〔北宋〕張方平著，《樂全集》，臺北：臺灣商務，1985 年景印文淵閣四庫全書本，冊 1104。

10. 〔北宋〕歐陽修著，《六一詩話》，南京：鳳凰出版社，2009 年 12 月。

11. 〔北宋〕歐陽修著，李逸安點校，《歐陽修全集》，北京：中華書局，2001 年 3 月。

12. 〔北宋〕蔡襄著，《莆陽居士蔡公文集》，1988 年北京圖書館古籍珍本叢刊影自宋刻本，冊 86。

13. 〔北宋〕文同著，《丹淵集》，北京：書同文，電子版四部叢刊初編，1922 年上海商務印書館再版景印本。

14. 〔北宋〕王安石著，《臨川先生文集》，北京：書同文，電子版四部叢刊初編，1922 年上海商務印書館再版景印本。

15. 〔北宋〕沈遼著，《沈氏三先生文集雲巢編》，北京：書同文，電子版四部叢刊三編，1936 年上海商務印書館初版景印本。

16. 〔北宋〕程顥、程頤著，王孝魚點校，《二程集》，北京：中華書局，2004 年理學叢書本。

17. 〔北宋〕蘇軾著，孔凡禮點校，《蘇軾文集》，北京：中華書局，1986 年六冊本。

18. 〔北宋〕蘇軾著，〔清〕王文誥輯註，孔凡禮點校，《蘇軾詩集》，北京：中華書局，1982 年八冊本。

19. 〔北宋〕蘇軾著，《東坡全集》，臺北：臺灣商務，1985 年景印文淵閣四庫全書本，冊 1107。

20. 〔北宋〕黃庭堅著，《山谷集》，臺北：臺灣商務，1985 年景印文淵閣四庫全書本，冊 1113。

21. 〔北宋〕黃庭堅著，史容注，《山谷外集詩注》，北京：書同文，電子版四部叢刊續編，1932 年上海商務印書館再版景印本。

22. 〔北宋〕黃庭堅著，《山谷題跋》，上海：商務印書館，1936 年叢書集成初編本，冊 1564。

23. 〔北宋〕黃庭堅著，〔明〕毛晉訂，《豫章黃先生文集》，北京：書同文，電子版四部叢刊初編，1922 年上海商務印書館再版景印本。

24. 〔北宋〕米芾著，《寶晉英光集》，上海：商務印書館，1939 年叢書集成初編本，冊 1932。

25. 〔北宋〕晁補之著,《雞肋集》,北京:書同文,電子版四部叢刊初編,1922年上海商務印書館再版景印本。

26. 〔北宋〕張耒著,《張右史文集》,北京:書同文,電子版四部叢刊初編,1922年上海商務印書館再版景印本。

27. 〔北宋〕宗澤著,《宗忠簡集》,臺北:臺灣商務,1985年景印文淵閣四庫全書本,冊1125。

28. 〔北宋〕鄒浩著,《道鄉集》,臺北:臺灣商務,1985年景印文淵閣四庫全書本,冊1121。

29. 〔北宋〕尹焞著,《和靖集》,臺北:臺灣商務,1985年景印文淵閣四庫全書本,冊1136。

30. 〔北宋〕劉一止著,《苕溪集》,臺北:臺灣商務,1985年景印文淵閣四庫全書本,冊1132。

31. 〔北宋〕張守著,《毘陵集》,臺北:臺灣商務,1985年景印文淵閣四庫全書本,冊1127。

32. 〔南宋〕李彌遜著,《筠谿集》,臺北:臺灣商務,1985年景印文淵閣四庫全書本,冊1130。

33. 〔南宋〕鄧肅著,《栟櫚集》,臺北:臺灣商務,1985年景印文淵閣四庫全書本,冊1133。

34. 〔南宋〕胡寅著,容肇祖點校,《崇正辯 斐然集》,北京:中華書局,1993年理學叢書本。

35. 〔南宋〕曹勛著,《松隱文集》,1920年吳興劉氏嘉業堂刊本。

36. 〔南宋〕陸游著,《渭南文集》,北京:書同文,電子版四部叢刊初編,1922年上海商務印書館再版景印本。

37. 〔南宋〕楊萬里著,《誠齋集》,北京:書同文,電子版四部叢刊初編,1922年上海商務印書館再版景印本。

38. 〔南宋〕曾丰著,《緣督集》,臺北:臺灣商務,1985年景印文淵閣四庫全書本,冊1156。

39. 〔南宋〕陳淳著,《北溪大全集》,臺北:臺灣商務,1985年景印文淵閣四庫全書本,冊1168。

40. 〔南宋〕韓淲著,《澗泉集》,臺北:臺灣商務,1985年景印文淵閣四庫全書本,冊1180。

41. 〔南宋〕章甫著,《自鳴集》,臺北:臺灣商務,1985年景印文淵閣四庫全書本,冊1165。

42. 〔南宋〕戴復古著,《石屏詩集》,北京:書同文,電子版四部叢刊續編,1932年上海商務印書館再版景印本。

43. 〔南宋〕嚴羽著，《滄浪詩話》，南京：鳳凰出版社，2009 年 12 月。

44. 〔南宋〕魏慶之編，《詩人玉屑》，上海：上海古籍出版社，1978 年 3 月，新 1 版。

45. 〔元〕程鉅夫著，《雪樓集》，臺北：臺灣商務，1985 年景印文淵閣四庫全書本，冊 1202。

46. 〔元〕蘇天爵編，《國朝文類》，北京：書同文，電子版四部叢刊初編，1922 年上海商務印書館再版景印本。

47. 〔明〕李贄著，張建業主編，《李贄文集》，北京：社會科學文獻出版社，2000 年 5 月。

48. 〔明〕袁宏道著，錢伯城箋校，《袁宏道集箋校》，上海：上海古籍出版社，1981 年三冊本。

49. 〔明〕袁中道著，錢伯城點校，《珂雪齋集》，上海：上海古籍出版社，1989 年三冊本。

50. 〔清〕王士禛著，《帶經堂詩話》，北京：人民文學出版社，1963 年兩冊本。

51. 〔清〕張豫章等奉敕編，《御選宋金元明四朝詩》，臺北：臺灣商務，1986 年景印文淵閣四庫全書本，冊 1437～1444。

52. 〔清〕厲鶚輯著，《宋詩紀事》，上海：上海古籍出版社，1983 年兩冊本。

53. 〔清〕潘德輿著，朱德慈輯校，《養一齋詩話》，北京：中華書局，2010 年中國文學研究典籍叢刊本。

54. 〔清〕何文煥著，《歷代詩話》，北京：中華書局，1982 年 8 月，2 刷。

55. 丁福保輯，《歷代詩話續編》北京：中華書局，1983 年三冊本。

56. 郭紹虞編選，富壽蓀校點，《清詩話續編》，上海：上海古籍出版社，1983 年四冊本。

二、近人論著

1. 丁敏著，《中國佛教文學的古典與現代：主題與敘事》，長沙：岳麓書社，2007 年 6 月。

2. 丁鋼、劉琪著，《書院與中國文化》，上海：上海教育出版社，1992 年 10 月。

3. 王子怡著，《中日陶瓷茶器文化比較研究》，北京：人民出版社，2010 年 3 月。

4. 王秀林著，《晚唐五代詩僧群體研究》，北京：中華書局，2008 年 12 月。

5. 王見川、皮慶生著，《中國近世民間信仰：宋元明清》，上海：上海人民出版社，2010 年 12 月。

6. 王玲著，《中國茶文化》，北京：中國書店，1992 年 12 月。

7. 王重民輯錄，袁同禮重校，《美國國會圖書館藏中國善本書目》，臺北：文海出版社，1972 年 6 月。

8. 王盛恩著，《宋代官方史學研究》，北京：人民出版社，2008 年 9 月。

9. 王頌著，《宋代華嚴思想研究》，北京：宗教文化，2008 年 1 月。

10. 王鐵鈞著，《中國佛典翻譯史稿》，北京：中央編譯，2006 年 12 月。

11. 皮慶生著，《宋代民眾祠神信仰研究》，上海：上海古籍出版社，2008 年 10 月。

12. 任繼愈主編，《中國國家圖書館古籍珍品圖錄》，北京：北京圖書館，1999 年 9 月。

13. 朱剛、陳珏著，《宋代禪僧詩輯考》，上海：復旦大學，2012 年 3 月。

14. 朱自振、沈漢著，《中國茶酒文化史》，臺北：文津出版社，1995 年 12 月。

15. 朱迎平著，《宋代刻書產業與文學》，上海：上海古籍出版社，2008 年 3 月。

16. 朱恒夫著，《宋明理學與古代小說》，上海：上海古籍出版社，2005 年 12 月。

17. 呂澂著，《中國佛學源流略論》，臺北：大千出版社，2003 年 1 月。

18. 吳汝鈞著，《佛教思想大辭典》，臺北：臺灣商務，2002 年 12 月，2 刷。

19. 吳國武著，《經術與性理：北宋儒學轉型考論》，北京：學苑出版社，2009 年 3 月。

20. 汪聖鐸著，《宋代社會生活研究》，北京：人民出版社，2007 年 12 月。

21. 汪聖鐸著，《宋代政教關係研究，北京：人民出版社，2010 年 5 月。

22. 余英時著，《朱熹的歷史世界──宋代士大夫政治文化的研究》，臺北：允晨文化，2007 年 1 月，3 刷。

23. 余英時著，《宋明理學與政治文化》，長春：吉林出版集團，2008 年 4 月。

24. 余英時著，《中國文化史通釋》，臺北：牛津大學，2010 年 1 月。

25. 李可著，《宗教社會糾紛解決機制：唐和宋的專題研究》，北京：法律出版社，2010 年 2 月。

26. 李四龍著，《歐美佛教學術史》，北京：北京大學，2009 年 11 月。

27. 李致忠著，《中國出版通史·宋遼西夏金元卷》，北京：中國書籍，2008 年 12 月。

28. 李國玲著，《宋僧著述考》，成都：四川大學，2007 年 8 月。

29. 李裕民著，《宋人生卒行年考》，北京：中華書局，2010 年 9 月。

30. 李淼著，《禪宗與中國古代詩歌藝術》，長春：長春出版社，1990 年 12 月。

31. 李富華、何梅著，《漢文佛教大藏經研究》，北京：宗教文化，2003 年 12 月。

32. 李際寧著，《佛經版本》，南京：江蘇古籍出版社，2003 年 8 月，2 刷。

33. 李際寧著，《佛教大藏經研究論稿》，北京：宗教文化，2007 年 8 月。

34. 杜繼文、魏道儒著，《中國禪宗通史》，南京：江蘇人民出版社，2009 年 12 月，2 刷。

35. 何忠禮著，《科舉與宋代社會》，北京：商務印書館，2006 年 12 月。

36. 何寄澎著，《北宋的古文運動》，臺北：幼獅文化，1992 年 8 月。

37. 何輝著，《宋代消費史：消費與一個王朝的盛衰》，北京：中華書局，2010 年 10 月。

38. 沈冬梅著，《茶與宋代社會生活》，北京：中國社會科學，2007 年 8 月。

39. 沈松勤著，《宋代政治與文學研究》，北京：商務印書館，2010 年 10 月。

40. 林伯謙著，《中國佛教文史探微》，臺北：秀威資訊科技，2006 年 12 月，BOD 二版。

41. 林伯謙、陳弘學編著，《標點注釋智證傳》，臺北：秀威資訊科技，2006 年 7 月，BOD 再刷版。

42. 林海權著，《李贄年譜考略》，福州：福建人民出版社，1992 年 11 月。

43. 林朝成、郭朝順著，《佛學概論》，臺北：三民書局，2012 年 6 月，修訂二版。

44. 林湘華著，《禪宗與宋代詩學理論》，臺北：文津出版社，2002 年 2 月。

45. 昌彼德、王德毅、程元敏、侯俊德編：《宋人傳記資料索引》，臺北：鼎文書局，1984 年到 1990 年六冊增訂二版。

46. 周裕鍇著，《宋代詩學通論》，成都：巴蜀書社，1997 年 1 月。

47. 周裕鍇著，《文字禪與宋代詩學》，高雄：佛光山，2002 年 3 月，《中國佛教學術論典》第 56 冊。

48. 周裕鍇著，《禪宗語言》，臺北：世界宗教博物館基金會，2002 年 11 月。

49. 周裕鍇著，《宋僧惠洪行履著述編年總案》，北京：高等教育，2010 年 3 月。

50. 周揚波著，《宋代士紳結社研究》，北京：中華書局，2008 年 9 月。

51. 祝尚書著，《宋代科舉與文學》，北京：中華書局，2008 年 12 月。

52. 祝尚書著，《北宋古文運動發展史》，北京：北京大學，2012 年 2 月。

53. 高令印著，《中國禪學通史》，北京：宗教文化，2004 年 7 月。

54. 郭朋著，《中國佛教思想史‧下卷》，福州：福建人民出版社，1995 年 9 月。

55. 孫昌武著，《佛教與中國文學》，臺北：東華書局，1989 年 12 月。

56. 孫昌武著，《禪思與詩情》，北京：中華書局，1997 年 8 月。

57. 孫昌武著，《中國文學中的維摩與觀音》，天津：天津教育，2006 年 1 月，2 刷。

58. 陳自力著，《釋惠洪研究》，北京：中華書局，2005 年 8 月。

59. 陳垣著，《釋氏疑年錄》，臺北縣：彌勒出版社，1982 年 7 月。

60. 陳垣著，《中國佛教史籍概論》，上海：上海書店，2001 年 8 月。

61. 陳峰著，《宋代軍政研究》，北京：中國社會科學，2010 年 9 月。

62. 陳振著，《宋代社會政治論稿》，上海：上海人民出版社，2007 年 11 月。

63. 陳振著，《宋史》，上海：上海人民出版社，2008 年 4 月，3 刷。

64. 陳國符著，《道藏源流考》，北京：中華書局，1989 年 5 月，3 刷。

65. 陳開勇著，《宋元俗文學敘事與佛教》，上海：上海古籍出版社，2008 年 6 月。

66. 馬奔騰著，《禪境與詩境》，北京：中華書局，2010 年 9 月。

67. 容肇祖著，《明李卓吾先生贄年譜》，臺北：臺灣商務，1982 年 11 月。

68. 許瀛鑑主編，《中國印刷史論叢‧史篇》，臺北：中國印刷學會，1997 年 9 月。

69. 許寶強、袁偉選編，《語言與翻譯的政治》，北京：中央編譯，2001 年 1 月。

70. 麻天祥著，《禪宗文化大學講稿》，北京：中國人民大學，2009 年 11 月。

71. 曹仕邦著，《中國佛教譯經史論集》，臺北：東初，1992 年 1 月，2 刷。

72. 曹寶麟著，《中國書法史‧宋遼金卷》，南京：江蘇教育，1999 年 10 月。

73. 湯用彤著，《隋唐佛教史稿》，武漢：武漢大學，2008 年 12 月。

74. 程杰著，《北宋詩文革新研究》，臺北：文津出版社，1996 年 12 月。

75. 程亞林著，《詩與禪》，南昌：江西人民出版社，1998 年 10 月，二版。

76. 游彪著，《宋代寺院經濟史稿》，保定：河北大學，2003 年 3 月。

77. 游彪著，《宋代特殊群體研究》，北京：商務印書館，2006 年 8 月。

78. 黃啓江著，《北宋佛教史論稿》，臺北：臺灣商務，1997 年 4 月。

79. 黃啓江著，《泗州大聖與松雪道人——宋元社會菁英的佛教信仰與佛教文化》，臺北：臺灣學生，2009 年 3 月。

80. 黃啓江著，《一味禪與江湖詩——南宋文學僧與禪文化的蛻變》，臺北：臺灣商務，2010 年 7 月。

81. 黃啓江著，《文學僧藏叟善珍與南宋末世的禪文化——《藏叟摘稾》之析論與點校》，臺北：新文豐，2010 年 8 月。

82. 黃啓江著，《無文印的迷思與解讀——南宋僧無文道璨的文學禪》，臺北：臺灣商務，2010 年 10 月。

83. 黃春和著，《漢傳佛像時代與風格》，北京：文物出版社，2010 年 5 月。

84. 黃敏枝著，《宋代佛教社會經濟史論集》，臺北：臺灣學生書局，1989 年 5 月。

85. 黃義軍著，《宋代青白瓷的歷史地理研究》，北京：文物出版社，2010 年 9 月。

86. 張培鋒著，《宋代士大夫佛學與文學》，北京：宗教文化，2007 年 4 月。

87. 張興武著，《宋初百年文學復興的歷程》，北京：中華書局，2009 年 5 月。

88. 張樹棟、龐多益、鄭如斯等著，《中華印刷通史》，臺北：財團法人印刷傳播興才文教基金會，2004 年。

89. 葛兆光著，《中國思想史》，上海：復旦大學，2005 年 12 月，6 刷。

90. 葛兆光著，《增定本中國禪思想史——從六世紀到十世紀》，上海：上海古籍出版社，2008 年 12 月。

91. 葛金芳著，《宋代經濟史講演錄》，桂林：廣西師範大學，2008 年 3 月。

92. 葉坦、蔣松岩著，《宋遼夏金元文化史》，上海：東方出版中心，2007 年 5 月。

93. 馮志弘著，《北宋古文運動的形成》，上海：上海古籍出版社，2009 年 4 月。

94. 童瑋編，《二十二種大藏經通檢》，北京：中華書局，1997 年 7 月。

95. 楊布生、彭定國著，《中國書院與傳統文化》，長沙：湖南教育出版社，1992 年 8 月。

96. 楊成寅著，《中國歷代繪畫理論評注·宋代卷》，武漢：湖北美術，2009 年 12 月。

97. 楊果著，《宋遼金史論稿》，北京：商務印書館，2010 年 8 月。

98. 楊曾文著，《宋元禪宗史》，北京：中國社會科學出版社，2006 年 10 月。

99. 楊曾文著，《日本佛教史（新版）》，北京：人民出版社，2008 年 6 月。

100. 楊渭生著，《宋代文化新觀察》，保定：河北大學，2008 年 5 月。

101. 楊曉紅著，《宋代民間信仰與政府控制》，成都：西南交通大學，2010 年 8 月。

102. 雷漢卿著，《禪籍方俗詞研究》，成都：巴蜀書社，2010 年 11 月。

103. 貫晉華著，《古典禪研究：中唐至五代禪宗發展新探》，香港：牛津大學，2010 年 10 月。

104. 鄧小南著，《祖宗之法：北宋前期政治述略》，北京：三聯，2006 年 9 月。

105. 鄧克銘著，《大慧宗杲之禪法》，臺北：東初出版社，1990 年 7 月，三版。

106. 鄧廣銘、漆俠著，《宋史專題課》，北京：北京大學，2008 年 1 月。

107. 鄧廣銘著，《宋史十講》，北京：中華書局，2008 年 12 月。

108. 漆俠主編，《遼宋西夏金代通史·宗教風俗卷》，北京：人民出版社，2011 年 4 月。

109. 廖肇亨著，《中邊·詩禪·夢戲：明末清初佛教文化論述的呈現與開展》，臺北：允晨文化，2008 年 9 月。

110. 廖寶秀著，《宋代喫茶法與茶器之研究》，臺北：故宮博物院，1999 年 9 月，2 刷。

111. 蔣義斌著，《宋代儒釋調和論及排佛論之演進——王安石之融通儒釋及程朱學派之排佛反王》，臺北：臺灣商務，1997 年 10 月，2 刷。

112. 蔣義斌著，《宋儒與佛教》，臺北：東大，1997 年 9 月。

113. 劉方著，《中國禪宗美學的思想發生與歷史演進》，北京：人民出版社，2010 年 4 月。

114. 劉平著，《中國秘密宗教史研究》，北京：北京大學，2010 年 12 月。

115. 劉長東著，《宋代佛教政策論稿》，成都：巴蜀書社，2005 年 7 月。

116. 劉俊文主編，許洋主等譯，《日本學者研究中國史論叢選譯》第七卷，北京：中華書局，1993 年 9 月。

117. 劉黎明著，《中國古代民間密宗信仰研究》，成都：巴蜀書社，2010 年 1 月。

118. 劉樸兵著，《唐宋飲食文化比較研究》，北京：中國社會科學，2010 年 11 月。

119. 潘桂明著，《中國居士佛教史》，北京：中國社會科學，2000 年 9 月。

120. 熊海英著，《北宋文人集會與詩歌》，北京：中華書局，2008 年 5 月。

121. 熊琬著，《宋代理學與佛學之探討》，臺北：文津出版社，2005 年 3 月，2 刷。

122. 滕軍著，《日本茶道文化概論》，北京：東方出版社，1994 年 6 月，2 刷。

123. 錢穆著，《中國學術思想論叢（四）》，臺北：東大，1983 年 10 月，再版。

124. 錢鍾書著，《談藝錄》，北京：三聯書店，2001 年 1 月。

125. 賴永海著，《中國佛教文化論》，北京：中國人民大學，2007 年 7 月。

126. 閻孟祥著，《宋代臨濟禪發展演變》，北京：宗教文化，2006 年 11 月。

127. 蕭麗華著，《唐代詩歌與禪學》，臺北：東大，2000 年 10 月，2 刷。

128. 謝重光、白文固著，《中國僧官制度史》，西寧：青海人民出版社，1990年 8 月。

129. 魏嵩山主編，《中國歷史地名大辭典》，廣州：廣東教育出版社，1995 年 5 月。

130. 魏道儒著，《宋代禪宗文化》，鄭州：中州古籍出版社，1993 年 9 月。

131. 蘇勇強著，《北宋書籍刊刻與古文運動》，杭州：浙江大學，2010 年 12 月。

132. 釋印順著，《中國禪宗史》，揚州：廣陵書社，2008 年 11 月。

133. 顧吉辰著，《宋代佛教史稿》，鄭州：中州古籍出版社，1993 年 12 月。

134. 龔雋著，《禪史鈎沉：以問題為中心的思想史論述》，北京：三聯，2006 年 8 月。

135. 龔鵬程著，《佛學新解》，北京：北京大學，2009 年 1 月。

136. 〔日〕久保田和男著，郭萬平譯，《宋代開封研究》，上海：上海古籍出版社，2010 年 4 月。

137. 〔日〕土田健次郎著，朱剛譯，《道學之形成》，上海：上海古籍出版社，2010 年 4 月，日本宋學研究六人集・第二輯。

138. 〔日〕土屋太祐著，《北宋禪宗思想及其淵源》，成都：巴蜀書社，2008 年 12 月。

139. 〔日〕井上進著，《中國出版文化史──書物世界と知の風景》，名古屋：名古屋大學，2003 年 2 月，2 刷。

140. 〔日〕井上進著，《書林の眺望──伝統中國の書物世界》，東京：平凡社，2006 年 11 月。

141. 〔日〕石井修道著，《宋代禪宗史の研究》，京都：大東出版社，1987 年 10 月。

142. 〔日〕矢部良明著，《茶の湯の祖、珠光》，東京：角川書店，2004 年 4 月。

143. 〔日〕平田茂樹著，林松濤等譯，《宋代政治結構研究》，上海：上海古籍出版社，2010 年 8 月。

144. 〔日〕伊藤古鑒著，冬至譯，張哲俊審譯，《茶和禪》，天津：百花文藝出版社，2005 年 1 月。

145. 〔日〕阿部肇一著，關世謙譯，《中國禪宗史》，臺北：東大，1999 年 2 月，四版。

146. 〔日〕村上專精著，楊曾文譯，《日本佛教史綱》，臺北縣：彌勒出版社，1984 年 2 月。

147. 〔日〕牧田諦亮著，索文林譯，《中國近世佛教史研究》，臺北縣：華宇出版社，1985 年 11 月。

148. 〔日〕竺沙雅章著，《中國佛教社會史研究》，京都市：同朋舍，1982 年 2 月。

149. 〔日〕竺沙雅章著，《宋元佛教文化史研究》，東京都：汲古書院，2001 年 10 月，2 刷。

150. 〔日〕忽滑谷快天著，朱謙之譯，《中國禪學思想史》，上海：上海古籍出版社，2002 年 4 月。

151. 〔日〕近藤一成編，《宋元史學的基本問題》，北京：中華書局，2010 年 5 月。

152. 〔日〕荒木見悟著，杜勤、舒志田等譯，《佛教與儒教》，鄭州：中州古籍出版社，2005 年 1 月。

153. 〔日〕高雄義堅著，陳季菁等譯，《宋代佛教史研究》，臺北縣：華宇出版社，1987 年 12 月。

154. 〔日〕柳田聖山著，《禪文獻の研究 上》，京都：法藏館，2001 年 10 月，柳田聖山集第二卷。

155. 〔日〕鈴木大拙著，林宏濤譯，《鈴木大拙禪學入門》，臺北：商周，2009 年 5 月。

156. 〔日〕鈴木哲雄編，《宋代禪宗の社會的影響》，東京：山喜房佛書林，2002 年 11 月。

157. 〔日〕鎌田茂雄著，鄭彭年譯，《簡明中國佛教史》，上海：上海譯文出版社，1986 年 10 月。

158. 〔德〕韋伯著，康樂、簡慧美譯，《印度的宗教──印度教與佛教》，桂林：廣西師範大學，2005 年 12 月。

159. 〔德〕韋伯著，閻克文譯，《馬克斯・韋伯社會學文集》，北京：人民出版社，2010 年 6 月。

160. 〔德〕黑格爾著，朱光潛譯，《美學 第一卷》，北京：商務印書館，1996 年 6 月，9 刷。

161. 〔法〕P.布爾迪厄著，楊亞平譯，《國家精英：名牌大學與群體精神》，北京：商務印書館，2005 年 7 月，2 刷。

162. 〔法〕佛爾著，蔣海怒譯，《正統性的意欲：北宗禪之批判系譜》，上海：上海古籍出版社，2010 年 12 月。

163. 〔法〕海然熱著，張祖建譯，《語言人：論語言學對人文科學的貢獻》，北京：北京大學，2012 年 1 月。

164. 〔法〕費夫賀、馬爾坦著，李鴻志譯，《印刷書的誕生》，臺北：貓頭鷹出版社，2005 年 11 月。

165. 〔法〕傅柯著，王德威譯，《知識的考掘》，臺北：麥田，2007 年 11 月，9 刷。

166. 〔法〕福柯著，劉北成、楊遠嬰譯，《規訓與懲罰》，北京：三聯，2009 年 4 月。

167. 〔英〕布萊德雷著，何兆武、張麗豔譯，《批判歷史學的前提假設》，臺北：麥田，2007 年 5 月，4 刷。

168. 〔英〕艾茲赫德著，姜智芹譯，《世界歷史中的中國》，上海：上海人民出版社，2009 年 6 月。

169. 〔英〕沃爾什著，何兆武等譯，《歷史哲學導論》，北京：北京大學，2008 年 10 月。

170. 〔英〕柯林伍德著，何兆武等譯，《歷史的觀念（增補版）》，北京：北京大學，2010 年 1 月。

171. 〔英〕彼得·柏克著，賈士蘅譯，《知識社會史：從古騰堡到狄德羅》，臺北：麥田，2006 年 12 月，3 刷。

172. 〔英〕彼得·柏克著，楊豫譯，《圖像證史》，北京：北京大學，2008 年 2 月。

173. 〔英〕彼得·柏克著，姚朋等譯，《歷史學與社會理論（第二版）》，上海：上海人民出版社，2010 年 1 月。

174. 〔英〕斯馬特著，高師寧、金澤、朱明忠等譯，《世界宗教》，北京：北京大學，2004 年 1 月。

175. 〔英〕詹京斯著，賈士蘅譯，《歷史的再思考》，臺北：麥田，1999 年 3 月，4 刷。

176. 〔英〕詹京斯著，江政寬譯，《論「歷史是什麼？」——從卡爾和艾爾頓到羅蒂和懷特》，北京：商務印書館，2007 年 12 月。

177. 〔英〕關大眠著，鄭柏銘譯，《當代學術入門：佛學》，瀋陽：遼寧教育出版社，1998 年 9 月。

178. 〔美〕田浩編，楊麗華、吳艷紅等譯，《宋代思想史論》，北京：社會科學文獻出版社，2003 年 12 月。

179. 〔美〕包弼德著，〔新加坡〕王昌偉譯，《歷史上的理學》，杭州：浙江大學，2010 年 1 月。

180. 〔美〕伊沛霞著，胡志宏譯，《內闈——宋代婦女的婚姻和生活》，南京：江蘇人民出版社，2010 年 7 月，三版。

181. 〔美〕芮沃壽著，常蕾譯，《中國歷史中的佛教》，北京：北京大學，2009 年 6 月。

182. 〔美〕周紹明著，何朝暉譯，《書籍的社會史——中華帝國晚期的書籍與士人文化》，北京：北京大學，2009 年 11 月。

183. 〔美〕彼得・N. 格里高瑞編,《頓與漸——中國思想中通往覺悟的不同法門》,上海:上海古籍出版社,2010 年 3 月。

184. 〔美〕翁著,何道寬譯,《口語文化與書面文化:語詞的技術化》,北京:北京大學,2008 年 8 月。

185. 〔美〕斯沃茨著,《文化與權力:布爾迪厄的社會學》,上海:上海譯文出版社,2006 年 5 月。

186. 〔美〕斯坦利・威斯坦因著,張煜譯,《唐代佛教》,上海:上海古籍出版社,2010 年 8 月。

187. 〔美〕賈志揚著,趙冬梅譯,《天潢貴冑:宋代宗室史》,南京:江蘇人民出版社,2006 年 2 月,2 刷。

188. 〔美〕雷克斯・馬丁著,王曉紅譯,《歷史解釋:重演和實踐推斷》,北京:文津出版社,2005 年 5 月。

189. 〔加〕卜正民著,張華譯,《為權力祈禱——佛教與晚明中國士紳社會的形成》,南京:江蘇人民出版社,2005 年 11 月。

190. 〔加〕麥克盧漢著,何道寬譯,《理解媒介:論人的延伸》,北京:商務印書館,2000 年 10 月。

191. Dumoulin, Henrich. *Zen Buddhism: A History*, vol.1 of *India and China*. Translated by James W. Heisig and Paul Knitter. New York: Simon & Schuster Macmillan Press, 1994.

192. Welter, Albert. *Yongming Yanshou's Conception of Chan in the Zongjing lu: A Special Transmission Within the Scriptures*. New York: Oxford University Press, 2011.

三、學位論文與單篇論文

1. 吳明興著,《蘇軾佛教文學研究》,宜蘭縣:佛光大學文學系博士論文,2009 年 7 月。

2. 施淑婷著,《蘇軾文學與佛禪之關係——以蘇軾遷謫詩文為核心》,臺北:臺灣師範大學國文系博士論文,2008 年。

3. 查明昊著,《轉型中的唐五代詩僧群體》,杭州:浙江大學中國古典文獻學博士論文,2005 年 12 月。

4. 高慎濤著,《北宋詩僧研究》,西安:陝西師範大學中國古代文學博士論文,2007 年 4 月。

5. 陳志平著,《黃庭堅書學研究》,北京:首都師範大學美術學博士論文,2004 年 5 月。

6. 李函香著,《歐陽脩儒學思想研究》,臺北:政治大學中國文學系國文教學碩士論文,2009 年 4 月。

7. 王冠文著，《李贄著作研究》，臺北：臺北大學人文學院古典文獻學研究所碩士論文，2009 年 7 月。

8. 吳靜宜著，《惠洪文字禪之詩學內涵研究》，臺北：臺灣師範大學國文系在職進修碩士論文，2004 年 7 月。

9. 巫沛穎著，《論蘇軾黃州詩的禪悅與詩情》，新竹：玄奘大學中國語文學系碩士論文，2007 年 6 月。

10. 陳淑芬著，《蘇軾黃州時期作品中的佛學思想研究》，彰化：彰化師範大學國文研究所國語文教學碩士論文，2007 年 7 月。

11. 黃家樺著，《雪竇重顯禪學研究》，高雄：高雄師範大學國文系碩士論文，2009 年 6 月。

12. 劉楚妍著，《洪覺範「文字禪」思想及其與士大夫之交遊》，新北市：華梵大學東方人文思想研究所碩士論文，2008 年 6 月。

13. 蔡清和著，《歐陽脩集古錄跋尾之研究——以書學、佛老學、史學爲主》，嘉義縣：中正大學中國文學系碩士論文，2003 年。

14. 謝惠青著，《宋代僧人詞研究》，臺中：中興大學中國文學研究所碩士論文，1999 年 8 月。

15. 藍慶尉著，《惠洪「文字禪」研究》，宜蘭縣：佛光人文社會學院文學研究所碩士論文，2005 年。

16. 李峰著，〈論北宋「不殺士大夫」〉，《史學月刊》，第 12 期，2005 年，頁 31～35。

17. 杜文玉著，〈宋太祖誓碑質疑〉，《河南大學學報》社會科學版，第 1 期，1986 年，頁 19～22。

18. 沈冬梅著，〈《景德傳燈錄》與禪茶文化〉，《禪茶：歷史與現實》，杭州：浙江大學，2011 年 3 月。

19. 林伯謙著，〈惠洪《智證傳》研究〉，《東吳中文學報》，第 8 期，2002 年 5 月，頁 83～122。

20. 周兵著，〈Peter Burke 之新文化史〉，《思與言》，第 45 卷第 4 期，2007 年 12 月，頁 53～94。

21. 周裕鍇著，〈法眼看世界：佛禪觀照方式對北宋後期藝術觀念的影響〉，《文學遺產》，第 5 期，2006 年，頁 78～87。

22. 周裕鍇著，〈惠洪文字禪的理論與實踐及其對後世的影響〉，《北京大學學報》哲學社會科學版，第 45 卷第 4 期，2008 年 7 月，頁 82～95。

23. 哈磊著，〈宋代目錄書所收禪宗典籍〉，《四川師範大學學報》社會科學版，第 37 卷第 3 期，2010 年 5 月，頁 43～48。

24. 陳自力著，〈日僧廓門貫徹《注石門文字禪》評述〉，《西南民族學院學報》哲學社會科學版，總 23 卷第 10 期，2002 年 10 月，頁 67～71。

25. 陳堅著，〈禪宗」不立文字」辨〉，《華東師範大學學報》，第 36 卷第 3 期，2004 年 5 月，頁 76～81。

26. 陳韻如著，〈維摩詰形象在東亞繪畫中的流轉〉，《東亞文化意象之形塑》，臺北：允晨文化，2011 年 3 月。

27. 粘振和著，〈鬥茶——茶藝比賽之外的「名茶」身分〉，《漢學研究》，第 29 卷第 1 期，2011 年 3 月，頁 61～83。

28. 張蔭麟著，〈宋太祖誓碑及政事堂刻石考〉，《文史雜誌》，第 1 卷第 7 期，1941 年 1 月，頁 14～18。

29. 張希清著，〈北宋貢舉登科人數考〉，《國學研究》，第二卷，1994 年 7 月，頁 393～425。

30. 張希清著，〈再論宋太祖誓約「不誅大臣、言官」〉，《宋學研究集刊第二輯》，杭州：浙江大學，2010 年 7 月。

31. 張高評著，〈宋代雕版印刷之政教指向——印刷傳媒之控制研究〉，《成大中文學報》，第 20 期，2008 年 4 月，頁 171～210。

32. 張高評、林朝成著，〈兩岸中國佛教文學研究的課題之評介與省思——以詩、禪交涉為中心〉，《普門學報》，第 9 期，2002 年 5 月，頁 253～293。

33. 黃啟方著，〈釋惠洪五考〉，《中外文學》，第 23 卷第 4 期，1994 年 9 月，頁 194～214。

34. 黃國清著，〈宋代戒環《法華經要解》的釋經態度與注釋方法〉，《佛教文獻與文學》，高雄縣：佛光文化，2011 年 10 月。

35. 黃敬家著，〈神異與睿智：《宋高僧傳》與《景德傳燈錄》禪師傳記書寫重心的差異〉，高雄縣：佛光文化，2011 年 10 月。

36. 黃繹勳著，〈《傳燈玉英集》卷十四補闕和研究——宋士大夫王隨刪節《景德傳燈錄》之探討〉，《中華佛學學報》，第 18 期，2005 年 7 月，頁 105～137。

37. 黃繹勳著，〈論《祖庭事苑》之成書、版本與體例——以卷一之《雲門錄》為中心〉，《佛學研究中心學報》，第 12 期，2006 年 12 月，頁 123～163。

38. 黃繹勳著，〈法眼文益悟道歷程及其史傳文獻意義考〉，《臺大佛學研究》，第 24 期，2012 年 12 月，頁 61～91。

39. 程民生著，〈宋代社會自由度評估〉，《宋學研究集刊第二輯》，杭州：浙江大學，2010 年 7 月。

40. 萬金川著，〈佛典漢譯流程裡「過渡性文本」的語言景觀〉，《正觀雜誌》，第 44 期，2008 年 3 月，頁 103～142。

41. 彭雅玲著，〈創作與真理——北宋詩僧惠洪的創作觀與真理觀析論：以《石門文字禪》為討論中心〉，《臺北師院語文集刊》，第 6 期，2001 年 6 月，頁 97～132。

42. 楊秀麗著，〈從雲岡曇曜五窟略探北魏的國家佛教政策〉，《國立歷史博物館學報》，第 33 期，2006 年 5 月，頁 43～54。

43. 鄧克銘著，〈大慧宗杲禪師禪法之特色〉，《中華佛學學報》，第 1 期，1987 年 3 月，頁 281～293。

44. 鄧克銘著，〈禪宗公案之經典化的解釋──以《碧巖錄》為中心〉，《佛學研究中心學報》，第 8 期，2003 年 7 月，頁 133～162。

45. 廖肇亨著，〈從月印萬川到大海一味──東亞文化意象的體現與流行〉，《東亞文化意象之形塑》，臺北：允晨文化，2011 年 3 月。

46. 蔣義斌著，〈大慧宗杲看話禪的疑與信〉，《國際佛學研究年刊》，創刊號，1991 年 12 月，頁 49～68。

47. 蔣義斌著，〈孤山智圓與其時代──佛教與宋朝新王道的關係〉，《中華佛學學報》，第 19 期，2006 年 7 月，頁 233～270。

48. 蔣義斌著，〈宋代禪宗僧人的行腳及其困境〉，《宋學研究集刊》，第二輯，2010 年 7 月。

49. 劉正忠著，〈惠洪「文字禪」初探〉，《宋代文學研究叢刊》，第 2 期，1996 年 9 月，頁 273～283。

50. 劉浦江著，〈祖宗之法：再論宋太祖誓約及誓碑〉，《文史》，第 3 輯（總第 92 輯），2010 年 8 月，頁 145～158。

51. 劉毅著，〈宋代皇陵制度研究〉，《故宮博物院院刊》，第 1 期（總第 83 期），1999 年，頁 67～82。

52. 滕軍著，〈茶道與禪〉，《農業考古》，第 4 期，1997 年，頁 70～77，末轉頁 85。

53. 蕭麗華著，〈唐代詩僧皎然飲茶詩的茶禪原理〉，《佛學與科學》，第 8 卷第 2 期，2007 年 7 月，頁 63～69。

54. 蕭麗華著，〈唐代僧人飲茶詩研究〉，《臺大文史哲學報》，第 71 期，2009 年 11 月，頁 209～230。

55. 謝惠青著，〈詞僧惠洪及其詞之探賾〉，《興大中文研究生論文集》，第 3 輯，1998 年 7 月。

56. 韓毅著，〈宋代佛教的轉型及其學術史意義〉，《青海民族學院學報》，第 31 卷第 2 期，2005 年 4 月，頁 31～37。

57. 魏道儒著，〈關於宋代文字禪的幾個問題〉，《中國禪學》，第 1 卷，2006 年 6 月，頁 22～31。

58. 顧宏義著，〈岳飛之死與宋太祖「不殺大臣」誓約考〉，《華東師範大學學報》哲學社會科學版，第 33 卷第 1 期，2001 年 1 月，頁 114～116。

59. 顧雯、顧春芳著，〈論日本「茶禪一味」思想與「茶道」〉，《茶禪東傳寧波緣——第五屆世界禪茶交流大會文集》，北京：中國農業，2010 年 12 月。

60. 〔日〕入矢義高著，蔡毅、劉建譯，〈禪語散論——「乾屎橛」「麻三斤」〉，《禪籍俗語言研究》，第二期，1995 年 6 月，頁 7～13。

61. 〔日〕永井政之著，〈薦福承古考〉，《印度學佛教學研究》，第 53 卷第 1 號，2004 年 12 月，頁 158～163。

62. 〔日〕石井修道著，〈宋代禪籍逸書序跋考〉，《駒澤大學佛教學部論集》，通號 8，1977 年 10 月，頁 93～114。

63. 〔日〕石井修道著，〈宋代禪籍逸書序跋考二〉，《駒澤大學佛教學部論集》，通號 9，1978 年 11 月，頁 108～125。

64. 〔日〕竺沙雅章著，〈蘇軾と佛教〉，《東方學報》京都版，第 36 冊，1964 年 10 月，頁 457～480。

65. 〔日〕芳澤勝弘著，殷勤譯，〈「麻三斤」再考〉，《俗語言研究》，第三期，1996 年 6 月，頁 138～151。

66. 〔日〕荒木見悟著，〈宋元時代の仏教・道教に關する研究回顧〉，《久留米大學比較文化研究所紀要》，第 1 輯，1987 年 5 月，頁 87～125。

67. 〔日〕荒木見悟著，廖肇亨譯，〈大慧宗杲論禪悟〉，《中國文哲研究通訊》，第 15 卷第 4 期，2005 年 12 月，頁 151～176。

68. 〔日〕柳田聖山著，蔣寅譯，〈禪籍解題（三）——宋代禪籍（一）〉，《俗語言研究》，第 5 期，1998 年 8 月。

69. 〔日〕高橋忠彥著，〈宋詩より見た宋代の茶文化〉，《東洋文化研究所紀要》第 115 冊，1991 年 3 月，頁 61～122。

70. 〔日〕清水茂著，蔡毅譯，〈印刷術的普及與宋代的學問〉，《清水茂漢學論集》，北京：中華書局，2003 年 10 月。

71. 〔日〕椎名宏雄著，〈元版『四家錄』とその資料〉，《駒澤大學佛教學部論集》，通號 10，1979 年 11 月，頁 227～256。

72. 〔法〕布迪厄著，李豔麗譯，〈文化權力〉，《全球化與文化資本》，北京：社會科學文獻出版社，2005 年 4 月。

73. 〔法〕Roger Chartier 著，楊尹瑄譯，〈「新文化史」存在嗎？〉，《臺灣東亞文明研究學刊》，第 5 卷第 1 期（總第 9 期），2008 年 6 月，頁 199～214。

74. 〔美〕巴斯韋爾（Robert E. Buswell Jr.）著，唐笑芝譯，〈看話禪之捷徑：中國禪佛教頓悟行的演變〉，《頓與漸——中國思想中通往覺悟的不同法門》，上海：上海古籍出版社，2010 年 3 月。

75. 〔美〕艾爾曼著，〈中國文化史的新方向：一些有待討論的意見〉，《學術思想評論（第三輯）》，瀋陽：遼寧大學，1998 年 3 月。

76. Foulk, T. Griffith."Sung Controversies Concerning the 'Separate Transmission' of Ch'an." In *Buddhism in the Sung*, ed. Peter N. Gregory and Daniel A. Getz. Honolulu: University of Hawaii Press, 1999.

77. Gimello, Robert M. "Mārga and Culture: Learning, Letters, and Liberation in Northern Sung Ch'an." In *Paths to Liberation: The Mārga and Its Transformations in Buddhist Thought*, ed. Robert E. Buswell Jr. and Robert M. Gimello. Honolulu: University of Hawai'i Press, 1992.

78. Gregory, Peter N. "Vitality of Buddhism in the Sung." In *Buddhism in the Sung*, ed. Peter N. Gregory and Daniel A. Getz. Honolulu: University of Hawaii Press, 1999.

79. Hsieh, Ding-hwa Evelyn. "A Study of the Evolution of K'an-hua Ch'an in Sung China: Yüan-wu K'o-ch'in（1063～1135）and the Function of Kung-an in Ch'an Pedagogy and Praxis." Ph.D dissertation, University of California, Los Angeles, 1993.

80. Mair, Victor H. "Buddhism and the Rise of the Written Vernacular in East Asia: The Making of National Languages." *The Journal of Asian Studies* 53, no.3（August 1994）: 707～751.

81. Poceski, Mario. "Mazu yulu and the Creation of the Chan Records of Sayings." In *The Zen Canon*, ed. Steven Heine and Wright, Dale S. New York: Oxford University Press, 2004.

82. Thomas, Brook. "The New Historicism and other Old-fashioned Topics." In *The New Historicism*, ed. H. Aram Veeser. New York: Routledge Press, 1989.

83. Welter, Albert. "A Buddhist Response to the Confucian Revival: Tsan-ning and the Debate over Wen in the Early Sung." In *Buddhism in the Sung*, ed. Peter N. Gregory and Daniel A. Getz. Honolulu: University of Hawaii Press, 1999.

84. Zürcher, Erik, "Buddhism and Education in T'ang times." In *Neo-Confucian Education: The Formative Stage*, ed. Wm. Theodore de Bary and John W. Chaffee. Berkeley: California University Press, 1989.